U0453217

国家哲学社会科学成果文库
NATIONAL ACHIEVEMENTS LIBRARY
OF PHILOSOPHY AND SOCIAL SCIENCES

秦简所见地方行政制度研究

沈刚 著

中国社会科学出版社

作者简介

沈刚 1973年生,辽宁省宽甸县人。吉林大学古籍研究所教授,历史学博士。1999年于吉林大学硕士毕业并留校任教,主要从事秦汉史、简牍学的教学和研究工作。独撰并在《历史研究》《中国史研究》《文史》《中国经济史研究》《史学月刊》等刊物发表专业论文90余篇,独自撰写或编著并出版《秦汉时期的客阶层研究》《居延汉简语词汇释》《长沙走马楼三国竹简研究》《汉代国家统治方式研究:列卿、宗室、信仰与基层社会》等著作6部。主持国家社科基金重点项目、一般项目、教育部人文社科基金项目等各级各类项目多项。

《国家哲学社会科学成果文库》
出版说明

  为充分发挥哲学社会科学研究优秀成果和优秀人才的示范带动作用，促进我国哲学社会科学繁荣发展，全国哲学社会科学工作领导小组决定自2010年始，设立《国家哲学社会科学成果文库》，每年评审一次。入选成果经过了同行专家严格评审，代表当前相关领域学术研究的前沿水平，体现我国哲学社会科学界的学术创造力，按照"统一标识、统一封面、统一版式、统一标准"的总体要求组织出版。

全国哲学社会科学工作办公室
2021 年 3 月

目　　录

前　言 ……………………………………………………………………（1）

上编　县级机构的职官与吏员

第一章　令、丞、尉问题发微 ……………………………………………（3）
　　一　令、丞的职责及其分野 ……………………………………………（4）
　　二　尉的职责 …………………………………………………………（9）
　　三　尉与令、丞身份差异 ………………………………………………（15）
　　余论　令、丞、尉关系在汉代的变化 …………………………………（24）

第二章　县级行政组织中的武职系统 ……………………………（27）
　　一　武职系统的机构与职官 …………………………………………（29）
　　二　武职系统的职能及运作 …………………………………………（35）

第三章　冗吏 ………………………………………………………………（40）

第四章　"吏仆"与"吏养" …………………………………………………（48）
　　一　"吏仆""吏养"的身份 ………………………………………………（49）
　　二　吏仆与吏养的管理 ………………………………………………（52）
　　三　吏仆、吏养在汉代的存续 …………………………………………（55）

第五章　县级机构中的守吏 ………………………………………（58）
　　一　秦代守丞的身份 …………………………………………………（60）
　　二　县、乡机构的其他守吏 ……………………………………………（66）

三　秦简中守与假 …………………………………………………（72）

第六章　地方职官选任 ………………………………………………（78）
　　一　秦代地方职官选任的范围 ……………………………………（79）
　　二　秦代地方官吏选任标准 ………………………………………（83）
　　三　选任程序与相关要求 …………………………………………（89）
　　四　秦代选官制度施行的效果 ……………………………………（92）

中编　行政体系运作与文书制度

第一章　制造权威：秦代国家对中央威权的塑造 …………………（99）
　　一　制度的限度 ……………………………………………………（99）
　　二　独尊王室 ………………………………………………………（103）
　　三　干预基层行政 …………………………………………………（106）
　　四　塑造基层社会面貌 ……………………………………………（109）

第二章　郡县关系 ……………………………………………………（113）
　　一　郡在郡县关系中的角色 ………………………………………（114）
　　二　郡管理县的途径 ………………………………………………（120）
　　三　郡县关系中的县自主权 ………………………………………（122）

第三章　乡吏与乡政 …………………………………………………（128）
　　一　秦代乡吏补论 …………………………………………………（129）
　　二　乡的职责 ………………………………………………………（133）
　　三　乡与县廷、诸官的关系 ………………………………………（141）
　　余论　国家行政体系中的乡 ………………………………………（145）

第四章　县级政权的粮食廪给 ………………………………………（147）
　　一　廪给数额与形式 ………………………………………………（148）
　　二　廪给机构、吏员及其程序 ……………………………………（154）
　　三　廪给对象 ………………………………………………………（160）

第五章　政务告知方式:"谒"与"应" ………………………………… (166)
　　一　与"谒"相关的文书术语 …………………………………… (166)
　　二　应令与应书 ………………………………………………… (176)
　　三　"谒应"的制度意义 ………………………………………… (182)

第六章　徭使与秦帝国统治 ………………………………………… (187)
　　一　秦代徭使的制度规定 ……………………………………… (188)
　　二　质日简牍所见地方官吏的徭使活动 ……………………… (192)
　　三　徭使与秦帝国的统治 ……………………………………… (197)

第七章　行政文书的标准化 ………………………………………… (201)
　　一　规范行政文书的律令 ……………………………………… (202)
　　二　秦代国家保障文书规范化的措施 ………………………… (206)

第八章　县级档案文书的处理周期
　　　　——以迁陵县为中心 ……………………………………… (211)
　　一　迁陵县内上、下行文书的运转周期 ……………………… (212)
　　二　迁陵县与县外文书之间的处理周期 ……………………… (221)
　　三　文书周期所反映秦中央对地方政府的控制能力 ………… (227)

第九章　里耶秦简文书的归档 ……………………………………… (231)
　　一　废弃物还是档案:古井一出土文书的性质 ……………… (232)
　　二　里耶秦简中作为档案的文书内容 ………………………… (235)
　　三　里耶秦简档案文书的归档程序 …………………………… (242)

下编　行政与社会事务管理

第一章　里耶秦简所见民户簿籍管理问题 ………………………… (253)
　　一　里耶秦简中户籍文书的书写特征:与吴简户籍
　　　　文书相比较 ………………………………………………… (253)
　　二　乡里政权户籍管理的职责分工 …………………………… (260)

第二章　秦人与它邦人:秦代人口身份管理制度的一个方面 …………（265）
　　一　秦人与它邦人:以《尸等捕盗疑购案》为中心的
　　　　分析 ……………………………………………………………（265）
　　二　秦施行以国别区分身份制度的原因及效果 ………………（268）

第三章　里耶秦简所见戍役种类辨析 …………………………………（276）
　　一　戍役名目 ……………………………………………………（277）
　　二　戍役者的待遇与役期问题 …………………………………（286）

第四章　"作徒"管理问题探讨 …………………………………………（291）
　　一　作徒簿解析 …………………………………………………（292）
　　二　刑徒管理问题 ………………………………………………（297）
　　三　徒与徒隶 ……………………………………………………（302）

第五章　县级财政管理 …………………………………………………（308）
　　一　县级财政的收支 ……………………………………………（309）
　　二　县级财政机构 ………………………………………………（316）
　　三　县级财政与国家财政关系 …………………………………（324）

第六章　"课""计"与战国秦汉时期考绩制度流变 ……………………（330）
　　一　"计"的文本分析 ……………………………………………（331）
　　二　"课"的文本分析 ……………………………………………（335）
　　三　"计"与战国秦汉间考绩制度的变迁 ………………………（339）

第七章　贡赋之间:"羽"赋的性质 ……………………………………（344）
　　一　"羽"的来源 …………………………………………………（344）
　　二　"羽"的性质 …………………………………………………（347）

第八章　地方公田及其管理 ……………………………………………（355）
　　一　公田存在形态 ………………………………………………（357）
　　二　县级公田的管理 ……………………………………………（360）

第九章　秦简中的"库"及其在汉代的流变 …………………………… (367)
　　一　里耶秦简记载的"库" …………………………………………… (367)
　　二　西北屯戍文书中的库 …………………………………………… (372)
　　三　府库与武库：秦汉时期库的职能 ……………………………… (382)

第十章　市场与商人 …………………………………………………… (385)
　　一　秦政府对市场的管理：从《芮盗卖公列地案》谈起 ………… (386)
　　二　政府与市场的关系 ……………………………………………… (392)
　　三　秦代国家商人政策辨析 ………………………………………… (397)

第十一章　祠先农制度及其流变 ……………………………………… (399)
　　一　里耶秦简"祠先农"制度补说 …………………………………… (400)
　　二　祠先农制度确立的原因 ………………………………………… (406)
　　三　祠先农在汉晋时期的流变 ……………………………………… (407)

结　语 …………………………………………………………………… (412)

参考文献 ………………………………………………………………… (414)

职官索引 ………………………………………………………………… (438)

后　记 …………………………………………………………………… (443)

Contents

Preface ·· (1)

Part I Officials and Clerks in the County Governments

Chapter 1 Issues about Magistrate, Civil Assistant and Military Assistant ·· (3)

  1 Individual Duties of Magistrate and Civil Assistant and Their Dividing Line ·· (4)

  2 Duties of Military Assistant ·· (9)

  3 Identity Difference between Military Assistant and Magistrate or Civil Assistant ·· (15)

  Epilogue The Changes in Relationship among Magistrate, Military Assistant and Civil Assistant in the Han Dynasty ·· (24)

Chapter 2 Military System in the County Governments ············· (27)

  1 Institutions and Officers of Military System ························ (29)

  2 Functions and Operations of Military System ······················ (35)

Chapter 3　Redundant Clerks ……………………………………………… (40)

Chapter 4　Officials' Driver and Officials' Cook ……………………… (48)
　1　Identities of Officials' Driver and Officials' Cook　……………… (49)
　2　The Management of Officials' Driver and Officials' Cook ……… (52)
　3　Officials' Driver and Officials' Cook in the Han Dynasty ……… (55)

Chapter 5　Acting Officials in the County Governments …………… (58)
　1　The Identity of Acting Civil Assistant in the Qin Dynasty ……… (60)
　2　Other Acting Officials in the County and Township
　　　Governments ……………………………………………………… (66)
　3　"Shou 守" and "Jia 假" in the Wooden Slips of the
　　　Qin Dynasty ……………………………………………………… (72)

Chapter 6　Selections for Local Officials ……………………………… (78)
　1　Selection Range for Local Officials in the Qin Dynasty ………… (79)
　2　Selection Criteria for Local Officials in the Qin Dynasty ……… (83)
　3　Selection Procedures and Related Requirements ………………… (89)
　4　The Effect of the System of Selections for Officials in the
　　　Qin Dynasty ……………………………………………………… (92)

Part Ⅱ　Administrative System Operation and Document System

**Chapter 1　Creating Authority: The Shaping of Central
　　　　　　Government's Authority** …………………………………… (99)
　1　The Limitation of System ………………………………………… (99)
　2　The Royal Family's Supremacy …………………………………… (103)
　3　Interventions to Grassroots Administration ……………………… (106)

    4 Shaping of Societal Landscape at the Grassroots
Level ·· (109)

Chapter 2 The Relationship between Prefectures and Counties ······ (113)
    1 The Role of Prefectures in the Relationship between
Prefectures and Counties ·· (114)
    2 Prefectures'management Approaches to Counties ·············· (120)
    3 The County Autonomy in the Relationship between
Prefectures and Counties ·· (122)

Chapter 3 Township Clerks and Township Administration ············ (128)
    1 Supplemental Discussion about Township Clerks in the
Qin Dynasty ·· (129)
    2 The Function of Townships ·· (133)
    3 The Relationship between Townships and Counties
or Countys' Branches ·· (141)
    Epilogue Townships in the State Administration System ········ (145)

Chapter 4 Grain Supply in the County Governments ···················· (147)
    1 The Amount and Manners of Grain Supply ······················ (148)
    2 Institutions, Officials and Procedures of Grain Supply ········ (154)
    3 The Object of Grain Supply ·· (160)

**Chapter 5 The Notification Mode of Government Affairs:
                  Appeal(谒) and Answer(应)** ································ (166)
    1 Document Terminologies about Appeal(谒) ······················ (166)
    2 Answer Instructions(应令) and Answer
Ducuments(应书)" ·· (176)
    3 The Institutional Significance of Appeal(谒) and
Answer(应) ·· (182)

Chapter 6 Official Business Trip and the Governance of Qin Dynasty ·· (187)
1 The Regulation of Official Business Trip in the Qin Dynasty ·· (188)
2 Official Business Trip of Local Officials and Clerks in the "*Zhiri* 质日" Bamboo Slips ································· (192)
3 Official Business Trip and the Governance of Qin Dynasty ·· (197)

Chapter 7 The Standardization of Administrative Documents ······ (201)
1 Measures to Standardize Administrative Documents ············ (202)
2 Measures to Guarantee the Standardization of Administrative Documents in the Qin Dynasty ····················· (206)

Chapter 8 The Processing Cycle of County – level Files and Documents—Qianling County as the Center ················ (211)
1 The Processing Cycle of Documents Issued to the Lower or Higher Level in the Qianling County ······················· (212)
2 The Processing Cycle of Documents Issued between Qianling County and Outside Organizations ····················· (221)
3 The Central Government's Control over the Local Government Reflected in the Processing Cycle of Documents ·· (227)

Chapter 9 The Filing of Documents in the *Liye* Wooden Slips of Qin Dynasty ·· (231)
1 Waste or Files: The Nature of Unearthed Documents in the Ancient Well ··· (232)
2 The Contents of the Documents as Files in the *Liye* Wooden Slips of Qin Dynasty ··· (235)

3 The Filing Procedure of Documents as Files in the
   Liye Wooden Slips of Qin Dynasty ……………………………… (242)

Part Ⅲ Administration and Social Affairs Management

Chapter 1 A Discussion about Household Registration Documents Management in the *Liye* Wooden Slips of Qin Dynasty ……………………………………… (253)

1 The Writing Characteristics of Household Registration Documents in *Liye* Wooden Slips of Qin Dynasty and Comparison between It and Household Registration Documents in *Zoumalou* Wooden Slips ……………………… (253)

2 The Assignment of Responsibility of Household Registration Documents Management in the Towns and Villages Government ……………………………… (260)

Chapter 2 The Qin People and Foreigners: One Part of Population Identity Management System in the Qin Dynasty ……… (265)

1 The Qin People and Foreigners: Analysis Centered on the Difficult Cases of Rewarding Shi and Others to Arrest Thieves ………………………………………………… (265)

2 Reasons and Effects of the System of Distinguishing Identity by Country in Qin Dynasty ……………………………… (268)

Chapter 3 The Analysis of the Types of Military Service in *Liye* Wooden Slips in the Qin Dynasty ……………………… (276)

1 Items of Military Service ……………………………………… (277)

  2 The Treatment of Servicemen and the Length of
Their Service ·· (286)

Chapter 4 Discussion about the Management of Prisoners ············ (291)
  1 The Analysis of Prisoners Register ························· (292)
  2 The Management of Prisoners ······························ (297)
  3 "*Tu* 徒" and "*Tuli* 徒隶" ····································· (302)

Chapter 5 County Financial Management ························· (308)
  1 The Revenue and Expenditure of County Finance ·············· (309)
  2 County Financial Institutions during Qin Dynasty ················ (316)
  3 The Relationship between County Finance and National
Finance System in the Qin Dynasty ···························· (324)

**Chapter 6 Assessment, Statistic and the Evolution of Performance
Appraisal System in the Warring States, Qin and Han
Dynasties** ··· (330)
  1 The Text Analysis of Statistic ································ (331)
  2 The Text Analysis of Assessment ···························· (335)
  3 Statistic and the Evolution of Performance Appraisal
System during Warring States, Qin and Han Dynasties ······ (339)

Chapter 7 Between Tribute and Tax: The Nature of Feather ········ (344)
  1 The Source of Feather ······································· (344)
  2 The Nature of Feather ······································· (347)

Chapter 8 Local State Owned Land and Its Administration ········ (355)
  1 The Existence Form of State Owned Lands in the
Qin Dynasty ··· (357)
  2 The Management of State Owned Land of Counties ············ (360)

**Chapter 9   Warehouse in the Wooden Slips of Qin Dynasty and
             its Evolution in the Han Dynasty** ················· (367)
  1   Warehouse in the *Liye* Wooden Slips of Qin Dynasty ········· (367)
  2   Warehouse in the Wooden Slips of Northwest Garrison
      Documents ·· (372)
  3   Treature House and Weapon House: Functions of
      Warehouse in the Qin and Han Dynasties ···················· (382)

Chapter 10   Markets and Merchants ·························· (385)
  1   The Market Management by the Qin Government:
      Discussion from *Rui's Case of Selling the State's Booths
      on the Sly* ··· (386)
  2   The Relationship between Government and Markets ············ (392)
  3   An Analysis on the Policies made for Merchants in the
      Qin Dynasty ··· (397)

**Chapter 11   System of Sacrifice to the Ancestral Deity Agriculture
              and Its Evolution** ···························· (399)
  1   A Supplemental Discussion about System of Sacrifice to the
      Ancestral Deity Agriculture in the *Liye* Wooden Slips ········· (400)
  2   The Reason of Establishment of System of Sacrifice to the
      Ancestral Deity Agriculture ······························· (406)
  3   The Evolution of the System of Sacrifice to the Ancestral
      Deity Agriculture from Han to Jin Dynasties ················· (407)

Conclusion ·· (412)

References ·· (414)

Index ··· (438)

Postscript ··· (443)

前　言

地方行政制度是指政府为了有效对地方社会进行管理而制订的各种制度规定等。战国以来，中国的政治体制发生了根本转折，废分封而行郡县，地方行政体制呈现出不同的面貌，因而随之产生了一套相应的行政管理制度。秦之统一，既是疆域的统一，同时也是辽阔疆土上的制度统一。正因如此，中国行政制度史研究者对此予以额外的关注，甚至认为秦之统一是中国地方行政制度的开始。一些专门研究秦汉地方行政制度或官制的论著，也注意到秦与汉在制度方面的差异。但因文献不足征，一些具体问题很难深入和澄清。随着秦简的公布，特别是新世纪以来秦简发现、公布数量的剧增，为重新讨论秦地方行政制度提供了可能。与地方行政制度相关的简牍有两大类：一类是以睡虎地秦简、岳麓书院藏秦简为代表的法律文书，一类是以里耶秦简为主的县级行政档案文书。前者是制度规定，后者是制度的具体应用，二者互相补充印证，可从不同角度认识秦代地方行政制度。这些材料的时间断限是秦统一前后，故可看出这些制度渊源、初始时期的调适等细节问题。本书即以秦简作为主要材料来源，探讨秦的地方行政制度。因为这些材料无法以秦统一为限截然区分，故为行文方便统称秦代。目前秦简中关于县级机构的资料相对全面、系统，因而本书以县一级行政制度作为讨论的重心。根据简牍资料的特点，按照地方行政制度研究的内在理路，我们从职官制度、行政运作机制、行政制度的具体应用等三个方面展开讨论，其内容简述如下。

一

官制是传统制度史研究的基础和重心，因此我们首先从出土文献所见秦代县级职官入手，着重观察这一时期职官制度所表现出的特殊性。秦县级政权的长吏是令、丞、尉，但尉尚未取得与令、丞平等的地位，仅高于官啬夫。但他又领导了由亭长、士吏，甚至狱史、发弩等吏员组成的武职系统，上接郡尉。县尉的武职职能包括负责地方社会治安和对本地屯戍者管理两个方面。地方设有专门的武职官吏体系是秦人重视耕战的反映。在县级官吏中，从丞到各类啬夫，出现了频次很高的"守"吏，甚至超过了真官出现的数量。这很容易让人将之和汉代官吏的试守产生联系。不过，至少从县级机构情况看，这些守吏和官吏铨选并无关系，只是临时代理真官的职责。与"守"相关，在秦简中还出现了"假"，两者大致的区别是守为"守机构"，假为"假职官"。

秦简中地方职官选任的内容比较丰富。可以比较完整地复原出地方官员的选拔流程和标准。从不同出土批次的秦简看，地方官吏选拔有一以贯之的标准，包括劳绩、任职履历、年龄、个人道德素养和行政能力等几方面。选任程序是先由县令、丞等长吏保举，向郡中申请，县尉最终履行置吏权。秦代国家对保举这一环节非常重视。因为受到新征服地区可控制人口数量少、各地文化差异大等客观条件限制，故不得不降低地方官吏选拔标准，选官规定未达到应有的效果。

地方政府在正式职官之外，还有一些为行政运转服务的冗员，包括冗吏、吏仆与吏养。冗吏是政府编制外负责庶务的人员，主要承担"史"和"佐"两种职责的工作。虽然和政府正式吏员相对，但二者可以互相流动。冗吏是政府吏员的必要补充。吏仆与吏养分别指驾车和炊事人员，来源于徒隶，偶有戍卒充任。吏仆归仓管理，负责其口粮供给，分配任务。各行政机构配置了数额不等的吏仆与吏养，他们为官吏和官府提供的服务也是保障行政运转不可或缺的方面。

二

地方行政管理主要是通过行政机构运转实现的。我们先关注的是中央和地方各级机构在社会管理中所扮演的角色。秦体制初建，面临着社会观念，甚至官僚队伍自身的消极抵触。因而在科层式的行政架构之外，秦代中央更注意树立起自己的权威。一是在意识形态上建立起独尊的地位，主要利用祭祀、信仰等精神活动，使社会民众从思想上尊重中央威权。二是从技术角度对地方行政机构和官僚进行指导，使后者在行政实践中有据可循，便于操作，因而也就提高了地方机构行政效率。三是直接塑造基层社会面貌，使民众在日常生活中时时感受到国家的存在。

郡和县是秦代国家在地方设置的行政单位。郡作为县的上级机构，对县实行管辖的内容主要是汇总所辖县道的各类数据，针对疑难案件的裁决及刑徒事务的管理，对属地行政业务给予指导。郡管理县的途径主要通过期会，必要时派遣属吏监督执行。总体说来，郡对县级机构事务的管理还是侧重于文书、文告等文本手段。县在秦时有很大的自主权：可以单独与外郡县交往而无须经过本郡中转；部分特殊物资无须经过郡直接转输到中央。县与外界单独交往多涉及具体的人员、财物等，与通过郡办理的事务有所不同。这时县还是地方行政的重心。郡县间这种关系和春秋战国以来郡县形成机制有关，也与县为地方的经济单元有一定关系。

乡是县级机构的延伸，直接面对民众，设置了乡啬夫、乡佐和乡史等乡吏。与汉代在乡设置有民意代表的三老相比，秦更强调对基层社会的管束而非教化。虽然里中典、老双设，但如果出现户数不足等情形，舍老而留典。因而乡的职责主要表现在社会资源的敛取，是执行国家意志的基层据点。

为了保证政令顺利的上通下达，秦代国家制订了相应的行政规范，保障重要政务及时知晓，在秦代简牍中主要表现为期会、应书和谒告，对应着不同的文书收发机构。书面信息传达方式尚不能涵盖所有需要处理的政务，所以地方官吏徭使出差也是日常行政工作之一，用以处理文书行政无法解决的具体问题，如校勘律令、地图，处理刑狱等。徭使的目的地以郡内和咸阳为主，兼顾了行政效率和展示中央威权两个方面。

数量庞大的刑徒和各种戍役者提供的力役是秦代国家机器运转的物质基础，口粮供给是控制这些劳动力的重要手段之一。为此秦律针对不同身份、性别、年龄的口粮数量有一套严格的数字化规定，并制订了严格的流程，有固定组合的出廪与监督吏员，目的是为了保障国有粮食不致流失，也是利用基本生存资源控制臣民的一种手段。

文书是秦汉时期传达信息的基本手段，也是当时日常行政的基本载体。因此我们从文书的书写、处理周期、归档等文书形成的全过程，来探讨秦代文书行政的技术层面内容。为了保障准确的交流信息，秦代国家对简牍规格、样式、书写格式、传行时间做出了细致的规定，并以相应的法令做保障。文书处理周期也能反映出地方政府的行政效率。从迁陵县的例子看，以县为中心，县内机构之间文书处理速度最快，郡内次之，而与外郡县之间的文书处理周期最长。这不仅有距离远近的因素，也和文书处理者的主观心态有关，表现出制度执行过程中不尽如人意的一面。文书除了有传递信息的功能外，还是存储备查的档案。所以这时也有一套比较完善的文书归档流程，以曹为单位、以类为中心、按一定时段存放到特定的笥中。

三

秦简中也有将制度规定付诸实施的记录，表现在对行政事务和社会事务的管理方面。秦代国家通过行政系统实现对社会资源，主要是人力和财物的敛取。对人力资源的控制表现在两个方面：其一是控制庞杂的劳动力资源。首先建立起比较成熟的户籍制度，这是掌握人口数据的基础。和后来的户籍文书相比，更重视爵位、以丁中为标准记录人口，这也是时代特征的反映。秦代的身份制度复杂，因此我们重点探讨了两个重要群体，即刑徒和戍役者。秦的刑徒分别归属于仓和司空，常被派遣到诸官和属乡，承担各种力役，有严密的日常管理程序。秦的徭役体系颇为复杂，既有普遍徭役制度下的更戍，也有惩罚性徭役的谪戍、罚戍与赀戍，甚至还有赎身的冗戍。不同身份及其与国家关系的差异，导致在日常口粮廪给形式、待遇、服役期限等方面，也表现出很大的不同。

经济基础是国家行政运作的前提，因而地方行政制度中有一些经济收入方面的规定。县中设有金布和少内这类专门的列曹与诸官，分别负责财政考课和财物管理。财政收入来源多样，县级财政除留下本县必要用度之外，其余都要流向中央，形成集权的经济基础。县级政权对经济管理辅之以"计""课"等考核制度。"计"是对现有国家资财的静态总结与统计，其对象是国家机构；"课"则是对国有资财增减情况的动态记录和监督，其问责对象是具体的职官和实际责任人。秦代国家还向地方求取"羽"等战略物资，它兼有军赋和贡赋两种特质，直接流向中央。政府直接控制的土地，即公田收入也是政府财政的重要来源，主要利用刑徒和戍卒等国家控制的劳动力来耕种。

国家在社会管理活动中也发挥着作用。秦时市场土地所有权归属国家，国家拥有出让、分配、规划的权力，并制订收受规则。商户从政府接受土地，拥有赠予等部分处置权。政府管控着市场秩序。市场为政府提供稳定的租税收入，政府也直接参与商品买卖。另外，国家除了从信仰角度树立起中央威权外，也将流行于民间的信仰对象纳入国家信仰管理体系当中，使之成为整齐民间风俗的一部分。

总之，我们利用新史料尽可能还原秦代地方行政制度中不被了解的一些技术细节，提供新的视角，为进一步理解秦政的特点提供帮助。在具体研究路径上，将讨论的主题与传世文献相比对，重新思考后者的一些记载，为传统秦汉历史研究论题提供新的解释可能。在时间断限上也注意与两汉甚至以后的时代相连接，观察这些制度的流变与衍生情况，可以凸显出秦代地方行政的特点。

当然，本书并非对秦代地方行政制度体系化的面面俱到的罗列。秦简无疑是研究秦代历史的第一手材料，但我们也清醒地意识到这些史料有其特殊性。比如目前法律文书多是律令摘抄；行政文书仅限于迁陵县档案，而无郡一级的视角。里耶秦简虽然集中出土于古井中，但多半尚未公布，断简缀合和简牍的编联正在展开，后续工作能否提供更多新知或颠覆性意见，亦未可知。并且，就迁陵县而言，它是新征服的地区，和秦故地制度有差别，可否视为秦代地方行政制度的一般形态也是存在疑问的。正是因为材料的限度，所以这并不意味着本书已经准确、全面的复原出秦代地方行政制度。不过，随着已经发现秦简的不断刊布，毫无疑问，今后学界的工作一定会提升秦代地方行政制度问题研究的深度和广度。

上 编

县级机构的职官与吏员

第 一 章
令、丞、尉问题发微

春秋末期分封制度开始瓦解，战国时代各国陆续建立起中央直接控制地方的郡县制度。秦国同样如此，秦孝公十二年，"并诸小乡聚，集为大县，县一令，四十一县"①。对于县级机构的职官设置，长期以来学界以汉制比况秦制，即设置令、丞、尉三长吏。② 不过也有一种意见认为，秦开始只有令、丞，而无尉。③ 随着出土资料中秦代县制材料的增多，一些讨论也开始涉及秦县的职官制度，比如县啬夫、大啬夫与县令关系等。④ 特别是近年来

---

① 《史记》卷5《秦本纪》（点校本二十四史修订本），中华书局2014年版，第257页。
② 《汉书》卷19上《百官公卿表上》："县令、长，皆秦官，掌治其县。万户以上为令，秩千石至六百石。减万户为长，秩五百石至三百石。皆有丞、尉，秩四百石至二百石，是为长吏。"中华书局1962年版，第742页。孙诒让认为，"令丞尉三老五大夫等制，并在商鞅前"。孙楷亦赞同此说。参见孙楷著，徐复订补《秦会要订补》卷14《职官上》，中华书局1998年版，第218页。现代史家多依此说。严耕望说："令长相之佐官有丞与尉，亦犹郡之有丞与尉也。其制亦始见于战国时代之秦及三晋。"参见严耕望《中国地方行政制度史——秦汉地方行政制度》，上海古籍出版社2007年版，第218页；《战国会要》采用《汉表》说法，参见杨宽、吴浩坤主编《战国会要》，上海古籍出版社2005年版，第506页；杨宽《战国史》中亦有相似的表述："商鞅在秦变法时，每县设有令、丞和尉。县令是一县之长，下设丞、尉，丞主管民政，尉主管军事。"参见杨宽《战国史》，上海人民出版社1998年版，第230页；左言东《先秦职官表》将县丞和县尉排在一起，似乎也是令、丞、尉三分。左言东编著：《先秦职官表》，商务印书馆1994年版，第426页。
③ 如《七国考》在对秦代职官分类时，只列县令和县丞，而无县尉，参见董说著，缪文远订补《七国考订补》，上海古籍出版社1987年版，第16—17页；安作璋、熊铁基也认为秦本无县尉，只有郡尉，汉（最多是秦末）开始有县尉。参见其著《秦汉官制史稿》，齐鲁书社2007年版，第656页。
④ 如高敏《从云梦秦简看秦的若干制度》，收入其著《云梦秦简初探》（增订本），河南人民出版社1981年版；郑实《啬夫考——读云梦秦简札记》，《文物》1978年第2期；裘锡圭《啬夫初探》，《裘锡圭学术文集·古代历史、思想、民俗卷》，复旦大学出版社2012年版。

学界开始注意到秦制和汉制的一些差异。① 而新近公布的秦简中多有县级行政资料，使重新讨论县级主要职官的设置成为可能。② 我们在这些成果基础上，补充新的秦简内容，对秦县令、丞、尉等职官在职能、身份方面的一些特点，特别是县尉的特殊性等问题提出一孔之见。

一 令、丞的职责及其分野

《史记·商君列传》："集小都乡邑聚为县，置令丞。"言外之意，令、丞是县的主要职官，负有管理一县的职责。从出土文献看，也的确如此。比如对于政府财政收入的管理，在睡虎地秦简和岳麓书院藏秦简中有两条相似的《金布律》律文：

官府受钱者，千钱一畚，以丞、令印印。不盈千者，亦封印之。钱善不善，杂实之。出钱，献封丞、令，乃发用之。③
●金布律曰：官府为作务、市受钱，及受赍、租、质、它稍入钱，皆官为缿，谨为缿空（孔），緅（须）毋令钱能出，以令若丞印封缿而入，与入钱者三辨券之，辄入钱缿中，令入钱者见其入。④

这两条律文的共同点都是说政府对收入的钱，需要令和丞共同封缄。尽管存储钱财的器具与形式不同，这或许与律文书写的时代相关，就其基本精神来说，没有太大的变化，令、丞拥有县级财政管理权。与这一职能比较近似的，还有对粮食和公共物品的管理权，如：

---

① 如邹水杰认为丞、尉属于县令长下的一个行政层级，他们在秩次和级别上是一样的，秦代简牍中丞和尉的复杂关系是因为"同样在秦时期，地域的不同会导致丞、尉在具体行政权力上的稍微差异"。参见邹水杰《两汉县行政研究》，湖南人民出版社 2008 年版，第 80 页；杨振红重点讨论了以前不曾关注过的县尉的置吏权，并在文中将尉看成是县之长吏，参见杨振红《秦汉时期的"尉"、"尉律"与"置吏"、"除吏"——兼论"吏"的属性》，武汉大学简帛研究中心主办《简帛》（第八辑），上海古籍出版社 2013 年版。
② 吴方基：《简牍所见秦代县尉及与令、丞关系新探》，《中华文化论坛》2017 年第 2 期。
③ 陈伟主编：《秦简牍合集·释文注释修订本（壹、贰）》，武汉大学出版社 2016 年版，第 84 页。
④ 陈松长主编：《岳麓书院藏秦简》（肆），上海辞书出版社 2015 年版，第 108 页。

●仓律曰：县官县料出入必平，稟禾美恶相杂乚，大输令丞视，令史、官啬夫视平乚，稍稟，令令史视平，不从令，赀一甲。①

□□律曰：诸当叚（假）官器者，必有令、丞致乃叚（假），毋（无）致官擅叚（假），赀叚（假）及假者各二甲。②

这两条律文均来自《岳麓书院藏秦简》（肆）。第一条仓律律文是说日常粮食廪给由令史等负责，如果有数额较大的粮食输出，即大输，则需要令、丞检视。第二条律文则是说在出借官府器具时，需要有令、丞的券书，即"致"才能生效。以上两条说明令与丞有共同掌控县级财政的权力。政府的日常行政也由令、丞负责：

□律曰：传书受及行之，必书其起及到日月凤莫（暮），以相报，报宜到不来者，追之。书有亡者，亟告其县官。不从令者，丞、令、令史主者赀各一甲。③

秦汉时期文书行政是政务处理的重要特点，也是保证信息畅达的基本途径，因而文书传递有细致的法律规定，若在传递过程中出现问题，令、丞一起连坐。从责任划分角度，二者还是一致的，都有对日常行政的部分管理权限。

除此以外，对社会的管理也是令、丞职责之内的事情。

●里人令军人得爵受赐者出钱酒肉歙（饮）食之，及予钱酒肉者，皆赀戍各一岁。其先自告，赀 典 、 老□ 各一甲，弗智（知），赀各一盾，有不从令者而丞、令、令史弗得，赀各一盾，以为恒。④

对于里中不按法度饮食者，除了对直接责任人和具体负责的典、老进行处

---

① 陈松长主编：《岳麓书院藏秦简》（肆），第122页。
② 陈松长主编：《岳麓书院藏秦简》（肆），第148页。
③ 陈松长主编：《岳麓书院藏秦简》（肆），第142页。
④ 陈松长主编：《岳麓书院藏秦简》（肆），第220—221页。

罚，令、丞也会被处以赀刑。以上说明令和丞一道对县中财政、行政和社会进行管理，拥有同样的权力和责任。另外，我们在后面列举相关官员连坐的律文中，常令、丞并称，连坐的理由包括畜牧业、手工业生产、粮食管理，以及官吏考课等诸方面。① 亦未超出民政和行政范畴，这些都是日常行政工作的主要方面。并且从处罚标准看，也显示不出二者的差异。《效律》中有一条关于赀刑处罚标准的律文："官啬夫赀二甲，令、丞赀一甲；官啬夫赀一甲，令、丞赀一盾。其吏主者坐以赀、谇如官啬夫。其它冗吏、令史掾计者，及都仓、库、田、亭啬夫坐其离官属于乡者，如令、丞。"② 对官员赀刑处罚的标准，令、丞不仅因为其责任而成为一个等次，并且也是都仓、库、田官、亭啬夫等职官的参照标准。在里耶秦简中也有执行这类法律的具体例证：

廿八年迁陵隶臣妾及黔首居赀赎责作官府课。·泰（大）凡百八十九人。死亡·衞（率）之，六人六十三分人五而死一人。Ⅰ 已计廿七年余隶臣妾百一十六人。Ⅱ 廿八年新·入卅五人。Ⅲ ·凡百五十一人，其廿八死亡。·黔道（首）居赀赎责作官卅八人，其一人死。Ⅳ 7-304 令拔、丞昌、守丞膻之、仓武、令史上、上逐除、仓佐尚、司空长、史郿当坐。7-304背③

从里耶秦简作徒簿看，秦县廷中负责管理刑徒等惩罚性劳役者的机构是仓和司空，除了仓的官员武、尚和司空的官员长等受到惩罚外，令和丞同样也受到处罚，当是因职务而导致的连坐。

虽然令、丞因主管官员的身份而受到相同的处罚，但并不意味着在任何场域下，其职责完全相同。在秦律中并没有明确提出过这一点，而在其他材

---

① 此外，在《龙岗秦简》中，还有两条内容相似的残简：令、丞弗得，赀各二甲。关外及【县、道官马】☐53/46/46/223；部主者各二甲，令、丞、令史各一甲。【马】☐.152/77A/75A/188A。见陈伟主编《秦简牍合集·释文注释修订本（叁）》，武汉大学出版社2016年版，第41、81页。
② 陈伟主编：《秦简牍合集·释文注释修订本（壹、贰）》，第152页。
③ 里耶秦简牍校释小组：《新见里耶秦简牍资料选校（一）》，武汉大学简帛研究中心主办：《简帛》（第十辑），上海古籍出版社2015年版。

料中却能够发现一些痕迹。

首先和县丞相比，县令拥有决策权。《史记·高祖本纪》："沛令恐，欲以沛应涉……沛令后悔，恐其有变，乃闭城城守，欲诛萧、曹。"① 刘邦起兵初期围攻沛县，在决定沛县前途问题上，沛令个人意志一直起决定作用，说明在需要做出抉择时，最终决定权还是掌握在县令手中。处理具体政务时也能体现出这一点，《岳麓书院藏秦简》（叁）案例〇三是一条奏谳文书，我们选取其中关于令、丞职责部分：

> ●廿（二十）三年四月，江陵丞文敢谳（谳）之：廿（二十）三[二]年九月庚子，令下，劾：揉（录）江陵狱：上造敞、士五（伍）猩智（知）人盗椒冢，分臧（赃）。得。敞当耐鬼薪，猩黥城旦。遝戊午赦（赦），为庶人。鞫审，谳（谳）。……江陵守感、丞暨、史同论赦（赦）猩、敞为庶人。达等令（？）别（？）论。敢谳（谳）之。②

抛开案件内容本身，我们关心的是令、丞在处理程序中起的作用。这篇奏谳文书开头部分是由县丞上呈需要奏谳的内容，为一种日常行政程序，当由县丞负责。结尾部分记录了江陵县廷对该案件的处理意见，最终决定此事除了县丞，还包括县令。这反映出在秦代日常行政中，各种庶务处理皆由县丞负责，但是需要最终裁决的时候，则由县令负责。里耶秦简中也有一条材料："☐事志一牒。有不定者，谒令饶定。敢☐（8-42+8-55）。"③ 这是在日常行政中令、丞分工大致情形。

其次，县令作为一县的主官，也是与郡等机构交往的代表：

> 卅三年正月壬申朔戊戌，洞庭叚守☐谓县嗇夫：廿八年以来，县所以令糴粟固各有数而上见。或别署，或弗☐。以书到时亟各上所糴粟数后上见存，署见左方曰若干石斗不居见，☐署主仓发，它如律令。县一书，

---

① 《史记》卷8《高祖本纪》（点校本二十四史修订本），第445页。
② 朱汉民、陈松长主编：《岳麓书院藏秦简》（叁），上海辞书出版社2013年版，第119、124页。
③ 陈伟主编：《里耶秦简牍校释》（第一卷），武汉大学出版社2012年版，第38页。

> ·以临沅印行事。二月壬寅朔甲子，洞庭叚守醋追，县丞上勿留。/肥手。·以上衍印行事。Ⅴ12-1784a
> 三月丙戌日中，邮人纏以来。/□发。歇手。12-1784b①

这是洞庭郡直接将县啬夫作为发文对象，县啬夫即为县令。下发的文书是要求规范籴粟文件式样。同样，睡虎地秦简《语书》也是以"廿年四月丙戌朔丁亥，南郡守腾谓县、道啬夫"开头。②法律文献中也有类似的表述：

> □会狱治，诣所县官属所执法，即亟遣，为质日，署行日，日行六十里，留弗亟遣过五日及留弗传过二日到十日，赀县令以下主者各二甲⌐。③

这条律文是官员出差处理公务的时间要求，如果因延迟而超出规定时间，则对有关官员给予赀刑处罚。但"县令以下"，从法律语言表述的严谨性看，县令也被认为是一县之最高长官，为一县官员的代表。

不过，从文书发送角度，秦行政文书中也有郡守直接对县丞发文的例子：

> 卅四年六月甲午朔乙卯，洞庭守礼谓迁陵丞：Ⅰ丞言徒隶不田，奏曰：司空厌等当坐，皆有它罪，Ⅱ 8-755 耐为司寇。有书，书壬手。令曰：吏仆、养、走、工、组Ⅰ织、守府门、刐匠及它急事不可令田，六人予田徒Ⅱ 8-756 四人。徒少及毋徒，薄（簿）移治虏御史，御史以均予。今迁陵Ⅰ廿五年为县，廿九年田廿六年尽廿八年当田，司空厌等Ⅱ 8-757 失弗令田。弗令田即有徒而弗令田且徒少不傅于Ⅰ奏。及苍梧为郡九岁乃往岁田。厌失，当坐论。即Ⅱ 8-758 如前书律令。/七月甲子朔癸酉，洞庭叚（假）守Ⅰ绎追迁陵。/歇手。·以沅阳印行事。Ⅱ

---

① 里耶秦简博物馆、出土文献与中国古代文明研究协同创新中心中国人民大学中心编：《里耶秦简博物馆藏秦简》，中西书局2016年版，第202页。
② 陈伟主编：《秦简牍合集·释文注释修订本（壹、贰）》，第29页。
③ 陈松长主编：《岳麓书院藏秦简》（肆），第145—146页。

8-759

歌手。8-755背①

廿七年十一月戊申朔癸亥，洞庭叚（假）守昌谓迁陵丞：迁陵上Ⅰ坐反适（谪）辠（罪）当均输郡中者六十六人，今皆输迁陵。其听书Ⅱ从事，它如律令。·以新武陵印行事。Ⅲ十二月丁酉，迁陵守丞敦狐告司空主：以律令从事。/夫手。走郵即行。Ⅳ9—23

司。Ⅰ十二月丙申旦，库佐黑以来。/莫邪半。痈手。Ⅱ9—23背②

从文书内容看，是洞庭郡守针对迁陵丞所呈报上行文书给予的回复，这是对具体事情而言，不具有普遍性。而且反过来也说明，令、丞行政职能分野在于令负责主要的具有普遍性、规范性的事务，丞则负责具体事务。并且县令比县丞权力更大：

● 田律曰：吏休归，有县官吏乘乘马及县官乘马过县，欲贳刍稟、禾、粟、米及买菽者，县以朔日平贾（价）受钱 ∟ ，先为钱及券，䖒以令、丞印封，令、令史、赋主各挟一辨。③

在前引两条《金布律》中，均提到由令和丞封缄财政入钱。这条田律中，更明确了县令除此以外可以保管一份券书，而丞则无此职能，反映了丞的财政权力更为泛泛。

二　尉的职责

论者谈及战国秦县尉的职掌时，指其负责一县军政事务，如《商君书·境内》"爵吏而为县尉，则赐虏六，加五千六百"高亨注："县尉，官名，掌一县的兵政。"④ 又如睡虎地秦简《秦律十八种·置吏律》："除吏、尉，

---

① 陈伟主编：《里耶秦简牍校释》（第一卷），第217页。
② 陈伟主编：《里耶秦简牍校释》（第二卷），武汉大学出版社2018年版，第35—36页。
③ 陈松长主编：《岳麓书院藏秦简》（肆），第104页。
④ 高亨注译：《商君书注译》，中华书局1974年版，第150页。

已除之，乃令视事及遣之。"整理小组注："尉，此处指县尉，管理县中军务的官，见《汉书·百官表》。"① 除了汉《表》以外，《后汉书·百官志》刘昭本注讲述汉代制度时，对其职责有更细致的描述："尉主盗贼。凡有贼发，主名不立，则推索行寻，案察奸宄，以起端绪。"② 由汉制上推秦制，对县尉职能的概括可以成立。我们再从新出史料分析武质性县尉具体职掌，大略可以分为地方治安和戍役管理两方面。《里耶秦简》简 8-1552："敢告尉：以书到时，尽将求盗、戍卒橐（操）衣、器诣廷，唯毋遗。"③ 求盗，按《汉书·高帝纪》"令求盗之薛治"应劭注曰："求盗者，亭卒。旧时亭有两卒，一为亭父，掌开闭扫除，一为求盗，掌逐捕盗贼。"④ 求盗即为亭长的下属，帮助亭长缉捕盗贼；戍卒为屯戍之卒，是秦汉时期屯驻地方的常备兵。这条简文是上级命令尉带领求盗、戍卒携带衣物与器物到县廷，反映的正是县尉职掌的两个方面。

县尉的治安职能是与亭连接而实现的。下面这两条简能够看出尉与亭之间的密切关系：

尉广赀四甲。校长舍四甲。☐ Ⅰ 佐犴四甲。赀已归。☐ Ⅱ 8-565⑤
☐校长援，丙子尽丙戌十一日，不肆☐☐ Ⅰ ☐☐丁亥朔戊子，尉守建、尉史午劾☐ Ⅱ 8-671+8-721+8-2163
☐朔戊子，尉守建敢言之：写上。谒☐ 8-671+8-721+8-2163 背⑥

前一条与赀刑有关，将尉和校长归到一类；后一条虽然不明原因，但从残存的文字看，大约是尉守建对校长援进行举劾。校长在睡虎地秦墓竹简《封诊式·群盗》条曾经出现过，整理者引《续汉书·百官志》刘昭注："主兵戎盗贼事。"⑦ 校长为亭吏无疑。这两条材料放在一起表明尉与校长是一个体

---

① 睡虎地秦墓竹简整理小组编：《睡虎地秦墓竹简》，文物出版社 1990 年版，释文第 56 页。
② 《后汉书》志第 28《百官志五》，中华书局 1965 年版，第 3623 页。
③ 陈伟主编：《里耶秦简牍校释》（第一卷），第 356 页。
④ 《汉书》卷 1 上《高帝纪上》，第 6 页。
⑤ 陈伟主编：《里耶秦简牍校释》（第一卷），第 180 页。
⑥ 陈伟主编：《里耶秦简牍校释》（第一卷），第 199 页。
⑦ 睡虎地秦墓竹简整理小组编：《睡虎地秦墓竹简》，释文第 152 页。

系中的上下级关系，县尉通过亭来实现地方治安职责，表现在两点，一是直接帮助亭缉拿盗贼：

【廿】六年二月癸丑朔丙子，唐亭叚（假）校长壮敢言之：唐亭Ⅰ旁有盗可卅人。壮卒少，不足以追。亭不可空。谒Ⅱ遣【卒】索（索）。敢言之。/二月辛巳，迁陵守丞敦狐敢告尉、告卿（乡）主，以律Ⅲ9－1112令从吏（事）。尉下亭部，署士吏谨备。贰卿（乡）上司马丞。/亭手。/即令Ⅰ走涂行。Ⅱ二月辛巳，不更舆里成以来。/丞半。壮手。Ⅲ9－1112背①

这段是说唐亭附近发现"盗"，因其数量众多，亭的武备无力应付，因而向县廷求助，县丞将任务交付县尉和所在乡的主管官员，要求依律令提供帮助。县尉则直接向唐亭部署士吏。在这一程序中，尉对亭之校长提供支持有法可依，而且也有相应的武力。当然，这还需要贰春乡的配合。

县尉对亭的管辖还表现在对相关吏员的任命和调遣：

小男子说。今尉征说以为求盗。☐8－2027
员吏勿。☐8－2027背②

这里县尉可以征发小男子说为求盗，并不需要经过上级官吏或机构批准，说明他可以独擅此权。其原因大概求盗为亭中厮役。对亭主要吏员校长的管理，县尉似乎就没有这么大权力：

尉敬敢再捧（拜）谒丞公：校长宽以迁陵船徙卒史Ⅰ【酉阳，酉阳】☐☐【船】☐元（沅）陵，宽以船属酉阳校长徐。今司空Ⅱ☐☐☐☐☐☐丞公令吏徒往取之，及以书告酉阳令Ⅲ来归之。盗贼事急，敬已遣宽与校长囚吾追求盗Ⅳ8－167＋8－194＋8－474＋8－1011

---

① 陈伟主编：《里耶秦简牍校释》（第二卷），第260页。
② 陈伟主编：《里耶秦简牍校释》（第一卷），第420页。

发田官不得者,敢再撰(拜)谒之。8-167背+8-194背+8-474背+8-1011背①

文书前半段讲校长宽本来处理其他公事,但因盗贼事发,县尉敬临时将宽与校长因吾调去捕盗,说明县尉对辖境内的校长有统一调配指挥的权力。但是他需要向县丞汇报,又反映了这种调拨权力需要得到县廷许可,这大约是因为校长算作吏,和求盗不同。

由县尉治安职能衍生出来的另一项工作是对人口迁移的管理:

> ●尉卒律曰:缘故徼县及郡县黔齿〈首〉、县属而有所之,必谒于尉,尉听,可许者为期日。②

结合整理者注释的意见,这条律文是说没有设塞的边县,百姓和属吏外出,必须要让县尉知晓并批准。制订这一规定还是着眼于通过人口控制来稳定社会,和尉的基本职责有关。

作为县级机构负责武备的官员,戍卒也归其管理,包括征发戍卒和对驻扎本地戍卒的日常管理。睡虎地秦墓竹简《秦律杂抄》:"·戍律曰:同居毋并行,县啬夫、尉及士吏行戍不以律,赀二甲。"③这条律文要求县尉按照法律规定来派发戍役。并且置于戍律,即关于行戍的法律条目下,说明这是其常态职掌。《秦律杂抄》中另一条律文也与此相关:"·县毋敢包卒为弟子,尉赀二甲,免;令,二甲。"所谓"包卒为弟子",睡虎地秦墓竹简整理小组的意见:包意谓藏,卒是有二至四级爵的军士。藏卒为弟子,是逃避军役的行为。④县中如果发生逃避军役的行为,县尉受到赀刑惩罚并免职,是因派发军役为其职责所在。令受赀刑,是因其总管一县事务所致。

除负责向外地派出戍卒,在本地执行屯守、劳作任务戍卒的日常工作也由县尉负责,《秦律杂抄》:"戍者城及补城……县尉时循视其攻(功)及所

---

① 陈伟主编:《里耶秦简牍校释》(第一卷),第101页。
② 陈松长主编:《岳麓书院藏秦简》(肆),第111页。
③ 陈伟主编:《秦简牍合集·释文注释修订本(壹、贰)》,第176—177页。
④ 睡虎地秦墓竹简整理小组编:《睡虎地秦墓竹简》,释文第81页。

为，敢令为它事，使者赀二甲。"① 戍役者筑城，县尉负责监督。

不仅如此，还由尉对屯守者的管理而衍生出对其他承担屯戍任务群体的管理。《岳麓书院藏秦简》（肆）载《戍律》：

> •戍律曰：城塞陛郭多陕（决）坏不修，徒隶少不足治，以闲时岁一兴大夫以下至弟子、复子无复不复，各旬以缮之。尽旬不足以索（索）缮之，言不足用积徒数属所尉，毋敢令公士、公卒、士五（伍）为它事，必与缮城塞。岁上城旦舂、居赀续〈赎〉、隶臣妾缮治城塞数、用徒数及黔首所缮用徒数于属所尉，与计偕。②

县尉对劳役中的工程总量、用工数都要全面掌握，汇总。在日常行政工作也可以找到互相印证的具体事例，里耶秦简中有这样两条考课数据：

> ☐冗募群戍卒百卅三人。AⅠ☐廿六人。•死一人。AⅡ☐六百廿六人而死一人。AⅢ尉守狐课。BⅠ十一月己酉视事，尽十二月丁未。BⅡ8－132＋8－334③
>
> 【尉】课志：AⅠ卒死亡课，AⅡ司寇田课，AⅢ卒田课。BⅠ·凡三课。BⅡ8－482④

这是对尉工作进行考绩的记录，第一条材料是对尉所控制的冗募和戍卒两类人情况进行考绩，第二条主要项目除了和卒相关的死亡、田作外，还有对司寇田的考课记录。司寇为轻刑徒，将其放到县尉考课范围内，是因为和戍卒一起从事田作的缘故。冗募，按《校释》引孙言诚的说法：冗是冗边者，募是应募而从军戍的。⑤ 而且冗戍大概只包括赎身一种情况而不包括谪戍，⑥

---

① 陈伟主编：《秦简牍合集·释文注释修订本（壹、贰）》，第177页。
② 陈松长主编：《岳麓书院藏秦简》（肆），第130—131页。
③ 陈伟主编：《里耶秦简牍校释》（第一卷），第70页。
④ 陈伟主编：《里耶秦简牍校释》（第一卷），第165页。
⑤ 陈伟主编：《里耶秦简牍校释》（第一卷），第70页。
⑥ 详见本书下编第三章《里耶秦简所见戍役种类辨析》。

他们和戍卒的死亡情况作为县尉考核指标，也应基于同样原因。因为各类屯戍人口劳作、死亡皆为县尉的考核指标，故可以推测县尉有干预他们日常生活的权力：

廿八年七月戊戌朔癸卯，尉守窃敢之：洞庭尉遣巫居贷公卒Ⅰ安成徐署迁陵。今徐以壬寅事，谒令仓贷食，移尉以展约日。敢言之。Ⅱ七月癸卯，迁陵守丞膻之告仓主，以律令从事。/逐手。即徐□入□。Ⅲ 8-1563

癸卯，朐忍宜利锜以来。/敞半。齮手。8-1563 背①

居贷，《校释》认为是"疑与居赀赎债类似"；展为"记录、校录"；约日"疑指署迁陵的日期"。屯驻迁陵的巫县公卒在支取粮食时，由尉记录其时间，说明县尉至少已经参与到这些人群的口粮供给。从秦简牍看，廪给粮食是政府控制服役人口的重要手段之一。

当然，对戍卒以外服役群体的管理，还是只限于其统领的那部分人。毕竟县中掌管刑徒的主要机构是司空和仓。如下简：

二人付□□□。AⅠ一人付田官。AⅡ一人付司空：枚。AⅢ一人作务：臣。AⅣ一人求白翰羽：章。AⅤ一人廷守府：快。AⅥ其廿六付田官。BⅠ一人守园：壹孙。BⅡ二人司寇守：囚、婢。BⅢ二人付库：恬、扰。BⅣ二人市工用：饌、亥。BⅤ二人付尉□□。☒BⅥ 8-663
五月甲寅仓是敢言之：写上。敢言之。☒ 8-663 背②

这是仓向各机构分配刑徒的记录，尉只分得其中一部分，而他也只对这部分人负责。令、丞民政系统对服役者也有管理责任。《岳麓书院藏秦简》（肆）的一条律文：

---

① 陈伟主编：《里耶秦简牍校释》（第一卷），第361页。
② 陈伟主编：《里耶秦简牍校释》（第一卷），第196页。

丞相其以制明告郡县𠃊，及毋令吏以苛䌛（徭）夺黔首春夏时，令皆明焉。以为恒，不从令者，赀丞、令、令史、尉、尉史、士□吏、发弩各二甲。①

这似乎是说明令、丞和县尉系统在徭役方面职责有交叉的一面。不过，考虑到这是从中央视角对于违反徭役规定官员的处罚，可能不必做出更细致的区分。如果结合其他律文，还是隐约地可以看出二者分野。《岳麓书院藏秦简》有一条律文单独提到令、丞征发徭役的场合：

䌛（徭）律曰：发䌛（徭），自不更以下䌛（徭）戍，自一日以上尽券书，及署于牒，将阳倍（背）事者亦署之，不从令及䌛（徭）不当券书，券书之，赀乡啬夫、吏主者各一甲，丞、令、令史各一盾。②

这条律文强调基层组织对服役者身份、服役时间的登记。虽然前引睡虎地秦墓竹简《秦律杂抄》戍律记载尉也有类似职能，但是它强调"同居毋并行"，是对特殊情况的要求。并且一属《徭律》，一属《戍律》，前者范围宽泛，后者专门。此外，尉还有置吏的权力，这一点邹水杰、杨振红都曾讨论过，不赘述。③

三 尉与令、丞身份差异

从前面的讨论可以看出，在秦代县廷中，令总揽各类事务，丞主要负责行政事务，尉负责与军政相关事务。这与《汉书·百官公卿表》《后汉书·百官志》描述的情况一致。在睡虎地秦简《秦律杂抄》《封诊式》和岳麓书院藏秦简，以及里耶秦简中有多条关于令、丞、尉连坐的律文，我们以这类

---

① 陈松长主编：《岳麓书院藏秦简》（肆），第217—218页。
② 陈松长主编：《岳麓书院藏秦简》（肆），第152页。
③ 邹水杰：《里耶简牍所见秦代县廷官吏设置》，《咸阳师范学院学报》2007年第3期；杨振红：《秦汉时期的"尉"、"尉律"与"置吏"、"除吏"——兼论"吏"的属性》，武汉大学简帛研究中心主办：《简帛》（第八辑），上海古籍出版社2013年版。

材料为切入点，从犯罪事由、对当事人、主管官员、长吏等相关吏员处罚措施几方面列表（参见表1），来观察令、丞和尉的区分。

观察这个表格，可以发现这样几个问题：从法律责任角度，多数情况下令、丞一起连坐，承担同样的责任，而尉则多不在其中。其中睡虎地秦简中有6条，里耶秦简1条，岳麓书院藏秦简有23条。也就是说，令、丞并称，尉无法与其等量齐观。另，睡虎地秦简和岳麓秦简相比，县长吏连坐中，只提令、丞，而岳麓简则丞、令、令史已经成为相对固定的组合，只有两条例外。与此相对的是尉、尉史、士吏的组合，这仍然改变不了令、丞与尉之间的分野。连坐组合的繁化，应和时代先后有关，岳麓简时代稍晚，行政技术逐渐复杂成熟。岳麓书院藏秦简《尉杂律》："●尉卒律曰：县尉治事，毋敢令史独治，必尉及士吏与，身临之，不从令者，赀一甲。"① 整理者认为"史"是指县尉佐吏，就是指尉史，他们和士吏恰好可以构成表中尉、尉史、士吏的组合，县尉处理事务，与尉史、士吏一起构成了标准配置。

其实尉和令、丞两分这一现象在传世文献中也有表现。《汉书·樊哙传》："击章平军好畤，攻城，先登陷阵，斩县令丞各一人。"②《汉书·高帝纪》："异日秦民爵公大夫以上，令丞与亢礼。"③ 这也没有把秦代的县尉和令、丞放到一个层次。令、丞发生连坐的领域多集中在民政和日常行政的场合，表1可以归纳为官营手工业和商业管理，官府物资储存与发放，徭役，日常行政，社会秩序与社会生活的管理等。当然，也有几例令、丞、尉同等连坐，如例7、10、15、19、22、36等，主要集中在人员流动，徭役征发，民间秩序等方面的管理，这是县尉武质性职责的延伸，和县中主要官员令、丞职能交叉所致。并不能改变尉与令、丞分属两个系统的特点。

不过，这并不意味着尉与令、丞是平行关系。从连坐看，尉或以尉为中心的组合通常是令、丞、令史组合的下一层级。比如20号材料"赀尉、尉史、士吏主者各二甲，丞、令、令史各一甲"；23号材料，"赀尉、尉史、士吏主者各一甲，丞、令、令史各一盾"；24号材料"尉、尉史、士吏主者

---

① 陈松长主编：《岳麓书院藏秦简》（肆），第114页。
② 《汉书》卷41《樊哙传》，第2070页。
③ 《汉书》卷1下《高帝纪下》，第54页。

上编·第一章 令、丞、尉问题发微

表1 秦律县域官员连坐表

序号	处罚事由	处罚当事人	处罚直接主管者	处罚长吏与相关官员	出处
1	漆园殿		赀啬夫一甲	令、丞及佐各一盾	《秦律杂抄》
2	漆园三岁比殿		赀啬夫二甲而灋（废）	令、丞各一甲	《秦律杂抄》
3	县工新献,殿		赀啬夫一甲	县啬夫、丞、吏、曹长各一盾	《秦律杂抄》
4	臧（藏）皮革朽蠹(蠹)	赀二甲	赀啬夫一甲	令、丞各一盾	《封诊式》
5	军人票所,所过县百姓买票		吏部赀各一甲	令、丞赀各一甲	《秦律杂抄》
6	赉马五尺八寸以上,不胜任、奔挚(絷)不如令		县司马赀二甲	令、丞赀各一甲	《秦律杂抄》
7	材官之发、发弩、善士敢有相贵（债）人舍钱酉（酒）肉及令者		士吏坐之	赀丞、令□史、尉、尉史各一甲	《岳麓书院藏秦简》（肆）
8	里人令军人得爵赐者出钱酉酒肉飲（饮）食之,及子钱酒肉	皆赀戍各一岁	赀典、老□各一甲,赀各一盾	有不从令者而丞、令、令史弗得,赀各一盾	《岳麓书院藏秦简》（肆）
9	戍告令犯者一人以上		乡啬夫谨禁弗得,以为不胜任、免之	赀丞、令、令史各一甲	《岳麓书院藏秦简》（肆）
10	丞相其以制明告郡县、及毋令吏以苛察（篨）夺其首春夏时、令令史匿焉。以为恒,有□鬼薪,有□不从亡者□□□□			赀丞、令史、尉、尉史、土吏弗发赀各二甲	《岳麓书院藏秦简》（肆）
11	赀（债）及鬼薪,有□不疑亡者□。遗之不如或□□□□□□		吏主遣者,赀各二甲	（赀）丞、令、令史各一甲	《岳麓书院藏秦简》（肆）

续表

序号	处罚事由	处罚当事人	处罚直接主管者	处罚长吏与相关官员	出处
12	毋病,黔首为故不从令者			赀丞、令史,执法丞、卒史各一甲	《岳麓书院藏秦简》(肆)
13	当居弗居者			(赀)丞、令、令[史]各一盾	《岳麓书院藏秦简》(肆)
14	不从令及籍(?)不当券书,券书之		赀官啬夫、吏各一甲	(赀)丞、令、令史各一盾	《岳麓书院藏秦简》(肆)
15	发吏力不足以均籍(?)日,尽岁弗均		赀官啬夫、吏及令史、尉主者赀各二甲,左礜(迁)	令、尉、丞、籍(?)已盈员弗请而擅发者赀一甲,免	《岳麓书院藏秦简》(肆)
16	留弗遣过五日及留弗传过二日到十日			赀县令以下者各一甲	《岳麓书院藏秦简》(肆)
17	书有亡者,亟告其县官。不从令者			丞、令、令史主者赀各一甲	《岳麓书院藏秦简》(肆)
18	买及卖马牛、奴婢它乡,它县,吏为(?)取传书及致以归及(?)免(?),弗为书		官啬夫吏主者,赀各二甲	丞、令、令史弗得,赀各二甲	《岳麓书院藏秦简》(肆)
19	岁上城旦舂、居赀续(赎)、隶臣妾缮治城塞等数,用徒数及黔首所尉,与计偕所属而不足以为而弗言者		赀尉、尉史、士吏主者各二甲	赀丞、令、令史各一甲	《岳麓书院藏秦简》(肆)
20	所[将]疾病有瘳,已瘳,幼已敢而故弗遣拾日			(赀)丞、令、令史各一甲	《岳麓书院藏秦简》(肆)

续表

序号	处罚事由	处罚当事人	处罚直接主管者	处罚长吏与相关官员	出处
21	毋令租者自收人人租,人人租贳者不给,令它官吏助之。不如令		官啬夫、吏各赀二甲	丞、令、令史弗得赀租贳不给,不令它官吏助之,赀各一甲	《岳麓书院藏秦简》(肆)
22	兴繇(徭)及车牛及兴繇(徭)而当者及擅靡(使)人属弟子,人复妻子、小款童,赀		乡啬夫吏主者,赀各二甲	尉、尉史、士吏、丞、令、令史见及劾告而弗劾,与同辠	《岳麓书院藏秦简》(肆)
23	为它里典、老,毋以公士及毋敢以丁者为典、老		赀尉、尉史、士吏主者各一甲	(赀)丞、令、令史各一盾	《岳麓书院藏秦简》(肆)
24	所之它县,不谒	非徼县殹(也),赀一盾	典、老弗告,赀(笞)□□尉弗谨、尉、尉史、士吏主者各一甲	尉尉不谨,丞、令、令史各二甲	《岳麓书院藏秦简》(肆)
25	及禁贾人毋得以壮马、化马高五尺五寸以上者载以贾市及毋敢以贾(鬻)载	犯令者,皆赀各二甲,赀官	乡亭啬夫吏弗得,赀(赀)各一甲	(赀)丞、令、令史各一盾	《岳麓书院藏秦简》(肆)
26	黔首居田舍者毋敢酰(酤)酒	不从令者迁(迁)之	田啬夫、吏、吏部弗得,赀各二甲	(赀)丞、令、令史各一甲	《岳麓书院藏秦简》(肆)
27	盈州日弗及有通禾者	赀其人各一甲	(赀)官啬夫吏主者各一甲	(赀)丞、令、令史各一盾	《岳麓书院藏秦简》(肆)
28	来人之中县、道,无小长、舍人室主者,智(知)其请(情)卅人以上		赀乡部啬夫一甲	令丞谇	《岳麓书院藏秦简》(肆)
29	(从人逃亡)所求在其县道官眎中而脱不得,后发觉			乡官啬夫吏及丞令、令史主者,皆以论狱失人律人律论之	《岳麓书院藏秦简》(伍)

续表

序号	处罚事由	处罚当事人	处罚直接主管者	处罚长吏与相关官员	出处
30	系盈一日不自告吏归久者	耐。其奠皋当以上,驾(加)皋一等	吏治者见(系),及虽弗见亦弗告而弗夺,及奠告,赀二甲	令丞赀一甲	《岳麓书院藏秦简》(伍)
31	蔺淳湿……坏及伤人	匠辨长赎	[县]官及官啬夫吏主者,赀各二甲		《岳麓书院藏秦简》(伍)
32	□为除叚(假)者	与同皋		(赀)令丞、令史各一甲勿论当为纵皋人	《岳麓书院藏秦简》(伍)
33	有盗出入禁其关出人而弗得		赀府啬夫、吏主者各二甲	(赀)丞、令、令史各一甲	《岳麓书院藏秦简》(陆)
34	……皋以下有(又)夺列		赀啬夫、吏主者得各一甲	(赀)丞、令史各一盾	《岳麓书院藏秦简》(陆)
35	……引厨□厨禁毋敢私炊及食厨中	扞令者赀二甲	官啬夫、吏主者,赀各一甲	(赀)丞、令史各一盾	《岳麓书院藏秦简》(陆)
36	令黔首及蛮夷毋敢舍新黔首来书名数者	赀新黔首来书者二甲	吏部者一甲	(赀)丞、令、令史、尉、国史各一甲	《岳麓书院藏秦简》(陆)
37	黔首不田作,市贩出入贩父母,苟(苟)若与父母言,……其罪当完城旦舂以上,其父母、典、伍弗先告	赀其父母二甲,典、伍各一甲	乡部啬夫、吏主者弗得,赀一甲	(赀)令、令史弗得各一盾	《岳麓书院藏秦简》(陆)
38	封缮解辄[缰]□而封弗上,毋去故封,不从令	赀丞、令、令[史一甲]	官啬夫吏主者得,赀各一甲	(赀)丞、令史各一盾	《岳麓书院藏秦简》(陆)
39	书下官、官当遣徒而留弗遣,留盈一日		吏监令史贵二甲,免	丞、令、令史贵二甲,左迁	《岳麓书院藏秦简》(陆)
40					《里耶秦简》[贰]9-2127

赀各一甲,丞、令、令史各一盾"。在赀刑体系中,尉所受处罚始终比令、丞重,其地位和官啬夫相当。

从上表还可以看出,令、丞和尉的上下级关系还表现在连坐责任方面,尉通常是作为直接主管官员而受到处罚,而令、丞则是因其长吏身份而负有领导责任,在他们之前还有直接负责的官员,且所受处罚更重。

尉与令、丞关系放置在日常行政活动中观察,也能看出这一点,一是尉与令、丞之间的文书往来,算是上行文书:

☐朔甲午,尉守偹敢言之:迁陵丞昌曰:屯戍士五(伍)桑唐赵归Ⅰ☐日已,以乃十一月戊寅遣之署。迁陵曰:赵不到,具为报•问:审以世Ⅱ☐【署】,不智(知)赵不到故,谒告迁陵以从事。敢言之。/六月甲午,Ⅲ临沮丞秃敢告迁陵丞主、令史,可以律令从事。敢告主。/胥手。Ⅳ九月庚戌朔丁卯,迁陵丞昌告尉主,以律令从事。/气手/九月戊辰旦,守府快行。Ⅴ8-140
☐倍手 8-140 背①

尉守偹的发文对象是临沮丞,在呈报文书时使用了"敢言之"这一上行文书的典型敬语,丞、尉地位高下立判。二是若尉违法,令、丞连坐。睡虎地秦简《秦律十八种·效律》:"尉计及尉官吏节(即)有劾,其令、丞坐之,如它官然。"② 尉如果因为"计"犯法,则令、丞连坐,比照其他诸官。前面令、丞同时连坐的例子,皆因县司马、官啬夫等官吏违法行为所致,他们是上下级关系无疑,尉也与此相类。此外,县司空在分配刑徒时,县尉和其他官啬夫等量齐观,《里耶秦简》(壹):"……二人付都乡。DⅣ三人付尉。DⅤ一人付□。DⅥ二人付少内。DⅦ……(8-145)"③ 不过,还不能简单地把尉和官啬夫这些纯粹的县辖诸官画等号。如里耶简 8-140 县丞针对县尉的文书就使用了"告"字,在有的简牍中使用了"敢告"一词:

---

① 陈伟主编:《里耶秦简牍校释》(第一卷),第 80 页。
② 陈伟主编:《秦简牍合集·释文注释修订本(壹、贰)》,第 153 页。
③ 陈伟主编:《里耶秦简牍校释》(第一卷),第 85 页。

卅二年四月丙午朔辛未，迁陵守丞色敢告尉主，尉橐□淄皆有论，以书到时定名吏（事）里、它坐、訾，遣诣廷以□Ⅱ□发。□Ⅲ 12 - 1786 + 8 - 2265①

在里耶简中，"敢告"一词使用的范围既有下行文书，如简 8 - 657 "□亥朔辛丑，琅邪叚（假）【守】□敢告内史、属邦、郡守主"②。也有平行文书，如简 8 - 158："卅二年四月丙午朔甲寅，迁陵守丞色敢告酉阳Ⅰ丞主"③，是为两县县丞之间文书往来；简 8 - 1515 "卅年十月辛卯朔乙未，貳春乡守绰敢告司空主"④；是为属乡与县属司空之间的交往。⑤ 而县丞针对属乡与其他下属机构则使用"谓"这一完全表示下行文书的术语。⑥ 如简 8 - 1560 "卅一年后九月庚辰朔辛巳，迁陵丞昌谓仓啬夫"⑦。甚至在简 12 - 1178 中有："敢告尉谓乡官啬夫。"⑧ 简 9 - 260 有："告尉谓乡守啬夫□。"⑨ 在尉和乡官啬夫同时出现的场合，分别使用了"敢告""告"与"谓"来区分不同层级。这表明尉在县级官僚体系中的位置高于各类官啬夫，介于令、丞与下属机构之间。甚至在吏员统计时被视为长吏，如：

迁陵吏志：AⅠ吏员百三人。AⅡ令史廿八人，AⅢ【其十】人繇（徭）使，AⅣ【今见】十八人。AⅤ官啬夫十人。BⅠ其二人缺，BⅡ三人繇（徭）使，BⅢ今见五人。BⅣ校长六人，BⅤ其四人缺，BⅥ今见二人。CⅠ官佐五十三人，CⅡ其七人缺，CⅢ廿二人繇（徭）使，CⅣ今见廿

---

① 里耶秦简博物馆、出土文献与中国古代文明研究协同创新中心中国人民大学中心编：《里耶秦简博物馆藏秦简》，第 202 页。
② 陈伟主编：《里耶秦简牍校释》（第一卷），第 193 页。
③ 陈伟主编：《里耶秦简牍校释》（第一卷），第 95 页。
④ 陈伟主编：《里耶秦简牍校释》（第一卷），第 343 页。
⑤ 除此以外，邹水杰等还曾找出几个郡与郡之间的例子，并认为是平行文书用语。邹水杰、李斯、陈克标：《国家与社会视角下的秦汉乡里秩序》，湖南师范大学出版社 2014 年版，第 81—84 页。
⑥ 李均明、刘军：《简牍文书学》，广西教育出版社 1999 年版，第 157 页。
⑦ 陈伟主编：《里耶秦简牍校释》（第一卷），第 359 页。
⑧ 里耶秦简博物馆、出土文献与中国古代文明研究协同创新中心中国人民大学中心编：《里耶秦简博物馆藏秦简》，第 201 页。
⑨ 陈伟主编：《里耶秦简牍校释》（第二卷），第 97 页。

四人。CⅤ牢监一人。CⅥ长吏三人，DⅠ其二人缺，DⅡ今见一人。DⅢ凡见吏五十一人。DⅣ 9-633①

这是迁陵县吏员统计记录，在罗列的这些官员中，有令史、啬夫、官佐、校长、牢监等。长吏三人虽然没有明言具体官称，但应该是指令、丞、尉无疑。

秦代县尉与县令、县丞相比，除了地位上的差异之外，其身份也不相同。令、丞负责县的政务，而尉尚未取得佐官资格，身份和仓、库、司空等机构长官比较接近。首先他要接受考课，如前言"尉课志"。在里耶简中，同样需要考课的机构有田官课志（8-479）、乡课志（8-483）、司空课志（8-486）、仓课志（8-495）、畜官课志（8-490+8-501）等，因此他们性质大致一样，都是需要接受县廷考绩的机构。其次，在里耶秦简中还出现了尉曹，如：

> 尉曹书二封，丞印。☒一封诣零阳，一封诣昆阳邑。（第一栏）九月己亥，水下八，走印以☒（第二栏）16-3②
> 尉曹书三封，令印。AⅠ其一诣销，AⅡ一丹阳，AⅢ一□陵。AⅣ廿八年九月庚子水下二刻，走禄以来。8-453③
> 尉曹书二封，迁陵印，一封诣洞庭泰（太）守府，一封诣洞庭尉府。Ⅰ九月辛丑水下二刻，走□以来Ⅱ 8-1225④
> 尉曹书一封诣洞庭主司空。/□□ 8-1616⑤

郭洪伯以里耶简材料为基础，将秦代的县道基层部门设置分成职能部门的稗官和辅助部门的诸曹。仓、畜官、司空等属前者，领导层由啬夫和佐组

---

① 陈伟主编：《里耶秦简牍校释》（第二卷），第167—168页。
② 里耶秦简博物馆、出土文献与中国古代文明研究协同创新中心中国人民大学中心编：《里耶秦简博物馆藏秦简》，第207页。
③ 陈伟主编：《里耶秦简牍校释》（第一卷），第152页。
④ 陈伟主编：《里耶秦简牍校释》（第一卷），第295页。
⑤ 陈伟主编：《里耶秦简牍校释》（第一卷）》，第369页。

成,而相对应的仓曹(8-480)、司空曹(8-481)属于后者,成员主要是令史。① 县廷设置尉曹,这类机构设置模式,意味着尉和这些稗官啬夫性质接近,而与令、丞差别较大。不过,郭先生还是将县尉看成与令、丞一样的中枢,尉管理尉曹而不是相反。从前面的分析看,尽管县尉有一定的特殊性,地位略高,但若将其与令、丞等同看待,似有可商的余地。并且,从各曹书使用封印看,他们多使用丞印或令印,如简8-375:"司空曹书一封,丞印,诣零阳。七月【壬申】□□☑"②;简8-728+8-1474:"☑狱南曹书二封,迁陵印:一洞庭泰守府,一洞庭尉府。·九月☑"③。若尉管尉曹,简8-453尉曹书当由尉印封缄,然而这份文书却是以令印封缄,这也显示出尉和令、丞的差异。此外,我们排比过里耶秦简中守官的材料,丞的守官称为"守丞",而稗官啬夫的守官称为"某守",如仓守等,尉的守官同样叫"尉守"。④ 这也是说明县尉身份的一条旁证。

余论 令、丞、尉关系在汉代的变化

如前所述,秦代县尉的身份和县中各种职能部门的稗官主官类似而地位稍高于后者。进入汉代,这种局面发生了改观,令、丞、尉已经相提并论。如《汉书·高帝纪》:"举民年五十以上,有修行,能帅众为善,置以为三老,乡一人。择乡三老一人为县三老,与县令丞尉以事相教,复勿繇戍。"⑤ 这发生在刘邦称帝之前。如果说这是班固以后世制度比况的话,那么在反映西汉初年制度的张家山汉简《二年律令》中也能够发现这一现象。《二年律令·秩律》在罗列部分县道和机构后,"秩各八百石,有丞、尉者半之"⑥。这是将丞、尉看成同等身份的一个例子。至少从此时起,尉和丞一样,彻底

---

① 郭洪伯:《稗官与诸曹——秦汉基层机构的部门设置》,卜宪群、杨振红主编:《简帛研究》(二〇一三),广西师范大学出版社2014年版。
② 陈伟主编:《里耶秦简牍校释》(第一卷),第140页。
③ 陈伟主编:《里耶秦简牍校释》(第一卷),第211页。
④ 详见本书上编第五章《县级机构中的守吏》。
⑤ 《汉书》卷1上《高帝纪上》,第33—34页。
⑥ 张家山二四七号汉墓竹简整理小组编著:《张家山汉墓竹简〔二四七号墓〕》(释文修订本),文物出版社2006年版,第72页。

以佐官的面目出现在汉代官制当中。《后汉书·百官志》刘昭注引《汉官解诂》："秋冬岁尽，各计县户口垦田，钱谷入出，盗贼多少，上其集簿。丞尉以下，岁诣郡，课校其功。"①《汉书·朱博传》也有："欲言县丞尉者，刺史不察黄绶，各自诣郡。"②对丞、尉在监察方面的管辖权已经放到郡里，并特别一起提出，说明丞、尉身份相同而与县的其他僚属有异。③除了丞、尉合称以外，《二年律令》中还有一条材料能够说明丞和尉地位接近。《具律》曰："县道官守丞毋得断狱及谳（谳）。相国、御史及二千石官所置守、叚（假）吏，若丞缺，令一尉为守丞，皆得断狱、谳（谳）狱，皆令监临庳（卑）官，而勿令坐官。"④若丞出现空缺，尉成为法定的第一候补人选，说明二者差别不大。

当然，令、丞、尉关系的变化并非在汉初一蹴而成。我们还是将张家山汉简材料作为一个断面，从职责变化角度来观察这个过程。一方面，汉初制度中有明显的秦制成分。比如前引睡虎地秦墓竹简《秦律十八种·金布律》："官府受钱者，千钱一畚，以丞、令印印"，张家山汉简中也有类似的描述："官为作务、市及受租、质钱，皆为缿，封以令、丞印而入，与参辨券之，辄入钱缿中，上中辨其廷。"⑤同秦代一样，令和丞还主宰着民政领域。⑥同样，

---

① 《后汉书》志第28《百官志五》，第3623页。
② 《汉书》卷83《朱博传》，第3399页。
③ 汉代也有将令、丞和尉分言，《汉书·韩延寿传》："一县莫知所为，令丞、啬夫、三老亦皆自系待罪。于是讼者宗族传相责让，此两昆弟深自悔，皆自髡肉袒谢，愿以田相移，终死不敢复争。延寿大喜，开阁延见，内酒肉与相对饮食，厉勉以意告乡部，有以表劝悔过从善之民。延寿乃起听事，劳谢令丞以下，引见尉荐。"见《汉书》卷76《韩延寿传》，第3213页。不过这有其特殊语境，与本书论题关系不大。
④ 张家山二四七号汉墓竹简整理小组编著：《张家山汉墓竹简〔二四七号墓〕》（释文修订本），第23页。
⑤ 张家山二四七号汉墓竹简整理小组编著：《张家山汉墓竹简〔二四七号墓〕》（释文修订本），第67页。
⑥ 令、丞共同主管民政，在张家山汉简中，类似的例证还有《行书律》："书以县次传，及以邮行，而封毁，过县□劾印，更封而署其送檄（檄）曰：封毁，更以某县令若丞印封。"《户律》："民宅园户籍、年细籍、田比地籍、田命籍、田租籍，谨副上县廷，皆以箧若匣匮盛，缄闭，以令若丞、官啬夫印封，独别为府，封府户。"《津关令》："相国、御史请关外人宦为吏若繇（徭）使，有事关中，不幸死，县道若属所官谨视收敛，毋禁物，以令若丞印封椟槥，以印章告关。"见张家山二四七号汉墓竹简整理小组编著：《张家山汉墓竹简〔二四七号墓〕》（释文修订本），第46—47、54、85页。

尉在秦代的一些职责也继承下来，比如征发戍役，在《奏谳书》高祖十一年的一个案例中有一段话：毋忧曰："变（蛮）夷大男子岁出五十六钱以当繇（徭）赋，不当为屯。尉窑遣毋忧为屯，行未到，去亡。"① 另一方面，令、丞涉足秦时完全由尉掌管的领域。比如张家山汉简《二年律令·捕律》："盗贼发，士吏、求盗部者，及令、丞、尉弗觉智（知），士吏、求盗皆以卒戍边二岁，令、丞、尉罚金各四两。令、丞、尉能先觉智（知），求捕其盗贼，及自劾，论吏部主者，除令、丞、尉罚。一岁中盗贼发而令、丞、尉所（？）不觉智（知）三发以上，皆为不胜任，免之。"② 在秦简中虽然有令、丞与尉相关的连坐，但没有纯粹的武职类职责，而这条律文中，盗贼发时，对"令、丞、尉弗觉知"的处理标准相同，说明其责任亦同，反映出丞深涉尉的职责领域中。③ 秦汉时期县廷主要官吏令、丞、尉的职能、身份、地位的变化，反映了刚刚脱胎于分封制度的中央集权体制，第一次将统治触角深入县域社会后在制度上的设计与调适。

---

① 张家山二四七号汉墓竹简整理小组编著：《张家山汉墓竹简〔二四七号墓〕》（释文修订本），第91页。

② 张家山二四七号汉墓竹简整理小组编著：《张家山汉墓竹简〔二四七号墓〕》（释文修订本），第28页。

③ 后来这似乎变成一种常态，《肩水金关汉简》（贰）简73EJT22∶111A：日勒守尉道人将居延罢卒三百一十二人/屋兰右尉千秋将居延罢卒三百一十人/觻得守丞忠将居延罢卒三百一十二人八月丁酉/昭武左尉广将居延罢卒二百八十七人八月/删丹右尉长安将居延罢卒三百一十一人/删丹守尉贤将居延罢卒三百六十九人八月庚/昭武守丞安上将居延罢卒三百一十八人八月庚□（《肩水金关汉简》（贰）中册，第107页）这是各县佐官带领居延罢卒的统计簿，佐官既有尉、也有丞，说明丞不仅在地方治安管理方面与尉的职掌有交叉，而且在军事方面也有涉猎。

第 二 章
县级行政组织中的武职系统

官僚、军队与税收是秦代专制国家存续的基础。国家拥有武装力量,除了对外攻城略地外,对内维护统治也是其功能所在。特别在承平时期,秦在地方设置了一套武职系统。这套系统以行政官员为主,主要目的是通过暴力手段解决行政中出现的问题。它对于维护日常统治秩序,镇压可能发生的反抗,巩固国家政权发挥了重要作用。传世文献中有相关记述,比如《汉书·百官公卿表》:"(县)皆有丞、尉,秩四百石至二百石,是为长吏……大率十里一亭,亭有长。十亭一乡,乡有三老、有秩、啬夫、游徼。三老掌教化。啬夫职听讼,收赋税。游徼徼循禁贼盗。"① 刘邦在秦时身份亦为"泗上亭长"。但总体说来,关于秦时制度,这些记载零散而笼统,无法知其细节。随着出土法律文书和行政文书的不断增多,秦代地方行政机构中武职系统存在情况也逐渐明晰。就秦代国家整体而言,即存在着一套全国性的地方武职官员体系,里耶秦简有:

☐亥朔辛丑,琅邪叚(假)【守】☐敢告内史、属邦、郡守主:琅邪尉徙治即【默】☐Ⅰ琅邪守四百卅四里、卒可令县官有辟、吏卒衣用及卒有物故当辟征逯☐Ⅱ告琅邪尉,毋告琅邪守。……六月乙未,洞庭守礼谓县啬夫听书从事☐Ⅳ☐军吏在县界中者各告之。……别书写上洞庭 8-657
尉。皆勿留。……迁陵守丞膻之敢告尉官主:以律令从事。……8-

---

① 《汉书》卷19上《百官公卿表上》,第742页。

657 背①

这套文书虽然是在不同郡县之间传递交接，但是关于"卒可令县官有辟、吏卒衣用及卒有物故当辟征遝"这些与军事相关的工作则在郡尉和县尉之间交接。郡与属县也存在着相对独立的武职系统，如里耶简 8-1225："尉曹书二封，迁陵印，一封诣洞庭泰（太）守府，一封诣洞庭尉府。"② 县尉的文书可以直接送达郡之尉府，说明二者有关联。从秦律看，在一县之中也有一套独立武职系统，比如《岳麓书院藏秦简》（肆）所收《尉卒律》中有两条关于处罚相关官员的律文：

为它里典、老，毋以公士及毋敢以丁者，丁者为典、老，赀尉、尉史、士吏主者各一甲，丞、令、令史各一盾└。③

其疾病有瘳、已葬、劾已而遣往拾日于署，为书以告将吏，所【将】疾病有瘳、已葬、劾已而敢弗遣拾日，赀尉、尉史、士吏主者各二甲，丞、令、令史各一甲。④

从这两条律文可明显看出，"尉、尉史、士吏"和"丞、令、令史"是两个几近模式化的组合，县丞是辅佐县令管理县内民政和行政系统长官，尉负责一县军事，因而"尉、尉史、士吏"可以视为县之军事武职系统。

对这一论题，目前已有的研究主要集中在对校长等相关职官的考察，⑤吴方基依据新近公布的秦简对以县尉为代表的县中军事职官的设置、领属关系进行了探讨。⑥ 本章拟在这些研究成果的基础上，同样以新出简牍为基

---

① 陈伟主编：《里耶秦简牍校释》（第一卷），第 193 页。
② 陈伟主编：《里耶秦简牍校释》（第一卷），第 295 页。
③ 陈松长主编：《岳麓书院藏秦简》（肆），第 115—116 页。
④ 陈松长主编：《岳麓书院藏秦简》（肆），第 129—130 页。
⑤ 水间大辅在考察汉代亭长、校长等秦汉基层武吏时做了比较细致的学术史回顾，参见［日］水间大辅著译《秦汉时期的亭吏及其与他官的关系》，朱腾校，收入周东平、朱腾主编《法律史译评》，北京大学出版社 2013 年版。于振波则对秦汉时期校长、亭长、游徼及士吏等职官及演变做了梳理，参见于振波《秦汉校长考辨》，《中国史研究》2018 年第 1 期。
⑥ 吴方基：《简牍所见秦代县尉及与令、丞关系新探》，《中华文化论坛》2017 年第 2 期。

础，对秦代地方行政组织，特别是县级组织中的武职系统人员与机构构成、基本职能及运作等问题进行梳理，以此观察秦代对地方进行统治的一个方面。

一　武职系统的机构与职官

如前举《尉卒律》律文所示，在县级组织中，尉、尉史、士吏构成了与令、丞不同的组合，根据《后汉书·百官志五》刘昭本注："尉主盗贼。凡有贼发，主名不立，则推索行寻，案察奸宄，以起端绪。"① 尉是统领县中武备的主要职官。从里耶秦简看，秦代也是如此：

【廿】六年二月癸丑朔丙子，唐亭叚（假）校长壮敢言之：唐亭Ⅰ旁有盗可卅人。壮卒少，不足以追。亭不可空。谒Ⅱ遣【卒】索（索）。敢言之。／二月辛巳，迁陵守丞敦狐敢告尉、告卿（乡）主，以律Ⅲ 9 - 1112 令从吏（事）。尉下亭鄣，署士吏谨备。贰卿（乡）上司马丞。／亭手。／即令Ⅰ走涂行。Ⅱ二月辛巳，不更舆里戍以来。／丞半。壮手。Ⅲ　9 - 1112 背②

这段在讲到唐亭旁发现群盗后向上级汇报，迁陵守丞的处置方案是"告尉"，然后"尉下亭鄣，署士吏谨备"。也就是说，县尉在缉捕盗贼过程中负责具体协调。县尉在县级职官系统中地位比较特殊，介于令、丞和诸官之间。③

和尉紧密相关的属吏是尉史：

☐校长援，丙子尽丙戌十一日，不肆☐☐Ⅰ☐☐丁亥朔戊子，尉守建、尉史午劾☐Ⅱ8 - 671 + 8 - 721 + 8 - 2163

---

① 《后汉书》志第28《百官志五》，第3623页。
② 陈伟主编：《里耶秦简牍校释》（第二卷），第260页。
③ 详见本书上编第一章《令、丞、尉问题发微》。

□朔戊子，尉守建敢言之：写上。谒□8-671+8-721+8-2163背①

从简文看，尉史和县尉一道因某事举劾校长援，也就是说尉史的职责主要为协助尉处理相关事务。不过，除了作为县尉的属吏身份存在以外，尉史似乎还有一些特殊的职能，如下简：

廿八年七月戊戌朔乙巳，启陵乡赵敢言之：令令启陵捕献鸟，得明渠 I 雌一。以鸟及书属尉史文，令输。文不肎（肯）受，即发鸟送书，削去 II 其名，以予小史适。……8-1562②

文中启陵乡啬夫让尉史文运送鸟，但"文不肯受"，故无法确定这项工作是否为尉史的分内职责，但至少能说明尉史在协助县尉之外，也有从事其他工作的机会。

在前引岳麓书院秦简《尉卒律》中，士吏和尉、尉史是连坐的组合，自然我们会联想到其性质也应该相同。不过在秦代文献中，三者组合到一起，多发生在派发戍役和管理军事事务的场合：

戍律曰：同居毋并行，县啬夫、尉及士吏行戍不以律，赀二甲。③
不当稟军中而稟者，皆赀二甲，灋（废）；非吏殹（也），戍二岁；徒食、敦（屯）长、仆射弗告，赀戍一岁；令、尉、士吏弗得，赀一甲。④

士吏的武职性工作除了体现在军务外，还表现在处理刑狱："元年七月庚子朔丁未，仓守阳敢言之：狱佐辨、平、士吏贺具狱。……"（5-1）。⑤所谓具狱，整理者认为是"完成案狱文书"，兼之与狱佐共同处理，士吏无疑肩

---

① 陈伟主编：《里耶秦简牍校释》（第一卷），第199页。
② 陈伟主编：《里耶秦简牍校释》（第一卷），第359页。
③ 陈伟主编：《秦简牍合集·释文注释修订本（壹、贰）》，第176—177页。
④ 陈伟主编：《秦简牍合集·释文注释修订本（壹、贰）》，第162页。
⑤ 陈伟主编：《里耶秦简牍校释》（第一卷），第1页。

负着刑狱方面的职责。另外，张家山汉简也有士吏参与捕盗的记录，《二年律令·捕律》："盗贼发，士吏、求盗部者，及令、丞、尉弗觉智（知），士吏、求盗皆以卒戍边二岁，令、丞、尉罚金各四两。"①"群盗、群盗发，告吏，吏匿弗言其县廷，言之而留盈一日，以其故不得，皆以鞠狱故纵论之。□□□□发及斗杀人而不得，官啬夫、士吏、吏部主者，罚金各二两，尉、尉史各一两。"② 士吏在秦代或许也有此职责，只是史籍缺载而已。③

众所周知，亭是秦汉时期县域中管理地方社会治安的基层机构，亭的设置、功能等问题一直是学界讨论的热点。秦代史料中出现与"亭"相关的语词有多种，也导致学界对秦代亭的理解多有分歧。在近年新出里耶秦简和岳麓书院藏秦简中，可以看出秦亭有两种功能，即乡亭和市亭：在里耶秦简《迁陵吏志》中提到"校长六人"，校长为亭的长官，则迁陵县设有六亭。该县有启陵乡、都乡、贰春乡共三乡，则平均一乡范围内有两亭。另一支简也可佐证这一观点："☑传畜官。贰春乡传田官，别贰春亭、唐亭。"（8-1114+8-1150）④ 在文书传递过程中，贰春乡还要把文书抄送到贰春亭、唐亭，说明这两个亭和贰春乡有关系，而贰春"亭""乡"同名，且不是乡统亭的关系，那么这只可能是因二者位置接近使然。这就是普遍设立的乡亭。在《岳麓书院藏秦简》（叁）案例《芮盗卖公列地案》中，出现了亭，"欲受，亭佐驾不许芮、朵"⑤，文中的"亭佐"自然是亭吏。不过《里耶秦简》涉及的亭吏，并无亭佐，并且结合这个案例，它讲的是关于市场用地买卖收受的问题，这种亭或许就是以前学界所说的兼管市场事务的亭，⑥ 要负责市

---

① 张家山二四七号汉墓竹简整理小组编著：《张家山汉墓竹简〔二四七号墓〕》（释文修订本），第 28 页。
② 张家山二四七号汉墓竹简整理小组编著：《张家山汉墓竹简〔二四七号墓〕》（释文修订本），第 28—29 页。
③ 也有学者认为，士吏是亭中属吏，但是如上所述，士吏负责军政、刑狱等事务，这显然不是亭这个机构所能容纳的，参见吴方基《简牍所见秦代县尉及与令、丞关系新探》，《中华文化论坛》2017 年第 2 期。
④ 陈伟主编：《里耶秦简牍校释》（第一卷），第 279 页。
⑤ 朱汉民、陈松长主编：《岳麓书院藏秦简》（叁），第 130 页。
⑥ 裘锡圭：《啬夫初探》，《裘锡圭学术文集·古代历史、思想、民俗卷》，复旦大学出版社 2012 年版。

场的日常管理。①

秦代亭的长官为校长，②其主要职责为捕盗，维护地方日常治安。睡虎地秦墓竹简《封诊式·群盗》："爰书：某亭校长甲、求盗才（在）某里曰乙、丙缚诣男子丁，斩首一，具弩二、矢廿。"③从里耶秦简《迁陵吏志》看，校长在迁陵县的吏员员额中，与啬夫、令史身份相同，为国家正式吏员。亭中有求盗。和校长一样，他主要工作是缉捕盗贼，如上引《封诊式·群盗》。不过，求盗还不算国家吏员，里耶简8-2027："小男子说。今尉征说以为求盗。☐"④"征"当为征发，县尉征发小男子为求盗，说明其身份为服役者。而《岳麓书院藏秦简》（肆）记载的一条兴律有："当为求盗，典已戒而逋不会阅及已阅而逋若盗去亭一宿以上，赀二甲。"⑤也就是说这具体由基层里典来操作，和其他力役一样。前一简言"某亭校长甲、求盗才（在）某里曰乙、丙"，求盗写出其所属里名，而校长则无，说明其身份的差异，求盗是由本地征发而来。

除了县尉及其直接管辖的亭构成了地方武职系统的基本架构外，在地方行政系统中还有这样一些职官负责武职类事务：

一是狱史。在秦代，狱史的主要职责是参与案件审理。⑥不过在官僚制度早期，不同机构和职官间的分工有时不够明晰，亦有交叉之处。狱史也承担了缉盗的工作，在《岳麓书院藏秦简》（叁）所记录的几个案例中，就有追捕"盗"的记录，如《𩫖盗杀安、宜案》案："●即令狱史触与彭沮、☐求其盗。"⑦并且，狱史在捕盗时还与求盗一起行动，《尸等捕盗疑购案》

---

① 文献中出现亭佐的时间比较晚，水间大辅根据传世文献的梳理，认为它出现时间断限在永始四年至元初五年，参见［日］水间大辅著译《秦汉时期的亭吏及其与他官的关系》，朱腾校，周东平、朱腾主编《法律史译评》，北京大学出版社2013年版。

② ［日］水间大辅著译：《秦汉时期的亭吏及其与他官的关系》，朱腾校，周东平、朱腾主编《法律史译评》，北京大学出版社2013年版。于振波认为，校长是负责几个亭的工作，是亭长之上的职官，参见于振波《秦汉校长考辨》，《中国史研究》2018年第1期。不过，从我们所举的几条材料看，校长直接与求盗一起负责亭中具体工作，亭长和校长是否是上下级关系，尚难遽然肯定。

③ 陈伟主编：《秦简牍合集·释文注释修订本（壹、贰）》，第276页。

④ 陈伟主编：《里耶秦简牍校释》（第一卷），第420页。

⑤ 陈松长主编：《岳麓书院藏秦简》（肆），第147页。

⑥ 朱红林：《史与秦汉时期的决狱制度》，《社会科学辑刊》2017年第1期。

⑦ 朱汉民、陈松长主编：《岳麓书院藏秦简》（叁），第186页。

"即（?）令（?）狱（?）史（?）驫（?）、求盗尸等十六人追"①。求盗本是亭之役吏，狱史能够与之执行追捕盗贼的任务，并且狱史为国家吏员，求盗为力役，狱史可能拥有统领求盗的权力，这样狱史和校长一样，也是县中武职官员系统中的一员。狱史捕盗在秦代律令中也有明文规定，《岳麓书院藏秦简》（伍）："诸它官不治狱，狱属它县官者，狱属所其遣狱史往捕，即令捕者与封。"② 并且和狱史相关的狱曹，也显示出这一方面的特征。里耶简8-1823："狱南书一封，丞印，诣洞庭尉府。卅三年十一月癸酉夕囗。"③ "狱南书"即"狱南曹书"的省写，是迁陵县列曹，他写出的文书直通郡都尉府，而郡尉是郡之军事长官，故而这也可从一个侧面反映出狱史的部分武职特征。虽然狱史和校长都有带领求盗缉盗的职责，但是二者还是有一些差别：狱史捕盗通常是已经发现了案发现场，甚至有了明确的嫌疑人，其工作带有勘验破案的意味。如《尸等捕盗疑购案》是"走马达告曰：盗盗杀伤走马好囗囗囗部（?）中（?）"④，即已经有人报告了案发现场时被派去追索。而《魏盗杀安、宜案》则是因为之前对案发现场，"令狱史彭沮、衷往诊"⑤，即在两位狱史已经勘验过案发现场后又被派出，他们追捕盗贼时已经掌握更多的信息，是有目标的追踪。校长则是一般意义上的追踪，比如同样在《岳麓书院藏秦简》（叁）的《癸、琐移谋购案》中，因为"治等群盗盗杀人校长果部"，所以"州陵守绾令癸与令佐士五（伍）行将柳等追"，⑥ 从"部"字看，只要是在其所辖部界内发生了案件，都要追踪，是其基本职责，至于案件的侦破勘验等工作，与其无关。

二是发弩。里耶秦简有：

卅年十一月庚申朔丙子，发弩守涓敢言之：廷下御史书曰县Ⅰ囗治狱及覆狱者，或一人独讯囚，啬夫长、丞、正、监非能与Ⅱ囗囗殹，不参不

---

① 朱汉民、陈松长主编：《岳麓书院藏秦简》（叁），第113页。
② 陈松长主编：《岳麓书院藏秦简》（伍），上海辞书出版社2017年版，第205页。
③ 陈伟主编：《里耶秦简牍校释》（第一卷），第396页。
④ 朱汉民、陈松长主编：《岳麓书院藏秦简》（叁），第113页。
⑤ 朱汉民、陈松长主编：《岳麓书院藏秦简》（叁），第185页。
⑥ 朱汉民、陈松长主编：《岳麓书院藏秦简》（叁），第96页。

便。书到尉言。·今已到，敢言之。Ⅲ 8 - 141 + 8 - 668

十一月丙子旦食，守府定以来。/连手。萃手。8 - 141 背 + 8 - 668 背①

对此，《校释》说："司射弩的兵种。"在《岳麓书院藏秦简》（肆）中也两次出现了"发弩"。整理者在一处语境为"●材官、趋发、发弩、善士敢有相责（债）入舍钱酉（酒）肉及予者，捕者尽如此令，士吏坐之，如乡啬夫"，解释为"专司射弩的兵种，由'发弩啬夫'统领"②。发弩同"材官"等并列，这样解释说得通，也暗示着他们隶属于野战部队，而非地方行政系统的职官。不过在另一处，《岳麓书院藏秦简》（肆）的整理者又解释为"两类组织春秋试射的官吏"③，若比照汉制，则又像地方行政系统的吏员。另外，简 8 - 149 + 8 - 489 所说的是一组受赀刑和赎刑的群体，其中有发弩一职，和他并列的职官和身份有司空守、司空佐、库啬夫、库佐、髳长、校长、仓佐、田佐、令佐等，④ 这些职官都是县属稗官诸机构，那么同理发弩也当如此。发弩是否属武职系统呢？目前并无直接证据能证明这一点，但是从其出现的语境或可旁证其属武职系统：

粟米一石九斗少半斗。卅三年十月甲辰朔壬戌，发弩绎、尉史过出赀罚戍士五（伍）醴阳同□禄。廿Ⅰ令史兼视平。过手。Ⅱ 8 - 761⑤

发弩和尉史共同出赀罚戍者，尉史和罚戍这两个语词都与军政系统相关，那么发弩也可以此视之。不过，有学者认为发弩是县尉的属官，还是值得商榷的。⑥ 其重要的一条证据就是这条简文，认为发弩和尉史同出赀粟米，尉史是尉的属官，那么发弩也就是其属官。其实，这条材料也可以这样理解：因为赀的对象是"罚戍"，即戍守者，和军事相关，所以有关的军事官员都要

---

① 陈伟主编：《里耶秦简牍校释》（第一卷），第 81 页。
② 陈松长主编：《岳麓书院藏秦简》（肆），第 231 页。
③ 陈松长主编：《岳麓书院藏秦简》（肆），第 230 页。
④ 陈伟主编：《里耶秦简牍校释》（第一卷），第 89 页。
⑤ 陈伟主编：《里耶秦简牍校释》（第一卷），第 218 页。
⑥ 吴方基：《简牍所见秦代县尉及与令、丞关系新探》，《中华文化论坛》2017 年第 2 期。

参与。如果把眼光放到里耶秦简所记廪食模式可以发现，除了仓以外，其他机构根据需要也都有发放口粮的记录，但相关人员未必来源于同一机构的官吏。我们曾对里耶秦简中廪食类简仓佐出现的频次做过统计，"佐和仓啬夫组合 11 次，和司空组合 3 次；与田官组合 11 次；与启陵乡、贰春乡组合 12 次"①。也就是说，尽管发弩和尉史一同发放粮食，但也不一定意味着同属一个机构。并且发弩指的是发弩啬夫，而啬夫是诸官机构的长官，尉在里耶秦简中所表现出的地位也与诸官相似而稍高，在一个机构内又设置性质相同职官是无法想象的。虽然秦简没有发现发弩的具体工作，但是在张家山汉简《奏谳书》中一个案例提到："苍即与求盗大夫布、舍人簪褭余共贼杀武于校长丙部中。丙与发弩赘荷（苛）捕苍。"② 这是汉初的情况，二者时间相去不远，秦代的发弩有时应该也会协助校长工作。另外，在郡中同样也有发弩机构："衡山守章言：衡山发弩丞印亡，谒更为刻印。命。"（8-1234）③衡山为郡，郡中有"发弩丞"，比照秦汉官制，大约和仓丞、库丞等一样，也是郡一级的机构。而在张家山汉简《秩律》中，还提到了"中发弩""枸（勾）指发弩""郡发弩"等，这可能是当时各层行政机构中普遍设置的武职或机构。

二 武职系统的职能及运作

如上所述，秦代国家在地方行政机构中设立了专门的武职类机构和职官，以此保证对社会进行有效的统治。就县级政权而言，县尉是最主要的职官。我们以县尉为中心，从职能角度来观察这套系统，大致可以分为两大类：

管理地方日常治安是其基本职能。县尉通过亭来控制地方社会中出现的犯罪行为，如睡虎地秦墓竹简《法律答问》："求盗追捕辠（罪）人，辠

---

① 详见本书中编第四章《县级政权的粮食廪给》。
② 张家山二四七号汉墓竹简整理小组：《张家山汉墓竹简〔二四七号墓〕》（释文修订本），第 99 页。
③ 陈伟主编：《里耶秦简牍校释》（第一卷），第 296 页。

（罪）人挌（格）杀求盗，问杀人者为贼杀人，且斲（斗）杀？"① 也就是说亭吏追捕罪人是其基本工作。亭通常分部管理，管辖其地界内发生的案件：

> 盗马　爰书：市南街亭求盗才（在）某里曰甲缚诣男子丙，及马一匹，骓牝右剽；緹復（复）衣，帛里莽缘领褎（袖），及履，告曰："丙盗此马、衣，今日见亭旁，而捕来诣。"②
>
> ●癸曰：【□□】洦等群盗盗杀人校长果部。州陵守绾令癸与令佐士五（伍）行将柳等追。【□】迹行道沙羡界中，琐等巳（已）捕。③

前一条材料是说"丙"盗窃了马和衣，在市南街亭旁被发现，因而被市南街亭求盗甲抓获。后一条简文明确提到了"校长果部"，有"部"的概念。说明是分部负责。但在校长果部发生的案件，州陵守绾却命令另一位校长癸"与令佐士五（伍）行将柳等追"，是因为"群盗盗杀人"，按照汉初法律对群盗的界定为五人以上相与为盗，超过了一个亭的处理能力。需要县中统一调配武力。前引里耶简9-1112就是一个实例，这条简文是说唐亭旁有盗大约30人，亭壮卒少，人手不够，并且还无法倾亭追捕，因此请求县中支援。之后的流程是由县丞命令相应的负责官吏，也就是尉和乡主，后者大概是因为唐亭在该乡界内。而尉则"下亭部，署士吏谨备"，统一部署县中相关亭和士吏做好准备。这也显示在地方武备中，县丞还是中枢，具体工作则由尉负责，这也是尉和令、丞关系的一个反映。丞让乡啬夫、尉"以律令从事"，然后又交待具体处理方式，其权力在尉之上。除此以外，亭还承担了部分驿传的功能：

> 尉敬敢再撵（拜）谒丞公：校长宽以迁陵船徒卒史Ⅰ【酉阳，酉阳】□□【船】□元（沅）陵，宽以船属酉阳校长徐。今司空Ⅱ

---

① 陈伟主编：《秦简牍合集·释文注释修订本（壹、贰）》，第208页。
② 陈伟主编：《秦简牍合集·释文注释修订本（壹、贰）》，第274页。
③ 朱汉民、陈松长主编：《岳麓书院藏秦简》（叁），第96页。

□□□□□□丞公令吏徒往取之，及以书告酉阳令Ⅲ来归之。盗贼事急，敬已遣宽与校长囚吾追求盗Ⅳ8-167+8-194+8-472+8-1011 发田官不得者。敢再撵（拜）谒之。8-167背+8-194背+8-472背+8-1011背①

迁陵校长宽从水路将卒史送到酉阳，与酉阳校长徐交接。均由武职官员承担，可能因为洞庭郡为秦新拓展疆土，出于安全考虑使然。《睡虎地4号秦墓木牍》有："新地多盗，衷（中）唯毋方行新地，急急急。"② 在一封私人书信中，因为新地多盗，嘱咐要"毋方行新地"，说明秦虽然占领新地，建立了政权，但安全形势却不容乐观，因此简8-167+8-194+8-472+8-1011校长"徙卒史"，也有护送的意味在内。另外，这或许有制度规定，比如里耶简有："邦尉、都官军在县界中者各□Ⅰ皆以门亭行，新武陵言书到署□Ⅱ……Ⅲ"（8-649）③ 这是要求军事系统的官员在县界中依亭走行，而其他官员也可与此比照。

以尉为中心的武职系统除了负责县域的日常治安外，也兼负本地屯戍者的管理。里耶秦简8-1552："敢告尉：以书到时，尽将求盗、戍卒臬（操）衣、器诣廷，唯毋遗。"④ 这是县廷要求尉带领求盗和戍卒到县廷。求盗和戍卒代表了地方治安和屯戍两个系统。《里耶秦简》第二卷中也有一条相关简牍：

更戍卒士五（伍）城父成里产，长七尺四寸，黑色，年卅一岁，族□Ⅰ
卅四年六月甲午朔甲辰，尉探迁陵守丞衔前，令□Ⅱ 9-757⑤

从残缺的简文能看出县尉和戍卒之间在管理职责上有相应的联系。不仅如此，在尉课中，其内容亦与戍卒有关：

---

① 陈伟主编：《里耶秦简牍校释》（第一卷），第101页。
② 陈伟主编：《秦简牍合集·释文注释修订本（壹、贰）》，第599页。
③ 陈伟主编：《里耶秦简牍校释》（第一卷），第190页。
④ 陈伟主编：《里耶秦简牍校释》（第一卷），第356页。
⑤ 陈伟主编：《里耶秦简牍校释》（第二卷），第199页。

【尉】课志：AⅠ卒死亡课，AⅡ司寇田课，AⅢ卒田课。BⅠ·凡三课。BⅡ8-482①

三项考课内容中，有两项与卒相关。卒死亡课是关于卒的日常生活，卒田课则是卒的工作之一。尉这套系统对戍卒的管理包括这样几方面：其一，征发戍卒。前引睡虎地秦简《秦律杂抄》中的戍律"同居毋并行，县啬夫、尉及士吏行戍不以律，赀二甲"，县啬夫即县令，负责县中总体工作，而尉和士吏则是武职系统的官员，他们应是行戍工作具体负责人。其二，给戍卒发放日常口粮。除前引简8-761有"发弩绎、尉史过出赀罚戍士五（伍）醴阳同□禄"外，里耶简中还有："□□出贷吏以卒戍士五（伍）涪陵戏里去死十一月食。Ⅰ□尉史□出。狗手。Ⅱ"（8-1094）② 这也是尉史出贷口粮给戍卒。尉史是县尉的属吏，因而可以认为这也是代表武职系统的行为。其三，负责日常的军事训练。《岳麓书院藏秦简》（肆）收录了一条律令：

试射者，皆必以春秋闲时殹（也）。今县或以黔首急耕╚、穜、治苗时已乃试之╚，而亦曰春秋试射之令殹（也），此非明吏所以用黔首殹（也）。丞相其以制明告郡县╚，及毋令吏以苛䌛（徭）夺黔首春夏时，令皆明焉。以为恒，不从令者，赀丞、令、令史、尉、尉史、士□吏、发弩各二甲。③

这是国家规定农闲练兵的具体时间和要求，其中县里的责任人有"丞、令、令史、尉、尉史、士吏、发弩"，丞、令、令史是行政系统，他们要对县中总体事务负责。尉、尉史、士吏、发弩这套武职系统职官则是军事训练的直接责任人。并且两套系统共同负责地方军务，也说明县中武职系统并未独立于行政系统之外。

---

① 陈伟主编：《里耶秦简牍校释》（第一卷），第165页。
② 陈伟主编：《里耶秦简牍校释》（第一卷），第276页。
③ 陈松长主编：《岳麓书院藏秦简》（肆），第217—218页。

由上述可知，秦代国家为了巩固对地方的控制，在县级政权设置了一套武职系统，但是因为制度草创，也表现出混乱的一面，比如作为县尉统领军队系统的戍卒和警察系统的校长、求盗，职能区分并不明显。不过，从另一个角度看，这也是帝制初期，国家为了加强对新占领区的统治，强化地方武备，将地方社会秩序稳定在既定统治轨道的需要。

第 三 章
冗 吏

秦汉帝国依靠科层分明的官僚体系构建起统治框架。这种体系在《汉书·百官公卿表》等描述官制史料中皆有记述，勾勒出了基本架构，成为了解那个时代官僚制度的主要依据。然而对于秦汉官僚体制的细部形态，特别是基层组织运作方式，则限于体例而又多有缺失。在秦汉简牍中，有很大比例为地方政府的档案文书。作为第一手行政记录，它们在一定程度上弥补了这一缺憾。比如尹湾汉简等文书中记载了一种溢于国家编制之外的吏员，虽然在传世文献中也有蛛丝马迹，但不成体系，因而素来被忽略。侯旭东在讨论走马楼吴简给吏身份时，反观秦汉时期的情况，系统梳理出这一问题的演化线索。① 在《里耶秦简》中有称作"史冗""冗佐"的冗吏，提供了更多的资料，丰富了我们对秦汉早期冗吏存在实态的认识。

"冗吏"一词在睡虎地秦简中出现过，如："仓扇（漏）殍（朽）禾粟，及积禾粟而败之……令官啬夫、冗吏共赏（偿）败禾粟。"② 在后出的里耶秦简和岳麓书院藏秦简中则为"史冗""冗佐"等具体指称。所谓"冗"，《周礼·地官·槁人》"供内外朝冗食者之食"，孙诒让引贾公彦疏等说法：

> 贾疏云："……冗食者，冗，散也，外内朝上直诸吏，谓之冗吏，亦曰散吏。以上直不归家食，稟人供之，因名冗食者。"孔广森云："尚书散属，汉时号冗官。《申屠嘉传》曰：'外堨垣，故冗官居其中'

---

① 侯旭东：《长沙走马楼三国吴简所见给吏与吏子弟——从汉代的"给事"说起》，《中国史研究》2011年第3期。

② 陈伟主编：《秦简牍合集·释文注释修订本（壹、贰）》，第128页。

是也。官无常员，其给食亦无常例就，谓之冗食。成帝河平四年，诏避水它郡国在所冗食之。文颖注：'冗，散也。'案，孔说是也。此冗食，即在官府服公事之人，以事留外内朝者，故官供其食，以其为散吏，故谓之冗食也。其公卿大夫等，以事留宫中，不遑退食者，则内饔供之，非槁人所掌。"①

此外，对《周礼·天官·大宰》所载"以八法治官府"之"官属"条疏解云：

> 凡官属，有总属，有分属，有当官之属，有冗散之属。……冗散之属，若四方之舞仕者属旄人，国勇力之士属司右，相犬、牵犬属犬人，皆无职名员数是也。②

根据正文及后人注疏，所谓冗食者就是临时供役于官府的散吏。所以《岳麓书院藏秦简》（伍）中有"狱史、内〈冗〉佐居新地者"，整理者注曰："内〈冗〉佐：临时借调的佐吏，岳麓秦简《置吏律》：'除以为冗佐'。"③ 他们和"当官之属"相对，不在官府正常员额之内，因而"史冗""冗佐"，顾名思义，就是编制外从事史、佐等庶务的吏员。睡虎地秦简《秦律十八种·仓律》有这样一条律文：

都官有秩吏及离官啬夫，养各一人，其佐、史与共养；十人，车牛一两（辆），见牛者一人。都官之佐、史冗者，十人，养一人；十五人，车牛一两（辆），见牛者一人；不盈十人者，各与其官长共养、车牛，都官佐、史不盈十五人者，七人以上鼠（予）车牛、仆，不盈七人者，三人以上鼠（予）养一人；小官毋（无）啬夫者，以此鼠（予）仆、车牛。狼生者，食其毋〈母〉日粟一斗，旬五日而止之，别絜以叚

---

① 孙诒让撰：《周礼正义》，中华书局1987年版，第1242页。
② 孙诒让撰：《周礼正义》，第64页。
③ 陈松长主编：《岳麓书院藏秦简》（伍），第213页。

（假）之。①

这段话罗列了政府各色吏员的日常待遇。从行文看，可以分成三个层次：一是都官有秩吏及离官啬夫。所谓有秩吏，《后汉书·百官志五》："乡置有秩、三老、游徼。"本注曰："有秩，郡所署，秩百石。"即他们是秩级百石之吏。从出土文献记载看，秦和汉初的秩级更为复杂，徐富昌认为，"官俸六百石以下至一百石是有秩吏"②。邹水杰根据后出《张家山汉墓竹简·二年律令》的记载认为，汉初的有秩吏，从二百五十石的司空到百廿石毋乘车的乡部吏，跨度比较大，并非专指某一秩次的小吏。③所以该阶层享受养一人的规格。二是佐史，他们与其有秩长吏共养并且十人享受车牛一两（辆），见牛者一人的待遇。三是佐史冗者，也是十人养一人。不过这是"养"与其他工作人正常的配比，并不意味着他们与前两个阶层是平等的。李天虹分析《居延汉简》中的"卒养"时说："集体省作的戍卒，大致十人左右抽调一人作'养'。"④从十五人才能享受"车牛一两（辆），见牛者一人"的待遇却可以看出，他们和前两个阶层有所区别，地位稍低。这种分野说明在秦代基层行政中，是将冗吏看成一个独立的层级，低于正式国家吏员。

作为独立的层级，史冗、冗佐是因其工作性质而得名的泛称。在需要其确切身份的场景下，还需要指出供职的具体机构：

冗佐上造临汉都里日援，库佐冗佐。AⅠ为无阳众阳乡佐三月十二日，AⅡ凡为官佐三月十二日。AⅢ年卅七岁。BⅠ族王氏。BⅡ为县买工用，端月行。CⅠ 8-1555
库六人。8-1555背⑤

---

① 陈伟主编：《秦简牍合集·释文注释修订本（壹、贰）》，第87页。
② 徐富昌：《睡虎地秦简研究》，文史哲出版社1993年版，第464页。
③ 邹水杰：《简牍所见秦汉县属吏设置及其演变》，《中国史研究》2007年第3期。
④ 李天虹：《居延汉简簿籍分类研究》，科学出版社2003年版，第134页。
⑤ 陈伟主编：《里耶秦简牍校释》（第一卷），第357页。

《校释》注曰："族王氏：姓王。"这支简的前半部分计算王援劳绩情况，他在任"库佐冗佐"的这段时间并没有计算在劳绩时间之内，因此冗佐当是库佐之冗。此外，还要注意到，简中有"官佐"，从任职时间长度看，当指"无阳众阳乡佐"，这也就是说，"冗佐"是与"官佐"相对应，正与前引《周礼·天官·大宰》的材料吻合。

尽管此时在底层吏员中已经存在冗佐和官佐两个层次，但二者界限并非不可逾越，如下简：

廿六年三月壬午朔癸卯，左公田丁敢言之：佐州里烦故为公田吏，徙属。事苔不备，分Ⅰ负各十五石少半斗，直钱三百一十四。烦冗佐署迁陵。今上责校券二，谒告迁陵Ⅱ令官计者定，以钱三百一十四受旬阳左公田钱计，问可（何）计付，署计年为报。敢言之。Ⅲ三月辛亥，旬阳丞滂敢告迁陵丞主：写移，移券，可为报。敢告主。/兼手。Ⅳ廿七年十月庚子，迁陵守丞敬告司空主，以律令从事言。/麠手。即走申行司空 Ⅴ 8-63

十月辛卯旦，朐忍索秦士五（伍）状以来。/庆半　兵手 8-63 背①

所谓左公田，《校释》：左公田：管理公田的官吏。② 秦代存在着官府直接控制的国有土地，称为公田。烦作为公田吏当是"官佐"之类的正式员额，但后来却以"冗佐署迁陵"，即作为冗吏任职于迁陵。其原因与其"事苔不备"这一失职行为有关。《岳麓书院藏秦简》（陆）：

• 延陵言：佐角坐县官田殿，赀二甲，贫不能入⌐，角择除为符离冗佐，谒移角赀署所，署所令先居之延陵，不求赏（偿）钱以糴，有等比。• 曰：可。• 县官田令 丙 一③

---

① 陈伟主编：《里耶秦简牍校释》（第一卷），第48—49页。
② 详见本书下编第八章《地方公田及其管理》。
③ 陈松长主编：《岳麓书院藏秦简》（陆），上海辞书出版社2020年版，第177—178页。

作为"佐"的角，因为"县官田殿"，而被分配到符离县作"冗佐"，这与 8－63 中的公田吏烦情况几乎一致。不过，反过来，冗佐亦有迁任上一级吏员的机会：

  ☐☐【迁陵】☐☐☐Ⅰ☑迁陵有以令除冗佐日备者为Ⅱ☐☐谒为史，以衔不当补有秩，当Ⅲ 8－2106①

这支简虽然很难解读其完整意思，但从残余部分看，似指冗佐做够一定时间，有机会被任命为某一吏员。这可能与其具备的行政素养有关。

从秦简看，冗吏主要有"史"和"佐"两种职位之冗。"史"和"佐"在县级政权中是各曹属的小吏，邹水杰曾梳理出秦和汉初县级机构中各种名目的佐和史。② 史书中甚至佐史连称，《汉书·百官公卿表上》"百石以下有斗食、佐史之秩"，颜师古注引《汉官名秩簿》云"斗食月奉十一斛，佐史月奉八斛也"③。即秩次在斗食吏之下。在秦汉时期的行政体系中，这些从事具体工作的底层岗位无疑需要大批人手，因而冗吏被大量补充到政府部门承担起这一职能。

在里耶秦简中，还有标示其身份的简文：

  冗佐上造芒安☐☐ 8－879④
  冗佐上造武陵当利敬 8－1089⑤
  史冗公士旬阳陭陵竭 8－1275⑥
  冗佐上造旬阳平阳操 8－1306⑦

从这几支可以看出：这些冗吏都有爵位。上造、公士这些爵位在二十等爵中

---

① 陈伟主编：《里耶秦简牍校释》（第一卷），第 431 页。
② 邹水杰：《简牍所见秦汉县属吏设置及其演变》，《中国史研究》2007 年第 3 期。
③ 《汉书》卷 17 上《百官公卿表上》，第 743 页。
④ 陈伟主编：《里耶秦简牍校释》（第一卷），第 241 页。
⑤ 陈伟主编：《里耶秦简牍校释》（第一卷），第 276 页。
⑥ 陈伟主编：《里耶秦简牍校释》（第一卷），第 304 页。
⑦ 陈伟主编：《里耶秦简牍校释》（第一卷），第 309 页。

的等次不高，但在新爵制实行之初，重视军功爵的背景下，却也凸显出有爵者所具有的政治地位。在《岳麓书院藏秦简》（肆）还有两条律文更具体地显示出其身份特点：

> 置吏律曰：有辠以罨（迁）者及赎耐以上居官有辠以废者，虏、收人、人奴、群耐子、免者、赎子，辄傅其计籍。其有除以为冗佐、佐吏、县匠、牢监、牡马、簪褭者，毋许，及不得为租。①
> ●□律曰：冗募群戍卒及居赀赎责（债）戍者及冗佐史、均人史，皆二岁壹归，取衣用，居家卅日。②

前一支简说明有迁罪以上者不能担任冗佐；后一支简则说明冗佐史的地位和戍卒相仿。关于其身份，还有一个特点，新地的冗吏可能都不籍属于本地。因为这批材料为迁陵县档案，故其所担任的冗职应皆在迁陵县。那么为什么不在本地选拔冗吏呢？我们推测，可能与本地为新征服的地区有关。对于迁陵县的历史沿革，金庆浩通过排比文献与考古资料后认为，秦在秦始皇二十四年灭亡楚国后，才将迁陵编入秦国。③ 因此，它与秦故地的制度、文化颇不一致。另外，相距时代不远的云梦睡虎地秦简《语书》，即为南郡守对整齐当地风俗的文告，亦可为旁证。西嶋定生根据传世文献分析认为，秦设置初县时，为了割断原住民的传统秩序，除将原住民移走外，还要募集民人，作为该地的新居民，并赐之爵。④ 因此籍属于外地，具有一定爵位的冗吏，可能就是政府从这类新募集并赐予爵位的新移民或有过失但有一定行政能力的官吏中选出，充实到初县，加强对这一地区的控制。

对于秦的冗吏，还应注意他们与官长的关系。从秦律看，二者在法律上有连坐的迹象：

---

① 陈松长主编：《岳麓书院藏秦简》（肆），第138页。
② 陈松长主编：《岳麓书院藏秦简》（肆），第160页。
③ ［韩］金庆浩：《里耶秦简中所反映的秦对南方的统治》，秦始皇兵马俑博物馆编：《秦俑博物馆开馆三十周年国际学术研讨会暨秦俑学第七届年会会议论文（会议用）》，2009年。
④ ［日］西嶋定生：《中国古代帝国的形成与结构——二十等爵制研究》，武尚清译，中华书局2004年版，第494页。

> 仓扁（漏）朽（朽）禾粟，及积禾粟而败之，其不可食者不盈百石以下，诽官啬夫；百石以上到千石，赀官啬夫一甲；过千石以上，赀官啬夫二甲；令官啬夫、冗吏共赏（偿）败禾粟。禾粟虽败而尚可食殹（也），程之，以其耗（耗）石数论负之。①
>
> 官啬夫、冗吏皆共赏（偿）不备之货而入赢。②

这些两条律文来源于《效律》，对国家资财的校验，只限于经济上的惩罚。从法律层面，尚看不出二者在身份上建立起如同汉代那样长吏和属吏之间的密切联系。并且秦律也规定，佐、史只隶属于机构，和官长并无联系，睡虎地秦简《置吏律》有：

> 除吏、尉已除之，乃令视事，及遣之；所不当除而敢先见事，及相听以遗之，以律论之。啬夫之送见它官者，不得除其故官佐、吏以之新官。③

徐富昌认为"不得除其故官佐、吏以之新官"的原因是为了防止结党营私。④另外，在里耶秦简中有一些仓廥支出粮食的记录，文末要有签署的吏员组合，我们把这些组合进行排比，发现佐、史和其长官仓守之间并无固定搭配。⑤

冗吏处于秦汉国家统治体系的末梢，是保证行政正常运转不可或缺的一部分，因而在汉代也一直存在着。文献中常出现的"给事吏"就是其一种延续形态。⑥从出土文献看，西汉后期的《尹湾汉简》吏员记录中也有这种例证。《东海郡属吏设置簿》有："☐人·今掾史见九十三人其廿五人员十五（？）人君卿门下十三人以故事置廿九人请治所置吏赢员廿一人。"⑦廖伯

---

① 陈伟主编：《秦简牍合集·释文注释修订本（壹、贰）》，第128页。
② 陈伟主编：《秦简牍合集·释文注释修订本（壹、贰）》，第144页。
③ 陈伟主编：《秦简牍合集·释文注释修订本（壹、贰）》，第126页。
④ 徐富昌：《睡虎地秦简研究》，第446页。
⑤ 详见本书中编第四章《县级政权的粮食廪给》。
⑥ 侯旭东：《长沙走马楼三国吴简所见给吏与吏子弟——从汉代的"给事"说起》，《中国史研究》2011年第3期。
⑦ 连云港市博物馆、东海县博物馆、中国社会科学院简帛研究中心、中国文物研究所编：《尹湾汉墓简牍》，中华书局1997年版，第100页。

源对此解释:"掾史见九十三人"意谓见在之属吏共 93 人。"其廿五人员"谓其中 25 人为占编制内之员额者。25 即属吏定员数。定员 25 人,实际用 93 人。① 属吏之实际人数远远超过定员数。但是随着民爵地位的持续走低,这些冗吏在政府编制的员额之外,承担着繁重的庶务差役,这会使其身份逐渐卑微。长沙走马楼三国吴简中,有数量很大的役吏,如果向上溯源,这应该是一条值得重视的线索。

---

① 廖伯源:《汉代郡县属吏制度补考》,收入其著《简牍与制度:尹湾汉墓官文书考证》(增订本),广西师范大学出版社 2005 年版。

第 四 章
"吏仆"与"吏养"

在近年公布的《里耶秦简》和《岳麓书院藏秦简》中，出现了一个新名词，叫作"吏仆"。《岳麓书院藏秦简》（叁）案例九《同、显盗杀人案》"吏仆"条目下解释为："仆，侍从、供役使的人。《说文·人部》：'仆，给事也。'吏仆，官吏的侍从，是徒隶的服役内容之一。"①《里耶秦简牍校释》（第一卷）在简6-7"敢言之：前日言当为徒隶买衣及予吏益仆"下所给的注释为："仆，仆人。"②后面出现"吏仆"之处没有再出注解，所以注释者似乎认为这里的"仆"就是"吏仆"。从字面理解或放诸简文当中，这些解释亦无窒碍。不过，如果联系相关资料，我们发现解释为"仆从"过于简单。在里耶秦简中有这样一条简："卅一年后九月庚辰朔甲□，……卻之：诸徒隶当为Ⅰ吏仆养者皆属仓……仓及卒长彭所Ⅱ署仓，非弗智（知）殹，盖……可（何）故不腾书？近所官Ⅲ亘（恒）曰上真书。状何……□□□□□□☑Ⅳ（8-130+8-190+8-193）。"③从句式看，"吏仆养"当为一词。因为有"吏仆"一词，所以我们怀疑"吏仆养"可能是"吏仆"与"吏养"的合称。在这批简中也的确检索到了这个词："钱三百五十。卅五年八月丁巳朔癸亥，少内沈出以购吏养城父士五（伍）得。得告成卒赎耐罪恶（8-811+8-1572）。"④这也坐实了这种猜测。"吏仆""吏养"相对称，因此"吏仆"之仆，是一个专有名词而非仆人的泛称。"养"通常作

---

① 朱汉民、陈松长主编：《岳麓书院藏秦简》（叁），第182页。
② 陈伟主编：《里耶秦简牍校释》（第一卷），第20页。
③ 陈伟主编：《里耶秦简牍校释》（第一卷），第68页。
④ 陈伟主编：《里耶秦简牍校释》（第一卷），第231页。

为"炊事"解，那么"仆"则同样是一种杂役，最接近的解释就是"赶车的人"。本章将秦代简牍中出现的"吏仆"和"吏养"界定为为政府吏员服务的群体，以此来探讨他们的身份特征、政府对其控制手段，以及这一群体在汉代的变化。

一 "吏仆""吏养"的身份

吏仆与吏养作为专有名词，不仅出现在里耶秦简这种行政文书中，而且在睡虎地秦简中，"养"和"仆"也曾同时出现：

> 都官有秩吏及离官啬夫，养各一人，其佐、史与共养；十人，车牛一两（辆），见牛者一人。都官之佐、史冗者，十人，养一人；十五人，车牛一两（辆），见牛者一人；不盈十人者，各与其官长共养、车牛，都官佐、史不盈十五人者，七人以上鼠（予）车牛、仆，不盈七人者，三人以上鼠（予）养一人；小官毋（无）啬夫者，以此鼠（予）仆、车牛。①

这是对都官和离官各官署按照吏员的级别、人数配置仆、养的标准。注释小组对仆和养的解释为：养，做饭的人；仆，即赶车的人。从行文看，仆、养和佐、史冗等吏员相对，不在官僚体系序列中，主要从事杂役工作。在法律上规定其在各类机构中的数额，则说明这是维持行政机构正常运转不可或缺的一个方面，为国家所重视。

那么从事吏仆养工作的人身份如何呢？从现有材料看，主要来源于徒隶。②《岳麓书院藏秦简》（叁）中收录了两则案例：案例三《猩、敞知盗分赃案》，其中有"猩独居舍为养，达与仆徒时（莳）等谋埱冢"③。"仆徒时（莳）"是指时（莳）的身份是仆徒，仆徒意思当是作为从事"仆"这项工

---

① 陈伟主编：《秦简牍合集·释文注释修订本（壹、贰）》，第87页。
② 徒隶的身份比较复杂，说详本书下编第四章《"作徒"管理问题探讨》。
③ 朱汉民、陈松长主编：《岳麓书院藏秦简》（叁），第122页。

作的徒，即仆的身份是刑徒。

不仅如此，从《岳麓书院藏秦简》（肆）（伍）中的律令看，只有刑徒中的隶臣才能充任这项工作：

> ●仓律曰：毋以隶妾为吏仆、养、官【守】府└，隶臣少，不足以给仆、养，以居赀责（债）给之；及且令以隶妾为吏仆、养、官守府，有隶臣，辄伐〈代〉之└，仓厨守府如故。①

从律文看，隶臣是吏仆养的首要人选，如果不足，才能以居赀赎债顶替，如另一条律文所言："徒隶不足以给仆、养，以居赀责（债）者给之。"②用隶妾充当吏仆是不得已而为之，法律本来是不允许的。这可能是从性别角度着眼，比如《岳麓书院藏秦简》（伍）中的一条令文："●令曰：毋以隶妾及女子居赀赎者为吏仆、养、老、守府及毋敢以女子为葆（保）庸。"③在日常司法行政实践中也有可以印证的例子。《岳麓书院藏秦简》（叁）案例一〇《䰜盗杀安、宜案》，其中有这样一句："●讯同：同，大宫隶臣，可（何）故为寺从公仆？"按照注释，寺从疑是机构名，公为尊称，用于县令等长官。④这就可以肯定担任寺从公的仆是隶臣，也即刑徒，上面一条材料即非臆测之说。在《里耶秦简》中也有隶臣从事养的记录，简 8-1558："☐☐温与养隶臣获偕之蓬传，及告畜官遗之书季有☐。"⑤"养隶臣"这个词和"仆徒"一样，指的是从事"养"的"隶臣"。对于其他身份的人从事仆、养工作，法律中明令禁止。如司寇不能充任吏仆：《睡虎地秦墓竹简》："司寇勿以为仆、养、守官府及除有为殹（也）。有上令除之，必复请之。"⑥《岳麓书院藏秦简》（肆）中有一条相同令文，但内容更为完整：

---

① 陈松长主编：《岳麓书院藏秦简》（肆），第122—123页。
② 陈松长主编：《岳麓书院藏秦简》（肆），第155页。
③ 陈松长主编：《岳麓书院藏秦简》（伍），第182页。
④ 朱汉民、陈松长主编：《岳麓书院藏秦简》（叁），第187页。
⑤ 陈伟主编：《里耶秦简牍校释》（第一卷），第358页。
⑥ 陈伟主编：《秦简牍合集·释文注释修订本（壹、贰）》，第121页。

司寇勿以为仆、养、守官府及除有为殹（也）。有上令除之，必复请之⌐。徒隶毄（系）城旦舂、居赀责（债）而敢为人仆、养、守官府及视臣史事若居隐除者，坐日六钱为盗⌐。①

前半部分相同，司寇不能作为仆、养，接下来又规定了作为城旦舂的徒隶也不能做吏仆。城旦舂和鬼薪白粲性质相同，后者大概也不能做这项工作。所以只有刑徒中归仓管理的隶臣才能做吏仆。不仅如此，平民也不能充任这项工作。《岳麓书院藏秦简》（肆）所记徭律有："毋令士五（伍）为吏养、养马。"② 还有一条需要辨析的材料，里耶秦简8-106："☐迁陵戍卒多为吏仆，吏仆☐。"③ 目前所见，仅此一条资料。揣摩文意，似乎是对"戍卒多为吏仆"现象提出批评，意味着戍卒作吏仆不当以常态视之。可惜仅有的这一条材料还是残断的，不清楚其语境，仅能做推测之辞。卒服务于官府吏员，其正常的工作主要是协助官长作行政管理等辅助工作。《睡虎地秦墓竹简·秦律杂抄》："吏自佐、史以上负从马、守书私卒，令市取钱焉，皆罱（迁）。"整理小组注："守书私卒，应为看守文书的随从士卒。"④ 另外，尚未出现戍卒作吏养的记录，或亦可为旁证，毕竟戍卒的主要工作是屯兵戍守。

隶臣可以充任厮役工作，但有特殊技能的隶臣不能担任吏仆："隶臣有巧可以为工者，勿以为人仆、养。"⑤ 这是因为有技艺的隶臣可以为政府创造更大的经济价值，所以对其进行控制是重要的政策取向。比如在睡虎地秦墓竹简《秦律十八种·军爵律》中："工隶臣斩首及人为斩首以免者，皆令为工。其不完者，以为隐官工。"⑥ 工隶臣即使免除了徒隶身份，也不能改行从事其他工作。

---

① 陈松长主编：《岳麓书院藏秦简》（肆），第158页。
② 陈松长主编：《岳麓书院藏秦简》（肆），第119页。
③ 陈伟主编：《里耶秦简牍校释》（第一卷），第63页。
④ 睡虎地秦墓竹简整理小组编：《睡虎地秦墓竹简》，释文第82页。
⑤ 陈伟主编：《秦简牍合集·释文注释修订本（壹、贰）》，第105页。
⑥ 陈伟主编：《秦简牍合集·释文注释修订本（壹、贰）》，第124页。

二 吏仆与吏养的管理

吏仆多为徒隶充任，按照秦代制度，其人身归属于国家。正因为如此，吏仆和吏养还表现出其公有属性，比如吏仆不能从事公务以外的劳动。《岳麓书院藏秦简》（叁）案例〇九《同、显盗杀人案》简 143 - 144："●譖（潜）讯同归义状及邑里居处状，改（改）曰：隶臣，非归义。讯同：非归义，可（何）故？同曰：为吏仆，内为人庸（佣），恐吏毄（系）辟同□□【……】□□□□【……】□□□□□□□及薄宿，类訑。"① 注释是说隶臣同，作为吏仆，又暗地里被别人雇佣劳动，担心吏要处置他。反过来说，吏仆如果做私活，要受到惩罚，这主要是因为其身份归属于国家。

吏仆与吏养和仓之间有明确的归属关系。因为秦代的仓除了有储存保管粮食功能之外，还负责粮食供给，如里耶秦简：

元年七月庚子朔丁未，仓守阳敢言之：狱佐辨、平、士吏贺具狱，县官 I 食尽甲寅，谒告过所县乡以次续食。雨留不能投宿赍。II 来复传。零阳田能自食。当腾期卅日。敢言之。/七月戊申，零阳 III 鞏移过所县乡。/齮手。/七月庚子朔癸亥，迁陵守丞固告仓啬夫：IV 以律令从事。/嘉手。V 5 - 1

迁陵食辨、平尽己巳旦□□□□迁陵。I 七月癸亥旦，士五（伍）臂以来。/嘉发。II 5 - 1 背②

《校释》云："仓守，职官名，指代理仓啬夫职务者。"从"零阳鞏移过所县乡"一句看，正文是零阳仓守阳发出的文书，接收方虽然是迁陵守丞，但具体执行人是迁陵仓啬夫固。同样，"吏仆""吏养"的口粮供给也由仓负责。不仅如此，仓还是仆、养主要的管理机构。前引里耶秦简 8 - 130 + 8 - 190 + 8 - 193 简中有"诸徒隶当为吏仆养者皆属仓"，对这些吏仆归属已经做了明

---

① 朱汉民、陈松长主编：《岳麓书院藏秦简》（叁），第 179 页。
② 陈伟主编：《里耶秦简牍校释》（第一卷），第 1 页。

确的说明。吏仆之所以归属于仓,应该是基于两个原因,除了仓供给吏仆、养的口粮外,还因为仓本身就是管理、输送刑徒的机构:

> 二人付□□□。AⅠ一人付田官。AⅡ一人付司空:枚。AⅢ一人作务:臣。AⅣ一人求白翰羽:章。AⅤ一人延守府:快。AⅥ其廿六付田官。BⅠ一人守园:壹孙。BⅡ二人司寇守:囚、婢。BⅢ二人付库:恬、扰。BⅣ二人市工用:餴、亥。BⅤ二人付尉□□。BⅥ☐8-663 五月甲寅仓是敢言之:写上。敢言之。☐8-663背①

仓是即仓的长官仓啬夫是,这是他将交付其他机构刑徒数量、工作、人数进行统计上报的簿籍。因此做吏仆、吏养工作的隶臣由其派出也在情理之中。当然仓配送吏仆、吏养需要依照上级机构指令以及相应法律法规:"卅一年后九月庚辰朔辛巳,迁陵丞昌谓仓啬夫:令史言Ⅰ以辛巳视事,以律令假养,袭令史朝走启。Ⅱ定其符。它如律令。Ⅲ(8-1560)"② 这段话是说迁陵丞命令仓啬夫依照律令向履职的令史言配给吏养。其中的"以律令"大约就是我们前面引用的睡虎地秦墓竹简《秦律十八种·金布律》中的那条资料。不过,律文记载的不太清楚,我们依据简文列制表格做进一步的说明(参见表2):

表2　　　　　　　　　　　　仆、养配置表

	都官有秩吏	离官啬夫	都官有秩吏之佐、史	离官啬夫之佐、史	都官之佐、史冗		都官佐、史7~15人	都官佐、史3~7人	小官毋(无)啬夫
养	1	1	与主官共	与主官共	1/10人	不足10人与官长共。	1	1	(?)
车牛			1/10人	1/10人	1/15人			车牛	
见牛者			1/10人	1/10人	1/15人				
仆	1(?)	1(?)	1(?)	1(?)	1(?)		仆	仆(?)	仆

按:数字后标(?)为笔者拟构。

---

① 陈伟主编:《里耶秦简牍校释》(第一卷),第196页。
② 陈伟主编:《里耶秦简牍校释》(第一卷),第359页。

通过表格我们可以看出，这段文字是说给各行政机构配置的服务人员和车牛数量等。其中最主要的是养和仆。就"养"而言，都官有秩吏、离官啬夫等官长可以单独配置，其僚属则按照人数多少，或与官长共用，或超过3人以上单独配置。只有"小官毋（无）啬夫"，即级别较低的机构（没有配置啬夫以上的机构），没有提到养，是否是省文或单独设置，不得而知。这段文字中提到仆只有7到15人的都官佐、史以及无啬夫的小官才能配置，那么是否意味着其他人员就不配备赶车的仆呢？答案是否定的。都官有秩吏和离官啬夫及其佐、史，或15人以上的佐史，皆有"车牛一两（辆），见牛者一人"，配置车辆显然是为了公务活动之用。那么没有列举出仆，也许是和牛车相配套，因而省文，无需赘言。见牛，注释为"看牛的人"，所以还有一种可能，因为这些机构未必都是专门负责畜牧业的畜官，所以"见牛者"除了饲养拉车之牛外，仆也是他们分内的工作，但为了避免行文重复，故将"仆"的职责略去。但无论如何，除了数量较少的都官佐、史以外，其他机构皆配置了"仆"。这段文字也说明，里耶秦简行政文书中多次出现吏仆、吏养并非偶然，他们是保证政府机构正常运转的必要条件。按照规定配给厮役的原则也贯彻到秦代政治实践当中。里耶秦简8-1490+8-1518："廿八年六月己巳朔甲午，仓武敢言之：令史敞、彼死共走兴。今彼死次Ⅰ不当得走，令史畸当得未有走，今令畸袭彼死处，与敞共Ⅱ走。仓已定籍，敢言之。Ⅲ"①虽然我们现在还不能明确"走"的确切含义，《校释》认为与"仆"类似，可从。这是一件关于确定分配仆从的文书，文中没有提到具体分配原则，但经过仓这一主管机构定籍确立后，就具有了法律效力。其裁定的依据，或许就是类似上述睡虎地秦简《秦律十八种·金布律》中所确立的原则。

秦代律文规定配置仆养等级还是以机构长官的级别为标准，但是在行政文书中对这些仆养是以机构为单位称呼的。里耶秦简8-137："□□朔戊午，迁陵丞迁告畜官仆足，令Ⅰ□□毋书史，畜官课有未上，书到亟曰Ⅱ□□守府事已，复视官事如故，而子弗Ⅲ（正）□事，以其故不上，且致劾论子，

---

① 陈伟主编：《里耶秦简牍校释》（第一卷），第338页。

它承Ⅰ☐就手。Ⅱ"① 畜官在里耶简中屡见，通常和乡、少内、司空等机构并列，因而它也是县中诸官。尽管这些仆、养被分配到了政府各部门，但这些部门只有使用的权力，日常管理由仓等部门专门负责。

国家对仆、养的控制，是通过廪衣食等制度来实现的。睡虎地秦墓竹简《秦律十八种·传食律》："御史、卒人使者，食粺米半斗，酱驷（四）分升一，采（菜）羹，给之韭葱。其有爵者，自官士大夫以上，爵食之。使者之从者，食糲（粝）米半斗；仆，少半斗。"② 这条律文规定了御史所属卒人及其随从人员的廪食标准，标准的设定是考虑到身份、爵位、官职等因素。"仆"的口粮数最少，是由其徒隶身份决定的。同样，政府对于廪衣也有制度规定，同书《金布律》有："稟衣者，隶臣、府隶之毋（无）妻者及城旦，冬人百一十钱，夏五十五钱；其小者冬七十七钱，夏卅四钱。春冬人五十五钱，夏卅四钱；其小者冬卅四钱，夏卅三钱。隶臣妾之老及小不能自衣者，如春衣。·亡、不仁其主及官者，衣如隶臣妾。"③ 府隶，注释为"当为在官府服役的隶"，那么其身份和吏仆、吏养相当。他们也是按照年龄、性别等给予数量不等的廪衣费用。正因为这些隶臣妾身份依附于国家，所以国家从保全财产的角度，要为其廪衣食，反过来为了生存，他们也要为政府服务。但是这种廪给是最低标准，比如上引《金布律》最后说"亡、不仁其主及官者，衣如隶臣妾"，注释小组认为，不仁其主"疑指私人奴婢而言"，也就是说，这些府隶的待遇相当于受罚的私家奴婢。

三 吏仆、吏养在汉代的存续

秦代的吏仆、吏养主要来源于刑徒，这是建立在秦代刑徒数量众多的基础之上。汉代约法省禁，刑徒数量较秦代有所减少，所以这种完全由国家配给的厮役形式呈现出另一种发展路径。

我们在汉代传世文献中检索到与仆、养工作相似人员，从其身份看，一

---

① 陈伟主编：《里耶秦简牍校释》（第一卷），第77页。
② 陈伟主编：《秦简牍合集·释文注释修订本（壹、贰）》，第131页。
③ 陈伟主编：《秦简牍合集·释文注释修订本（壹、贰）》，第96页。

种是来源于政府机构内部,《后汉书·陈寔传》:"陈寔字仲弓,……少作县吏,常给事厮役,后为都亭佐。"① 文中的县吏,当为少吏,从事杂役等工作。《后汉书·周燮传》有一个实例可以做注脚:"良字君郎。出于孤微,少作县吏。年三十,为尉从佐。奉檄迎督邮,即路慨然,耻在厮役,因坏车杀马,毁裂衣冠,乃遁至犍为,从杜抚学。"李贤注:"从佐谓随从而已,不主案牍也。"② 这具体说明了冯良担任县吏的职务,其工作之一就是负责迎送,当时被视为贱役。这种厮役是由政府机构设置的固定吏员来负责。

如果是出使等任务,无法确定从事杂役的人数,那么他们也可以由个人招募而来,这是另一种来源。《汉书·路温舒传》:"诏书令公卿选可使匈奴者,温舒上书,愿给厮养,暴骨方外,以尽臣节。"师古曰:"求为卒而随使至匈奴也。"③ 厮养的具体工作,《史记·张耳陈余传》"有厮养卒谢其舍中曰"《集解》引韦昭曰:"析薪为厮,炊烹为养。"④ 这种"厮养"是出于自愿,也就是意味着使节与其随从之间是一种自由结合的关系,并非国家制度规定。《汉书·张骞传》中的这条材料更明确了这一点:"自骞开外国道以尊贵,其吏士争上书言外国奇怪利害,求使。天子为其绝远,非人所乐,听其言,予节,募吏民无问所从来,为具备人众遣之,以广其道。"⑤ "予节,募吏民无问所从来"对使节所招募的随从厮役,政府并不干涉。在西北汉简中,出现了为数不少的随各类官员的"从者"和"私从者",他们之间的区分即以公私为限,或亦可印证上述说法。⑥

还需要说明的是,在西北汉简中也出现了"吏养"的称谓,并且其职能和秦简相去无远。⑦ 但这更可能是边地军事系统中存在的特殊形态。

当然,秦代吏仆、吏养在汉代的分化更复杂,但无论何种形式,他们都

---

① 《后汉书》卷62《陈寔传》,第2065页。
② 《后汉书》卷53《周燮传》,第1743页。
③ 《汉书》卷51《路温舒传》,第2371页。
④ 《史记》卷89《张耳陈余列传》(点校本二十四史修订本),第3127页。
⑤ 《汉书》卷61《张骞传》,第2695页。
⑥ 沈刚:《西北汉简中的"从者"与"私从者"》,杜常顺、杨振红主编:《汉晋时期国家与社会论集》,广西师范大学出版社2016年版。
⑦ 张新俊:《张家山汉简〈奏谳书〉中的"养"及相关问题》,甘肃简牍博物馆、西北师范大学历史文化学院编:《简牍学研究》(第五辑),甘肃人民出版社2014年版。

是国家行政活动中必要的组成部分。对于秦汉时代的行政体系及其运作，历史学家书写历史时会对制度框架以及和军国大事有关的制度进行描述，经过他们的选择，这些制度运转的细节无意中被过滤掉了。后世研究者只能依据这些素材来认识当时的制度。然而现实的行政实践活动和国家机器的有效运转，是依靠佐史这些从事具体工作的胥吏，以及提供后勤保障的仆养日复一日、孜孜不倦的工作得以实现的。尽管其工作并不会对国家制度的走向造成影响，却又是保证国家机器正常运转须臾不可或缺的组成部分。唯有将这些看似平常，甚至当时人熟视无睹的工作和那些高官显贵的政治活动结合起来，才是当时国家日常行政的完整图景。

第 五 章
县级机构中的守吏

与职官相连的"守"在秦汉文献中频现,是了解秦汉官制不可缺少的一个方面。《汉书》古注中对此有解释,《汉书·平帝纪》"吏在位二百石以上,一切满秩如真"一句下,如淳曰:"诸官吏初除,皆试守一岁乃为真,食全奉。平帝即位故赐真。"师古曰:"此说非也。时诸官有试守者,特加非常之恩,令如真耳。非凡除吏皆当试守也。"① 两人说法虽然不同,但皆不否认汉代官吏任用全部或部分存在着试守之制。《汉旧仪》也记有这样的记载:"选能治剧长安、三辅令,取治剧。皆试守,小冠,满岁为真。"② 这些说法为后世学者所沿用,如《陔余丛考》卷二六"假守"条:"(秦汉)其官吏试职者则曰守。"③ 现代研究秦汉官制的论著亦多持此说,并有所细化。④ 尽管如此,因秦代史料比较匮乏,学者对秦代守官问题措意不多,在讨论官制时,将秦汉统而言之,而没有单独观察。随着秦和汉初出土资料的增多,关于守官的材料也相应增加,这一问题引起了学界关注。在秦和汉初出土文献中,这一群体被称作"守吏",⑤ 特别是对县级以下官吏而言。故本章亦使用这一称谓。学者们对秦代守吏,特别是简牍中出现频率颇高的

---

① 《汉书》卷1下《平帝纪》,第349页。
② 孙星衍等辑,周天游点校:《汉官六种》,中华书局1990年版,第68页。
③ 赵翼撰,栾保群点校:《陔余丛考(新校本)》,中华书局2019年版,第702页。
④ 如安作璋、熊铁基《秦汉官制史稿》第三编第二章第一节《任用方式》;[日]大庭脩《秦汉法制史研究》第四篇第五章《汉代官吏的兼任》,林剑鸣等译,上海人民出版社1991年版;武普照《秦汉守官制度考述》,《山东师大学报》1988年第4期。
⑤ 如《岳麓书院藏秦简》(伍):"●令曰:诸有乘马者,毋敢步远行冲道,行冲道过五日〈百〉里,赀一甲。吏及守吏六百石以上已受令……";《张家山汉墓竹简·二年律令·具律》:"县道官守丞毋得断狱及谳(谳)。相国、御史及二千石官所置守、叚(假)吏,若丞缺,令一尉为守丞。"

"守丞"等职官提出了各种解读意见。如陈松长认为守丞不是代理或试用之丞,是辅佐郡守或县令的官吏,机构守或乡守则是表示掌管、主管的泛称。① 另外,陈先生和王伟在讨论岳麓书院藏秦简中郡名问题时,也涉及假官和守官问题。② 孙闻博系统考察了秦代的"守"和"守丞",提出了"守"为代理,"守丞"是县丞在职、因故不在署时的一种权宜设置的观点。③ 孙先生写作此文时,所能利用的里耶秦简资料还是较早公布的《湘西里耶秦代简牍选释》。④ 2012 年里耶古井第五、六、八等几层简牍以《里耶秦简》[壹]为名全部发表,陆续零星公布的里耶秦简也增添了一些实例,⑤ 高震寰、杨智宇和王伟与此观点相近,但做了更为细致、深入的论证。⑥ 也是因为材料的增多,对这一问题也有了更多的不同意见:王彦辉在研究迁陵县各机构时,认为其中大量出现的"守官",在不同的语境下,具有不同意义。⑦ 于洪涛则重点关注了守丞和丞的关系。⑧ 张朝阳则认为乡守非守官,而是和乡啬夫一起构成基层管理的双头模式。⑨ 刘正华认为"守"是"啬夫"的具体称谓,表示机构负责人;"守丞"中的"守"为"试守"。⑩《岳麓书院藏秦简》(叁)中,注释者把其中的守官分成了三种类型:"郡名+守""守+官职""官职/地名+守",虽然对旧说有所怀疑,但亦未提出新

---

① 陈松长:《〈湘西里耶秦代简牍选释〉校读(八则)》,甘肃省文物考古研究所、西北师范大学文学院历史系编:《简牍学研究》(第四辑),甘肃人民出版社 2004 年版。
② 陈松长:《岳麓书院藏秦简中的郡名考略》,《湖南大学学报》2009 年第 2 期;王伟:《岳麓书院藏秦简所见秦郡名称补正》,《考古与文物》2010 年第 5 期。
③ 孙闻博:《里耶秦简"守"、"守丞"新考——兼谈秦汉的守官制度》,卜宪群、杨振红主编:《简帛研究》(二〇一〇),广西师范大学出版社 2012 年版。
④ 张春龙、龙京沙:《湘西里耶秦代简牍选释》,《中国历史文物》2013 年第 1 期。
⑤ 湖南省文物考古研究所编著:《里耶秦简》[壹],文物出版社 2012 年版;陈伟主编:《里耶秦简牍校释》(第一卷)。
⑥ 高震寰:《试论秦汉简牍中"守"、"假"、"行"》,王沛主编:《出土文献与法律史研究》(第四辑),上海古籍出版社 2015 年版;杨智宇:《里耶秦简牍所见"迁陵守丞"补正》,武汉大学简帛研究中心主办:《简帛》(第十三辑),上海古籍出版社 2016 年版;王伟:《秦守官、假官制度综考》,杨振红、邬文玲主编:《简帛研究》(二〇一六秋冬卷),广西师范大学出版社 2017 年版。
⑦ 王彦辉:《〈里耶秦简〉(壹)所见秦代县乡机构设置问题蠡测》,《古代文明》2012 年第 4 期。
⑧ 于洪涛:《秦简牍"质日"考释三则》,《鲁东大学学报》2013 年第 3 期。
⑨ 张朝阳:《也从里耶简谈秦代乡啬夫与乡守:论基层管理的双头模式》,《史林》2013 年第 1 期。
⑩ 刘正华:《再论里耶秦简中的"守"和"守丞"》,《延安职业技术学院学报》2013 年第 1 期。

的解释。① 此外，邬文玲从"守""主"使用的语境着眼，认为在文书中，呈文者自称"守"，而称收文者为"主"。② 朱锦程通过对《岳麓书院藏秦简》中一条律文的解读入手，考察了秦代郡级官吏代理制度。③ 这些也是与本论题相关的成果。由此可见，这一问题尚无的论，故我们重新梳理材料，对秦代的守吏及与此相关的"假官"问题做一补说。

一　秦代守丞的身份

对秦和汉初简牍中出现的守丞，有几种不同的理解。一种是传统说法，认为"守"是转任真官之前的代理，正常情况下，其出路会"满岁为真"。④ 第二种意见认为守、守丞无别，杨宗兵、陈松长、于洪涛、陆德富持这种意见。⑤ 第三种认为守吏是临时代理，持此说的是陈治国、王伟、孙闻博、杨智宇。⑥ 我们基本赞同最后一种意见，即"临时代理"说，并进一步申

---

① 朱汉民、陈松长主编：《岳麓书院藏秦简》（叁），第 105 页。
② 邬文玲：《"守"、"主"称谓与秦代官文书用语》，中国文化遗产研究院编：《出土文献研究》（第十二辑），中西书局 2013 年版。这一角度颇为新颖。但是我们在里耶秦简中同样会找到很多反例：1. 呈文者为官员，但非以"官+守"形式出现的简有 8-47、8-62、8-71 等 18 例；2."官+守"形式在非呈文者位置出现有简 8-142、8-409 等 39 例。因而这一规律能否成立，仍当存疑。
③ 朱锦程：《秦郡官吏代理制度考略》，张德芳主编：《甘肃省第三届简牍学国际学术研讨会论文集》，上海辞书出版社 2017 年版。
④ 如张家山二四七号汉墓竹简整理小组编著《张家山汉墓竹简［二四七号墓］》（释文修订本），第 23 页；蔡万进《〈奏谳书〉与汉代奏谳制度》，中国文物研究所编《出土文献研究》（第六辑），上海古籍出版社 2004 年版。
⑤ 杨宗兵认为，守、守丞、丞含义相同，都是官长的意思，参见杨宗兵《里耶秦简县"守"、"丞"、"守丞"同义说》，《北方论丛》2004 年第 6 期；于洪涛则从秦代战乱背景和守丞职权角度认为丞和守丞无别，守丞是固定职官，参见于洪涛《秦简牍"质日"考释三则》，《鲁东大学学报》2013 年第 3 期；陈说见前文；陆德富认为某县守是守官，是一县之长，而守丞也可以担任此职，参见陆德富《试说战国至秦代的县级职官名称"守"》，《中国国家博物馆馆刊》2013 年第 1 期。
⑥ 陈治国：《里耶秦简"守"和"守丞"释义及其他》，《中国历史文物》2006 年第 3 期，陈治国、农茜：《从出土文献再释秦汉守官》，《陕西师范大学学报》2007 年第 4 期；王伟：《岳麓书院藏秦简所见秦郡名称补正》，《考古与文物》2010 年第 5 期；孙闻博：《里耶秦简"守""守丞"新考——兼谈秦汉的守官制度》，卜宪群、杨振红主编：《简帛研究》（二○一○），广西师范大学出版社 2012 年版；杨智宇：《里耶秦简牍所见"迁陵守丞"补正》，武汉大学简帛研究中心主办：《简帛》（第十三辑），上海古籍出版社 2016 年版；王伟：《秦守官、假官制度综考》，杨振红、邬文玲主编：《简帛研究》（二○一六秋冬卷），广西师范大学出版社 2017 年版。

论之。

陈治国和孙闻博立论的一个重要基础是以时间为序列制表格，将里耶秦简中的守丞进行了排比，材料来源是先期公布的几件里耶秦简，包含迁陵和阳陵两县的情况。《里耶秦简》［壹］中的材料以迁陵县为主，对于其中的县级官吏，叶山也绘制了类似表格，① 后来赵岩、杨智宇等也通过考证文书时间、先期刊发未见简牍等方式，又补充了一些内容。② 我们以上述学者的工作为基础，并利用后来公布的《里耶秦简》［贰］，补充和修正部分材料，以守丞人物和有明确记载的任职时间为横纵坐标重新列制一幅表格（参见表3）。

从下页这份表格可以看出以下几个问题：其一，守丞任职没有连续性，每一年度迁陵县都存在多位"守丞"。比如廿七年三月、八月、十月分别由敦狐、陞、敬担任守丞；廿八年四月、九月、十二月分别由敦狐、胡、膻之担任。一年中由不同的人担任守丞，且无规律，说明守丞只是临时充任。其二，在守丞任职的年度，甚至月度里，还存在着正式的"丞"，两者并存。比如卅二年正月、四月色担任守丞，但是在正月、三月还有丞昌。廿七年虽然已经有三位守丞，但是在三月和六月还是出现了丞欧。在敦狐任期也出现了类似的情形。而且就敦狐而言，他从秦始皇廿六年到卅六年至少有四个年度担任过守丞，但是仍然没有做县丞，说明这个守和试用时间没有关系。其三，和守丞某相比，丞某任职相对固定，比如丞昌连续三年担任丞，并且从丞昌、丞迁、丞欧的任职时间看，三人前后相继，时间并无交叉。其任职稳定或许表明丞为正式职官，守丞为代理。这也说明和丞相比，守丞任期没有制度化。

我们再看秦代常态选官制度。如所周知，汉代官吏的选任，除了荫任、訾选，以及武帝之后的察举、辟举等，积功升迁也是重要一途。特别是出土文献所反映的地方官制中，这一途径所占比例很大。如据李解民统计，在尹湾汉简可考的120个长吏中，其任职来源于"以功迁"类型的有74人，占

---

① ［加］叶山：《解读里耶秦简——秦代地方行政制度》附表，武汉大学简帛研究中心主办：《简帛》（第八辑），上海古籍出版社2013年版。

② 赵岩：《里耶秦简纪日简牍札记》，武汉大学简帛研究中心主办：《简帛》（第八辑），上海古籍出版社2013年版；杨智宇：《里耶秦简牍所见"迁陵守丞"补正》，武汉大学简帛研究中心主办：《简帛》（第十三辑），上海古籍出版社2016年版。

表3　里耶秦简所见迁陵县丞与守丞任职表

职官 \ 年度（秦始皇）	廿六	廿七	廿八	廿九	卅	卅一	卅二	卅三	卅四	卅五	卅六	卅七（二世元年）
守丞固												七月
守丞绎										十一月辛卯朔己酉		
守丞戍											十一月壬辰	
守丞敦狐	二月辛巳;五月庚子;六月癸亥、庚辰;八月癸丑;八月丙子;九月庚辰	三月辛亥、庚戌;十一月乙亥;十二月丁酉	四月己卯								五月乙酉	
守丞都							九月朔日	二月朔日？				
守丞色							正月甲寅;四月丙午、甲寅、癸丑					
守丞说							十月辛丑					
守丞㬣									正月庚午、辛未、壬辰、壬戌、二月庚戌、乙丑;七月庚寅、癸酉;八月己未			

续表

职官	年度（秦始皇）											
	廿六	廿七	廿八	廿九	卅	卅一	卅二	卅三	卅四	卅五	卅六	卅七（二世元年）
守丞律										五月庚子		
守丞衘									六月甲辰	六月戊寅		
守丞有								六月丁未、壬子				
守丞禄	十二月庚申											
守丞膻之			十二月癸未	七月癸卯								
守丞陉		八月癸巳										
守丞敬		十月庚子										
守丞胡			九月甲辰									
丞昌		七月丁巳朔		正月甲辰；九月辛亥	卅年 正月；九月辛巳	正月；二月丙戌；九月丁卯；十月甲寅、壬子；后九月辛巳	正月丁酉；三月丁丑朔日、乙酉		六月甲辰（守丞昌）			
丞欧		三月戊午、丙辰、丁亥、六月										
丞迁										八月甲申		

了61.7%，比例最大。① 这种"积功升迁"之"功"，是由日常考课中通过积劳为功而来。胡平生依据居延汉简，认为积劳四年为一功。② 秦代选官制度的完整面貌，黄留珠曾做过研究。③ 但因为材料差异，黄先生梳理出来的几类仕进方式，在里耶秦简这种地方行政文书中无法反映出来。地方行政机构官吏常态化选任，应该有一套常态化的机制做保障。特别是秦统一前后，面对幅员广阔的新疆土，更需要一套标准化的制度，才能向各地源源不断地选拔、输送称职官吏，有效完成对地方的统治。在这套标准化的选官制度中，劳绩亦是其中重要的指标。④

从守丞任职时间看，短且时断时续，显然不可能是制度化的迁选。并且出现频次较高的敦狐在秦始皇廿六年到秦始皇卅六年间屡次出任"守丞"，却没有担任"丞"的记录，或许一直是属吏的身份。因而设置守丞只能是为了保证政府日常行政有效运转而实行的权宜之计。代行真"丞"工作的"守丞"，其职权是否相同，并不能作为判断守丞是否为固定职官的必要条件。

我们再从汉代制度反观秦简中的守吏问题。汉代的守官试守一年，既有明确的制度规定，也可以找到实例来佐证，毋庸赘言。但后来研究守官制度的成果，发现除了这种试守制度外，还有一种"守缺"类型。⑤ 其实，在此之前，日本学者滨口重国就曾有非常明晰的分类，大庭脩引其观点并评述：

> 滨口在论文中对东汉碑文资料详细考证以后，得出了下列结论："守令一类的官是不具备敕命官资格的人，即在其官历中没有经过孝廉选拔，或者通过公府的推举等，经郎中官的人，是暂时的任命为令、长、丞、尉的，因此，即使在职几年，也不能称为真官。这些守官的任

---

① 李解民：《〈东海郡下辖长吏名籍〉研究》，连云港市博物馆、中国文物研究所编：《尹湾汉墓简牍综论》，科学出版社1999年版。
② 胡平生：《居延汉简中的"功"与"劳"》，收入其著《胡平生简牍文物论稿》，中西书局2012年版。
③ 黄留珠：《秦汉仕进制度》，西北大学出版社1985年版。
④ 详见本书上编第六章《地方职官选任》。
⑤ 王刚：《秦汉假官、守官问题考辨》，《史林》2005年第2期。

用，是由郡太守或王国的丞相决定的，并且以任用该郡国内的人为原则，但本人出身县的守官通常是应该避免的。"这就是说，在东汉的守县令、长、丞、尉的场合，试守满岁为真的原则是不适用的，因此，他的结论没有反驳的余地。这样，在汉代官界已存在的守官中，至少以守县令级画线为界，其上下所用的原则是不同的。①

我们还可以找到汉代出土文献的例子加强滨口重国的结论。在居延新简中，有这样一组迁免牒书：

建武五年四月丙午朔癸酉甲渠守候　谓弟十四　EPF22:250A
掾谭　EPF22:250B
隧长孝书到听书从事如律令　EPF22:251
第十四隧长李孝　今调守第十守士吏　EPF22:252
第十士吏冯匡　庠免缺　EPF22:253
建武五年四月丙午朔癸酉甲渠守候　谓第十守　EPF22:254A
掾谭　EPF22:254B
士吏孝书到听书从事如律令　EPF22:255
第十守士吏李孝　今调守万岁候长有代罢　EPF22:256②

隧长李孝为何在同一天两次被任命为守官，原因不详。但无论是由低级吏员隧长守较高的士吏还是由士吏守平级官吏候长，其秩级均低于相当于县令长的"候"；两次守吏皆与"调"字连用，和汉代任用官吏术语"除"不同；特别是后一次调守，如果有"真官"到来，即复归原职。这些特点说明低级官吏的守正是临时守缺。王伟则将这一原则推广到秦代，他说："据我们观察，与郡一级官吏用'假'表示临时代理不同，秦县及其以下级别的官吏表示行为主体与所担任职务之间临时的、合法的，但不是固定的或真实的关系时，使用的专用词是'守'表示长官——县令、丞、司空等人员暂时

---

① ［日］大庭脩：《秦汉法制史研究》，第426—427页。
② 张德芳主编：《居延新简集释》（七），甘肃文化出版社2016年版，第493—494页。

离开的情况下临时指派的负责人,因为'临时性',所以可能会频繁调换,也可能不止一个人担任。"① 又说:"所谓'守官',与'离官'相对而言,是指长官在职但因外出、病休等不在署时临时指派的居署者,是依据法律规定临时指派符合某种条件(如秩级达到一定要求)的官吏代为处理相关事务的一种便宜措施,守官一般需要居守在官署。"② 汉代低级吏员之"守"多为守缺,或许源于秦制。

作为代理之吏的守丞,其内部却很复杂。《张家山汉墓竹简·二年律令·具律》:

> 县道官守丞毋得断狱及潇(谳)。相国、御史及二千石官所置守、叚(假)吏,若丞缺,令一尉为守丞。皆得断狱、潇(谳)狱……事当治论者,其令、长、丞或行乡官视它事,不存,及病,而非出县道界也,及诸都官令、长、丞行离官有它事,而皆其官之事也,及病,非之官在所县道界也,其守丞及令、长若真丞存者所独断治论有不当者,令真令、长、丞不存及病者皆共坐之,如身断治论及存者之罪。③

这段文字表明,守丞的来源分为县道官自置和"相国、御史及二千石官"等上级机构所置两类,从司法权角度体现出其职权范围的差异。即使同为县道官自置的守丞,由尉出任的守丞在职权上和上级机构所置类似。

二 县、乡机构的其他守吏

在秦代简牍中,除了出现频率较高的守丞外,还有另外一种书写形式不同的守吏,即"官署+守",如田官守、司空守、少内守、乡守等。裘锡圭

---

① 王伟:《岳麓书院藏秦简所见秦郡名称补正》,《考古与文物》2010年第5期。
② 王伟:《秦守官、假官制度综考》,杨振红、邬文玲主编:《简帛研究》(二〇一六秋冬卷),广西师范大学出版社2017年版。
③ 张家山二四七号汉墓竹简整理小组编著:《张家山汉墓竹简〔二四七号墓〕》(释文修订本),第23页。

认为这是守啬夫的省称。① 马怡、陈治国等也持此说。② 不过，陆德富认为，"将这些'守'字直接理解为守官，也就是负责人似乎更好些。这些'守'可能分别指都乡啬夫、司空啬夫、田官啬夫和少内啬夫"③。我们认为其身份和守丞一样，也是临时代理。

首先和官守+人名相对称的官+人名，当然是真官，如少内某为少内啬夫某的省称。同一职官出现两种名称，十分费解，所以守某也只是临时代理的守吏。我们把里耶秦简中这类"官+守"出现频率较高的少内、司空、仓等机构的职官同样按照任职时间进行排列，列制表格（参见表4）。

我们观察这几个表格：少内守，在卅年九月甲戌、庚申两天分别是扁、增两位，甲戌、庚申之间相差14天。扁在任守职之后，又出现了另一位守吏。在卅五年，六月丁卯、八月辛巳、九月朔日少内长官是少内守绕和两个佚名少内守（也不排除就是绕），然而在六月丙子、八月癸亥、甲子、戊寅三天却是少内沈，这就意味着少内的守吏并不是连续任职。同样，在卅二年担任少内守的为是，然而他最终也未转守为真。仓也有类似的情形：卅五年，择于正月和八月两次出现在仓守的位置，但其间穿插了仓守言和仓衔。卅一年的情况较为复杂，我们按照时间线索排列：妃至少从十月乙酉（1日）开始为仓守、最迟在十二月甲申（2日）为仓啬夫，最晚在三月丙寅（16日）被仓武取代；武最晚在正月丁丑（25日）为仓守，最晚在三月丙寅（16日）为仓啬夫；四月甲午（14日）被是取代做仓啬夫；是则没有发现做仓守的经历。从这个时间链看，妃做仓守在1个月至2个月以上，做仓啬夫在3个多月到4个多月之间，这也是武做仓守的时间；武做仓守在28到41天之间；是则没发现做仓守的记载，但大约之后连续三年为仓啬夫。从这条线索看，虽然有从仓守到仓啬夫的途径，但在时间上没有规律，同时也有不经过守直接为仓啬夫。这无法证明从守吏转向真吏是制度

---

① 裘锡圭：《啬夫初探》，《裘锡圭学术文集·古代历史、思想、民俗卷》，复旦大学出版社2012年版。

② 马怡：《里耶秦简选校》，中国社会科学院历史研究所学刊编委会编辑：《中国社会科学院历史研究所学刊》（第四集），商务印书馆2007年版；陈治国：《里耶秦简"守"和"守丞"释义及其他》，《中国历史文物》2006年第3期。

③ 陆德富：《试说战国至秦代的县级职官名称"守"》，《中国国家博物馆馆刊》2013年第1期。

表4 里耶秦简所见迁陵县少内与少内守任职表

少内/少内守名	年度(秦始皇)								二世元年
	廿六	廿八	卅	卅一	卅二	卅三	卅四	卅五	
少内守不害	六月乙亥								
少内守敢				后九月壬寅					
少内守履			九月甲戌			二月庚戌			
少内守扁							九月甲子,戌寅,庚辰,癸亥		
少内守绕									
少内守孤			九月庚申						
少内守增								九月朔日	
少内守是		廿八年							
少内守公		八月乙酉			正月丙戌;四月甲寅				
少内守敬									
少内守疵									二月辛巳
少内守佚名1							十一月庚寅	八月辛巳	
少内守佚名2							二月癸丑		
少内守佚名3									
少内守佚名4						九月丁酉		六月丁卯	后九月丁亥
少内武									
少内王									六月丁酉;八月戊戌,癸巳;十一月丙午
少内沈								六月丙子;八月癸亥,甲子,戊寅	
少内殷							十二月		
少内段									

表5 里耶秦简所见迁陵县仓啬夫与仓守任职表

仓/仓守名	廿六	廿七	廿八	廿九	卅	卅一	卅二	卅三	卅四	卅五	卅七
								年度（秦始皇）			
仓守阳											七月丁未
仓守妃						十月乙酉,甲寅;十一月乙卯,丙辰;十二月甲申					
仓妃						十二月戊戌,甲申					
仓守武						正月丁丑,二月辛卯,已丑;三月癸丑					
仓武			正月丁未	六月甲午		三月丙寅					
仓守择										正月朔日;八月辛酉	
仓守言									十一月甲午;十一月丁卯	七月乙巳	
仓守王						七月癸酉					
仓守赦			五月辛丑								
仓守敬	十月己卯										
仓守庆				三月丁酉					七月癸酉		
仓守赵											
仓守客							二月庚戌,壬申;三月丙申	九月乙酉,癸未			
仓守平											
仓是						四月甲午;五月壬戌,癸酉,壬子;七月壬子,乙丑;八月壬寅;九月庚申					
仓富									七月辛巳		四月戊子
仓衡										三月辛亥	六月辛巳
仓兹						五月辛巳(假仓兹)				八月丙戌;九月丙申	
假仓信							十月乙亥				

表6 里耶秦简所见迁陵县司空与司空守任职表

司空/司空守名	年度（秦始皇）									
	廿六	廿七	廿九	卅	卅一	卅二	卅三	卅四	卅五
司空守樛		八月丙子							
司空守兹				七月丙子				六月辛亥；八月乙巳、戊申	
司空守文				五月辛巳				四月辛酉	
司空守敵					七月甲子				
司空守譊									五月辛巳
司空守俱						十月乙亥			八月丙戌、辛酉、乙酉
司空守圂			二月丙子；十二月己卯		正月丙戌		十二月己卯	六月乙卯	
司空厭	十一月乙卯								
司空昌		三月甲午							
司空色									
司空得									

规定。① 并且从仓啬夫的任职看，仓妃、仓武、仓是、仓富之间是明显的前后相继关系，与仓守表现出不同的特征。司空则任职稳定且时间较长，如色从廿九年到卅三年长达四年时间里都有担任司空啬夫的记载，司空昌、色、得、厌也表现出前后相继的关系。其间在卅年、卅一年、卅二年兹、敞、諯和图分别做过司空守，或可视为偶尔为之。机构守吏表现出的这些现象，在前面排比守丞时都曾出现过，因而可以肯定两者性质相同。啬夫和守啬夫性质不同，不能混为一谈。从制度角度看，守啬夫最终结果也不一定必然是啬夫。

在里耶秦简中，这种和守某吏形式相连的机构主要有司空、少内、库、仓、发弩、厩、属乡等。它们皆为县属诸官，负责相应的具体事务，在县廷之外，有印绶，具有更多独立性。② 由此我们推想，负责具体事务的官啬夫以及掌民政的民啬夫，其守官均采用"机构+守"的形式。

不过这种解说还需要解决一个问题。按照秦汉制度，县丞和县尉都是县令、长的佐官，然而县尉的守官不是比照县守丞称为"守尉"，而是称"尉守"这种和各类守啬夫一样的形式。对于这一矛盾，我们前面曾做过考察，秦的县级主官和佐官，不似汉代那样令、丞、尉并称，尉的地位稍低。③ 尉的守官同各类啬夫一样，称"尉守"，是当时职官制度的反映。

秦代法律对出任各机构守吏者也有身份规定：

> 官啬夫节（即）不存，令君子毋（无）害者若令史守官，毋令官佐、史守。④

睡虎地秦简整理小组认为，君子"疑指有爵的人"。令史，秦汉时期各种军

---

① 王彦辉通过排比这个例子，认为武和妃两人在做了一段时间仓守后，紧接着就担任真官，这完全符合汉代试守含义。里耶秦简中的"守"既有"试守"之意，也有"临时代理"之意。参见王彦辉《〈里耶秦简〉（壹）所见秦代县乡机构设置问题蠡测》，《古代文明》2012年第4期。
② 孙闻博：《秦县的列曹与诸官——从〈洪范五行传〉一则佚文谈起》，武汉大学简帛研究中心主办：《简帛》（第十一辑），上海古籍出版社2015年版。
③ 详见本书上编第一章《令、丞、尉问题发微》。
④ 陈伟主编：《秦简牍合集·释文注释修订本（壹、贰）》，第127页。

政机构的属吏，职能多样，并且在县级政府属吏中排名靠前。① 以这两类人作为守吏人选，说明秦代国家对此比较重视，以保证行政效率。尽管如此，守吏毕竟是权宜之计，所以在官啬夫免缺后，官吏守缺也不能超过一定期限，如"官啬夫免，□□□□□□其官亟置啬夫。过二月弗置啬夫，令、丞为不从令"②。律文中说守的时限最多不能超过两个月，这也反映出守吏的临时性。③

秦代对守吏称谓的两种不同形式也延续到了汉代，如居延汉简中有"守丞"（5·25）、"守卒史"（16·6）这种"守+具体职官"形式。"机构+守"的形式在出土文献中也有反映，如肩水金关汉简有"都乡守啬夫宗"（73EJT21∶60A）；居延新简有"仓守"（EPT52∶16A）；铜器铭文有"女（汝）阴库守䜣"。④ 唯一例外的是"尉守"在汉代改称为"守尉"。《汉书·酷吏田广明传》："而公孙勇衣绣衣，乘驷马车至圉，圉使小史侍之，亦知其非是，守尉魏不害与厩啬夫江德、尉史苏昌共收捕之。"颜师古注"圉"曰："陈留圉县。"⑤ 即魏不害为圉县守尉。这种变化可能与县尉在汉代地位提高，与丞并称有关。

三　秦简中守与假

秦汉时期与代理职官相关的名词除了"守"以外，还有"假"。关于"假"的含义，《汉书》古注中常做兼职解，如《汉书·项籍传》"会稽假守通素贤梁，乃召与计事"，张晏曰："假守，兼守也。"⑥《汉书·苏建传》："武与副中郎将张胜及假吏常惠等募士斥候百余人俱。"师古曰："假吏犹言兼吏也。时权为使之吏，若今之差人充使典矣。"⑦ 所谓兼吏，顾名思义，就是兼任某吏，也是临时性质。

---

① 刘晓满：《秦汉令史考》，《南都学坛》2011 年第 4 期。
② 陈伟主编：《秦简牍合集·释文注释修订本（壹、贰）》，第 136 页。
③ 前面表格中所举例子的时间多超过两个月，其原因大约是在法律规定和行政实践中存在的差距。
④ 徐正考：《汉代铜器铭文研究》，吉林教育出版社 1999 年版，第 214 页。
⑤《汉书》卷 90《酷吏田广明传》，第 3664 页。
⑥《汉书》卷 31《项籍传》，第 1797 页。
⑦《汉书》卷 54《苏武传》，第 2460 页。

具体到秦简，这与我们前述"守"的性质就无明显区别。所以针对秦简中假与守，几种简牍注释者没有做特别的区分，比如《睡虎地秦墓竹简·秦律杂抄》："任灋（废）官者为吏，赀二甲。有兴，除守啬夫、叚（假）佐居守者，上造以上不从令，赀二甲。"整理小组注云："守、假，意均为代理。在汉代，假佐成为一种低级官吏名称，见《汉书·王尊传》《续汉书·百官志》及《急就篇》，也见于居延汉简。"①里耶秦简简8-2"☐☐计叚（假）丞☐"，校释者注：叚，读为"假"，代理。《史记·项羽本纪》："乃相与共立羽为假上将军。"张守节《正义》："未得怀王命也，假，摄也。"《秦律杂抄》1-2号简："有兴，除守啬夫，叚（假）守居守者，上造以上不从令，赀二甲。"整理小组注释云："守、假，意均为代理。"《二年律令·具律》102号简："县道官守丞毋得断狱及谳。相国、御史及二千石官所置守、叚（假）吏，若丞缺，令一尉为守丞，皆得断狱、谳（谳）。"②当然也有学者似乎注意到两者区别，比如蔡万进对这条律文注释说："假，有摄事、代理之意。《陔余丛考》：'秦汉时官吏摄事者皆曰假，盖言借也。'守，即试守。'试守'未拜为'真'的县、道丞。"③但是，他是把"守"作为传统意义上的试守，"假"和它相对而言。马怡则将兼摄、代理进一步引申，对先期公布的里耶秦简的一条材料："廿七年二月丙子朔庚寅，洞庭守礼谓县啬夫、卒史嘉、嚻（谣）叚（假）卒史谷、属尉：（J1（16）5A）"注释说："'假'，官制用语，代理、兼摄。暂时代行职权而未授权正式官衔的官职，其地位低于正式的官职。或为副职。"④但是这种暂时代行职权和我们前面提到守的临时代理，其界限依然不明显。

随着秦简材料的增多，也有学者开始将秦代"假"官纳入研究视野。如王伟认为：所谓"假官"，是与"真官"相对而言，是指"真官"离职（职位空缺或无法行使职权）时的代理者，一般是由官员自荐或上级授权，

---

① 睡虎地秦墓竹简整理小组编：《睡虎地秦墓竹简》，释文第79页。
② 陈伟主编：《里耶秦简牍校释》（第一卷），第28页。
③ 蔡万进：《〈奏谳书〉与汉代的奏谳制度》，中国文物研究所编：《出土文献研究》（第六辑），上海古籍出版社2004年版。
④ 马怡：《里耶秦简选校》，中国社会科学院历史研究所学刊编委会编辑：《中国社会科学院历史研究所学刊》（第四集），商务印书馆2007年版。

使任"假官"者在约定时间内拥有"真官"的职能和权威、假借真官的职权行事,也可以离署办事。① 高震寰在反驳笔者旧稿观点基础上,提出"假"是权宜借号。②

我们从归纳秦简中带有"守"与"假"的职官身份入手分析。前面已经考察了"守吏"的身份,再看"假官"。在里耶秦简和《岳麓书院藏秦简》这些反映日常行政实态的文书中,和"假"相连接的职官有:假御史、③ 假郡守、④ 假郡尉、⑤ 假丞、⑥ 假卒史、⑦ 假令史、⑧ 假令佐、⑨ 假官啬夫、⑩ 假校长、⑪ 假廷史。⑫ 这些职官可以分为几类情况:一是卒史、令史、令佐等不单独掌管某一机构的事务,只是以个体吏员形式出现。这也就是说,假是指"假官职",守是"守事务"。能够"守事务"还因为他们是具体机构的长官。所以能够"守"的是长官。二是里耶秦简中出现的假丞、假仓,似乎与上一条原则相悖。假丞出现在一条残简中,我们以较为完整的假仓来分析。假仓在里耶简中出现了两次,一次是司空分配作徒的簿籍中,相关简文为"三人付叚仓信";而紧邻其简文为"二人付仓",两条简文相比较,虽然都是"付仓",但前一条特别提出长官的身份、名字,而不是机

---

① 王伟:《秦守官、假官制度综考》,杨振红、邬文玲主编:《简帛研究》(二〇一六秋冬卷),广西师范大学出版社 2017 年版。
② 笔者旧稿为 2014 年 5 月首都师范大学主办的"中古中国的政治与制度学术研讨会"会议提交论文,今对此问题重新补述。高震寰:《试论秦汉简牍中"守"、"假"、"行"》,王沛主编:《出土文献与法律史研究》(第四辑),上海古籍出版社 2015 年版。
③ 陈伟主编:《里耶秦简牍校释》(第一卷),第 173 页,简 8－528＋532＋674 有"叚(假)御史誓"。
④ 朱汉民、陈松长主编:《岳麓书院藏秦简》(叁),第 103 页,案例一《癸、琐移谋购案》有"南郡叚(假)守贾";陈伟主编《里耶秦简牍校释》(第一卷),第 46 页,简 8－61＋8－293＋8－2012 有"巴叚(假)守"、简 8－657"琅邪叚(假)【守】□"、简 8－974 有"南郡叚(假)守☒"、简 8－2115 有"洞庭叚(假)守☒"。
⑤ 马怡:《里耶秦简选校》,中国社会科学院历史研究所学刊编委会编辑:《中国社会科学院历史研究所学刊》(第四集),商务印书馆 2007 年版,简 J1（1911B）有"洞庭叚(假)尉觿"。
⑥ 陈伟主编:《里耶秦简牍校释》(第一卷),第 28 页,简 8－2 有"叚(假)丞"。
⑦ 陈伟主编:《里耶秦简牍校释》(第一卷),第 57 页,简 8－78 有"洞庭简叚(假)卒史悍"。
⑧ 陈伟主编:《里耶秦简牍校释》(第一卷),第 229 页,简 8－802 有"叚(假)令史郤"。
⑨ 陈伟主编:《里耶秦简牍校释》(第一卷),第 296 页,简 8－1231 有"叚(假)令佐"。
⑩ 陈伟主编:《里耶秦简牍校释》(第一卷),第 358 页,简 8－1559 有"叚(假)仓兹"。
⑪ 陈伟主编:《里耶秦简牍校释》(第二卷),第 260 页,简 1112 有"叚(假)校长"
⑫ 陈松长主编:《岳麓书院藏秦简》(伍),第 184 页,1924 号简。

构，即假的是官职。另一条出现在呈报文书中："卅一年五月壬子朔辛巳，将捕爰，叚（假）仓兹敢Ⅰ言之：……（8-1559）。"① 这也是在文书交往的场合。而仓守身份出现最多的场合是从仓廪给相关吏员口粮，这也是仓本职工作之一，但在这种场合却没有发现假仓的称呼。也就是说在涉及具体事务时，还是强调"守"。三是御史、郡守、郡尉等，他们本身就是一种职官身份，因而使用"假"。当然从岳麓简文看，有一定的秩级高低限制。

"假官职"在《岳麓书院藏秦简》（伍）的律令条文中也有体现。

• 令曰：叚（假）廷史、廷史、卒史覆狱乘傳（使）马╚，及乘马有物故不备，若益骖驷者╚。②

廷史为廷尉之史，卒史为郡之属吏，他们在这条简文语境中，是显示职官（或者身份）与出行骑乘待遇之间的关系。

□□免，县官不视【事】若（?）主及曹事有不当及废之、留者，尽坐之，虽有叚（假）代为行之，病者与共坐，皆如身断治论及存者之辜，唯谒属所吏官长归乃勿坐。③

这句简文中"假"的对象是"县官"和有曹事者，郡县列曹分署办公，皆由郡之卒史和县之令史主管，为不负责具体机构的属吏。县官不视事，同样是强调具有特定官职的人，而不是具体的事务。

守、假不同，甚至出现在同一条律文中："·有兴，除守啬夫、叚（假）佐居守者。"④ 这条材料来源于《秦律杂抄》，在用语精确的法律条文中也区分假、守，亦能佐证上述的推测。

假、守虽然有上述区别，但是"假"究竟是何种性质，现有的材料里

---

① 陈伟主编：《里耶秦简牍校释》（第一卷），第358页。
② 陈松长主编：《岳麓书院藏秦简》（伍），第184页。
③ 陈松长主编：《岳麓书院藏秦简》（伍），第185—186页。
④ 陈伟主编：《秦简牍合集·释文注释修订本（壹、贰）》，第155页。

并没有明确说明。但是，既然"假"的对象是具体官职，那么是否和试守迁转等制度有关系呢？我们想是有这种可能的。前面说过，秦代对做守吏的人规定为有爵者或令史，这是相对笼统的范围。而假吏则有下面两条材料：

郡尉不存，以守行尉事，太守不存，令尉为假守，泰守、尉皆不存，令吏六百石以上及守吏风莫（模）官……①
谓令佐唐段（假）为畜官☐8-919②

第一条材料，在郡守、尉之间的行、假关系上，假是下级代行上级官职，并且秩级接近，在守、尉皆不存的情况下，后面那句话不清楚，但说"吏六百石"云云，似乎也表明假不同的职官有秩级限定，和汉简中所说的"以秩次行某事"相仿。第二条材料虽然不清楚二者秩级的差别，但还是由指定的职官来充任。这种以秩级相近的官员来做假官，一方面可以起到加强假官权威的效果，另一方面，若假官接着被任命为真官，也不显突兀。并且从传世文献记载的例子看，和职官相关的这种"假"转变成真官的机会很大。比如《史记·项羽本纪》：项羽杀宋义后，诸将"乃相与共立羽为假上将军……使桓楚报命于怀王。怀王因使项羽为上将军"③。由假即真只需程序上的认可，并且这种认可是可以预期的。另一个可以比拟的例子是王莽从假皇帝到真皇帝，这虽然不完全是职官制度，但从过程看，王莽从假皇帝过渡到真皇帝，在王莽篡权计划中被认为是顺理成章，其间只欠天命而已。尽管关于县级政权中的假官材料不多，但是，前面《里耶秦简所见迁陵县仓与仓守任职表》中的假仓"信"，秦始皇三十五年的时候变成了仓啬夫这一真官。因而似可以这样认为，守官只是代理某一临时出缺职官事务，和迁转没

---

① 陈松长：《岳麓书院藏秦简中的郡名考略》，引岳麓书院所藏秦简 0370 号简文。朱锦程将这句话中的"莫"字改释为"真"字，参见朱锦程《秦郡官吏代理制度考略》，张德芳主编《甘肃省第三届简牍学国际学术研讨会论文集》，上海辞书出版社 2017 年版。此说当是。邬文玲曾将汉简中被称为算簿的一类簿书皆改释为"真簿"，文意皆通。这两批材料中释为"真"的字形完全一致。参见邬文玲《简牍中的"真"字与"算"字——兼论简牍文书分类》，武汉大学简帛研究中心主办《简帛》（第十五辑），上海古籍出版社 2017 年版。

② 陈伟主编：《里耶秦简牍校释》（第一卷），第 249 页。

③ 《史记》卷 7《项羽本纪》（点校本二十四史修订本），第 391 页。

有直接关系；假官则有变成真官的可能。

汉代非真官情况比秦代更复杂，守、假、行等含义较之秦代也发生了变化，比如守官有时是试用官制度，有时甚至直接与"试"连用，称"试守"。① 但临时代理和兼任的含义也存在。② 假吏有固定化的趋向，成为固定结构。③ 秦简中的行官可以从高秩级行低秩级之职，汉代则多由秩级接近的低级官吏行高级官吏之职等。这些变化固然可以看成是秦汉职官制度演化过程中逐渐规范的结果，但也提醒我们在讨论秦汉制度时，秦代和汉代不宜笼统论之，特别是在新资料不断增加，可资比较素材逐渐丰富的情况下，更应注意到秦、汉之间的差异性。

---

① 如《居延新简》："十月辛酉将屯偏将军张掖大尹遵尹骑司马武行副咸事试守徒丞司徒☐☑/循下部大尉官县承书从事下当者如诏书＝到言兼掾义史冯书吏☐☑"（EPF22∶65A）。张德芳主编：《居延新简集释》（七），第448页。

② 《故司隶校尉楗为杨君颂》："伯玉即日徙署行丞事，守安阳长。"见叶程义《汉魏石刻文学考释》，新文丰出版股份有限公司1997年版，第1055页；《斥章长田君断碑》："刘君招命，署议曹掾，假除百石，迁补任尉，巨鹿大（上阙），假印绶，守广平、夏曲阳令、斥章长。……"见洪适《隶释·隶续》，中华书局1986年版，第443页下。

③ 王刚：《秦汉假官、守官问题考辨》，《史林》2005年第2期。

第 六 章
地方职官选任

秦之郡县制度和周之分封制度的重要区别之一，在于中央将统治触角深入地方，直接掌控地方社会。与依靠各级世袭封君建立起来的统治架构不同，它需要一套中央直接掌控的官僚体制。这些官僚由国家按一定的规则与程序选拔，其身份和周代贵族体制下负责封君家族内部事务的家臣类似。对于秦代官吏选拔制度，学界进行了一些有益的探索。① 然而受材料所限，我们以前对秦代官吏，特别是地方官吏选拔制度的具体形式并没有太多了解。近年新公布了数批秦统一前后的各类简牍，包含了秦代职官选任的一些重要内容，引起学界对这一问题的重新关注。② 从这些出土资料入手梳理秦代选官的标准、程序及其实施效果，有助于深化对秦代地方官制的认识，加深对秦代专制主义中央集权制度的理解。

---

① 黄留珠从整体上考察了秦仕进制度的几种途径，参见黄留珠《秦汉仕进制度》上编《秦仕进制度考述》；安作璋、陈乃华认为秦任官身份限制除了秦简中提到的禁止"废官""赦史""罪犯"等担任国家官吏外，官吏来源也仅限于"辟田"与"胜敌"两类人中。参见安作璋、陈乃华《秦汉官吏法研究》，齐鲁书社1993年版，第25—26页。

② 如杨振红依据简牍资料系统论证了秦时县尉是任免官吏的主管官员，参见杨振红《秦汉时期的"尉"、"尉律"与"置吏"、"除吏"——兼论"吏"的属性》，武汉大学简帛研究中心主办：《简帛》（第八辑），上海古籍出版社2013年版，又收入其著《出土简牍与秦汉社会（续编）》，广西师范大学出版社2015年版；陈侃理结合里耶秦简内容，修订了睡虎地秦简《编年纪》的关键释文，对墓主"喜"的仕宦经历重新进行梳理和研究，为观察秦基层小吏的升迁路线提供了一个极佳的个案，参见陈侃理《睡虎地秦简〈编年纪〉中"喜"的宦历》，《国学学刊》2015年第4期；黄可佳则以里耶秦简8-239号简所载阀阅簿为切入点，分析了秦地方官吏升迁过程中的一些隐形规则和步骤，参见黄可佳《秦代基层小吏的升迁模式——读里耶阀阅简札记一则》，《南都学坛》2016年第2期。

一 秦代地方职官选任的范围

在讨论秦代地方职官选任之前，我们首先要界定秦代地方职官的范畴。对这一问题，《汉书·百官公卿表》有比较明确的记载："吏员自佐史至丞相，十二万二百八十五人。"① 这就是说从佐史到丞相都是汉代国家承认的吏员，既有号称万石的三公，也有斗食小吏，他们都排列在国家禄秩等级秩序中，由国家支付报酬。在行政实践中，对国家吏员的认定也以此为标准。《尹湾汉墓简牍·东海郡吏员簿》登记的东海郡吏员，包括郡县长吏和属吏：太守、太守丞、卒史、属、书佐、用算佐、小府啬夫、都尉、都尉丞、县令长、县丞、县尉、官有秩、乡有秩、令史、狱史、官啬夫、乡啬夫、游徼、牢监、尉史、官佐、乡佐、邮佐、亭长；也有侯国吏员：侯国相、丞、侯家丞、仆、行人、门大夫、先马、中庶子。② 概言之，这些吏员包括了从佐史到太守。同一批材料中还有《东海郡属吏设置簿》，其中开头有："☒人·今掾史见九十三人其廿五人员十五（?）人君卿门下十三人以故事置廿九人请治所置吏赢员廿一人。"③ 后面分项合计 103 人，已经超过 93 这个总数，原因在于这段话后面的分项统计中，有项目重叠而导致重复计算。④ 所以廖伯源解释："掾史见九十三人"意谓见在之属吏共 93 人。"其廿五人员"谓其中 25 人为占编制内之员额者，25 即属吏定员数。定员 25 人，实际用 93 人。属吏之实际人数远远超过定员数。⑤ 这些编外吏员与其他胥吏一样在为国家机器的正常运转而工作，但显然不在国家职官序列之中。为什么国家要这样严格控制吏员的范围呢？《汉书·食货志上》："上于是约法省

---

① 《汉书》卷 19 上《百官公卿表上》，第 743 页。
② 连云港市博物馆、中国社会科学院简帛研究中心、东海县博物馆、中国文物研究所编：《尹湾汉墓简牍》，第 79 页。
③ 连云港市博物馆、中国社会科学院简帛研究中心、东海县博物馆、中国文物研究所编：《尹湾汉墓简牍》，第 100 页。
④ ［韩］金秉骏：《试论尹湾汉牍中的太守府属吏组织——兼论汉代太守府属吏组织变化及其性质》，中国秦汉史研究会编：《秦汉史论丛》（第八辑），云南大学出版社 2001 年版。
⑤ 廖伯源：《汉代郡县属吏制度补考》，收入其著《简牍与制度：尹湾汉墓官文书考证》（增订本），广西师范大学出版社 2005 年版。

禁，轻田租，什五而税一，量吏禄，度官用，以赋于民。"① 这说明汉初国家要计算官吏俸禄和行政运转成本。在汉代现实行政中也不乏这样的例子。如东汉桓帝时，为孔庙增设百石卒史就需要经过司空、司徒核查，皇帝批准，地方官确定人选后再上报司空府这样繁复的程序。②

受材料限制，我们以前所见秦地方行政机构官僚组织的架构远没有汉代这样清晰。随着里耶秦简陆续公布，以迁陵县为个案，秦代吏员设置有了最直接的材料：

迁陵吏志：AⅠ吏员百三人。AⅡ令史廿八人，AⅢ【其十】人繇（徭）使，AⅣ【今见】十八人。AⅤ官啬夫十人。BⅠ其二人缺，BⅡ三人繇（徭）使，BⅢ今见五人。BⅣ校长六人，BⅤ其四人缺，BⅥ今见二人。CⅠ官佐五十三人，CⅡ其七人缺，CⅢ廿二人繇（徭）使，CⅣ今见廿四人。CⅤ牢监一人。CⅥ长吏三人，DⅠ其二人缺，DⅡ今见一人。DⅢ凡见吏五十一人。DⅣ9-633③

这支简自名为《迁陵吏志》。里耶秦简中的"志"多与"课"相关联，如"仓课志""尉课志""畜官课志""司空课志""田课志""乡课志"等。从这个角度看，《迁陵吏志》是迁陵县某一年的官吏员额设置，是所有国家编制内成员，亦即考课迁选的对象。这条材料因其完整和重要性，也引起了学界注意。④ 目录所罗列职官有令史、官啬夫、校长、官佐、牢监、长吏等。这是按大类统计。长吏三人当指令、丞、尉。官啬夫也应是统称，除了狭义上负责管理县中各机构的官啬夫外，还应包括乡啬夫。同样，官佐也包括县

---

① 《汉书》卷24上《食货志上》，第1127页。
② 侯旭东认为，两汉时期各级官府"吏员"多少由律令规定，这种吏员定额的目的之一就是出于财政方面的考虑。侯旭东：《东汉〈乙瑛碑〉增置卒史事所见政务处理：以"请"、"须报"、"可许"与"书到言"为中心》，北京大学中国古代史研究中心、《中国中古史研究：中国中古史青年学者联谊会会刊》编委会编：《中国中古史研究：中国中古史青年学者联谊会会刊》（第四卷），中华书局2014年版。
③ 陈伟主编：《里耶秦简牍校释》（第二卷），第167—168页。
④ 单印飞：《略论秦代迁陵县吏员设置》，武汉大学简帛研究中心主办：《简帛》（第十一辑），上海古籍出版社2015年版；[日]水间大辅：《里耶秦简〈迁陵吏志〉初探——通过与尹湾汉简〈东海郡吏员簿〉的比较》，武汉大学简帛研究中心主办：《简帛》（第十二辑），上海古籍出版社2016年版。

属机构和属乡的各类啬夫之佐。校长和牢监则是警察、监狱机构的官吏。这些职官构成了秦迁陵县对当地社会进行统治的基本架构。水间大辅曾比较《尹湾汉墓简牍·东海郡吏员簿》和《迁陵吏志》这两份材料中的职官名称：秦和汉初的校长到了西汉中后期改称亭长，游徼、邮佐等可能秦时未设，除此以外，二者职官大类基本相当。[1] 这反映了秦和汉代地方吏员设置类型一脉相承。从统计数字看，迁陵县官吏满额为103人，除去因临时公务不在署的官员外，尚有15个缺额，但仍要统计进去，这就说明了103人名额是国家法定数目，其中所列官吏就是一县中具有正式编制身份的吏，也是国家官吏选任的对象和范围。国家规定的员额比较稳定，在另一条结计简中也有一个统计数据：

吏凡百四人，缺卅五人。·今见五十人。☑8-1137[2]

因为是同一批材料，故可以肯定这是秦迁陵县另一时间点的吏员数，与简7-67+9-631数字仅差一人，说明县吏定员基本恒定，即使有大量缺员也不会改变，国家对县级行政机构官吏范围有明确的界定。另，睡虎地秦简《秦律十八种·置吏律》：

县、都官、十二郡免除吏及佐、群官属，以十二月朔日免除，尽三月而止之。其有死亡及故有夬（缺）者，为补之，毋须时。[3]

这是对除吏时间的法律规定，所涉及吏员包括吏、佐、官属等，和里耶秦简所载正相吻合。《岳麓书院藏秦简》（肆）也有："有辠以辠（迁）者及赎耐以上居官有辠以废者，房、收人、人奴、群耐子、免者、赎子，辄傅其计籍。其有除以为冗佐、佐吏、县匠、牢监、牡马、簪袅者，毋许，及不得为

---

① ［日］水间大辅：《里耶秦简〈迁陵吏志〉初探——通过与尹湾汉简〈东海郡吏员簿〉的比较》，武汉大学简帛研究中心主办：《简帛》（第十二辑），上海古籍出版社2016年版。
② 陈伟主编：《里耶秦简牍校释》（第一卷），第282页。
③ 陈伟主编：《秦简牍合集·释文注释修订本（壹、贰）》，第125页。

租。"① 这条律文是除官的身份要求，其中"冗佐、佐吏、县匠、牢监、牡马、簪袅"就是"佐、群官属"具体所指。

学界有意见认为，在县域行政机构中，里典等里吏属正式吏员。② 但我们认为里中小吏并不在本书讨论的国家官吏员额之内，也和国家官吏选任制度无涉，两者性质截然不同。这不仅是因为他们不在上述《吏志》范围内，并且如果从其他几个角度看也是如此。

其一，在法律文书中，吏和典分立并列。睡虎地竹简《法律答问》："可（何）谓'逋事'及'乏繇（徭）'？律所谓者，当繇（徭），吏、典已令之，即亡弗会，为'逋事'。"③ 作为法律文书，其行文当十分严谨，这其中"吏""典"分言，则意味着"里典"并非"吏"，两者不同。

其二，二者在考绩时所受奖惩规定有别。睡虎地简《秦律十八种·厩苑律》：

> 以四月、七月、十月、正月肤田牛。卒岁，以正月大课之，最，赐田啬夫壶酉（酒）束脯，为旱〈皂〉者除一更，赐牛长日三旬；殿者，诋田啬夫，罚冗皂者二月。其以牛田，牛减絜，治（笞）主者寸十。有（又）里课之，最者，赐田典日旬；殿，治（笞）卅。④

田啬夫是田部系统的官吏，是前述《吏志》中啬夫之一种。对于考课牧牛殿最，田啬夫赏酒肉或被斥责，而对牛长、里典则赏赐"日若干旬"，注释者认为是与劳绩有关。但从行文看颇为可疑，一是后面提到几个功劳阀阅的例子，均未从里吏算起，二是赏赐田典"日"，如果"日"是指劳绩，那么

---

① 陈松长主编：《岳麓书院藏秦简》（肆），第138页。
② 如仝晰纲、卜宪群、王爱清等均将乡官里吏的选任作为一个整体看待，分别参见仝晰纲《秦汉乡官里吏考》，《山东师大学报》1995年第6期；卜宪群：《秦汉之际乡里官吏员杂考——以里耶秦简为中心的探讨》，《南都学坛》2006年第1期；王爱清：《关于秦汉里与里吏的几个问题》，《社会科学辑刊》2006年第4期。另，学界曾有意见认为里中还设有里佐，不过王子今正本清源，已经证明这是对里耶秦简中一条材料误读所致，实为乡佐之讹。参见王子今《里耶秦简与"间左"为"里佐"说》，《湖南大学学报》2014年第4期。
③ 陈伟主编：《秦简牍合集·释文注释修订本（壹、贰）》，第245页。
④ 陈伟主编：《秦简牍合集·释文注释修订本（壹、贰）》，第49页。

罚的话也应该是劳绩，然而却是笞刑。这就不是劳绩，而是劳役。"日若干旬"是免除一定时长的劳役，考核名次在后，因已经服劳役，所以无法再加罚劳役，只好使用笞刑，因而二者在考绩奖惩上就有了差别。

其三，和吏的选任标准相比，里典更看重其个人素质和里中地位。睡虎地竹简《法律答问》："可（何）谓'率敖'？'率敖'当里典谓殹（也）。"① 对此张金光认为：率敖就是"闾里豪"，就是"辩护伉健者"。② 这和我们后面谈到的地方官吏选任标准中重视功劳阀阅不同。

总之，秦代官吏有特定的员额范围，里典等里吏虽然是秦国家统治的神经末梢，但不在国家官僚系统的序列中，因而从制度角度讨论秦代地方职官选任问题，不包含这个群体。

二　秦代地方官吏选任标准

在郡县制度下，秦时对地方的统治已经不能像先秦时期那样主要依靠各层封君间接掌控。第一次直接统治如此广袤的疆土，将自己统治意志不折不扣地贯彻下去，就要有一支符合统治者需要的按照标准模式选拔出来的官员队伍。虽然还未发现秦时地方官吏选拔的完整记载，但据新见史料，我们还是能够部分地复原秦代地方官吏选任的一些方面。

能够进入行政系统，首先要学习为官知识。张春龙曾公布一组秦迁陵县学官类简，其中一枚简"☐直学俌，令教以甲子、算、马、大杂"中的"学俌"，也在张家山汉简《二年律令·史律》中出现过，是学室的管理者和学习辅导者。③ 学习内容包括"甲子、算、马、大杂"等，这显然是为吏应具备的基本知识素养。然而在地方吏员迁徙过程中还有更为复杂的要求。我们以《岳麓书院藏秦简》（叁）所见两条记载为基础进行讨论：

● 敢言之。☐令曰：狱史能得微难狱，【上。今狱史洋】得微难狱，

---

① 陈伟主编：《秦简牍合集·释文注释修订本（壹、贰）》，第258页。
② 张金光：《秦乡官制度及乡、亭、里关系》，《历史研究》1997年第6期。
③ 张春龙：《里耶秦简中迁陵县学官和相关记录》，清华大学出土文献研究与保护中心编：《出土文献》（第一辑），中西书局2010年版。

【……】为奏九牒，上。此黔首大害殹（也）。毋（无）征物，难得。洋以智治訮（研）詷，谦（廉）求而得之。洋精（清）絜（洁），毋（无）害，敦毅（悫）；守吏（事），心平端礼。【劳、年】中令。绥任谒以补卒史，劝它吏，卑（俾）盗贼不发。敢言之。（《同、显盗杀人案》）①

一人杀三人田壄（野），去居邑中市客舍，甚悍，非恒人殹（也）。有（又）买大刀，欲复（？）盗杀人，以亡之魏（魏）。民大害殹（也）。甚微难得。触等以智治钱（纤）微，谦（廉）求得。五年，触与史去疢谒（？）为（？）【□□□□】□之（？）。今狱史触、彭沮、衷得微难狱，磔皋（罪）一人。为奏十六牒，上。触为令史廿（二十）二岁，年卅（四十）三；彭沮、衷劳、年中令。皆请（清）絜（洁），毋（无）害，敦毅（悫）；守吏（事），心平端礼。任谒课以补卒史，劝它吏。敢言之。（《魏盗杀安、宜等案》）②

这两条材料节选自两个同类案例，都是在案件侦破之后，因相关官员在破案过程中发挥了很大作用，即第一条所言"此黔首大害殹（也）。毋（无）征物，难得。洋以智治訮（研）詷，谦（廉）求而得之"，第二条所言"民大害殹（也）。甚微难得。触等以智治钱（纤）微，谦（廉）求得。五年，触与史去疢谒（？）为（？）【□□□□】□之（？）。今狱史触、彭沮、衷得微难狱，磔皋（罪）一人"，故申请保举（即"任"）其补任卒史。我们关心的是两条材料的后半部分，有两点值得注意：一是都提到"劳、年中令"，所谓中令，指符合法律要求；二是两个不同案件，最后行文基本相同，说明这一段话已经程式化，都举出他们可以补任卒史的缘由。这种缘由就是法律规定的标准。这种标准可以分解为下面几点：一是劳，二是年，三是官吏个人素质。以下我们就从这几方面逐一分析。

第一，劳。里耶秦简中有自名为"伐阅"的文书可与之对应：

---

① 朱汉民、陈松长主编：《岳麓书院藏秦简》（叁），第180—181页。
② 朱汉民、陈松长主编：《岳麓书院藏秦简》（叁），第190—191页。

资中令史阳里钼伐阅：ＡⅠ十一年九月喻为史。ＡⅡ为乡史九岁一日。ＡⅢ为田部史四岁三月十一日。ＡⅣ为令史二月。ＡⅤ□计。ＢⅠ年卅六。ＢⅡ户计。ＣⅠ可直司空曹。ＤⅠ 8-269

伐阅，即"积累功劳经历"。① 它包含几层含义：一是劳绩统计，即任官吏的时间，二是任职履历。这既考虑到其贡献，也考虑有何种行政素养。钼迁转的路线图，几乎都是从事"史"的工作，作为专业职官，一直沿此路径发展。"史"是一种专门行政技能，从张家山汉简《二年律令·史律》看，对"史"的培养和选拔都有专门的法律规定。因此在统计劳绩过程中也要参考其任官经历，是选任时需要关照的方面。无论何种史官，职位呈现出上升的趋势，乡史和田部史还是县中属乡和所辖机构的史，而令史则是直接归属县令的史，地位自然要高于前者。三是年龄因素（后文详谈）。从"户计"字样看，第二种笔迹部分②应该是户曹等户籍管理机构提供。最后这些条件使得钼成为司空曹候选人，得到了从佐吏到独掌一曹的晋升机会。简面笔迹不同，说明基层官吏的选任是由不同部门共同完成的。同样，佐官也是如此：

□□ＡⅠ□□ＡⅡ凡作……ＢⅠ为官佐六岁，ＢⅡ为县令佐一岁十二日，ＢⅢ为县斗食四岁十一月廿四日，ＢⅣ为县司空有秩□□十三岁八月廿二日，ＢⅤ守迁陵丞六……ＢⅥ凡五岁九月……ＢⅦ□□乡【廿】二年……ＣⅠ□功二……ＣⅡ劳四三九月……ＣⅢ·凡功【六】三岁九月廿五日ＣⅣ……迁陵六月……廿一ＣⅤ……洞庭……ＣⅥ……ＣⅦ。10-15③

简中这位缺失姓名者经历官佐、县令佐、斗食、司空有秩，斗食当是斗食啬

---

① 陈伟主编：《里耶秦简牍校释》（第一卷），第125—126页。
② 何有祖根据图版，将这段文字分成三种笔迹：ＡⅠ到ＡⅤ为第一种，ＢⅠ到ＣⅠ为第二种，ＤⅠ为第三种。ＢⅠ一行所缺字是"为"字。何有祖：《〈里耶秦简（壹）〉校读札记（三则）》，中国文化遗产研究院编：《出土文献研究》（第十四辑），中西书局2015年版。
③ 里耶秦简牍校释小组：《新见里耶秦简牍资料选校（一）》，武汉大学简帛研究中心主办：《简帛》（第十辑），上海古籍出版社2015年版。

夫的省称，和司空有秩啬夫的最大差别是秩级的不同，应为迁转。在这一由低到高的迁转序列中，前一阶段累积劳绩是其升迁的依据——尽管我们不清楚其中的规律。另外，据陈侃理观察，秦与汉初的史与佐还有一定差别，史的身份世袭，而县之稗官和田、乡部的佐，不具备史的身份。只有经过考试认定为史的人数不足时，太史和郡守才会提拔资深的佐为史。[①] 可能也正是这种差别，造成上引两简中的两位官吏在成为司空曹和斗食啬夫前分别沿着"史"和"佐"的路径发展。

第二，年龄。《魏盗杀安、宜等案》中称："触为令史廿（二十）二岁，年卅（四十）三；彭沮、衷劳、年中令。"三人中，触写出了具体年龄，彭沮、衷笼统地称为中令，这都表明任职有明确的年龄标准。《岳麓书院藏秦简》（肆）有："县除小佐毋（无）秩者……不足，益除君子子、大夫子、小爵及公卒、士五（伍）子年十八岁以上备员。"[②] 这虽然规定的是"小佐"任职年龄底限，但可以想见其他官吏也应有类似规定。不过，彭沮、衷没有具体年龄，我们推想是县中有意为之，整理者将"触与史去疢谒（？）为（？）【□□□□】□之（？）"这句补全为"触与史去疢谒（？）为（？）【卒史，南郡】却之（？）"，根据文意推测，狱史触单独写出年龄，可能是要重点推荐或者补充上次推荐为卒史时的缺漏项目。秦律中也有选官年龄要求的表述，如睡虎地秦简《秦律十八种·内史杂》："除佐必当壮以上，毋除士五（伍）新傅。"[③] 秦新傅籍年龄为17岁，虽成年，若要担任佐官则必须用"壮"以上，有足够的体力和社会经验胜任"佐"这一职位。对年龄的要求，是为了保证所选之人有能力完成行政工作。

第三，个人行政素养。这部分内容除了《岳麓书院藏秦简》（叁）出现两次外，在《张家山汉墓竹简·奏谳书》所引秦代案例中也出现过类似的表述：

六年八月丙子朔壬辰，咸阳丞骜、礼敢言之。令曰：狱史能得微难狱，

---

① 陈侃理：《睡虎地秦简〈编年纪〉中"喜"的宦历》，《国学学刊》2015年第4期。
② 陈松长主编：《岳麓书院藏秦简》（肆），第137—138页。
③ 陈伟主编：《秦简牍合集·释文注释修订本（壹、贰）》，第136页。

上。今狱史举阚得微难狱，为奏廿二牒，举阚毋害，谦（廉）絜（洁）敦愨（愨），守吏也，平端。谒以补卒史，劝它吏，敢言之。①

六年，依照整理小组的意见，是秦王政六年（前241年）。从文书用语、辞例以及行政程序上看，和岳麓书院秦简几乎一样，而这两个批次简牍，其来源不同，这也反映出秦代官吏选任标准的统一。两者相比较的差异为：一是"谦（廉）絜（洁）"在岳麓简中作"请（清）絜（洁）"，都是指操守清廉。二是在敦愨（愨）之前岳麓简多出"无害"。"无害"在秦汉文献中也写作"毋害"，通常"文无害"连称，为推择官吏常用语，如《史记·萧相国世家》："萧相国何者，沛丰人也。以文无害为沛主吏掾。"②西北汉简中也有："尉史张寻　文毋害　可补□。（110·22A）"③各家对这个词解释各异而无达诂，有"公平""有文无所枉害""闲惠晓事""无人能伤害之"诸说，但皆指文书或行政能力而言。这一表达行政能力的术语"无害"，放到"请（清）絜（洁）"和"敦愨（愨）"两个反映个人品行的语词中间，而不是如《奏谳书》放在前面，有些不类，可能是误置。《奏谳书》中的"守吏"，岳麓简中作"守事"，整理者注释："守事，'事'指公事、公务，奉行公务、供职……在此指工作态度、作风。"④所以，"吏"可能是"事"的讹混或误释。三是岳麓简中"心平端礼"在《奏谳书》中简写为"平端"，彭浩等认为：平端，平正、端正。⑤岳麓简不过加上平端的对象。如果我们忽略掉这些差异，整体看来二者一致，而差异性不妨看成不同书吏书写的习惯或者是时代不同所导致的。

岳麓书院简对官吏人选的素质要求是为当时官吏所熟知的。睡虎地秦简《语书》是南郡守颁布的一条文告，其中提出良吏的标准有：

---

① 张家山二四七号汉墓竹简整理小组编著：《张家山汉墓竹简〔二四七号墓〕》（释文修订本），第110—111页。
② 《史记》卷53《萧相国世家》（点校本二十四史修订本），第2445页。
③ 简牍整理小组编：《居延汉简》（贰），"中央"研究院历史语言研究所2015年版，第15页。
④ 朱汉民、陈松长主编：《岳麓书院藏秦简》（叁），第183页。
⑤ 彭浩、陈伟、[日] 工藤元男主编：《二年律令与奏谳书——张家山二四七号汉墓出土法律文献释读》，上海古籍出版社2007年版，第382页。

> 凡良吏明灋（法）律令，事无不能殹（也）；有（又）廉絜（洁）敦
> 愨而好佐上；以一曹事不足独治殹（也），故有公心；有（又）能自端
> 殹（也），而恶与人辨治，是以不争书。①

"廉絜（洁）敦愨"可以和"请（清）絜（洁）敦愨（愨）"对应，"佐上"，帮助上级，和"守事"相呼应；"公心""自端"则是"端平"更细致的表述方式。这一文告和上述法律文书推举官吏的目的、性质不同，其中却有极为类似的语句，应该也有所本，这就说明秦代对官吏素养的价值取向已经标准化。还需要说明的是，这一段话开始即说"凡良吏明法律令，事无不能殹（也）"，这是作为良吏的基本素养，在汉代下层吏员选任时甚至有"能书会计治官民颇知律令文（武）"之类的套话。②上述几份奏谳类材料中没有强调这一点，是因为后面提到被举荐者皆为狱史，自然熟悉法律，而在处理案件过程中，也表现出精明的行政才干，因而省略。另外，在睡虎地秦简《为吏之道》和岳麓书院藏秦简《为官治吏及黔首》中对为吏品德的要求，"吏有五善……一曰忠信敬上……二曰精廉无旁（谤）"③。其中也包含清廉等要素。朱凤瀚将北大藏秦简《为政之经》、睡虎地秦简《为吏之道》和岳麓书院藏秦简《为吏治官及黔首》三种"为吏之道"题材的文本进行比较发现，三者是渐次升级的关系。④反映出这样的标准也一以贯之的深深根植在国家政治生活各个方面。

另外，细绎文意，关于官吏行政素养这一段可以分成两部分，"请（清）絜（洁）……敦愨（愨）"是说个人素养，我们姑且称之为"行"；"守吏（事），心平端礼"，是说行政素质，我们姑且称之为"能"。如果配合上年、资两项，以及熟知律令等基本素养，可以说秦代在地方官吏选任方面有着明确而统一的标准。

---

① 陈伟主编：《秦简牍合集·释文注释修订本（壹、贰）》，第33页。
② 张德芳主编：《居延新简集释》（二），甘肃文化出版社2016年版，第489页。
③ 整理者注释：《为吏之道》做"精（清）廉毋谤"。清廉，清介廉洁。朱汉民、陈松长主编：《岳麓书院藏秦简》（壹），上海辞书出版社2010年版，第121页。
④ 朱凤瀚：《三种"为吏之道"题材之秦简部分简文对读》，中国文化遗产研究院编：《出土文献研究》（第十四辑），中西书局2015年版。

三　选任程序与相关要求

目前关于秦代地方官吏选任程序并没有完整的记述，相关例证材料也不多。我们通过对零星材料的解析，可以窥知选官程序的一些方面。首先是官吏人选。前引《岳麓书院藏秦简》（叁）中的两条材料，可以看出先推荐出人选，虽然这两个案例看不出推荐人，但这两件文书是同一类型，整理者认为"是县级长官为破案立功的狱史或令史以'敢言'形式写的一封推荐文书"①。县级长官，即县令或县丞是选任官吏时的推荐人，推选的原因是狱史在侦缉处理案件时发挥了很大作用，且年、资、能力已经达标。这种推荐还有一层保任的意味在内。②除此之外，在职位出现缺额时，也是由县丞提出人选。如：

> 卅一年二月癸未朔丙戌，迁陵丞昌敢言之：迁□Ⅰ佐日备者，士五（伍）梓潼长觋欣补，谒令□Ⅱ8-71
> 二月丙戌水下十一刻刻下八，守府快行尉曹□。8-71背③

简中"日备"，《校释》称其义为"期满"。这条简虽然残缺，无法知道其完整含义，但大致是说因为迁陵县某官佐任职期满归家，④由觋欣来补任。从行文看，是上行文书，迁陵丞向上请示。后面提到尉曹，是因为秦县尉有置吏权。⑤我们再结合前面几个例子可以看出，县级属吏的选拔，大约是由负责民政和行政事务的县丞综合考虑各种因素，提出人选，向郡级申请，而尉则履行最终置吏权力。只有经过尉这一道关口，才算正式任命：

---

① 朱汉民、陈松长主编：《岳麓书院藏秦简》（叁），《前言》部分。
② 黄留珠认为秦代的保举制度是由荐举制度发展而来，参见黄留珠《秦汉仕进制度》，第18页。
③ 陈伟主编：《里耶秦简牍校释》（第一卷），第54页。
④ 吴方基：《里耶秦简"日备归"与秦代新地吏管理》，《古代文明》2019年第3期。
⑤ 邹水杰：《两汉县行政研究》，第78—79页；杨振红：《秦汉时期的"尉"、"尉律"与"置吏"、"除吏"——兼论"吏"的属性》，武汉大学简帛研究中心主办：《简帛》（第八辑），上海古籍出版社2013年版。

除吏，尉已除之，乃令视事，及遣之；所不当除而敢先见事，及相听以遗之，以律论之。①

睡虎地秦墓竹简整理小组解释：视事，到任行使职权；见事与视事同义；相听，互相谋划。这也就是说，官吏的选任要经过保举、任命等环节才能真正履职，足见对官员选拔的慎重。

保举作为选任官吏第一步，也是最重要的一个步骤，秦代国家对此十分重视，一方面从法律上规定了连坐责任，《秦律杂抄》："任灋（废）官者为吏，赀二甲。"根据整理小组的注释，"任：保举；废官者：已受撤职永不叙用处分的人"②。如果保举废官会受到赀刑的处罚。《岳麓书院藏秦简》（肆）所载《置吏律》有更细致的规定：

县及都官啬夫其免徙而欲解其所任者，许之。新啬夫弗能任，免之，县以攻（功）令任除有秩吏⌒。任者免徙，令其新啬夫任，弗任，免。
置吏律曰：敢任除战北、奊、故徼外盗不援及废官者以为吏及军吏、御右、把钲鼓志及它论官者□□□□□谒置□□丞、尉□□卒史、有秩吏及县令除有秩它县者，令任之，其任有辠刑辠以上，任者赀二甲而废；耐辠、赎辠，任者赀一甲；赀辠，任者弗坐。任人为吏及宦皇帝，其谒者有辠，尽去所任，勿令为吏及宦⌒。③

这几条律文反映了秦代官吏保举规定的几层含义：一是任官者必须有保举人；二是被保举者有身份要求，即规定了哪些人不能被保举；三是被保举的职位对保举人的身份也有规定。保举有罪者也会受到惩处；四是保与被保者之间相互关联，而不是单向度的。这些都反映了秦政府对保举环节的重视。

另一方面，通过官吏教育来灌输这种理念。前引《为吏治官及黔首》提到吏有五善，第三点是"举吏审当"。④ 这样强调保举的重要性，是因为

---

① 陈伟主编：《秦简牍合集·释文注释修订本（壹、贰）》，第126页。
② 睡虎地秦墓竹简整理小组编：《睡虎地秦墓竹简》，释文第79页。
③ 陈松长主编：《岳麓书院藏秦简》（肆），第137、139—140页。
④ 朱汉民、陈松长主编：《岳麓书院藏秦简》（壹），第122页。

当时除年、资外,还没有考试等具体考核方式,要选好官吏,这道关口至为重要。

汉代选官通常有试守这一步骤,即《汉书·平帝纪》注引如淳:"诸官吏初除,皆试守一岁乃为真,食全奉。"① 秦时是否有这样的要求? 里耶秦简中频繁出现守丞和某官守,形式上和汉代试守一样。不过,我曾将这批材料中的守丞和某官守按时间排列,发现并无试守周期,其性质还是临时代理。② 这大概是因为当时制度不完善,或者合格的吏员供不应求,增加试守期会加剧这一矛盾。

里耶秦简有条引述颇多的材料似乎与官吏选任程序相关:

卅二年正月戊寅朔甲午,启陵乡夫敢言之:成里典、启陵Ⅰ邮人缺。除士五(伍)成里匄、成,成为典,匄为邮人,谒令Ⅱ尉以从事。敢言之。Ⅲ 8-157
正月戊寅朔丁酉,迁陵丞昌却之启陵:廿七户已有一典,今有(又)除成为典,何律令Ⅰ應(应)?尉已除成、匄为启陵邮人,其以律令。/气手。/正月戊戌日中,守府快行。Ⅱ正月丁酉旦食时,隶妾冉以来。/欣发。壬手。Ⅲ 8-157 背③

简文是说启陵乡啬夫向县丞申请设置里典和邮人,但被驳回,理由是县尉按照成里的规模根据相关法律已经任命了里典。④ 从里典的申请任命流程看,也是经过申请、批准这样的程序,和其他官吏的选任似无差别。⑤ 不过,如果细绎史料,还是可以看出其与《迁陵吏志》所载官吏之间的区别:邮人

---

① 《汉书》卷12《平帝纪》,第349页。
② 详见本书上编第五章《县级机构中的守吏》。
③ 陈伟主编:《里耶秦简牍校释》(第一卷),第94页。
④ 《岳麓书院藏秦简》(肆)所载《尉卒律》规定:"里自卅户以上置典、老各一人,不盈卅户以下,便利,令与其旁里共典、老,其不便者,予之典而勿予老。"参见陈松长主编《岳麓书院藏秦简》(肆),第115页。
⑤ 卜宪群认为这条材料说明:里正、里典虽然可能身为百石或秩次更低的小吏,但他们也必须经过正式的任命程序,由乡啬夫提出要求,县廷审批。在职数和相关任命程序上都有"律令"可据。卜宪群:《秦汉之际乡里吏员杂考——以里耶秦简为中心的探讨》,《南都学坛》2006年第1期。

非官吏，张家山汉简《二年律令·行书律》载有"一邮十二室。长安广邮廿四室，敬（警）事邮十八室"[1]；尹湾汉简《集簿》中记载"邮卅四，人四百八"[2]。这些数目庞大的邮人的身份显然不可能是官吏，只能是一种特殊的力役身份。《东海郡吏员簿》所能统计和邮置相关的人员仅仅是邮佐这类佐吏。里典与邮人连称，二者身份相似。从申请者看，其他官吏是县丞或县啬夫等保举，向上级申请，而里典和邮人则是乡吏提出申请，县丞直接就处理了，因此这条材料无关官吏之选任。

四 秦代选官制度施行的效果

如上所述，秦从法律角度对地方官吏选拔制订了明确的标准和规范，但受客观条件限制，这些制度规范在现实行政实践中很难不折不扣地被执行。比如前引睡虎地秦简《秦律杂抄》规定"任灋（废）官者为吏，赀二甲"[3]，可是在新统治区则无法贯彻这个规定，甚至颁布了与此相悖的律令：

> 一岁病不视事盈三月以上者，皆免。病有瘳，令为新地吏及戍如吏，有适过，废，免为新地吏及戍者。[4]

这条律文是说因病免职和因谪罪废免的官员可以再做新地吏，顾名思义，新地吏即任职于新征服地区的官吏。在迁陵县的确也有这样的实例：

> 廿六年十二月癸丑朔庚申，迁陵守禄敢言之：沮守瘳言：课廿四年畜 Ⅰ
> 息子得钱殿。沮守周主。为新地吏，令县论言史（事）。·问之，周不
> 在 Ⅱ 迁陵。敢言之。Ⅲ·以荆山道丞印行。Ⅳ 8 – 1516

---

① 张家山二四七号汉墓竹简整理小组编著：《张家山汉墓竹简〔二四七号墓〕》（释文修订本），第45页。
② 连云港市博物馆、中国社会科学院简帛研究中心、东海县博物馆、中国文物研究所编：《尹湾汉墓简牍》，第77页。
③ 陈伟主编：《秦简牍合集·释文注释修订本（壹、贰）》，第155页。
④ 陈松长主编：《岳麓书院藏秦简》（伍），第190页。

> 丙寅水下三刻，启陵乘城卒秭归□里士五（伍）顺行旁。壬手。8 – 1516 背①

沮县守瘳因其前任周调任新地吏，故向新地迁陵县守禄询问是否在该县，原因是当时考课周"廿四年畜息子得钱"垫底，虽然不能完全肯定这是周任职沮县时就已发现，但这种可能性还是很大的。另有简 8 – 1445：

> 卅二年，启陵乡守夫当坐。上造，居梓潼武昌。今徙 8 – 1445
> 为临沅司空啬夫。时毋吏。8 – 1445 背②

启陵乡守啬夫本已坐罪，却能调到临沅县做了司空啬夫。临沅属洞庭郡，此时为秦之新地。不过，我们推测选任新地吏的律文有时也适用于旧地。游逸飞和鲁家亮曾排比过外郡人担任迁陵县吏情况，发现从秦王正二十五年到三十五年皆有，而且他们也都认为新地也是相对的概念，处在动态变化之中。③ 特别是鲁家亮指出"秦新地身份消失之后的迁陵县吏员中的外籍贬官，可能不再受新地吏法律的约束，作为惩罚官员的一种常规措施，相关的律文得以修订、保留、执行。边缘地区因各种条件较差，仍然作为惩罚官员的目的地"④。也就是说，新地吏这样的法律很难跟上统一形势的变化。简 8 – 1445 中的临沅虽然在秦始皇三十二年还是新地，但随着之后不久南方诸郡陆续设立，它的新地属性也不复存在，但很难想见，作为贬官的"夫"就要随之调往新设郡地区。

为什么会出现这种情况呢？简 8 – 1445 直接点明原因是"时毋吏"，即这主要是因为地方政府职位极度缺额所致。比如前引里耶简 9 – 633 缺 15 人，简 8 – 1137 缺 35 人。而与此相对照的是，尹湾汉简记述西汉中后期东海郡的情

---

① 陈伟主编：《里耶秦简牍校释》（第一卷），第 343 页。
② 陈伟主编：《里耶秦简牍校释》（第一卷），第 327 页。
③ 游逸飞：《里耶秦简所见的洞庭郡——战国秦汉郡县制个案研究之一》，简帛网 2015 年 9 月 29 日；鲁家亮：《里耶秦简所见秦迁陵县吏员的构成与来源》，李学勤主编：《出土文献》（第十三辑），中西书局 2018 年版。
④ 鲁家亮：《里耶秦简所见秦迁陵县吏员的构成与来源》，李学勤主编：《出土文献》（第十三辑），中西书局 2018 年版。

况，我们前引廖伯源的观点，吏员超过定员数 68 人，超员 272%。同样的郡县体制下，秦和西汉面临的行政事务不会差出很多，但在员额方面有这样大的差别，除了有郡在地方行政事务中权力逐渐加强的因素以外，更主要的原因是秦代地方官吏缺乏，导致秦和西汉后期在地方官吏员额数量上出现这样截然不同的差别。而且这种缺员甚至影响到了正常的行政工作。里耶秦简：

> 卅四年正月丁卯朔辛未，迁陵守丞巸敢言之：迁陵黔首☐Ⅰ佐均史佐日有泰（大）抵已备归，居吏被繇（徭）使及☐Ⅱ前后书，至今未得其代，居吏少，不足以给事☐Ⅲ吏。谒报，署主吏发。敢言之。☐Ⅳ二月丙申朔庚戌，迁陵守丞巸敢言之：写上☐Ⅴ旦，令佐信行。☐Ⅵ8－197
> 报别臧。☐Ⅰ正月辛未旦，居赀枳寿陵左行☐Ⅱ8－197 背①

这是迁陵守丞报告上级，现任职吏因为徭使、期满归家，未有新吏补充，已经难以应付日常工作。为什么官吏来源会如此匮乏呢？从里耶秦简看，主要是能控制的当地人口数量少。迁陵原为楚地，秦征服其地不久，新建立的户籍登录当地人口不多，② 难以在当地选出足够的官吏，所以这批材料中有一些官吏籍贯属于外地。③ 如简 8－1445 启陵乡守夫籍属梓潼、简 8－1469 少内守谢籍属朐忍、简 8－896 守丞巸籍属竟陵。这三条材料所涉及的官吏包括县长吏、官啬夫、乡吏三个方面，代表了迁陵县吏员的各个层级。他们均来自外县，说明

---

① 陈伟主编：《里耶秦简牍校释》（第一卷），第 108—109 页。
② 目前所见材料没有秦迁陵县户口数的直接材料，不过里耶秦简中有"积户"和"见户"的简牍，引起了学界的注意，一种意见认为"卅二年，迁陵积户五万五千卅四（8－552）"中的五万余户为迁陵县实际户数，参见张春龙《里耶秦简所见的户籍与人口管理》，中国社会科学院研究考古所、中国社会科学院历史研究所、湖南省文物考古研究所编：《里耶古城·秦简与秦文化——中国里耶古城·秦简与秦文化国际学术研讨会论文集》，科学出版社 2009 年版；另一种意见认为简 8－487＋8－2004 中从秦始皇廿八年到卅三年的"见户"是实际户数，数量从一百五十五到一百九十一不等，参见唐俊峰《里耶秦简所示的"见户"与"积户"——兼论秦代迁陵县的户数》，简帛网，2014 年 2 月 8 日；王伟、孙兆华《"积户"与"见户"：里耶秦简所见迁陵编户数量》，《四川文物》2014 年第 2 期。并且唐俊峰进一步认为，不到二百户是县里正式登记，需承担租赋的编户数目，如果加上蛮夷外族编户，约为三到四百户。陈伟也认为见户与租赋有关，参见《里耶秦简牍所见秦代行政与算术》，收入其著《秦简牍校读及所见制度考察》，武汉大学出版社 2017 年版。从汉代情况看，一县拥有五万余户也不现实，所以我们还是取第二种意见。
③ 已有多位学者注意到里耶秦简中反映出的这一问题，具体可参见鲁家亮《里耶秦简所见秦迁陵县吏员的构成与来源》，李学勤主编：《出土文献》（第十三辑），中西书局 2018 年版。

这种现象并非仅仅存在于某一特定官吏群体,而是本地出身吏员严重不足所致。① 当时法律也有类似的规定:"置吏律曰:县除有秩吏,各除其县中。其欲除它县人及有谒置人为县令、都官长、丞、尉、有秩吏,能任者,许之。"② 也就是说,原则上要从本县任用官吏,但如果能有保任的,也可以从外地人中产生,这正是选官制度面临窘境的真实写照。

秦在战国时期通过征战统一中国,在这一迅速扩张疆土的过程中,新占领区的政权建设很难跟上统一的进度,配置数量足够熟悉秦国法律制度的地方基层吏员无传一蹴而就。比如在当时的信息条件下,政令的上传下达主要依靠文书行政,文字的统一为其基础。而战国时期,秦国同东方六国的文字差异明显。裘锡圭说:"在正体和俗体的关系上,秦国文字和东方各国的文字也有不同的特点……所以唐兰先生把战国时代的秦国文字跟东方六国的文字区分开来,前者跟春秋时代的秦国文字和秦代的小篆合称为秦系文字,后者称为六国文字。"③ 其实,我们如果比较出土的秦简和楚简,也能够看出两者之间的差别极大,这种差别不是短时间能够弥合的。因此从外地调任官吏,降低选拔标准,就成为秦在新地不得已而采用的办法。尽管这样,秦国也很难向新占领区提供足够多熟悉行政业务的基层官吏。

秦实行的这套地方官吏选任制度,尽管受历史条件限制还未达到应有的效果,但因其具有合理性的一面,被之后的汉朝继承并加以改善。比如按功劳升迁是基层吏员上升的主要通道:

> 状公乘氏池先定里年卅六岁姓乐氏故北库啬夫五凤元年八月甲辰以功次迁为肩水士吏以主塞吏卒为职……73EJT28∶63A④

又如武帝之后,察举制度是选拔官吏的重要方式。可即便如此,劳绩功次依

---

① 从鲁家亮对迁陵县吏员籍贯分类看,迁陵本地人多担任邮人、船人、求盗等基层职务,进入国家官吏系统的极少,也可佐证这一点。参见鲁家亮《里耶秦简所见秦迁陵县吏员的构成与来源》,李学勤主编:《出土文献》(第十三辑),中西书局2018年版。

② 陈松长主编:《岳麓书院藏秦简》(肆),第136—137页。

③ 裘锡圭:《文字学概要》,商务印书馆1988年版,第52页。

④ 甘肃简牍博物馆、甘肃省文物考古研究所、甘肃省博物馆、中国文化遗产研究院古文献研究室、中国社会科学院简帛研究中心编:《肩水金关汉简》(叁)(中册),中西书局2014年版,第133页。

然是地方官吏升迁的主要途径。廖伯源根据尹湾汉简《东海郡下辖长吏名籍》所见县长吏之前任官职，及其从前任官职升迁为东海郡县长吏之原因统计，郡县属吏和军吏以功次迁为长吏的，占全部途径的 43.56%，比例最高。① 而所谓功次，从西北汉简看，大多是由日常劳绩累积起来的。②

不过，和秦代情况对比，汉代基层吏员的升迁标准和条件也有一些改进，比如，对于选任人选"德"的要求不放在量化标准中，如下简：

肩水候官驲望隧长公乘杨殷自占书功劳讫九月晦日
为肩水候官驲望隧长四岁十一月十日
凡为吏四岁十一月十日　　　　　　　　·能书会计治官民颇知律令文
其六日五凤三年九月戊戌病尽癸卯不为劳　年廿七岁 73EJT26:88A③

在这一功劳案中，除了和秦简一样记录年、资以外，对其能力品德的书写只有"能书会计治官民颇知律令文"，仅提到其行政能力，并没有对其道德品质的描述。这种缺失大概是因为"德"的标准为软指标，在现实选官过程中不易操作。又如对爵制要求，前言秦制一直强调爵制身份，而在西北汉简中，虽然也书写爵位，但是丝毫看不出爵位和官职之间的联系，爵位高低和行政能力之间没有关联，官爵彻底分途。秦地方官吏选拔体制经过汉代的改造，更能选拔出适应地方社会统治的基层吏员，提高了行政效率。

---

① 廖伯源：《汉代仕进制度新考》，收入其著《简牍与制度：尹湾汉墓简牍官文书考证》（增订版），广西师范大学出版社 2005 年版。
② 据胡平生考证，"功"与"劳"之间有换算关系，"劳"满四岁递进为一"功"，参见胡平生《居延汉简中的"功"与"劳"》，《胡平生简牍文物论稿》，中西书局 2012 年版。
③ 甘肃简牍博物馆、甘肃省文物考古研究所、甘肃省博物馆、中国文化遗产研究院古文献研究室、中国社会科学院简帛研究中心编：《肩水金关汉简》（叁）（中册），第 83 页。

中 编

行政体系运作与文书制度

第 一 章
制造权威：秦代国家对中央威权的塑造

秦以郡县代替分封，将地方统治权力收归中央，在政治体制上形成了集权。关于这一点无论史书记载还是出土文献印证，皆无疑义，也是史学界的共识，成为讨论秦朝历史的基本前提。在此体制下，以各种法律规章构建起国家统治社会的基本规则，成为这一体制存在的前提。不过，我们还需要注意到，在这种新体制下，中央权威第一次将统治触角伸向基层社会每一个角落，将面临前此未碰到的新问题，那么中央是如何依靠具体的统治技术在地方社会中树立起自己的权威，以保障其权力在地方顺利实施？吴方基曾从法律文本和日常行政运作角度分析了秦代中央与地方的关系。[①] 我们则试从中央与地方社会关系视角出发，同样利用出土秦代简牍材料作为讨论的资料基础，来观察帝制初期中央如何从法律和行政实践角度在地方社会中建立起威权，并探讨其发生的背景。

一　制度的限度

秦代国家建立起一套与周制不同的统治制度，并根据情况变化不断修正，作为控制社会的工具。然而制度建设并不能与现实社会完全同步，甚至滞后于社会发展，这主要表现在两个方面：

一是秦代地方官僚体系在制度执行过程中出现的问题。首先是行政技术手段的滞后。秦统一进程加快的同时，其官僚队伍和行政体系的建设却跟不

[①] 吴方基：《秦代中央与地方关系的重新审视——以出土政务文书为中心》，陈晓鸣、温乐平主编：《黄今言教授八十华诞纪念文集》，江西人民出版社2017年版。

上统一步伐，比如在新地吏的使用方面就有与法律规定抵牾的例子。① 即使已经任命的官吏队伍，其能力与所需要承担的责任也未必相匹配。比如：

> 卅年□月丙申，迁陵丞昌，狱史堪【讯】。昌辤（辞）曰：上造，居平□，侍廷，为迁陵丞。□当诣贰春乡，乡【渠、史获误诣它乡，□失】Ⅰ道百六十七里。即与史义论赀渠、获各三甲，不智（知）劾云赀三甲不应律令。故皆毋它坐。它如官书。Ⅱ 8 - 754 + 8 - 1007
> ☑堪手。8 - 754 背 + 8 - 1007 背②

这条简文事涉两个官员履职不当的行为，一是乡啬夫渠和史获迷路，二是县丞昌不清楚为何裁决案件失误。这些不当行为应是无意为之，但乡吏不清楚本地交通，县丞不熟悉律令，会影响到国家政权对地方实施统治，妨碍中央信息及时准确地传递到地方社会中。

秦虽然完成了统一大业，但第一次面对幅员辽阔的疆土，还无法完全做到信息畅达：

> 廿六年十二月癸丑朔庚申，迁陵守禄敢言之：沮守瘳言：课廿四年畜Ⅰ息子得钱殿。沮守周主。为新地吏，令县论言史（事）。·问之，周不在Ⅱ迁陵。敢言之。Ⅲ·以荆山道丞印行。Ⅳ 8 - 1516
> 丙寅水下三刻，启陵乘城卒秭归□里士五（伍）顺行旁。壬手。8 - 1516 背③

这条简文是说周任职沮地时因廿四年考课垫底，需要追究责任。④ 但调任新

---

① 比如睡虎地秦简《秦律杂抄》规定"任灋（废）官者为吏，赀二甲"，但是在岳麓书院藏秦简中就有"一岁病不视事盈三月以上者，皆免。病有瘳，令为新地吏及戍如吏，有适过，废，免为新地吏及戍者"（陈松长主编：《岳麓书院藏秦简》（伍），第 190 页）的规定，废吏又可以在新地为官。
② 陈伟主编：《里耶秦简牍校释》（第一卷），第 216 页。
③ 陈伟主编：《里耶秦简牍校释》（第一卷），第 343 页。
④ 《岳麓书院藏秦简》（伍）中有一条关于考课的律文：并筭而以夬（决）具到御史者，狱数术（率）之，嬰筭多者为殿，十郡取殿一郡 ┕，奇不盈十到六亦取一 郡 。☑亦各课县 ┕，御史课中县官，取殿数如郡。殿者，赀守、守丞、卒史、令、丞各二甲，而令狱史均新地……见陈松长主编《岳麓书院藏秦简》（伍），第 55 页。因为前面有缺简，虽然不清楚"狱数术（率）之，嬰筭多者"的具体含义，但对郡县考课垫底官员的处罚是很明确的。

地，不知具体地点，因而发文到迁陵县查询。这个过程就反映出国家在统一进程中，相关行政技术尚未完全匹配，中央无法查询到官吏任职底案。并且和汉代相比，中央的尊崇地位在形式上还有提升的空间。比如行政文书中涉及皇帝制书的地方，汉代文书通常顶格书写，而秦代则无此要求。比如：

故贾为赎取之。它如律令。☑Ⅰ
臣眛（昧）死请。·制曰：可。Ⅱ 8－1668①

"·制曰：可"，前面虽然有提示符，表示区隔，但未抬头写，说明秦时文书格式方面的仪式化还不明显。尽管对制书行文有相应的规定，如里耶秦简 8－461："以王令曰【以】皇帝诏 BⅥ……受（授）命曰制。BⅩⅢ"② 但总体来说，和后代相比还显粗疏。

其次，正因为制度草创、吏员短缺，客观上造成中央政令在地方推行会出现障碍，基层官吏主观上在执行政令有时也会打折扣。上计制度是秦汉国家掌握地方信息的基本途径，通过各郡县汇总的具体数字而知晓全国各地的情况。但里耶简中有一条材料却说明这一制度有时也会碰到问题，里耶秦简 8－508："岁不计，甚不瘾（应）律，书到啬夫。"③ 这里的计，虽然不是上计，因为文书指向的对象是啬夫，上计则是针对郡县，但它却和上计密切相关，是有关部门工作的定期统计，④ 是郡县上计的基础。每年惯常的上计制度，到了基层效力递减，基层机构啬夫对国家规定并非不折不扣地执行。在税收方面也有类似的问题：

☑都乡柀不以五月敛之，不瘾（应）律。都乡守市谢曰：乡征敛之，黔首未肎（肯）入Ⅰ☑□史。Ⅱ☑之写上敢言之。/华手。Ⅲ 8－1454 + 8－1629

---

① 陈伟主编：《里耶秦简牍校释》（第一卷），第 376 页。
② 陈伟主编：《里耶秦简牍校释》（第一卷），第 156 页。
③ 陈伟主编：《里耶秦简牍校释》（第一卷），第 172 页。
④ 详见本书下编第六章《"课""计"与战国秦汉时期考绩制度的流变》。

☐华手。8-1454背+8-1629背①

税收是国家统治的经济基础，乡中五月赋敛的税目，根据《岳麓书院藏秦简》（肆），当为户赋。其中《金布律》有："●金布律曰：出户赋者，自泰庶长以下，十月户出刍一石十五斤；五月户出十六钱，其欲出布者，许之。十月户赋，以十二月朔日入之，五月户赋，以六月望日入之，岁输泰守。"② 8-1454+8-1629这段简文反映出两个问题，都乡黔首不肯缴纳刍稾税，而都乡啬夫也执行不力，中央法律规定在基层社会的吏员和百姓两方面并未显示出其应有的权威。

秦统一后，疆域辽阔，统治者直接面对基层社会，对其控制也显得力不从心。在法律中有繁复细致的"亡律"，③ 反过来看，百姓脱离政权控制也绝非个案。这有具体实例为佐证。《岳麓书院藏秦简》（叁）案例《猩、敞知盗分赃案》：

> ●达曰：亡，与猩等猎渔。不利，负责（债）。冗募上造禄等从达等渔，谓达，禄等亡居羛（夷）道界中，有庐舍。④

逃亡者达等脱离了国家的控制，也可以有自己的生业、居处，生存毫无问题。⑤ 文献中也有类似记载，《史记·彭越列传》："彭越者，昌邑人也，字仲。常渔钜野泽中，为群盗。"⑥ 逃亡到城邑以外的山野川泽中很容易摆脱政权的控制，成为法外之地。

二是比起行政技术手段的不足，观念和信仰方面具有弹性，使中央威权

---

① 陈伟主编：《里耶秦简牍校释》（第一卷），第331页。
② 陈松长主编：《岳麓书院藏秦简》（肆），第107页。
③ 《岳麓书院藏秦简》（肆）中第一组简对于逃亡者的身份与惩罚、隐匿者的处罚等皆有规定，可参见。
④ 朱汉民、陈松长主编：《岳麓书院藏秦简》（叁），第121页。
⑤ 侯旭东认为，秦汉时期，气候温润，野生动植物丰饶，山林湖泽附近的民众一定程度上均可以仰此或兼此为生。参见侯旭东《渔采狩猎与秦汉北方民众生计——兼论以农立国传统的形成与农民的普遍化》，《历史研究》2010年第5期。其实，战国秦汉时期，南方开发更晚，这些野生动植物资源更为丰富，秦新征服南地，登录于户籍直接控制的人口有限，因而脱离国家控制生存的成本应该更低。
⑥ 《史记》卷90《彭越列传》（点校本二十四史修订本），第3143页。

面临更为棘手的挑战。一方面政治体制转轨，在新体制施行初期，时人观念很难同步。秦覆亡以后，楚汉之际分封制度又短暂的复活，① 其中就有这样的因素在起作用。就秦国而言，民间信仰也颇为芜杂。《韩非子·外储说右下》，记载了这样一个事例：

> 秦襄王病，百姓为之祷，病愈，杀牛塞祷。郎中阎遏、公孙衍出见之，曰："非社腊之时也，奚自杀牛而祠社？"怪而问之。百姓曰："人主病，为之祷，今病愈，杀牛塞祷。"阎遏、公孙衍说，见王拜贺曰："过尧、舜矣。"王惊曰："何谓也？"对曰："尧、舜其民未至为之祷也，今王病而民以牛祷，病愈杀牛塞祷，故臣窃以王为过尧、舜也。"王因使人问之，何里为之，訾其里正与伍老屯二甲。阎遏、公孙衍愧不敢言。②

从秦王与臣下的对话可以看出，他们对王病愈而杀牛塞祷的现象很费解，说明这并不是一种常规祭祀。《史记·白起列传》也记载了一个秦地民间信仰的例子："武安君之死也，以秦昭王五十年十一月。死而非其罪，秦人怜之，乡邑皆祭祀焉。"③ 白起之死导致秦境内乡邑皆祭祀，说明其影响范围之广，且一定程度上是对中央的威权的变相反对。这些都是中央政令所要面临和解决的问题。

二 独尊王室

除了通过行政层级建立起统治框架以外，秦代国家从精神上向地方社会渗透，展示中央政权权威也是更为直接有效的手段。在当时最方便利用的思想资源就是民间久已存在的祠祀活动。在地方社会的祠祀活动中，官方主导

---

① 李开元称这一时期为政治形势为"王政"，政治形态归属于霸业。参见李开元《汉帝国的建立与刘邦集团：军功受益阶层研究》第三章第二节《秦楚汉间的王国》，生活·读书·新知三联书店2000年版。
② 王先慎撰：《韩非子集解》卷14《外储说右下》，中华书局1998年版，第336页。
③ 《史记》卷73《白起列传》（点校本二十四史修订本），第2838页。

的祠王室就是重要的一种。《睡虎地秦墓竹简·法律答问》："可（何）谓'盗埱茝'？王室祠，狸（薶）其具，是谓'茝。'"① 根据《秦简牍合集》引杨华的观点，王室祠就是县一级机构的祭祀，彭浩认为所祠为民所立，与众共之的"五祀"及"社"等。② 不过，我们根据《岳麓书院藏秦简》（肆）中有"●泰上皇祠庙在县道者……☐令部吏有事县道者循行之，毋过月归（？），当缮治者辄缮治之，不☐☐者☐☐☐☐有不☐☐"③，整理者举《史记·秦始皇本纪》，泰上皇指秦庄襄王，④ 王室祠专指秦王室在县道所立泰上皇的祠庙或许更为妥当。在家国一体的集权体制下，王室就是中央权威的代表，因此突出王室祠是一种非常便捷的表达中央威权的方式。从出土文献看，是从这样几方面来实现的：

一是在确立王室祠合法地位的同时，排挤其他祭祀活动。《法律答问》："'擅兴奇祠，赀二甲。'可（何）如为'奇'？王室所当祠固有矣，擅有鬼立（位）殹（也），为'奇'，它不为。"⑤ 没有经过官方许可，擅自设立"奇祠"，是一种违法行为，以此凸显出王室祠的合法地位，使之具有排他特点，力图将其塑造为地方社会主要信仰形式。

二是在法律上对王室祠给予特别的保护。睡虎地秦墓竹简《法律答问》：

"公祠未闋，盗其具，当赀以下耐为隶臣。"今或益〈盗〉一肾，益〈盗〉一肾臧〈赃〉不盈一钱，可（何）论？祠固用心肾及它支（肢）物，皆各为一【具】，一【具】之臧〈赃〉不盈一钱，盗之当耐。或直（值）廿钱，而被盗之，不尽一具，及盗不直（置）者，以律论。⑥

"公祠"，按照同批材料的解释就是"王室祠"。这段话中对盗窃王室祠祭品

---

① 陈伟主编：《秦简牍合集·释文注释修订本（壹、贰）》，第193页。
② 陈伟主编：《秦简牍合集·释文注释修订本（壹、贰）》，第192页。
③ 陈松长主编：《岳麓书院藏秦简》（肆），第202—203页。
④ 陈松长主编：《岳麓书院藏秦简》（肆），第226页。
⑤ 陈伟主编：《秦简牍合集·释文注释修订本（壹、贰）》，第243页。
⑥ 陈伟主编：《秦简牍合集·释文注释修订本（壹、贰）》，第192页。

如何处罚做了详细规定。其中第一句话值得注意，盗窃尚未撤除的祭品，要处以耐为隶臣。而据堀毅，这比一般盗窃罪加三等，显示出了对这种祭祀活动的格外关注。

三是要求地方官员对王室宗庙进行定期巡视维护。《岳麓书院藏秦简》（肆）：

> 如下邽庙者辄坏，更为庙便地洁清所，弗更而祠焉，皆弃市。各谨明告县道令丞及吏主更，五日壹行，令史旬壹行乚，令若丞月行庙□□□𠃊①

这段话是说，以下邽县庙损坏为例，要求各县道将庙更建在平坦清洁之所，否则处以弃市之刑。同时要求各县道吏主者五日一行庙，令史一旬行庙一次，令丞则一月一行庙，不同层级官吏都有不同的行庙间隔要求。这是以律令形式做出的规定，而且这种规定在地方行政实践中也切实执行着，《里耶秦简》：

> 廿六年六月壬子，迁陵□、【丞】敦狐为令史更行庙诏：令史行□Ⅰ失期。行庙者必谨视中□各自署庙所质日。行先道旁曹始，以座次相属。Ⅱ 8-138+8-174+8-522+8-523
> 十一月己未，令史庆行庙。AⅠ十一月己巳，令史廮行庙。AⅡ十二月戊辰，令史阳行庙。AⅢ十二月己丑，令史夫行庙。AⅣ□□□□令史韦行。BⅠ端月丁未，令史廮行庙。BⅡ□□□□，令史庆行庙。BⅢ□月癸酉，令史犯行庙。BⅣ二月壬午，令史行行庙。CⅠ二月壬辰，令史莫邪行庙。CⅡ二月壬寅，令史釦行庙。CⅢ四月丙申，史戍夫行庙。CⅣ五月丙午，史釦行庙。DⅠ五月丙辰，令史上行庙。DⅡ五月乙丑，令史□□□DⅢ六月癸巳，令史除行庙。DⅣ 8-138背+8-174背+8-522背+8-523背②

---

① 陈松长主编：《岳麓书院藏秦简》（肆），第201页。
② 陈伟主编：《里耶秦简牍校释》（第一卷），第78页。

经过整理者缀合后，为分两面书写的简牍，正面是迁陵县令丞对令史行庙提出的要求，背面是令史行庙的具体时间安排。在字迹清楚部分庆、廲、阳、犯、行、莫邪、戎夫、钏、上皆为十天左右，钏和佚名令史为分别为54 天和 28 天，远超过十天，这可能是特殊原因造成的，或本牍所载并非包括全部令史行庙的记录。① 秦代国家正是通过法律、制度，将王室神权信仰渗透到地方，通过对泰上皇庙的日常管理彰显中央威权。这是王朝在统治初期，中央权力尚未完全实现对地方社会的有效控制，先将国家主导的精神信仰借助传统祭祀外壳在地方构建起来，是树立威权切实有效的方式之一。与此相比照的例子，是汉初地方郡国庙的建立就有渗透中央权威的考虑。②

除了从信仰角度尊崇王室以外，在其他方面也规定了王室的独尊地位。

> 可（何）谓"甸人"？"甸人"守孝公瀟（献）公冢者殹（也）。
> 可（何）谓"宦者显大夫？" ·宦及智（知）于王，及六百石吏以上，皆为"显大夫"。③

这两条法律解释，说明供职于王室的官员皆有专门称呼，表现出与普通官员的不同之处。不仅如此，王室在现实社会生活中享有特殊权力。《岳麓书院藏秦简》（叁）讲述在市场中"王室置市府，夺材以为府"，④ 王室为在市场中建立"市府"，占用了原本属于"材"个人的市场用地，说明王室在市场土地使用方面拥有优先权。这些都和祭祀活动一样，体现了对中央权力的尊崇。

三 干预基层行政

中央权威是建立在坚实的统治体系之上，秦代国家也为此做了种种努

---

① 鲁家亮：《里耶秦简"令史行庙"文书再探》，杨振红、邬文玲主编：《简帛研究》（二〇一四），广西师范大学出版社 2014 年版。
② 参见林聪舜《西汉郡国庙之兴废——礼制兴革与统治秩序维护的关系之一例》，《南都学坛》2007 年第 3 期。
③ 陈伟主编：《秦简牍合集·释文注释修订本（壹、贰）》，第 255 页。
④ 朱汉民、陈松长主编：《岳麓书院藏秦简》（叁），第 130—131 页。

力。从简牍资料看，有两条材料与此相关，一是划定郡县边界，里耶秦简有：

> 其旁郡县与桊（接）界者毋下二县，以囗为审，即令卒史主者操图诣Ⅰ御史，御史案雠更并，定为舆地图。有不雠、非实者，自守以下主者。Ⅱ 8-224+8-412+8-1415①

秦兼并六国完成统一，新设郡县，对于模糊不定的边界需要统一处理，将郡一级政区疆界做出判断裁决。具体程序是由郡派主管吏员携带地图到中央，由御史划定界限，明确郡县的管辖范围，这也是地方行政机构进行统治的基础。为了保证政令统一，地方政府要定期校对法律法规：

> 卅一年六月壬午朔庚戌，库武敢言之：廷书曰令史操律令诣廷雠，Ⅰ署书到、吏起时。有追。·今以庚戌遣佐处雠。Ⅱ敢言之。Ⅲ 8-173
> 七月壬子日中，佐处以来。／端发。处手。8-173背②

这支简是县廷让库派人到县中来雠律令，按照陈中龙的研究，秦代的雠律令是自上而下的体系，县级政府雠律令是其终端部分。③ 睡虎地秦简《法律答问》说明对基层法吏而言，虽有律文，但不明晰之处依然很多，甚至一些近似的法律术语、量刑标准都要做出专门解释，反映了制度设计和现实行政之间的距离，因而雠律令成为其不可或缺的一部分。还要注意的是，简文中特别提到"有追"，表明在执行过程中，下级机构也会打折扣，反映了帝制初期，中央权威和地方行政机构之间的博弈，以及中央权力试图完全控制地方的努力。

除了对地方行政做出制度性规定之外，中央政权甚至还直接插手地方行政事务。从《里耶秦简》看，有这样两个方面，一是刑徒的分配：

---

① 陈伟主编：《里耶秦简牍校释》（第一卷），第118页。
② 陈伟主编：《里耶秦简牍校释》（第一卷），第104页。
③ 陈中龙：《试论〈二年律令〉中的"二年"——从秦代官府年度律令校雠的制度出发》，微信"先秦秦汉史"公众号，2017年5月4日。

卅四年六月甲午朔乙卯，洞庭守礼谓迁陵丞：Ⅰ丞言徒隶不田，奏曰：司空厌等当坐，皆有它罪，Ⅱ 8-755 耐为司寇。有书，书壬手。令曰：吏仆、养、走、工、组Ⅰ织、守府门、䛊匠及它急事不可令田，六人予田徒Ⅱ 8-756 四人。徒少及毋徒，薄（簿）移治庈御史，御史以均予。今迁陵Ⅰ廿五年为县，廿九年田廿六年尽廿八年当田，司空厌等Ⅱ 8-757 失弗令田。弗令田即有徒而弗令田且徒少不傅于Ⅰ奏。及苍梧为郡九岁及往岁田。厌失，当坐论。即Ⅱ 8-758 如前书律令。／七月甲子朔癸酉，洞庭叚（假）守Ⅰ绎追迁陵。／歜手。·以沅阳印行事。Ⅱ 8-759

歜手。8-755 背①

在日常刑徒管理中，通常由地方行政机构自行分配和管理，② 但刑徒数量不足时，则由中央的治庈御史统一调配。也就是说，在刑徒管理方面，中央既在政策层面做出规定，同时在特定情形下也直接参与其中。

二是敛取重要资源。各级地方政府需要逐级征收赋税资源，除了留下自用部分外，剩余部分要上交中央财政。而对于一些重要战略物资，则由县级政权直接交到中央：

卅五年正月庚寅朔甲寅，迁陵少内壬付内官☐ 8-1457+8-1458 翰羽二当一者百五十八鍭，AⅠ三当一者三百八十六鍭，AⅡ·五当一者四百七十九鍭，BⅠ·六当一者三百卅六鍭，BⅡ·八当一者【五】☐CⅠ·十五当一者☐CⅡ 8-1457 背+8-1458 背③

内官是少府的属官，为中央机构。④ 用于制作箭羽的翰羽，作为战略物资，由县越过郡直接交给中央，形成了中央对地方重要资源的直接控制。无论是

---

① 陈伟主编：《里耶秦简牍校释》（第一卷），第 217 页。
② 详见本书下编第四章《"作徒"管理问题探讨》。
③ 陈伟主编：《里耶秦简牍校释》（第一卷），第 332 页。
④ 王伟、白利利：《秦汉内官职能辨正》，《西安财经学院学报》2014 年第 5 期。

对调配刑徒,还是内官直接征收翰羽,均表明中央在经济方面有时直接插手地方事务。这还有其他的佐证。《岳麓书院藏秦简》(肆)中记载了政府发放赏金的规定:"▌丞相御史请:令到县,县各尽以见(现)钱不禁者亟予之,不足,各请其属所执法,执法调均;不足,乃请御史,请以禁钱贷之。"① 禁钱是少府的钱,如果地方政权现钱不足,少府就可以借贷禁钱给予补充,中央也会在财政方面对地方政权发挥作用。

此外,在日常政治生活中,中央事务还表现出优先权。比如在文书制度方面,对中央下发的制书有专门要求:

> ●令曰:制书下及受制有问议者,皆为薄(簿),署初到初受所及上年日月、官别留日数、传留状,与对皆(偕)上。不从令,赀一甲。·卒令乙五②

这是要求制书在下行过程中,走行和留存的情况都要做出细致记录,并进行检查,反映了制书的特殊地位。睡虎地秦简《秦律杂抄》:"·为听命书,灋(废)弗行,耐为侯(候);不辟(避)席立,赀二甲,灋(废)。"③ 这条律文不仅要求严格执行律令,同时在形式上表现出必要的尊重,即"避席立",以十足的仪式感显示在行政活动场景内的中央威权。地方政府一方面代表国家对地方民众进行统治,从另一方面看,他们又有与中央政权对立的一面,因而中央政权有必要表现出足够的权威,以期保障政令畅通。

四 塑造基层社会面貌

秦统治者不仅展示自身权威,整饬基层行政体系,而且也直接干预民众的日常生活,从而体现出中央权威的存在。

商鞅变法规定了社会基本的秩序,《史记·商君列传》:

---

① 陈松长主编:《岳麓书院藏秦简》(肆),第197页。
② 陈松长主编:《岳麓书院藏秦简》(伍),第101页。
③ 陈伟主编:《秦简牍合集·释文注释修订本(壹、贰)》,第157页。

令民为什伍，而相牧司连坐。不告奸者腰斩，告奸者与斩敌首同赏，匿奸者与降敌同罚。民有二男以上不分异者，倍其赋。有军功者，各以率受上爵；为私斗者，各以轻重被刑大小。僇力本业，耕织致粟帛多者复其身。事末利及怠而贫者，举以为收孥。宗室非有军功论，不得为属籍。明尊卑爵秩等级，各以差次；名田宅臣妾衣服以家次。①

然而在现实社会生活中，基层社会的民间秩序依然强大。《岳麓书院藏秦简》（叁）中有一个案例，谈到女奴身份转变成庶人时，"欲令媛入宗，出里单赋，与里人通歙（饮）食。快等曰：可。媛即入宗，里人不幸死者出单赋，如它人妻"②。"单"是以血缘为基础的结社组织，而且依附于乡里。③但和国家规划的"里"有所不同，基层居民需要交"单赋"，有"通饮食"等活动，地方社会表现出相对独立的秩序，因此国家有必要将其意志渗透其中，《岳麓书院藏秦简》（肆）：

> ●尉卒律曰：里自卅户以上置典、老各一人，不盈卅户以下，便利，令与其旁里共典、老，其不便者，予之典而勿予老。④

典和老是秦代国家设置在里中的里吏，从汉代情况看，二者分别是国家权力和民间力量的代表，在户数不足的里中，如果无法做到同时设置典和老，那么只能选择前者，国家秩序优先。不仅对基层机构建制做出规定，秦代国家也按照自己理想模式改造着人们的日常生活。睡虎地秦简《秦律十八种·田律》："百姓居田舍者毋敢酤（酤）酉（酒），田啬夫、部佐谨禁御之，有不从令者有辠（罪）。"⑤这是对百姓日常饮食做出的规定。《岳麓书院藏秦简》（伍）：

---

① 《史记》卷68《商君列传》（点校本二十四史修订本），第2710页。
② 朱汉民、陈松长主编：《岳麓书院藏秦简》（叁），第155页。
③ 王彦辉：《从秦汉"单"的性质看国家与社会结构的失衡》，《中国史研究》2015年第1期。
④ 陈松长主编：《岳麓书院藏秦简》（肆），第115页。
⑤ 陈伟主编：《秦简牍合集·释文注释修订本（壹、贰）》，第47页。

- 自今以来：禁毋以壬、癸哭临，葬（葬）以报日。犯令者，赀二甲。·廷卒乙十七①
- 十三年三月辛丑以来，取（娶）妇嫁女必参辨券乚。不券而讼，乃勿听，如廷律乚。前此令不券讼者，治之如内史律。·谨布令，令黔首明智（知）。·廷卒□②

前一条简文以令文的形式规定了丧葬之礼的时间禁忌，后一条则是规定婚姻关系成立需要得到官府的认可。这也就意味着政权已经开始了控制百姓婚丧嫁娶等日常生活的努力。国家甚至还着力对社会道德风尚进行引导，秦律中有：

- 黔首或事父母孝，事兄姊忠敬，亲弟（悌）兹（慈）爱，居邑里长老衛（率）黔首为善，有如此者，牒书☒
□别之，衛（率）之千户毋过上一人，上之必谨以实，当上弗上，不当上而上□□☒③

这条律文规定了社会人伦道德的基本要求，甚至做出了量化。对百姓日常行为和秩序进行塑造和规范，并督促地方官吏执行。表明秦代国家对民间秩序进行了细致入微地统一规划，旨在将其纳入整齐划一的轨道上，以显示国家权力的存在。

受客观条件限制，中央集权效力的发挥还存在着一定限度。但全国统一的局面，为中央威权的发挥提供了前提，从这个角度看，二者也是互相促进，相辅相成的关系。比如统一之后，全国形成覆盖各处的邮驿网络，保证中央和地方政令信息的上传下达。又如，法律可在全国范围内执行：

廿六年三月壬午朔癸卯，左公田丁敢言之：佐州里烦故为公田吏，徙

---

① 陈松长主编：《岳麓书院藏秦简》（伍），第123页。
② 陈松长主编：《岳麓书院藏秦简》（伍），第130—131页。
③ 陈松长主编：《岳麓书院藏秦简》（伍），第134页。

属。事笞不备，分Ⅰ负各十五石少半斗，直钱三百一十四。烦冘佐署迁陵。今上责校券二，谒告迁陵Ⅱ令官计者定，以钱三百一十四受旬阳左公田钱计，问可（何）计付，署计年为报。敢言之。Ⅲ三月辛亥，旬阳丞滂敢告迁陵丞主：写移，移券，可为报。敢告主。/兼手。Ⅳ廿七年十月庚子，迁陵守丞敬告司空主，以律令从事言。/麎手。即走申行司空Ⅴ8-63

十月辛卯旦，朐忍索秦士五（伍）状以来。/庆半　兵手8-63背①

旬阳县公田吏需要赔偿，即使迁任到迁陵县，同样也要追查到任职地。在一定程度上保证了国家法律的严肃性，维护了中央权威。

综上，秦代中央集权制是与先前只尊周王为天下共主的分封制全然不同的新兴体制，因而需要全方位地将中央权威传导到基层社会。为达到此目标，除了建立起以中央为核心的制度框架外，还要在精神信仰、民众生活等方面做出努力，在地方社会中体现出中央威权的无时、无处不在，成为加强中央集权的重要手段。

---

① 陈伟主编：《里耶秦简牍校释》（第一卷），第48—49页。

第 二 章
郡县关系

春秋战国以来，列国在地方上逐渐以郡县制度取代分封制度，直属中央的郡县代替了封君的封邑。秦国商鞅变法，"聚小邑为县"，同样也实行了郡县制度。并且统一全国后，将其彻底推行开，历史翻开新的一页。传世文献提供了自上而下的视角，郡县展示出作为地方行政机构的整体性意义。近些年来，随着以里耶秦简为主的县级行政文书，以及诸多法律文书中涉及县级政权资料的刊布，又提供了县以下基层行政的图景。然而对于统辖县的郡级政权，目前所见材料相对较少，学界关注不多。① 但以里耶秦简等县级档案文书涉及的郡府材料来观察秦代郡县关系，也是认识秦地方行政的一个角度。我们从这些材料出发，考察郡在秦代行政体系中的角色，郡、县和中央之间关系等。

---

① 现有成果主要集中在地理考证方面，如陈伟对秦苍梧、洞庭二郡的考证，参见陈伟《秦苍梧、洞庭二郡刍论》，《历史研究》2003 年第 5 期；陈松长考证了岳麓书院藏秦简中出现的一些新的郡名，参见陈松长《岳麓书院藏秦简中的郡名考略》，《湖南大学学报》2009 年第 2 期；后晓荣考证了南郡属县设置，参见后晓荣《秦南郡置县考》，西北大学文化遗产与考古学研究中心：《西部考古》（第四辑），三秦出版社 2009 年版；琴载元考察了秦洞庭、苍梧郡的设置时间和江南地区政区演变，参见琴载元《秦洞庭、苍梧郡的设置年代与政区演变》，《鲁东大学学报》2013 年第 6 期；王佳考察了南郡的属县，参见王佳《出土文献所见秦南郡属县三题》，《江汉考古》2015 年第 2 期；郑威考证了里耶秦简所记录的郡县隶属、洞庭郡治等，参见郑威《出土文献所见秦洞庭郡新识》，《考古》2016 年第 11 期。也有政区设置和郡县交通等问题，如郭涛考察了洞庭郡的属县和道路交通，参见郭涛《文书行政与秦代洞庭郡的县际网络》，《社会科学》2017 年第 10 期；张莉根据出土文献考察了秦郡级政区的设置变化，参见张莉《秦郡再议》，中国地理学会历史地理专业委员会《历史地理》编辑委员会：《历史地理》（第二十九辑），上海人民出版社 2014 年版。游逸飞则考察了郡级行政单位中郡府、尉府、监府的设置，参见游逸飞《守府、尉府、监府——里耶秦简所见郡级行政的基础研究》，武汉大学简帛研究中心主办：《简帛》（第八辑），上海古籍出版社 2013 年版。

一 郡在郡县关系中的角色

秦代郡县制度下,郡成为县之上的一级地方政权,中央对地方直接管理的对象也是郡。比如:

> 其旁郡县与棱(接)界者毋下二县,以□为审,即令卒史主者操图诣Ⅰ御史,御史案雠更并,定为舆地图。有不雠、非实者,自守以下主者。Ⅱ 8-224+8-412+8-1415①

"令卒史主者操图诣御史",卒史为郡属吏,让其操图到御史处,说明对其行政区划接界的郡县,中央划定边界是以郡为单位进行的。郡是中央对地方直接管理的对象,又对县有直接的管辖权。从简牍提供的信息看,郡对县行使管辖权,表现在以下几方面:

一是汇总所辖县道的各类数据。秦汉时代,中央对地方社会全面了解有多种渠道,其中地方财政等各类统计数据逐级上报是其中之一。在此体系中,县上报到郡,郡再汇总上报到中央,是一条常规路径。这在秦简中有多处记载:

> 卅年二月己丑朔壬寅,田官守敬敢言【之】□Ⅰ官田自食薄(簿),谒言泰守府□Ⅱ之。□Ⅲ 8-672
> 壬寅旦,史逐以来。/尚半。□ 8-672背②
> 卅二年九月甲戌朔朔日,迁陵守丞都敢□Ⅰ以朔日上所买徒隶数守府。·问Ⅱ敢言之。□Ⅲ 8-664+8-1053+8-2167
> 九月甲戌旦食时,邮人辰行。□ 8-664背+8-1053背+8-2167背③

---

① 陈伟主编:《里耶秦简牍校释》(第一卷),第118页。
② 陈伟主编:《里耶秦简牍校释》(第一卷),第199页。
③ 陈伟主编:《里耶秦简牍校释》(第一卷),第197页。

田官本是隶属于县的稗官之一，它将官田上收获粮食中自身消费数量上报到太守府。但是这并不能说明郡府和田官之间有直接的管辖关系，因为"自食簿"收文机构是迁陵县，它体现的还是郡对县的物资管理。后一条简文则是县需要将购买奴隶数量定期报到郡府。两条材料结合起来看，反映了郡掌握属县人、财、物的整体数据。如果比照汉代制度，郡掌握的这些数据是上计中央的材料基础。不过，中央接受郡上计的机构除丞相府以外，秦代情况更为复杂些，《岳麓书院藏秦简》（肆）中有一条律文：

县官上计执法，执法上计冣（最）皇帝所，皆用箅橐□，告巂（觿）已，复环（还）箅橐，令报卲县官。计□□□①

简文明确提出"县官上计执法"，执法身份关系到上计的对象。彭浩认为，从中央和郡均设有执法这种机构。设置的层级不同，会有不同的职能。从"执法上计冣（最）皇帝所"这句话看，这一执法当是设置在中央的机构。②这似乎又意味着秦代上计还有另一条路径。

二是针对县的司法裁判权，主要是在奏谳制度下针对疑难案件的裁决。在《岳麓书院藏秦简》（叁）《为狱等状四种》所载几个案例中，基本遵循了这一程序：县中令、丞将需要奏谳案件的审理程序、证言证词上报到郡，太守将最后的裁决结果返给县。在里耶秦简中也有这样的例证，

卅四年六月甲午朔乙卯，洞庭守礼谓迁陵丞：Ⅰ丞言徒隶不田，奏曰：司空厌等当坐，皆有它罪，Ⅱ8-755 耐为司寇。有书，书壬手。令曰：吏仆、养、走、工、组Ⅰ织、守府门，勮匠及它急事不可令田，六人予田徒Ⅱ8-756 四人。徒少及毋徒，薄（簿）移治房御史，御史以均予。今迁陵Ⅰ廿五年为县，廿九年田廿六年尽廿八年当田，司空厌等Ⅱ8-757 失弗令田。弗令田即有徒而弗令田且徒少不傅于Ⅰ奏。及苍梧为郡

---

① 陈松长主编：《岳麓书院藏秦简》（肆），第209页。
② 彭浩：《谈〈岳麓书院藏秦简（肆）〉的执法》，王捷主编：《出土文献与法律史研究》（第六辑），法律出版社2017年版。

九岁乃往岁田。厌失，当坐论。即ⅠⅠ8-758 如前书律令。/七月甲子朔癸酉，洞庭叚（假）守Ⅰ绎追迁陵。/歇手。·以沅阳印行事。ⅠⅠ
8-759

歇手。8-755 背①

这段文书的内容是，迁陵丞因徒隶不田事向郡劾奏司空厌，郡守以令为依据对司空厌做出处罚。与秦谳制度不同的是，奏谳面对的主要是刑事疑难案件，郡对县做出解释或进一步上报到中央。而简 8-755-759 这条材料则是对县中官员的行政责任做出决断，其性质和流程也稍有不同。综合两方面看，郡府对超出县廷能力和职责之外的司法案件均有进一步处理的权力。

郡对县拥有的司法管辖权力还包括对监狱和刑徒事务的管理：里耶简 8-1823："狱南书一封，丞印，诣洞庭尉府。卅三年十一月癸酉夕☒。"② 狱南书指狱南曹的文书，狱南曹为迁陵县列曹，与其相涉的事情还需要上报洞庭都尉府。郡之所以对县的司法表现出额外的关注，大约是和秦代国家初次完成一统，以法律制度对各级行政机构进行规范，通过行政层级将权力集中到中央有关。郡对司法的解释权、刑徒的分配、监狱的管理，从不同角度体现了这一特点。

三是对属地行政业务给予指导。郡可以在国家法律基础上制定出有针对性的地方法规，下发给属县，作为日常行政准则。睡虎地秦简《语书》内容即可以此视之，其中明确说"故腾为是而修灋（法）律令、田令及为间私方而下之，令吏明布，令吏民皆明智（知）之，毋巨（距）于辠（罪）"。这段话之前是说虽然有法律，但"乡俗淫失（泆）之民不止"③。除了从宏观上对属县的日常行政做出规范，在具体技术层面，郡也可以给县提供帮助：

卅三年六月庚子朔丁未，迁陵守丞有敢言之：守府下Ⅰ四时献者上吏缺

---

① 陈伟主编：《里耶秦简牍校释》（第一卷），第217页。
② 陈伟主编：《里耶秦简牍校释》（第一卷），第396页。
③ 陈伟主编：《秦简牍合集·释文注释修订本（壹、贰）》，第29页。

式曰：放（仿）式上。今牒书瘱（应）Ⅱ书者一牒上。敢言之。Ⅲ 8-768

六月乙巳旦，守府即行。履手。8-768背①

式，即文书的样本和模板。守府指太守府而言，太守府为县廷规定了向皇帝贡献的文本式样，说明郡也关注县的行政程序细节。此外，对日常出现的新问题，郡仍要指导县如何处理：

【廿】六年二月癸丑朔庚申，洞庭叚（假）守高谓县丞：乾藋及菅茅善用殴（也）。且烧草矣，以Ⅰ书到时，令乘城卒及徒隶、居赀赎责（债）勉多取、积之，必各足给县用复到乾Ⅱ草。唯毋乏。它如律令。新武陵布四道，以次传，别书。书到相报，不报者追之。新Ⅲ【武陵】□书到，署厩曹。以洞庭发弩印行事。Ⅳ9-1861

五月乙酉，迁陵守丞敦狐敢告尉、告乡官主：以律令从事。Ⅰ以次传书，勿留。/夫手。即走辰行。Ⅱ□□□□□□□□□【报】酉阳曰：书已到。/夫手。即司空史郆行。Ⅲ五月甲申水下七刻，焦士五（伍）阳□鼠以来。/阳半。痈手。9-1861背②

卅一年十二月甲申朔朔日，田罋敢言之：泰守书曰：为作务Ⅰ产钱自给。今田未有作务产□徒，谒令仓、司空遣Ⅱ□□田。敢言之。9-710

【十二月】甲申朔乙酉，迁陵丞昌下【仓、司】空：亟遣。传书。/Ⅰ狂手。/十二月乙酉水十一刻刻下二，隶臣□行仓。Ⅱ十二月乙酉水十一刻刻下四，佐敬以来。/发。敬手。9-710背③

前一条是洞庭郡要求下属各县对各种草料要多多储备，专门下达文书并需要回复，以保证郡的意旨能够切实执行。后一条则是县中田官关于劳作所得分配问题与仓之间发生的关系，通过县丞予以协调。其中依据仍然是"泰守

---

① 陈伟主编：《里耶秦简牍校释》（第一卷），第222页。
② 陈伟主编：《里耶秦简牍校释》（第二卷），第374页。
③ 陈伟主编：《里耶秦简牍校释》（第二卷），第185—186页。

书"，即郡府的规定。以上这些情况显示出郡作为县的上一级单位，虽然不处理县中具体庶务，但可以对属县行政的各个方面做出指导和规范。之所以如此，是因为秦代法律虽十分严密，然而面对新统一的辽阔疆土，各地风俗殊异，很难具有普适性。地方政权还需要在尊重帝国法律的基础上，有针对性地制订一些适合本地的特殊规定，以便对地方实行有效的统治。承担这一任务的便是联系中央和地方的郡级政权。

郡对县管辖还有一个特别需要说明的方面，即军政领域中都尉对县尉的直接领导。在县域职官体系中，有县尉与亭长、发弩等组成的武职系统。① 如果放眼到郡级地方系统中，都尉与县尉仍然是一套垂直的武职体系。里耶秦简中有这样一件文书：

廿八年七月戊戌朔癸卯，尉守窃敢之：洞庭尉遣巫居贷公卒Ⅰ安成徐署迁陵。今徐以壬寅事，谒令仓贵食，移尉以展约日。敢言之。Ⅱ七月癸卯，迁陵守丞膻之告仓主，以律令从事。／逐手。即徐□入□。Ⅲ
8-1563

癸卯，朐忍宜利锜以来。／敞半。齮手。8-1563背②

洞庭郡都尉派居贷者服役于迁陵县，需要在迁陵县支取口粮，这由迁陵县尉向迁陵丞申请，迁陵丞责成仓的官员处理。在这一套行政流程中，郡都尉面向县尉而不是直接和县丞交往，说明都尉和县尉构成直接上下级领导关系。从文书传递流程也可以看出这一点：

尉曹书二封，迁陵印，一封诣洞庭泰（太）守府，一封诣洞庭尉府。Ⅰ九月辛丑水下二刻，走□以来。Ⅱ8-1225③

尉曹发出的文书，封缄迁陵县令的印章，因为它是县列曹之一，没有单独官

---

① 详见本书上编第二章《县级行政组织中的武职系统》。
② 陈伟主编：《里耶秦简牍校释》（第一卷），第361页。
③ 陈伟主编：《里耶秦简牍校释》（第一卷），第295页。

署印。但这样的文书也可以直接发送到都尉府，而非皆送交太守府，再由其转给都尉府，说明都尉府和县尉之间有直接联系。都尉直接管辖县的军政，最直接的原因与秦代国家军事管理体制密切相关，在里耶秦简第九层有一组关于追讨戍卒债务的校券，格式基本相同，我们选取其中一枚，分析与本章相关的部分：

> 卅三年四月辛丑朔丙午，司空腾敢言之：阳陵宜居士五（伍）毋死有赀余钱八Ⅰ千六十四。毋死戍洞庭郡，不智（知）何县署。·今为钱校券一上，谒言洞庭尉，令Ⅱ毋死署所县责，以受阳陵司空——司空不名计。问何县官计，年为报Ⅲ。已誊其家，家贫弗能入，乃移戍所。报署主责发。敢言之。Ⅳ四月己酉，阳陵守丞厨敢言之：写上，谒报，报署金布发。敢言Ⅴ之。/儋手。9-1
> 卅四年六月甲午朔戊午，阳陵守庆敢言之：未报，谒追。敢Ⅰ言之。/堪手。Ⅱ卅五年四月己未乙丑，洞庭叚（假）尉觿谓迁陵丞：阳陵卒署迁Ⅲ陵，其以律令从事，报之，当腾腾。/嘉手。·以洞庭司马印行事。Ⅳ敬手Ⅴ9-1背①

戍卒"毋死戍洞庭郡，不智（知）何县署"，说明戍卒派遣的目的地是郡级单位，"谒言洞庭尉，令毋死署所县责"，在郡级单位中，对戍卒管理是都尉的职责，否则阳陵司空腾也不会直接指名要"谒言洞庭尉"。从"洞庭叚尉觿谓迁陵丞：阳陵卒署迁陵"看，洞庭尉也的确与戍卒分配这项工作有关，知道"阳陵卒署迁陵"。所以在一些军政事务中与县尉直接交接也就不足为奇了。其实如果把眼光放远一些，从郡的起源看，它是为巩固边境防守而设立的，本来就具有军事属性。② 此时，无论从历史渊源还是现实管理需要，郡统领地方军事事务职能，对提高帝国军事活动的效率，避免陷入烦琐的管理体系就在情理之中了。

---

① 陈伟主编：《里耶秦简牍校释》（第二卷），第1页。
② 杨宽：《战国史》，第228页。

二 郡管理县的途径

作为县的上级行政机构，除了如上所言，郡对需要处理的县级政务通过文书传递，将其指令送达县廷，要求其照章执行外，为了全面、准确地了解下属各县情况，还需要县定期主动汇报，在秦简中称为期会。里耶秦简中有这样几件文书：

廿六年十二月癸丑朔辛巳，尉守蜀敢告之：大（太）守令曰：秦人□□□Ⅰ侯中秦吏自捕取，岁上物数会九月朢（望）大（太）守府，毋有亦言。Ⅱ问之尉，毋当令者。敢告之。Ⅲ 8-67+8-652
辛巳，走利以来。/□半。憙☑ 8-67背+8-652背①
卅三年二月壬寅朔朔日，迁陵守丞都敢言之：令曰恒以Ⅰ朔日上所买徒隶数。·问之，毋当令者，敢言之。Ⅱ 8-154
二月壬寅水十一刻刻下二，邮人得行。圂手。8-154背②
元年八月庚午朔朔日，迁陵守丞固敢言Ⅰ之：守府书曰：上真见兵，会九月朔日守府。·今上應（应）Ⅱ书者一牒。敢言之。/九月己亥朔己酉，迁陵【守】丞固Ⅲ 8-653+9-1370 敢言之：写重。敢言之。/赣手。☑Ⅰ
赣。☑Ⅱ 8-653背③
☑【恒】会九月朔日守府。·问之 8-1258④
上买摩韦革恒九月、十二月、三月、六月朔日守府。九月已言。9-1126⑤

其一，简 8-154、8-1258、9-1126 皆称"恒"或"恒会"，反映出这是需

---

① 陈伟主编：《里耶秦简牍校释》（第一卷），第 52 页。
② 陈伟主编：《里耶秦简牍校释》（第一卷），第 93 页。
③ 陈伟主编：《里耶秦简牍校释》（第二卷），第 296 页。
④ 陈伟主编：《里耶秦简牍校释》（第一卷），第 301 页。
⑤ 陈伟主编：《里耶秦简牍校释》（第二卷），第 265 页。

要持之以恒的惯常制度。其二"会",也称作"期会",在规定的某一时间点进行汇报。上述简文,四条在朔日,一条在望日,是在月初或月中。其三,恒会的内容都是与各种物资数据有关。8-154虽然是上报"买徒隶数",但从统计角度,这也是政府的资产。其四,期会周期有以年度为单位,一般在年终,如简8-1258、8-67等;有以季度为单位,如简9-1126;也有以月度为单位,如8-154二月,既不是一年之始,亦非季度之始,并且简文"令曰恒以朔日",即正常情况下,要求在每月朔日都要期会。产生这些差异的原因可能和恒"会"内容有关,比如月度上报的徒隶数量,是因为徒隶毕竟还有人的属性,与其生老病死、迁徙等导致数量发生动态变化有关。而兵器转输或许是以年度为单位,故不必以月度或季度统计。最后,也是最重要的一点,县廷无论基于"令"还是太守府"书"而产生的期会,无论是否有"令"或"书"要求的内容,都需要汇报,以此显示出郡级政府的权威所在。通过期会这一形式,使郡能够及时、准确地掌握辖境内物产资源数据,至少书面材料如此。

郡对下级县道情况的掌握,除了这种被动的依靠县道汇报外,必要时还可以派遣属吏监督执行:

廿七年二月丙子朔庚寅,洞庭守礼谓县啬夫卒史嘉、叚(假)卒史谷、属尉。令曰:传送委输,必先悉行城旦舂、隶臣妾、居赀赎责(债);急事不可留,乃兴繇(徭)∠。今洞庭兵输内史及巴、南郡、苍梧,输甲兵当传者多节传之。必先悉行乘城卒、隶臣妾、城旦舂、鬼薪、白粲、居赀赎责(债)、司寇、隐官、践更县者∠。田时殹(也),不欲兴黔首。嘉、谷、尉各谨案所部县卒、徒隶、居赀赎责(债)、司寇、隐官、践更县者簿,有可令传甲兵,县弗令传之而兴黔首,兴黔首可省少弗省少而多兴者,辄劾移县,县丞以律令具论,当坐者言名夬(决)泰守府,嘉、谷、尉在所县上书,嘉、谷、尉令人日夜端行。它如律令。16-5a

三月丙辰,迁陵守丞欧敢告尉、告乡、司空、仓主,前书已下,重听书从事。尉别都乡、司空,司空传仓;都乡别启陵、贰春,皆勿留脱,它如律令。/钼手。丙辰水下四刻,隶臣尚行。

三月癸丑，水下尽，巫阳陵士五（伍）旬以来。／邪手。

二月癸卯，水下十一刻刻下九，求盗簪褭阳成辰以来。／弱半。如手。16－5b①

这条材料是洞庭郡守对征发传送委输之徭人员先后次序的规定，并督促实行。我们重点讨论其中的流程和相关吏员。郡守发文对象有卒史和属，卒史是两千石官员的高级属吏，②在洞庭郡内，无疑就是郡守的属吏。属也是郡府属吏。"嘉、谷、尉各谨案所部"，说明郡府属吏是分部负责，有各自的范围。对于不遵守"令"的要求，虽然是"辄劾移县，县亟以律令具论"，由县廷处理，卒史和属没有独立的行政和司法权，但对于相关责任人，"嘉、谷、尉在所县上书，嘉、谷、尉令人日夜端行"，由这些郡府属吏直接上书郡中。"在所县上书"也能看出这些属吏驻在所部之县，代表郡守直接监督"令"的执行情况。这条材料说明，郡府除了定期掌握属县上报的统计数字，同时还会派身边属吏监督政令施行情况，以便属县能够切实有效地执行这些政策。另外，郡还要向县敛取力役：

☐赀责ΑⅠ☐大男子五人。ΑⅡ一人与吏上事泰守府。ΒⅠ一人癖（廨）。ΒⅡ二人☐库。ΒⅢ……8－1586③

县派遣一名官吏带着居赀赎责者到太守府服务，意味着县对郡有供役的义务。这从另一个角度也说明郡有权役使县中的劳动力资源，显示其威权。

三　郡县关系中的县自主权

上述所言，郡利用多种手段从多个方面管理着县道，表现出官僚机构森

---

① 里耶秦简博物馆、出土文献与中国古代文明研究协同创新中心中国人民大学中心编：《里耶秦简博物馆藏秦简》，第207页。

② 李迎春：《论卒史一职的来源、性质与级别》，西北师范大学历史文化学院编：《简牍学研究》（第六辑），甘肃人民出版社2016年版。

③ 陈伟主编：《里耶秦简牍校释》（第一卷），第365页。

严的层级特点。但至少在秦代,县在一些方面还有自主发挥的空间,或者绕过郡,或者郡具名而已,使得郡不能通过上下等级关系对县施加实质性的影响。从秦简的情况看,至少可以体现在两个方面。

首先,县作为行政单位有单独与外郡县交往的权力,而无须经过本郡中转。

廿六年三月壬午朔癸卯,左公田丁敢言之:佐州里烦故为公田吏,徙属。事苔不备,分Ⅰ负各十五石少半斗,直钱三百一十四。烦冗佐署迁陵。今上责校券二,谒告迁陵Ⅱ令官计者定,以钱三百一十四受旬阳左公田钱计,问可(何)计付,署计年为报。敢言之。Ⅲ三月辛亥,旬阳丞滂敢告迁陵丞主:写移,移券,可为报。敢告主。/兼手。Ⅳ廿七年十月庚子,迁陵守丞敬告司空主,以律令从事言。/麃手。即走申行司空Ⅴ8-63①

廿六年十二月癸丑朔庚申,迁陵守禄敢言之:沮守瘳言:课廿四年畜Ⅰ息子得钱殿。沮守周主。为新地吏,令县论言史(事)。·问之,周不在Ⅱ迁陵。敢言之。Ⅲ·以荆山道丞印行。Ⅳ8-1516

丙寅水下三刻,启陵乘城卒秭归□里士五(伍)顺行旁。壬手。8-1516背②

这两条简内容类似,皆为曾任职于洞庭郡之外旬阳、沮两县官吏因为考课、渎职等与官府发生经济纠纷,然后向其可能的现任职地迁陵县查询,请求帮助索债。之所以直接在县际之间交接,而不是通过其上级洞庭郡,在于迁陵县不仅是一级行政单位,而且还是一个单独的经济单元,能够直接控制官吏俸禄口粮等,这样追责可以获得更直接、有效的结果。而在经济角度,郡则是连接中央和县之间的统计单位。人员的查找同样也可以在县与县之间进行:

---

① 陈伟主编:《里耶秦简牍校释》(第一卷),第48—49页。
② 陈伟主编:《里耶秦简牍校释》(第一卷),第343页。

☐朔甲午，尉守僃敢言之：迁陵丞昌曰：屯戍士五（伍）桑唐赵归Ⅰ☐日已，以乃十一月戊寅遣之署。迁陵曰：赵不到，具为报•问：审以卅Ⅱ☐
【署】，不智（知）赵不到故，谒告迁陵以从事。敢言之。/六月甲午，Ⅲ
临沮丞秃敢告迁陵丞主、令史，可以律令从事。敢告主。/胥手。Ⅳ九月庚戌朔丁卯，迁陵丞昌告尉主，以律令从事。/气手。/九月戊辰旦，守府快行。Ⅴ8－140
☐倍手　8－140背①

这是迁陵县向临沮县询问籍属于其地的戍卒赵为何没有及时返回屯戍地，临沮县对此做出了回复。在这一流程中，两县直接交往。这似乎与前揭简9－1阳陵向洞庭郡发文，寻找戍卒索债的校券不同。但仔细比较，其实并不矛盾。8－140已经明确赵是在迁陵县屯戍，直接联系可以省却中间环节。简9－1是阳陵县将戍卒整批送到洞庭郡，然后由郡分配，人数较多，因而无法确定其具体屯戍地，只好按图索骥，依郡找县是最好的解决办法。这种差别说明，秦在统一之初，地方政府之间的政务交往，还是以追求效率为目标。

其次，部分特殊物资，县无需经过郡，直接向外转输到中央，如：

卅五年正月庚寅朔甲寅，迁陵少内壬付内官☐8－1457＋8－1458
翰羽二当一者百五十八镞，AⅠ三当一者三百八十六镞，AⅡ•五当一者四百七十九镞，BⅠ•六当一者三百卅六镞，BⅡ•八当一者【五】☐CⅠ•十五当一者☐CⅡ8－1457背＋8－1458背②

"羽"是政府征敛的重要战略物资，③ 这些物资由迁陵县的财政机构少内直接交付给内官，而内官是管理皇室事务的职官。④ 并且秦代中央机构多以负责皇帝事务为核心构建起来，因而这可以视为县将物资直接送达中央。兵器

---

① 陈伟主编：《里耶秦简牍校释》（第一卷），第80页。
② 陈伟主编：《里耶秦简牍校释》（第一卷），第332页。
③ 详见本书下编第七章《贡赋之间："羽"赋的性质》。
④ 王伟、白利利：《秦汉内官职能辨正》，《西安财经学院学报》2014年第5期。

转运也呈现出同样情形：

> 廿七年三月丙午朔己酉，库后敢言之：兵当输内史，在贰春□□□□Ⅰ
> 五石一钧七斤，度用船六丈以上者四艘（艘）。谒令司空遣吏、船徒取。
> 敢言Ⅱ之。☑Ⅲ 8-1510
> 三月辛亥，迁陵守丞敦狐告司空主，以律令从事。/……Ⅰ昭行Ⅱ三月
> 己酉水下下九，佐䞓以来。/釦半。Ⅲ 8-1510背①

简文中提到"兵当输内史"，即兵器应当输送给内史。内史在秦代是中央官员，迁陵县在运输时，是由迁陵丞统一协调县库、司空等县内相关机构，而不涉及郡。关于兵器转运过程中的中央和郡县关系，下面两支简还可以进一步申说：

> ·迁陵余完可用当予洞庭县、不当输内史者。9-42②
> □迁陵敝当粪不当输内史者。9-200③

这两枚简出自第九层，字迹相似，内容相关，或是同一简册上的散简。合起来看，迁陵县某种物资（参照上简很可能是兵器）处理分两种情况，残损的（敝）应当报废（粪）的和完好可用的，有输洞庭属县和输内史两种选择，在这三者关系中，内史和洞庭郡都是迁陵县运送的对象，作为物资接收方而言，二者处于同一地位，而不是县→郡→中央这样的层级关系。这也就意味着，县转运武器时直接与中央打交道，就像和洞庭郡直接联系一样。不过，前揭简 16-5 提到"今洞庭兵输内史，及巴南郡、苍梧输兵当传者，多节传之"，从字面看，是说郡也可以直接输兵器到内史，但如果考虑到它和"巴南郡、苍梧"两郡并列，并且整个文书的主旨是讲派出属吏监督县中派发服役者的身份，而不是直接运输，郡在其中就成了统计单位，和运输流程

---

① 陈伟主编：《里耶秦简牍校释》（第一卷），第341页。
② 陈伟主编：《里耶秦简牍校释》（第二卷），第50页。
③ 陈伟主编：《里耶秦简牍校释》（第二卷），第86页。

无关。此外，县也可以直接与外郡县交往。

廿八年，迁陵田车计付鴈（雁）门泰守府☑Ⅰ【革】□二。金釬镮四。□□【别】□□☑Ⅱ8-410①

虽然整个简文因为缺字，不甚了了，但从"计""革□""金釬镮"等字样看是迁陵县将田车交付给雁门太守府的记录。从已有简文看，也没有经过洞庭郡。郡县在与外界物资转输中的不同角色，可能是出于两方面的考虑，一是运输的效率，不必通过郡直接送达，可从武器生产、储存的迁陵县直接送达武器使用和调度方，在运输不发达的时代，会节省不少成本；二是可以一定程度上保证中央对地方的控制，中央将武器管理的权力下伸到县，直接调拨兵器、箭羽这些军事战略物资，显示了集权体制出现初期，中央对地方控制的迫切心情。从当时制度看，也有直接的证据，《岳麓书院藏秦简》（伍）一条令文记载考课时，"并筭而以夬（决）具到御史者，狱数衛（率）之，嬰筭多者为殿，十郡取殿一郡╗，奇不盈十到六亦取一郡。☑亦各课县╗，御史课中县官，取殿数如郡"。②在正常情况下是御史（中央）课郡，郡课县，但是涉及中县，也就是秦的关中地区，则由御史（中央）直接考课，毋须经过郡，这应该是秦的传统政策所致。而其他地方郡课县，是由于统治疆域不断扩大，超出中央直接控制能力，而由郡来代理中央的权力，这甚至可以认为是客观情势使秦中央不得不让渡出来的权力。但涉及武器运输调度这些军国大事，还是没有放权给郡。

综上所述，郡作为县的上级行政机构，对县行政实行管理、指导，并且有相应的制度以保证落到实处。但在郡县体制下，秦代的县仍然有一定的独立自主权。相对来说，郡对县的管理更偏重文书、文告等文本类工作，县与中央及它郡县单独交往多涉及具体的人员、财物等。造成这一现象的原因，与郡县形成初期的特点密切相关。县的形成比较早，并且其形成之初就是以行政职能为核心。郡最初是以军事职能为主，在转变成行政机构时，还有不

---

① 陈伟主编：《里耶秦简牍校释》（第一卷），第144页。
② 陈松长主编：《岳麓书院藏秦简》（伍），第55页。

完善的地方，比如里耶秦简 8-461 更名方中有"乘传客为都吏。B X X VII"。都吏，在汉代文献中是郡中主管监察的督邮，"客"说明其非正规性质，之前监察并未制度化，这次更名，则意味着郡对县的控制开始加强，也表明了地方行政管理技术还有未完全成熟之处。因而县依然是相对独立的行政统治单元。《岳麓书院藏秦简》（肆）："●戍律曰：下爵欲代上爵、上爵代下爵及毋（无）爵欲代有爵者戍，皆许之。以弱代者及不同县而相代，勿许。"① 在戍卒替代服役问题上，只能在县而不是郡中相代，表明在现实行政中，县仍然是地方行政的中心。正因为如此，郡尚未全完掌控县，甚至在县中的权威亦打折扣，比如下简：

七月甲子朔庚寅，洞庭守绎追迁陵亟言。/歇Ⅰ手。·以沅阳印行事。/八月癸巳朔癸卯，洞庭叚（假）Ⅱ 8-1523 守绎追迁陵亟，日夜上勿留。/卯手。·以沅阳Ⅰ印行事。/九月乙丑旦，邮人曼以来。/齋发。Ⅱ 8-1523 背②

洞庭郡太守因某事在七月和八月两次催促迁陵县即刻回复，要求"亟言""亟日夜上勿留"③。其实秦代律令对不同文书的回复与传行时间皆有明文规定，而郡对县反复督促，反映了县对郡交代的事情有拖宕心理，二者还有各自的职责和利益，甚至有时可以视为不同的政治实体。县是地方行政的中心，郡更多地承担起连接中央和县的中介角色，至少在汉初仍未有改观，到了西汉中期之后，郡的行政功能加强，事权加重，才真正成为地方行政的重心。

---

① 陈松长主编：《岳麓书院藏秦简》（肆），第 128 页。
② 陈伟主编：《里耶秦简牍校释》（第一卷），第 348 页。
③ 刘自稳曾专门讨论过里耶秦简中的追书问题，认为"追"乃至"日夜上勿留"愈加严厉追切。参见刘自稳《里耶秦简中的追书现象——从睡虎地秦简一则行书律说起》，中国文化遗产研究院编《出土文献研究》（第十六辑），中西书局 2017 年版。

第 三 章
乡吏与乡政

郡县乡里是描述秦汉地方行政建制的习语，传世文献，特别是正史是以中央的视角来观察地方行政制度，其目光所及，多投射到郡县，对乡里政权的实际运作措意不多。简牍资料的不断出土，乡里行政材料也随之增多，但和里相比较而言，乡出现的频次仍然较低。比如西北汉简中记录戍卒身份"县里爵名"的形式，就在县、里之间舍弃了乡。讲述个人活动空间多以"里"为场域，提及对基层社会的控制，"县"又成为主角，"乡"的功能就没有显现出来。因此对秦汉时期乡的研究，只能偏重乡吏设置、乡的性质、职能等几个焦点，并且受制于材料，无法深入，成为地方行政体制研究中相对薄弱的环节。

具体到秦制，乡政材料更少，传统研究只是将其作为汉制的附庸，或以汉制反推秦制，无法作为一个独立的研究对象，更是无米之炊的论题。秦和汉初简牍的出土为解决这个问题迎来了曙光。[①] 但这些新史料以法律文献为主，只能看到律令规定，而无运行实态。虽然一方面可以看到秦代乡制之一斑，而另一方面也产生了新的歧义。[②] 新世纪湘西里耶秦简的出土与部分材料的刊布一定程度上改变了这种状况，作为新县的迁陵县，只辖三个乡。它

[①] 张金光：《秦制研究》，上海古籍出版社2004年版；诸山：《从睡虎地秦简看秦代乡里性质》，《历史教学》（高校版）2007年第4期；孙闻博：《简牍所见秦汉法律诉讼中的乡》，《中华文化论坛》2011年第1期。

[②] 比如对部佐和乡佐关系等问题的认识，张金光认为两见于秦简法律文本的"部佐"之职，即为汉人所习称的乡佐。参见张金光《秦制研究》，第576页。裘锡圭则认为部佐是分管各乡田地等事的官员，参见裘锡圭《啬夫初探》，《裘锡圭学术文集·古代历史、思想、民俗卷》，复旦大学出版社2012年版。

们和列曹、诸官成为这批档案文书的主角,从另一个角度提供了一份可以参证的实例,使深入研究秦代的乡成为可能。① 秦代的乡作为郡县制建立伊始的地方基层行政建制,是观察帝制国家初期基层政权运行的重要视角。我们即以里耶秦简材料为基础,兼及岳麓书院藏秦简和云梦睡虎地秦简中的法律文书,对秦代乡吏构成、乡的职能以及乡与县廷、诸官的职权分野等问题,作一探讨。

一 秦代乡吏补论

在里耶秦简公布之前,已有文献对乡吏记述较少,比如汉代的乡啬夫,在秦代是否存在就有争论。而里耶秦简中出现了很多乡吏的名称,学界对此展开讨论。不过,毕竟年代久远,残损的档案中也有颇费斟酌之处,留下了争议的空间,因而并未形成一致意见。这种分歧焦点在于乡守是否是乡的正式职官。持否定观点的有王彦辉和卜宪群等,② 他们认为乡守的"守"意思

---

① 学界利用这批材料研究秦代乡的主要成果有:卜宪群《秦汉之际乡里吏员杂考——以里耶秦简为中心的探讨》,《南都学坛》2006年第1期,《从简牍看秦代乡里的吏员设置与行政功能》,中国社会科学院考古研究所、中国社会科学院历史研究所、湖南省文物考古研究所编《里耶古城·秦简与秦文化——中国里耶古城·秦简与秦文化国际学术研讨会论文集》,科学出版社2009年版;王彦辉《田啬夫、田典考释——对秦及汉初设置两套基层管理机构的一点思考》,《东北师大学报》(哲学社会科学版)2010年第2期,《〈里耶秦简〉(壹)所见秦代县乡机构设置问题蠡测》,《古代文明》2012年第4期;孙闻博《简牍所见秦汉乡政新探》,武汉大学简帛研究中心主办:《简帛》(第六辑),上海古籍出版社2011年版;张朝阳《从里耶秦简谈秦代乡啬夫与守:论基层管理的双头模式》,《史林》2013年第1期;凡国栋《里耶秦简所见秦基层地方行政体系》,湖南省文物考古研究所编《湖南考古辑刊》(第11辑),科学出版社2015年版;姚磊《里耶秦简中乡名的省称与全称现象——以迁陵所辖三乡为视点》,西南大学出土文献综合研究中心、西南大学汉语言文献研究所主办《出土文献综合研究集刊》(第三辑),巴蜀书社2015年版;晏昌贵《秦简牍地理研究》第四章《里耶秦简牍所见迁陵县乡里研究》,武汉大学出版社2017年版;鲁家亮《里耶秦简所见迁陵三乡补论》,王子今、孙家洲主编《出土文献与中国古代文明研究论文集》,中国社会科学出版社2017年版。这些成果中与本书相关的内容会在后面行文中提及。

② 卜宪群:《从简牍看秦代乡里的吏员设置与行政功能》,中国社会科学院考古研究所、中国社会科学院历史研究所、湖南省文物考古研究所编:《里耶古城·秦简与秦文化——中国里耶古城·秦简与秦文化国际学术研讨会论文集》,科学出版社2009年版;王彦辉:《〈里耶秦简〉(壹)所见秦代县乡机构设置问题蠡测》,《古代文明》2012年第4期。

是代理。持肯定的观点主要有张朝阳、凡国栋等。① 张朝阳对其进行了系统的阐述，认为乡守是具体的职务而非代理，和乡啬夫一起成为乡中双头管理模式。

我们赞同前一种观点，即乡守非正式职官，其含义是代理乡啬夫职务者。首先看张朝阳的核心论点：一是乡啬夫在已发表的里耶简中只出现三次，并且仅和启陵乡、都乡有关，乡守一词则大量出现并广泛地分布在三个乡中，所以乡啬夫是名义上的一乡之长，但不常设或者不太管事，实际上主管一乡事务的是乡守。② 张先生提出的这些现象，如果放诸里耶秦简整体记录中就比较容易解释了。在里耶简中，机构+守的称呼很多，比如仓守、少内守、司空守等。这些"守"的含义均为代理，守是"守事务"，代理的是长官掌管的职事。③ 并且也有与其相对应的仓某、少内某、司空某这样的正式职官，如果比照双头管理模式的话，我们无法想象迁陵县内所有机构都要设置两个长官，也无法理解这种设置方式的意义何在。另外，在里耶秦简中有《迁陵吏志》：

> 迁陵吏志：AⅠ吏员百三人。AⅡ令史廿八人，AⅢ【其十】人繇（徭）使，AⅣ【今见】十八人。AⅤ官啬夫十人。BⅠ其二人缺，BⅡ三人繇（徭）使，BⅢ今见五人。BⅣ校长六人，BⅤ其四人缺，BⅥ今见二人。CⅠ官佐五十三人，CⅡ其七人缺，CⅢ廿二人繇（徭）使，CⅣ今见廿四人。CⅤ牢监一人。CⅥ长吏三人，DⅠ其二人缺，DⅡ今见一人。DⅢ凡见吏五十一人。DⅣ9-633④

这是迁陵县所有吏员的员额。这其中有官佐，而没有各官守这种地位高于佐官的部门长官，这只能说明"守"并不是具体职务。那么为什么乡守出现

---

① 凡国栋：《里耶秦简所见秦基层地方行政体系》，湖南省文物考古研究所编：《湖南考古辑刊》（第11辑），科学出版社2015年版；张朝阳：《从里耶秦简谈秦代乡啬夫与乡守：论基层管理的双头模式》，《史林》2013年第1期。
② 张朝阳：《从里耶秦简谈秦代乡啬夫与乡守：论基层管理的双头模式》，《史林》2013年第1期。
③ 详见本书上编第五章《县级机构中的守吏》。
④ 陈伟主编：《里耶秦简牍校释》（第二卷），第167—168页。

的频次要远高于乡啬夫呢？这可能是因为当时合格吏员短缺，新征服地区无法选拔或派驻数量足够符合标准的啬夫人选，① 所以出现了众多的守官。乡守出现次数的多少并不能判断其是否为正式职官的必要条件。张先生还排比出乡守的任期是一年，作为正式职官的证据之一。其实，他在排比任期时也发现了变例。如果我们把迁陵县各机构所有官守出现的频率放到一起就会发现，"守"的时间长短毫无规律可言，他们只是临时为之。② 此外，持乡守为具体职务的观点，还有一条重要简文作为支撑：

卅五年五月己丑朔庚子，迁陵守丞律告启陵Ⅰ乡啬夫：乡守恬有论事，以旦食遣自致，它Ⅱ有律令。Ⅲ 8-770
五月庚子，□守恬□□。敬手。8-770 背③

乡啬夫和乡守出现在同一条简文中，似乎就意味着这是并立的两个职官。不过王彦辉已经通过真官离署巡视或卧病，要置"守官"代理其职这种现象做出了解释。④

论者或以为乡中吏员还有乡司空。⑤ 其重要证据是来源于先期公布的里耶秦简简文。后来邹水杰发现是整理者的误读，乡中不存在司空一职。⑥

以上排除了乡吏中存在乡守和乡司空，我们再梳理秦代的乡吏及其职掌。先看这样一条简文："☒貳春吏见（现）三人。（8-1704）"⑦ 也就是说一乡中至少有三位乡吏。里耶秦简中出现与乡连称的官吏有乡啬夫、乡佐、乡史。如前所言，乡啬夫在里耶简中出现次数不多。因而似乎其职掌不明。

---

① 关于迁陵县吏员短缺的现象及应对措施，具体参见本书上编第六章《地方职官选任》。
② 详见本书上编第五章《县级机构中的守吏》。
③ 陈伟主编：《里耶秦简牍校释》（第一卷），第223页。
④ 王彦辉：《〈里耶秦简〉（壹）所见秦代县乡机构设置问题蠡测》，《古代文明》2012年第4期。
⑤ 卜宪群：《秦汉之际乡里吏员杂考——以里耶秦简为中心的探讨》，《南都学坛》2006年第1期；马怡：《里耶秦简选校》，中国社会科学院历史研究所学刊编委会编辑：《中国社会科学院历史研究所学刊》（第四集），商务印书馆2007年版；王彦辉：《〈里耶秦简〉（壹）所见秦代县乡机构设置问题蠡测》，《古代文明》2012年第4期。
⑥ 邹水杰：《秦代行政文书中的司空机构》，中国秦汉史研究会编：《秦汉史论丛》（第十四辑），四川人民出版社2017年版。
⑦ 陈伟主编：《里耶秦简牍校释》（第一卷），第380页。

但如果把乡守所司也看成是乡啬夫所司，那么其职责就比较清楚了。我们下一部分谈到乡的职能，在征敛赋税、民户管理、司法与治安等诸多方面，皆由乡啬夫来负责，并且在连坐关系上，乡啬夫是直接责任人。也就是说乡啬夫是乡中各种政务的主要负责人。

乡佐，顾名思义是乡啬夫的佐贰。他也是正式吏员：

> 冗佐上造临汉都里曰援，库佐冗佐。AⅠ为无阳众阳乡佐三月十二日，AⅡ凡为官佐三月十二日。AⅢ年卅七岁。BⅠ族王氏。BⅡ为县买工用，端月行。CⅠ 8-1555
> 库六人。8-1555 背①

王援作为众阳乡佐的任官经历被计入其阀阅履历，和官佐计算的时间也相同，说明乡佐是被国家承认的官佐。乡佐的职能主要是协助乡啬夫处理庶务：

> 粟米三石七斗少半斗。卅二年八月乙巳朔壬戌，贰春乡守福、佐敢、禀人枞出，以禀隶臣周十月、六月廿六日食。令史兼视平。敢手。8-2247②

这是乡廪给隶臣口粮的记录，乡守和乡佐同时出现，乡佐应该就是起到辅助作用。不过，里耶简 8-300："乡守履赀十四甲。☒Ⅰ 乡佐就赀一甲。☒Ⅱ 乡佐□赀六甲。☒Ⅲ。"③ 一啬夫两佐同时出现，似乎表明一乡中设有两乡佐。但这枚简并非是吏员统计，只是获赀刑者名册，很可能是隶属于不同乡的乡佐。而另外一枚简有："廿八年启陵乡歜已死，Ⅰ佐见已死。廿九年乡歜、佐缓已死。卅年Ⅱ（8-39）"④ "死"字意思不明，其余内容是罗列两年间乡啬夫和乡佐的人名，每年只有一人，那么我们判断每一乡大约只能设

---

① 陈伟主编：《里耶秦简牍校释》（第一卷），第 357 页。
② 陈伟主编：《里耶秦简牍校释》（第一卷），第 451 页。
③ 陈伟主编：《里耶秦简牍校释》（第一卷），第 131 页。
④ 陈伟主编：《里耶秦简牍校释》（第一卷），第 38 页。

乡佐一人。

乡史是来源于经过专门训练的史官，里耶简中有一枚令史钿的"伐阅"簿，讲述其任官经历和时间：

> 资中令史阳里钿伐阅：AⅠ十一年九月隃为史。AⅡ为乡史九岁一日。AⅢ为田部史四岁三月十一日。AⅣ为令史二月。AⅤ□计。BⅠ年卅六。BⅡ户计。CⅠ可直司空曹。DⅠ8-269①

钿被推为"史"以后，一直按照史的路径迁转，并且因为史的专门化特点，其地位也比佐高一些。② 因为乡史出现的场合比较少，如果从秦汉史官的基本职责看，大概是负责文书类的工作。有时他们在完成文书工作的同时，也要担负邮书传递等杂务：

> 廿九年九月壬辰朔辛亥，贰春乡守根敢言之：牒书水Ⅰ火败亡课一牒上。敢言之。Ⅱ8-645
> 九月辛亥旦，史邛以来。／感手。邛手。8-645背③

二 乡的职责

乡是秦代国家在地方设置的最低一级行政组织。虽然仅有三位吏员，却承担了多方面的国家政权职能。对此，张金光先生曾根据21世纪以前的材料，总结了乡吏具有这样一些职掌：1. 土地管理。2. 生产的监督、管理权。3. 对人的管理权。4. 负责收租、取赋、征兵、派役，以实现国家对土地所有权的经济内容。5. 参与司法。6. 参与某些专业事务机构的双重领导和监

---

① 陈伟主编：《里耶秦简牍校释》（第一卷），第125—126页。
② 据陈侃理观察，秦与汉初史与佐还有一定差别，史的身份世袭，而县之稗官和田、乡部的佐，不具备史的身份。只有经过考试认定为史的人数不足时，太史和郡守才会提拔资深的佐为史。参见陈侃理《睡虎地秦简〈编年纪〉中"喜"的宦历》，《国学学刊》2015年第4期。
③ 陈伟主编：《里耶秦简牍校释》（第一卷），第189页。

督。① 我们在此基础上，利用新出土文献，补充说明秦代乡级政权的职责。大致可以分成这样几类：

（一）征敛赋役

赋税和徭役是集权国家从基层社会获取的最主要资源，这也是乡吏基本工作职责。对此，秦律中有非常明确的规定。在《岳麓书院藏秦简》（肆）《徭律》中有几条与乡征发徭役相关的律文：

> 繇（徭）律曰：兴繇（徭）及车牛及兴繇（徭）而不当者及擅傅（使）人属弟子、人复复子、小敖童、弩，乡啬夫吏主者，赀各二甲，尉、尉史、士吏、丞、令、令史见及或告而弗劾，与同辠。②
> 繇（徭）律曰：岁兴繇（徭）徒，人为三尺券一，书其厚焉。节（即）发繇（徭），乡啬夫必身与典以券行之。③
> 繇（徭）律曰：发繇（徭），自不更以下繇（徭）戍，自一日以上尽券书，及署于牒，将阳倍（背）事者亦署之，不从令及繇（徭）不当券书，券书之，赀乡啬夫、吏主者各一甲，丞、令、令史各一盾。繇（徭）多员少员，积（糠）计后年繇（徭）戍数。发吏力足以均繇（徭）日，尽岁弗均，乡啬夫、吏及令史、尉史主者赀各二甲，左罷（迁）④

综合这几条律文，秦代的徭役征发在乡级层面有具体法律规定，包括征发对象、程序等。这样的规定说明徭役征发在基层社会是一项标准化工作，执行过程中容易操作。乡吏在徭役征发过程中要亲力亲为，即"乡啬夫必身与典"，也正因为他们是直接责任人，故如果出现问题，他们所受到的处罚要比丞、令等重。乡在征发徭役中照章执行，这也意味着对徭役征发没有决策权，只是将具体事情汇报到上级机构。在其日常行政实践中，也的确有这样的例子：

> 卅五年九月丁亥朔乙卯，贰春乡守辨敢言Ⅰ之：上不更以下繇（徭）计

---

① 张金光：《秦制研究》，第580—582页。
② 陈松长主编：《岳麓书院藏秦简》（肆），第116–117页。
③ 陈松长主编：《岳麓书院藏秦简》（肆），第149页。
④ 陈松长主编：《岳麓书院藏秦简》（肆），第152页。

二牒。敢言之。Ⅱ8-1539①

启陵津船人高里士五（伍）启封当践十二月更，□【廿九日】□☑Ⅰ正月壬申，启陵乡守绕劾。Ⅱ卅三年正月壬申朔朔日，启陵乡守绕敢言之，上劾一牒☑Ⅲ8-651

正月庚辰旦，隶妾咎以来。／履发。☑8-651背②

廿八年五月己亥朔甲寅，都乡守敬敢言之：☑Ⅰ得虎，当复者六人，人一牒，署复□于☑Ⅱ从事，敢言之。☑Ⅲ8-170

五月甲寅旦，佐宣行廷。8-170背③

8-1539中的"徭计"是对低爵服役者的统计，简8-170是上报因为得虎而复除者的名单，简8-651从剩余的简文看，大约是对未按时履行服役义务者进行劾奏。这三条简文的共同特点都是向上级机构请示，皆以"敢言之"为抬头。虽然所陈事实清楚，但是乡吏不能擅自决断，还要请求县廷审核批准。

租赋征收也是乡吏的职责。在日常行政程序中，同徭役征发一样，乡级行政单位也只是执行机构。里耶秦简中有下列两条相关简牍：

卅四年，启陵乡见户、当出户赋者志：☑Ⅰ见户廿八户，当出茧十斤八两。☑Ⅱ8-518④

☑都乡被不以五月敛之，不應（应）律。都乡守市谢曰：乡征敛之，黔首未肎（肯）入Ⅰ☑□史。Ⅱ☑之写上敢言之。／华手。Ⅲ8-1454+8-1629

☑华手。8-1454背+8-1629背⑤

前一条材料是记录启陵乡应当出户赋者的统计数字。根据《岳麓书院藏秦

---

① 陈伟主编：《里耶秦简牍校释》（第一卷），第353页。
② 陈伟主编：《里耶秦简牍校释》（第一卷），第191—192页。
③ 陈伟主编：《里耶秦简牍校释》（第一卷），第103页。
④ 陈伟主编：《里耶秦简牍校释》（第一卷），第172页。
⑤ 陈伟主编：《里耶秦简牍校释》（第一卷），第331页。

简》（肆）载《金布律》，后一条材料也是户赋：

> ●金布律曰：出户赋者，自泰庶长以下，十月户出刍一石十五斤；五月户出十六钱，其欲出布者，许之。十月户赋，以十二月朔日入之，五月户赋，以六月望日入之，岁输泰守。十月户赋不入刍而入钱者，入十六钱。①

律文规定了每年两次缴纳的时间，这是五月份那次，但都乡百姓多不缴纳，乡中官吏并不负责处罚，只是将情况汇报到县廷即可。里耶秦简中还记载了一种特殊的"赋"，也是由乡来组织获取：

> 廿八年二月辛未朔庚寅，贰春乡守行敢言之：廿八年岁赋献黄二、白翰二、黑翰二、明（鸣）Ⅰ渠鸟二、鹜鸟四。令令乡求捕，毋出三月。乡毋吏、徒，行独居，莫求捕。捕爰用吏、徒Ⅱ多。谒令官有吏、徒者将求捕，如廿七年捕爰，乃可以得爰。敢言之。Ⅲ9-31
> 仓□已付。……Ⅰ二月戊戌□□□□□□士五（伍）程人以来。／除半。行手。Ⅱ9-31背②

我们曾分析过这类作为贡献的"鸟""羽"，认为兼有军赋与贡赋两种特质。③ 这段材料说明乡啬夫需要亲自带领吏徒逐捕。

（二）人口与民户管理

秦的户籍制度是以乡里为基础。秦迁陵县的行政档案文书中也有一些与户籍相关的简牍，如先期公布的一批户版，就是民户人口情况登记。④ 在此基础上，里也有户数统计：

---

① 陈松长主编：《岳麓书院藏秦简》（肆），第 107 页。
② 陈伟主编：《里耶秦简牍校释》（第二卷），第 43—44 页。
③ 详见本书下编第七章《贡赋之间："羽"赋的性质》。
④ 湖南省文物考古研究所编著：《里耶发掘报告》，岳麓书社 2007 年版，第 208 页。

□□二户。AⅡ大夫一户。AⅡ大夫寡三户。AⅢ不更一户。AⅣ小上造三户。AⅤ小公士一户。AⅥ士五（伍）七户。□ＢⅠ司寇一【户】。□ＢⅡ小男子□□ＢⅢ大女子□□ＢⅣ·凡廿五□ＢⅤ8-19①

这里虽然没有明确说是里，但只有19户，这是当时迁陵县一里的规模。因为在简8-157中提到启陵乡成里有27户，二者相差不多。乡中以这些数字为基础，形成乡的户数统计。并且当时乡所能控制的里及实际人口并不多，②这样乡就有条件了解每一户的情况。并且如果比照汉代，在乡中进行户口案比，③这些工作成为乡对人口管理的凭借。乡对人口管理包括这样几个方面：

　　一是掌握本地人口的增减变化。秦简《尉卒律》有："为计，乡啬夫及典、老月辟其乡里之入彀（谷）、徙除及死亡者，谒于尉，尉月牒部之，到十月乃比其牒，里相就殹（也）以会计。"④这是要求乡啬夫和里中的典、老一同对人口迁移、死亡等变动情况按月汇报给县尉。而这些变化在平时要随时登录。《岳麓书院藏秦简》案例〇七《识劫婉案》："●卿（乡）唐、佐更曰：沛免婉为庶人，即书户籍曰：免妾。沛后妻婉，不告唐、更。今籍为免妾。不智（知）它。"⑤"沛"将其奴婢"婉"免为庶人，这一身份的变化，也要被乡啬夫唐和乡佐更书于户籍，那么可以想见，比这更重要的人口数目增减也一定如此处理。

　　二是对逃亡人口的管理。秦在中国历史上初次实现了一统，对基层社会控制还有不完善的地方，人口逃亡时常发生，因此秦律中专门设有《亡律》，对隐匿逃亡人口者及相关官吏的处罚都有细致规定。具体到乡级政权，有这样一条法律：

---

① 陈伟主编：《里耶秦简牍校释》（第一卷），第32—33页。
② 唐俊峰认为，不到二百户是县里正式登记，需承担租赋的编户数目，如果加上蛮夷外族编户，约为三到四百户。参见唐俊峰《里耶秦简所示的"见户"与"积户"——兼论秦代迁陵县的户数》，简帛网，2014年2月8日。
③ 邢义田：《汉代案比在县或在乡？》，收入其著《治国安邦：法制、行政与军事》，中华书局2011年版。
④ 陈松长主编：《岳麓书院藏秦简》（肆），第114页。
⑤ 朱汉民、陈松长主编：《岳麓书院藏秦简（叁）》，第159页。

> 男女去、阑亡、将阳，来入之中县、道，无少长，舍人室，室主舍者，智（知）其请（情），以律罨（迁）之，典、伍不告，赀典一甲，伍一盾。不智（知）其请（情），主舍，赀二甲，典、伍不告，赀一盾⌐。舍之过旬乃论之⌐，舍，其乡部课之，卒岁，乡部吏弗能得，它人捕之，男女无少长，伍（五）人，谇乡部啬夫；廿人，赀乡部啬夫一盾；卅人以上，赀乡部啬夫一甲，令丞谇，乡部吏主者，与乡部啬夫同罪。①

按照整理者的意见，阑亡、将阳是两种不同类型的逃亡人口，以一年为期限，前者逃亡时间在一年以上，后者在一年以内。② 对于逃亡到其辖界中的亡人，根据停留的时间和人数，乡部啬夫会受到程度不同的处罚。乡部不仅要掌握著籍的人口，也要注意脱籍的流亡人口。

三是对境内其他人口的管理。秦代乡的辖界中除了著录于户籍、被国家直接控制的的人口之外，还有一些籍属于外地，也是国家掌握的人口资源。主要有刑徒，为司空或仓所掌，被分配到乡中从事劳作，乡也要制作成簿籍："☐乡守吾作徒薄（簿）。受司空白粲一人，病。☐（8-1340）"③ 屯戍人口："☐已朔朔日，启陵乡守狐出贷适戍☐☐（8-1029）"④ "适戍"是屯戍人口的一种，是指因身份而导致的惩罚性戍役。⑤ 不过对这种人口的管理，乡主要负责其口粮供给等后勤勤务，其业务管理还归属于尉负责。

（三）司法与治安

秦代国家制定了严密的法律，以此对社会民众实行管控。在秦代的司法程序中，也能够看到乡官的身影。睡虎地秦简《封诊式》中提供了两个相似案件处理程序的模板：

---

① 陈松长主编：《岳麓书院藏秦简》（肆），第56—57页。
② 陈松长主编：《岳麓书院藏秦简》（肆），第78页，注释 [72]、[73]。
③ 陈伟主编：《里耶秦简牍校释》（第一卷），第313页。
④ 陈伟主编：《里耶秦简牍校释》（第一卷），第265页。
⑤ 详见本书下编第三章《里耶秦简所见戍役种类辨析》。

> 告臣　爰书：某里士五（伍）甲缚诣男子丙，告曰："丙，甲臣，桥（骄）悍，不田作，不听甲令。谒卖（卖）公，斩以为城旦，受贾钱。"·讯丙，辞曰："甲臣，诚悍，不听甲。甲未赏（尝）身免丙。丙毋（无）病殹（也），毋（无）它坐睾（罪）。"令令史某诊丙，不病。·令少内某、佐某以市正贾（价）贾丙丞某前，丙中人，贾（价）若干钱。·丞某告某乡主：男子丙有鞫，辞曰："某里士五（伍）甲臣。"其定名事里，所坐论云可（何），可（何）睾（罪）赦，或（又）覆问毋（无）有，甲赏（尝）身免丙复臣之不殹（也）？以律封守之，到以书言。①
>
> 黥妾　爰书：某里公士甲缚诣大女子丙，告曰："某里五大夫乙家吏。丙，乙妾殹（也）。乙使甲曰：丙悍，谒黥劓丙。"·讯丙，辞曰："乙妾殹（也），毋（无）它坐。"·丞某告某乡主：某里五大夫乙家吏甲诣乙妾丙，曰："乙令甲谒黥劓丙。"其问如言不然？定名事里，所坐论云可（何），或（又）覆问毋（无）有，以书言。②

这两个命名为"告臣""黥妾"的案例，是对里中发生事情进行讯问处置，最后都提到"丞某告某乡主……"这一步骤，让乡的主管官员提供案件当事人的基本信息并做出书面回复。"式"作为范式，就从制度角度明确了乡官在司法审判中的位置，这或如张金光和孙闻博所言，乡起到协助司法作用，并无裁判权。③ 这个结论自然没有问题。不过，换一个角度看，要求乡官提供书面回复，一方面是因为他们身处基层，了解实情，另一方面强调是书面报告，反映了乡官出具的证明具有法律效力，成为这类案件司法审判过程中不可或缺的环节。在里耶秦简中，还有两条简文提到乡官与司法活动相涉：

> 卅三年十月甲辰朔乙巳，贰春乡守福爰书：东成大夫年自言以小奴处予

---

① 陈伟主编：《秦简牍合集·释文注释修订本（壹、贰）》，第279页。
② 陈伟主编：《秦简牍合集·释文注释修订本（壹、贰）》，第281页。
③ 张金光：《秦制研究》，第581页；孙闻博：《简牍所见秦汉法律诉讼中的乡》，《中华文化论坛》2011年第1期。

子同里小上造辨。典朝占。Ⅰ福手。Ⅱ10－1157①

卅二年六月乙巳朔壬申，都乡守武爰书：高里士五（伍）武自言以大奴幸、甘多、大婢言、言子益Ⅰ等，牝马一匹予子小男子产。典私占。初手。Ⅱ8－1443＋8－1455

六月壬申，都乡守武敢言：上。敢言之。/初手。Ⅰ六月壬申日，佐初以来。/欣发。初手。Ⅱ8－1443背＋8－1455背②

这两条简文都是讲里中居民财产转移的事情，其共有的程序是由里典登记，乡守出具爰书。大庭脩认为所谓"爰书"就是"代口辞之书"，既经提出，就由官府按照法定的程序进行处理，③ 也就是具有法律效力的司法公证文书。这也就意味着乡守承担了部分的法律职能。当然裁判权还在县廷。到了汉代依然延续了这种职能，比如著名的"候粟君责寇恩事"一案，都乡啬夫负责案件讯问，即"爰书验问"，最后还是由县廷做出裁决。

乡还承担了辖区内部分的治安职能，比如下面这个例子：

【廿】六年二月癸丑朔丙子，唐亭叚（假）校长壮敢言之：唐亭Ⅰ旁有盗可卅人。壮卒少，不足以追。亭不可空。谒Ⅱ遣【卒】索（索）。敢言之。/二月辛巳，迁陵守丞敦狐敢告尉、告卿（乡）主，以律Ⅲ9－1112令从吏（事）。尉下亭鄣，署士吏谨备。贰卿（乡）上司马丞。/亭手。/即令Ⅰ走涂行。Ⅱ二月辛巳，不更舆里戍以来。/丞半。壮手。Ⅲ9－1112背④

秦的地方日常治安主要归校长负责，但是如果发生大的变乱，超出校长控制能力之外，则需要亭所在乡参与进来。其中起主要作用的还是以县尉为首的武职系统。

---

① 里耶秦简牍校释小组：《新见里耶秦简牍资料选校（一）》，武汉大学简帛研究中心主办：《简帛》（第十辑），上海古籍出版社2015年版。
② 陈伟主编：《里耶秦简牍校释》（第一卷），第326页。
③ ［日］大庭脩：《秦汉法制史研究》，第519页。
④ 陈伟主编：《里耶秦简牍校释》（第二卷），第260页。

(四) 其他杂务

乡官作为地方社会的长官，地方政务中的各类杂务也由其负责。比如生产、① 公物管理、② 交易核验等。③

三 乡与县廷、诸官的关系

乡是直属于县的下级行政机构，县对其负有直接领导责任，乡里日常工作是县廷工作的基础。比如里耶简中有两条反映县、乡两级"水火败亡课"的文书：

> 廿九年九月壬辰朔辛亥，贰春乡守根敢言之：牒书水Ⅰ火败亡课一牒上。敢言之。Ⅱ 8－645
>
> 九月辛亥旦，史邛以来。/感手。邛手。8－645背④
>
> 廿九年九月壬辰朔辛亥，迁陵丞昌敢言之：令令史感上Ⅰ水火败亡者课一牒。有不定者，谒令感定。敢言之。Ⅱ 8－1511
>
> 已。Ⅰ九月辛亥水下九刻，感行。感手。Ⅱ 8－1511背⑤

很显然贰春乡发送到县廷中的水火败亡课牒书是县丞让令史向上一级汇报"水火败亡课"牒书的材料来源。两件文书日期相同，或许是因这类文件时效性比较强。县对乡实行管理，依据行政事务不同，主要通过两条途径实现

---

① 如"卅四年八月癸巳朔丙申，贰春乡守平敢言之：Ⅰ贰春乡树枝（枳）枸卅四年不实。敢言之。Ⅱ"(8－1527)，陈伟主编：《里耶秦简牍校释》（第一卷），第350页。

② 如简12－849："廿七年六月乙亥朔壬午，贰春乡窑敢言之：贰春津当用船一艘。●今以旦遣佐颊受谒令官叚（假），谒报。敢言之。"里耶秦简博物馆、出土文献与中国古代文明研究协同创新中心中国人民大学中心编：《里耶秦简博物馆藏秦简》，第200页。

③ 如"皇帝其买奴卑（婢）、马，以县官马牛羊贸黔首马牛羊及买，以为义者，以平贾（价）买之，辄予其主钱。而令虚质、毋出钱、过旬不质，赀吏主者一甲，而以不质律论⌒。黔首自告，吏弗为质，除。黔首其为大隃取义，亦先以平贾（价）直之⌒。质奴婢、马、牛者，各质其乡，乡远都市，欲徙……卖半马半牛者，毋质诸乡"，陈松长主编：《岳麓书院藏秦简》（肆），第134—136页。

④ 陈伟主编：《里耶秦简牍校释》（第一卷），第189页。

⑤ 陈伟主编：《里耶秦简牍校释》（第一卷），第341—342页。

的。其一，常规性的日常公务，由归口的相关列曹来处理。基于户籍的人口管理是乡的基本职能之一，这部分工作要上报县中的户曹。户曹的统计记录中就有"乡户计"：

> 户曹计录：AⅠ乡户计，AⅡ繇（徭）计，AⅢ器计，AⅣ租赁计，AⅤ田提封计，BⅠ髳计，BⅡ鞫计。BⅢ·凡七计。BⅣ 8-488①

从里耶简的记载看，县中有多个曹，可以想见乡中其他日常行政事务也要归属于不同曹属来管理统计，以便县廷能够准确掌握县内具体政务信息，这也是进行有效统治的基础。

其二，对于临时事务，则通过指令的方式要求乡执行。如下简：

> 卅四年七月甲子朔癸酉，启陵乡守意敢言之：廷下仓守庆书Ⅰ言令佐赣载粟启陵乡。今已载粟六十二石，为付券一上。Ⅱ谒令仓守。敢言之。·七月甲子朔乙亥，迁陵守丞巸告仓Ⅲ主：下券，以律令从事。／壬手。／七月乙亥旦，守府印行。Ⅳ 8-1525
> 七月乙亥旦，□□以来。／壬发。恬手。8-1525背②

这条材料是说县廷以转发仓守文书的形式，要求启陵乡配合令佐赣运走粟米，然后写出校券呈上。这里面仓守、令佐、乡守是参与这件事的几位吏员，但是其活动均在县廷的掌控和调度之下完成的。仓守提出意见，但须经过县廷的转发才能执行。

此外，关于县廷和乡的关系，还有一点需要说明：设置于乡中的邮传机构，他们归属于县管理。里耶秦简中有"卅二年九月丁酉日中，都邮人士五（伍）高里辰行□☑"（12-1527）。③"都乡邮人"似乎说邮人统属于乡，不过考虑到乡对邮人无人事任免权，或许说明乡只有部分的管理权限：里耶简

---

① 陈伟主编：《里耶秦简牍校释》（第一卷），第167页。
② 陈伟主编：《里耶秦简牍校释》（第一卷），第349页。
③ 里耶秦简博物馆、出土文献与中国古代文明研究协同创新中心中国人民大学中心编：《里耶秦简博物馆藏秦简》，第201页。

8-157中，乡守虽然能提出邮人人选，但是县丞却可依据相关规定予以驳回，因此不能将邮人完全视为乡的属员。乡对这类机构有日常维护的职责，比如对于"传"：

> 卅年十月辛亥，启陵乡守高☑Ⅰ受司空仗城旦二人。Ⅱ二人治传舍：它、骨。Ⅲ 8-801①

启陵乡从司空接受刑徒用来修治传舍，这或许意味着乡对这类机构的责任，更多地体现在日常维护。虽然以"乡"命名，这可能是因属地的缘故。综合前面谈到的传舍、亭、邮这些机构看，在管辖权方面，县乡之间呈现的关系比较复杂：亭归属于县尉，但设置在各乡（通常一乡二亭，乡、亭名重合，如贰春乡），特殊情况下还需要配合行动；邮人为乡传递文书，但人事决定权归县廷。这些现象的出现主要源于县是地方的行政重心所在，其行政权力是靠这些机构来实现的，乡只是其派出的分支机构，居于从属地位。

秦县级政府除了依靠列曹处理公务以外，还设立诸多的职能机构，即诸官。② 它们并非都设于县廷附近，有一些是设在都乡以外的离乡，即所谓的离官：

> 官啬夫赀二甲，令、丞赀一甲；官啬夫赀一甲，令、丞赀一盾。其吏主者坐以赀、谇如官啬夫。其它冗吏、令史掾计者，及都仓、库、田、亭啬夫坐其离官属于乡者，如令、丞。③

"都仓、库、田、亭啬夫坐其离官属于乡者"，就是县里诸官设置于离乡的分支机构。对于这些离官，乡有协助都官进行管理的义务，睡虎地秦简《秦律十八种·效律》：

---

① 陈伟主编：《里耶秦简牍校释》（第一卷），第229页。
② 郭洪伯：《稗官与诸曹——秦汉基层机构的部门设置》，卜宪群、杨振红主编：《简帛研究》（二〇一三），广西师范大学出版社2014年版。
③ 陈伟主编：《秦简牍合集·释文注释修订本（壹、贰）》，第152页。

入禾，万石一积而比黎之为户，及籍之曰："某廥禾若干石，仓啬夫某、佐某、史某、稟人某。"是县入之，县啬夫若丞及仓、乡相杂以封印之，而遗仓啬夫及离邑仓佐主稟者各一户，以气（饩）人。①

这段话后面"遗仓啬夫及离邑仓佐主稟者各一户"，说明"县啬夫若丞及仓、乡相杂以封印"的对象也是设于离乡的离仓。乡啬夫和仓啬夫以及县令丞共同封缄，不过其权限也仅限于此，不预日常稟给。

乡虽然以人口为基础管理本乡所有事务，但庶务众多，这就不可避免地在职责方面与负责专项事务的诸官有交叉。对此，两者之间似也有比较明确的分工和界定，我们比较下列三组简：

贰春乡畜员：AⅠ牝麂一。AⅡ豭一。AⅢ豵一。AⅣ牝犬一。BⅠ牡犬一。BⅡ雌鸡五。BⅢ雄鸡一。BⅣ10-4②

仓课志：AⅠ畜麂鸡狗产子课，AⅡ畜麂鸡狗死亡课，AⅢ徒隶死亡课，AⅣ徒隶产子课，AⅤ作务产钱课，BⅠ徒隶行繇（徭）课，BⅡ畜雁死亡课，BⅢ畜雁产子课。BⅣ·凡□ C8-495③

畜官课志：AⅠ徒隶牧畜死负、剥卖课，AⅡ徒隶牧畜畜死不请课，AⅢ马产子课，AⅣ畜牛死亡课，BⅠ畜牛产子课，BⅡ畜羊死亡课，BⅢ畜羊产子课。BⅣ·凡八课。BⅤ8-490+8-501④

乡中也畜养禽畜，其种类与仓所畜养相同，但是仓所畜养的禽畜和畜官蓄养的牲口一样需要考课，而乡中的禽畜只需要统计即可，并且其数量也不多，并不是以国家生产经营的产品面目出现。而且在乡的考课项目中，也无这些种类：乡课志：AⅠ□□□；AⅡ□食□□课；AⅢ黔首历课；BⅠ寡子课子

---

① 陈伟主编：《秦简牍合集·释文注释修订本（壹、贰）》，第148页。
② 里耶秦简牍校释小组：《新见里耶秦简牍资料选校（一）》，武汉大学简帛研究中心主办：《简帛》（第十辑），上海古籍出版社2015年版。
③ 陈伟主编：《里耶秦简牍校释》（第一卷），第169页。
④ 陈伟主编：《里耶秦简牍校释》（第一卷），第168页。

课；BⅡ·凡四课。BⅢ（8-483）① 也就是说，同样畜养禽畜，乡和诸官之间在品种、性质上都有所区别。其他职能方面大概也会有此区分，否则在县级行政中如果职能、任务不清，会造成很大的混乱。

余论　国家行政体系中的乡

乡是国家行政体系中直接面向地方社会的行政组织，它在国家统治体系中的地位可以从两方面来说明：

一是从国家统治层面来说，它是通过掌握以地域和血缘组织为基础规划的里来获取基层民众的信息，并以此敛取各种社会资源，是帝国向地方渗透的据点，构成秦代国家统治的基础。同时，因为乡是以部界为单位，所以它也为秦代国家政务畅通提供了保障，比如在乡界中设立的各种邮传系统，使得文书上传下达成为可能。又如在里耶简中有讲述公务出差续食的简：

元年七月庚子朔丁未，仓守阳敢言之：狱佐辨、平、士吏贺具狱，县官Ⅰ食尽甲寅，谒告过所县乡以次续食。雨留不能投宿赍。Ⅱ来复传。零阳田能自食。当腾期卅日。敢言之。/七月戊申，零阳Ⅲ冀移过所县乡。/齮手。/七月庚子朔癸亥，迁陵守丞固告仓啬夫：Ⅳ以律令从事。/嘉手。Ⅴ5-1
迁陵食辨、平尽己巳旦□□□□迁陵。Ⅰ七月癸亥旦，士五（伍）臂以来。/嘉发。Ⅱ5-1背②

根据邬文玲的研究，这是说官吏公干途经的县乡相继供给膳食。如果因雨滞留超过法定期限，所过县乡不能继续供给现成膳食的话，则提供住宿和相应的粮食物资。③ 简中提到"县乡以次续食"，这是因为邮设置在乡中，而邮有提供物资、甚至人员供给的任务，秦律规定："●田律曰：侍葆邮、门，

---

① 陈伟主编：《里耶秦简牍校释》（第一卷），第165页。
② 陈伟主编：《里耶秦简牍校释》（第一卷），第1页。
③ 邬文玲：《里耶秦简所见"续食"简及其文书构成》，甘肃简牍博物馆、西北师范大学历史文化学院编：《简牍学研究》（第五辑），甘肃人民出版社2014年版。

期足以给乘传晦行求烛者，邮具二席及斧、斤、凿、锥、刀、甕、爵，置梗（绠）井旁∟，吏有县官事使而无仆者，邮为饬，有仆，叚（假）之器，勿为饬，皆给水酱（浆）。"① 因此，乡不仅是秦帝国统治伸向基层的触角，而且也是维系帝国统治运转的基层供给站。

二是从地方行政制度来看，"乡"一方面是联系地方统治重心"县"和基层社会"里"之间的纽带，把里中人口、土地等零散信息作进一步的整理和统计，作为县行政的信息源，但无决策权。这一点和县属诸官相类，因此它可以看成是县的派出分支机构。另一方面，"（秦孝公）十二年，作为咸阳，筑冀阙，秦徙都之。并诸小乡聚，集为大县，县一令，四十七县"②，秦县是由乡邑聚合而成，乡又直面里中民众，熟悉地方情况，成为连接官民之间的纽带。如果放眼至其后的汉代，乡级行政组织吏员构成除了游徼、啬夫这种纯粹代表官方的吏员外，也有身份介于官民之间的三老，这正是秦汉时期乡级政权在地方行政体系中位置的反映。

---

① 陈松长主编：《岳麓书院藏秦简》（肆），上第 104 页。
② 《史记》卷 5《秦本纪》（点校本二十四史修订本），第 257 页。

第 四 章
县级政权的粮食廪给

在传统农业社会中，粮食生产是整个社会得以存在的基本前提，也是民众赖以生存的主要生业。正因为如此，国家对粮食问题分外重视，将其作为控制社会的重要手段，并因此对粮食生产、储存等各个环节都做出明确的制度规定。处于中央集权制度确立时期的秦汉时代，统治者也将粮食问题置诸国家法律的高度，以专门条文予以明确。在粮食仓储、校验等方面，以《睡虎地秦墓竹简》为主的秦汉法律文献均有详细记载。关于这一点，已有多位学者作了专门梳理和阐发。① 对仓储粮食的廪给问题，这些成果也依据秦代出土资料做了叙述。《里耶秦简》〔壹〕作为县级档案文书，也有一些有关国家粮仓廪给粮食的记录。因为它和睡虎地简材料性质不同，记载重心相异，因而针对秦代粮食廪给问题可以提供一些新的认识。此前胡平生对不同身份人口的日食口粮数提出疑问。② 后来学界又有对秦代廪食系统研究的多篇成果发表。③ 本部分拟在吸收这些成果的基础上，充实后出《里耶秦简》

---

① 卢鹰：《秦仓政研究》，《人文杂志》1989年第2期；李孔怀：《秦律中反映的秦代粮食管理制度》，《复旦学报》1990年第4期；康大鹏：《云梦简中所见的秦国仓禀制度》，《北大史学》（第二辑），北京大学出版社1994年版；蔡万进：《秦国粮食经济》，大象出版社2009年版。

② 胡平生：《读〈里耶秦简〉（壹）笔记》，中国文化遗产研究院编：《出土文献研究》（第十一辑），中西书局2012年版。

③ 主要成果有：平晓婧、蔡万进《里耶秦简所见秦的出粮方式》，《鲁东大学学报》2015年第4期；黄浩波《里耶秦简（壹）所见禀食记录》，武汉大学简帛研究中心主办：《简帛》（第十一辑），上海古籍出版社2015年版；吴方浪、吴方基《简牍所见秦代地方禀食标准考论》，《农业考古》2015年第1期；赵岩《里耶秦简所见秦迁陵县粮食收支初探》，《史学月刊》2016年第8期；刘鹏《秦代地方禀食的几个问题》，《中国农史》2018年第1期；王勇《里耶秦简所见秦迁陵县粮食支出机构的权责》，《中国农史》2018年第4期；[日]宫宅洁《出禀与出贷——里耶秦简所见戍卒的粮食发放制度》，武汉大学简帛研究中心主办：《简帛》（第十七辑），上海古籍出版社2018年版。

[贰]材料，梳理秦代县域政权范围内仓的廪给问题，以期补充先前的研究结论。

一 廪给数额与形式

仓作为国家主要的粮食出纳机构，其支出粮食目的是保障国家服务人员或从事公务活动吏员的食粮供给，以此保证国家机构正常运转。这种供给通常是以定额形式给付。如对于隶臣妾的粮食供给情况，睡虎地秦墓竹简《秦律十八种·仓律》：

> 隶臣妾其从事公，隶臣月禾二石，隶妾一石半；其不从事，勿稟。小城旦、隶臣作者，月禾一石半石；未能作者，月禾一石。小妾、舂作者，月禾一石二斗半斗；未能作者，月禾一石。婴儿之毋（无）母者各半石；虽有母而与其母冗居公者，亦稟之，禾月半石。隶臣田者，以二月月稟二石半石，到九月尽而止其半石。舂，月一石半石。隶臣、城旦高不盈六尺五寸，隶妾、舂高不盈六尺二寸，皆为小；高五尺二寸，皆作之。①

《仓律》为秦简自命名，也就是说在法律层面，粮食支出皆归仓来管理。从具体内容看，这条律文是对刑徒领取口粮数额在性别、年龄、劳动强度等方面做出的规定。它是以"月"为单位的定量供应，即所谓"月食"。如果违反月食供给数量，也有相应的惩处措施，如睡虎地秦墓竹简《秦律十八种·仓律》："城旦为安事而益其食，以犯令律论吏主者。"② 睡虎地秦简所体现出的对特定身份人口定量供应口粮的原则，在里耶秦简中也有所反映，比如对大隶妾的口粮供应：

> 粟米一石二斗半斗。卅一年三月丙寅，仓武、佐敬、稟人援出稟大隶妾

---

① 陈伟主编：《秦简牍合集·释文注释修订本（壹、贰）》，第72页。
② 陈伟主编：《秦简牍合集·释文注释修订本（壹、贰）》，第81页。

☐。Ⅰ令史尚监。Ⅱ8-760①

径廥粟米一石二斗少半斗。·卅一年十二月戊戌,仓妃、史感、稟人援出稟大隶妾援。Ⅰ令史朝视平Ⅱ。8-762②

粟米一石二斗少半斗。·卅一年三月癸丑,仓守武、史感、稟人援出稟大隶妾并。Ⅰ令史犴视平。感手。Ⅱ8-763③

径廥粟米一石二斗少半斗。卅一年十一月丙辰,仓守妃、史感、稟人援出稟大隶妾始。Ⅰ令史扁视平。感手。Ⅱ8-766④

径廥粟米一石二斗半斗。卅一年二月辛卯,仓守武、史感、稟人堂出☐Ⅰ令史犴视平。☐Ⅱ8-800⑤

径廥粟米一石二斗半斗。卅一年二月己丑,仓守武、史感、稟人堂出稟隶妾援。Ⅰ令史犴视平。感手。Ⅱ8-2249⑥

径廥粟一石二斗少半半升。卅一年十一月丙辰,仓守妃、史感、稟人援出稟大隶妾女。Ⅰ令史扁视平。感手。Ⅱ9-13⑦

稻三石六斗二升半。卅一年六月己酉,启陵乡守获、佐冣、稟人小出稟大隶妾规、得、☐女凡三Ⅰ☐=一石二斗【少】半半升。☐☐。令史☐视平。☐☐。Ⅱ9-2337⑧

从廪给数量看,这里将"一石二斗少半斗"作为(大)隶妾的口粮标准,和《仓律》隶臣妾"从公事"稟"一石半"不同。对这种差异我们可以从两个角度来寻求答案:首先是看"粟"和"禾"之间是否有区别。这在古人解释中,并没有明确的答案,如"禾"为"谷之总名",⑨"黍稷之属也"

---

① 陈伟主编:《里耶秦简牍校释》(第一卷),第218页。
② 陈伟主编:《里耶秦简牍校释》(第一卷),第219页。
③ 陈伟主编:《里耶秦简牍校释》(第一卷),第219页。
④ 陈伟主编:《里耶秦简牍校释》(第一卷),第220—221页。
⑤ 陈伟主编:《里耶秦简牍校释》(第一卷),第229页。
⑥ 陈伟主编:《里耶秦简牍校释》(第一卷),第451页。
⑦ 陈伟主编:《里耶秦简牍校释》(第二卷),第19页。
⑧ 陈伟主编:《里耶秦简牍校释》(第二卷),第475—476页。
⑨ 朱佑曾:《逸周书集训校释·佚文》,《皇清经解续编》,上海书店影印本1988年版,第716页。

等,① 粟"即稷",② 甚至认为二者是一种粮食。二者的交集只有一条材料,《广雅·释草》:"粟,禾之实也。"不过考虑到禾也有作为禾稼总称的含义,可以认为"粟"单指禾秆上的果实部分。我们只好再回到秦代简牍文本,《睡虎地秦墓竹简·秦律十八种·仓律》:"为粟廿斗,舂为米十斗;十斗粲,毁(毇)米六斗大半斗。麦十斗,为麴三斗。"按照整理小组的意见,"为粟廿斗"接上一支简"稻禾一石",全句为"稻禾一石为粟廿斗",整理小组解释说:"句中的石系重量单位,即秦斤一百二十斤,与上下文石为容量单位有别。粟,此处指未脱壳的稻粒。"③ 也就是说,两者实同而名异。在里耶秦简中,"禾"通常作为一个粮食的泛称出现,如"仓曹计录"中有"禾稼计"(8-481),还有券书名为"仓曹当计禾稼出入券"(8-776)。粟则多出现在廪给口粮的语境中。其区别大概仅在于此。也就是说,从粮食名称角度入手无解。因而我们需要从另外一个角度,即廪食者身份与劳动强度入手。我们将前述《仓律》这段话中不同等次廪食标准所对应的廪给对象,列表如下(参见表5):

表5　　　　　　　　　　　　廪给数额表

廪给数量	二石半石	二石	一石半	一石二斗半	一石	半石
廪给对象	隶臣田（二至九月）	隶臣从事公	隶妾从事公	小妾、舂作者	小城旦、隶臣未能作者	婴儿之毋（无）母
			小城旦、隶臣作者	隶妾作者	小妾、舂未能作者	婴儿母冗居公
			舂田	小城旦、隶臣未能作者	隶妾未能作者	

按:楷体部分为笔者拟构。

从这个廪食数额表观察,它以五斗和二斗半为级差分布。不过,这段话记载的廪给对象也有缺环。以我们上面列举里耶简中的廪给对象——隶妾为

---

① 朱佑曾:《逸周书集训校释·时训》,《皇清经解续编》,第703页。
② 朱佑曾:《逸周书集训校释·佚文》,《皇清经解续编》,第716页。
③ 睡虎地秦墓竹简整理小组编:《睡虎地秦墓竹简》,释文第30页。

例,隶妾作者、未能作者的标准就未列出,从隶臣直接到小(隶)妾。在这个排列次序中,我们觉得这可能会有省写,廪给一石二斗半的标准可能是隶妾作者的标准,因为小妾、舂涵盖了成年与未成年、不同身份女性劳动者的特征,隶妾自然也包含在内,所以未逐一列出。同样,因为小城旦、舂、小妾、隶臣"未能作"的标准都是一石,我们推测,隶妾未能作者的标准同样也是一石。当然,这个推测也不是没有问题:所有未能作者都廪食一石就意味着成年男性和未成年女性是一个标准,而他们在劳作时所创造的劳动价值,至少男性和女性是不同的,为什么会出现这种情形呢?我们想这有两种可能,一是从政府角度出发,所有不能给政府创造价值者,只保障其基本的生存条件。但这种理解显然不能圆满解决前面的疑问。还有一种可能,"小城旦、隶臣未能作者月禾一石"后面脱写了"二斗半",而越过了一个级差。作为随葬品而埋藏在墓中的行政文书,书写并不严格,这种情况习见。①秦简中抄写错误亦有,比如我们前面列举的"为粟廿斗,舂为米十斗……"那条简文即是。9-440+9-595 简:"径廥粟米一石二斗少半升。卅一年正月丁丑,仓守武、史感、稟人堂出稟受小隶臣徐。Ⅰ令史犴视平。感手。Ⅱ"②此处小隶臣的口粮标准是一石二斗少半升,作为男性刑徒,小城旦、隶臣未能作者的口粮标准应当相当。作为国家直接控制的人口,里耶简中频繁出现给隶妾一石二斗半是其劳作的标准,而其日常口粮还是要由国家供给,只是减少数量。就如《仓律》中关于隶臣的口粮规定:从事田作月二石半石,其他月份和"从事公"皆为二石。另外,在里耶秦秦简中也有廪食两石的记录:"粟米二石。卅三年九月戊辰乙酉,仓是、佐襄、稟人蓝出贷【更】▨Ⅰ▨令▨Ⅱ"(8-1660+8-1827)。③后面残断部分大约是更戍,亦可看出两石作为廪食的一个等级在此时还是存在的。这从一个角度说明按一定级差确定粮食发放标准的推论可以成立。

按月定额配给粮食要根据需要随时调整,可以数月结算,但平均到每个月依然是上述之定额:

---

① 邢义田:《从出土资料看秦汉聚落形态和乡里行政》,收入其著《治国安邦:法制、行政与军事》,中华书局 2011 年版。
② 陈伟主编:《里耶秦简牍校释》(第二卷),第 124 页。
③ 陈伟主编:《里耶秦简牍校释》(第一卷),第 374 页。

> 径赣粟三石七斗少半升。·卅一年十二月甲申，仓妃、史感、稟人窯出稟冗作大女子䤧十月、十一月、十二月食。Ⅰ令史犴视平。感手。Ⅱ 8-1239+8-1334①

冗作大女子，即成年女子十月至十二月三个月廪食，共三石七斗少半升，平均到每月，其定额和上述隶妾相仿。对照图版，虽然释文无误，但是我们怀疑"升"可能是书手讹写成"斗"，因为在里耶秦简中，升写作"㐌"，斗写作"㐌"，二者形近，只差一笔。这一猜测若能成立，则和隶妾月廪食量完全吻合。

在按月定量配给食粮之外，还有临时调拨口粮的形式。如：

> 稻三石泰半斗。卅一年七月辛亥朔己卯，启陵乡守带、佐取、稟人小出稟佐蒲、就七月各廿三日食。Ⅰ令史气视平。取。Ⅱ 8-1550②

这是给佐两人二十三天的口粮，不足月，计日廪食，显然是临时所为。这种临时廪给形式多样，还有单人跨月计算：

> 粟米三石七斗少半斗。卅二年八月乙巳朔壬戌，贰春乡守福、佐敢、稟人杕出，以稟隶臣周十月、六月廿六日食。令史兼视平。敢手。8-2247③

临时性廪给的计算方式通常是以人日均口粮数乘以每人次廪食天数，如下简：

> 径赣粟米一石九斗五升六分升五。卅一年正月甲寅朔丁巳，司空守增、

---

① 陈伟主编：《里耶秦简牍校释》（第一卷），第297页。
② 陈伟主编：《里耶秦简牍校释》（第一卷），第356页。
③ 陈伟主编：《里耶秦简牍校释》（第一卷），第451页。

佐得出以食舂、小城旦渭等卅七人，积卅七日，日四升六分升一。Ⅰ令
史□视平。得手。Ⅱ8－212＋8－426＋8－1632①

经校释者计算："出食共计 47×25/6 升＝195 又 5/6 升，即一九斗五升六分
升五"，正好和总数吻合。与此相类的还有一支比较完整的简：

粟米一石六斗二升半升。卅一年正月甲寅朔壬午，启陵乡守尚、佐取、
稟人小出稟大隶妾□、京、窯、苴、并、□人、☒Ⅰ乐膏、韩欧毋正月
食，积卅九日，日三升泰半升，令史气视平。☒Ⅱ8－925＋8－2195②

它和简 8－212＋8－426＋8－1632 形式较为一致，校释者对此也做过计算：
"出食共计 39×25/6 升＝162.5 升，即一石六斗二升半升。"③ 不过，这一计
算有些问题，校释者假定每人每日的标准和上简一样，是四升六分升一，然
而这支简却明确说是"日三升泰半升"，这样，计算结果就不吻合。并且，
即使人均日标准为四升六分升一，而领取口粮的人数为 8 人，也不能被 39
天整除，又因为这些人身份相同，唯一的可能是她们每人需要支取口粮的天
数不同，累积到一起是 39 天。另外，我们还要注意到，临时廪给的发放人
也不仅仅是仓吏，也有县、或司空的吏，个中原因我们后面还要说明。这种
廪给方式，和这些人临时调拨执行勤务有关。居延汉简有这样的例子：

始建国二年十月癸巳朔乙卯城仓丞□移甲沟候官令史□卒周仁等卅一人
省作府以府
记稟城仓用粟百卅六石令史书曰卒冯喜等十四人稟五月尽八月皆遣不当
□☒
居延仓丞　　　　□□尉史崇发行事□□
十月戊午卒同以来　　　　　　　　　　　　　　　　EPT4:48A、B④

---

① 陈伟主编：《里耶秦简牍校释》（第一卷），第 115 页。
② 陈伟主编：《里耶秦简牍校释》（第一卷），第 249 页。
③ 陈伟主编：《里耶秦简牍校释》（第一卷），第 250 页。
④ 张德芳主编：《居延新简集释》（一），甘肃文化出版社 2016 年版，第 275 页。

所谓"省",就是临时抽调到某处的意思。从简文看,是说这些卒本来应该以本隧为单位领取月食,但因为临时到都尉府或太守府执行勤务,所以按就近原则,从城仓领取,但为避免重复,故向城仓发放了这道文书。上述里耶简不定期发放粮食似可以与此类比。

二 廪给机构、吏员及其程序

对于粮食的支出,秦代国家通过严格的程序加以保障。在里耶秦简粮食支出记录中,首先是由多个吏员参与其间,我们仅举一条记载完整的标准文书为例:

粟米五斗。卅一年五月癸酉,仓是、史感、稟人堂出稟隶妾婴儿揄。Ⅰ令史尚视平。感手。Ⅱ 8-1540①

这里所记吏员有仓某、史、稟人、令史等几种。对于这些职官,校释者在简8-145下有解释:"仓,仓啬夫的省称。史,从事文书事务的吏。"稟人,在引证《周礼·地官·廪人》《孟子·万章下》以及睡虎地秦简《秦律十八种·效律》等材料后,认为是管理谷物的收藏和出纳。视平,或省作"视"、或省作"平",同样场合有时也用"监"字,疑"视"或"视平"与"监"字含义类似,指督看,以保证公平。② 对仓中出廪职官的这些解读,可从。简言之,在廪给过程中,由仓啬夫主管,史记录,稟人负责执行。不过,除此以外,还需要强调的是,在秦代为县廷所属的令史,并非专主某项具体工作的官吏。一县之中有令史若干人,从事各种具体工作。睡虎地秦简《仓律》中有令史参与清点粮食的规定。③ 而从令史的权力看,也有

---

① 陈伟主编:《里耶秦简牍校释》(第一卷),第353页。
② 陈伟主编:《里耶秦简牍校释》(第一卷),第39—40页。
③ 高恒:《秦简牍中的职官及其有关问题》,收入其著《秦汉简牍中法制文书辑考》,社会科学文献出版社2008年版。

举劾违法、失职官吏等。① 由此看来，这种廪给方式的目的在于县廷官吏参与对粮食发放过程的监督，以保护国家资财不致浪费、流失。

有时史由佐替换，如前揭简8-760，据睡虎地秦墓竹简《秦律十八种·效律》，"其廪禾若干石，仓啬夫某、佐某、史某、禀人某"。佐、史都是仓中的吏员，在其中至少要二选一，和仓主管者以及禀人共同负责粮食的支出。这时仓佐取代了史的书记职能，如简8-781+8-1102：

卅一年六月壬午朔丁亥，田官守敬、佐郒、禀人婬出賫罚戍簪褭坏（裏）德中里悍。Ⅰ令史逐视平。郒手。Ⅱ②

我们还发现了一个现象，佐除了和仓啬夫搭配外，还和县廷所属机构及属乡搭配，并且比例很高。我们统计，佐和仓啬夫组合11次；和司空组合3次；与田官组合11次；与启陵乡、贰春乡组合12次，也就是说和仓啬夫以外的职官组合出纳粮食共有26次。在稗官和乡中出现的佐，王勇、赵岩都认为是同简主官的佐，而非仓佐，我们以其说为是。③ 单纯作为书记官的"史"则无一和其他部门组合的例证，也可以作为旁证。当然，这并不是说在发放口粮方面，仓和稗官、乡不发生任何关系，比如佐壬，既出现在仓，也出现在田官和贰春乡，王勇认为是乡中离仓由乡啬夫代管，仓佐也要参与。④

另外，这种形式还有一种变体，即令史视平移到出仓记录前面：

丙廪粟米二石。令史扁视平。Ⅰ卅一年十月乙酉，仓守妃、佐富、禀人援出禀屯戍士五（伍）屏陵咸阴敝臣。富手。Ⅱ 8-1545⑤

---

① 刘晓满：《秦汉令史考》，《南都学坛》2011年第4期。
② 陈伟主编：《里耶秦简牍校释》（第一卷），第226页。
③ 赵岩：《里耶秦简所见秦迁陵县粮食收支初探》，《史学月刊》2016年第8期；王勇：《里耶秦简所见迁陵县粮食支出机构的权责》，《中国农史》2018年第4期。
④ 王勇：《里耶秦简所见迁陵县粮食支出机构的权责》，《中国农史》2018年第4期。按《睡虎地秦墓竹简·秦律十八种·仓律》："入禾仓，万石一积而比黎之为户。县啬夫若丞及仓、乡相杂以印之，而遗仓啬夫及离邑仓佐主禀者各一户以气（饩）。"注释小组曰："离，附属，离邑即属邑，指乡。"也就是说各乡设仓佐，全县只有一位仓啬夫。或者仓佐负责对应离邑中的仓。
⑤ 陈伟主编：《里耶秦简牍校释》（第一卷），第354—355页。

粟米八升少半升。令史逐视平。☐ I 卅一年四月辛卯，贰春乡守氏夫、佐吾出食舂、白粲□等。☐ II 8 - 1335①

粟米四斗泰半斗。令史扁视平。I 卅一年四月癸未，贰春乡守氏夫、佐吾、禀人蓝出禀屯戍司寇江陵戏里□。II 9 - 761②

粟米八升少半升。令史扁视平。☐ I 卅一年十二月乙未，贰春乡守氏夫、佐佗、禀人廉出食白【粲】☐ II 9 - 1466③

从内容看，与常见的廪给格式基本一致。不过，联系到廪给数额，却能发现它们都有一定的特殊性：皆非月食，即并非按照规定以月为单位领取固定数额的粮食。第一例是"屯戍士五"共两人，第二例亦非月度整数，后两例则是乡领取一组刑徒的口粮，数量不一，也是临时领取。但是目前所见材料过少，不同书写格式所表现出来的含义，尚不清楚。不过从廪给形式的差异看，或可推测前面一种格式中，因为多为月食，是仓按照程式定期廪给相关人员的定额粮食，令史不需要认真查验，只要具名即可；后一种因为数量不定，所以要强调令史在其中的监督职能。

里耶秦简中所见粮食廪给的职官和机构除了专司的仓中职官外，如前所述，一些相关机构和属乡职官亦间或出现，如关于属乡廪给记录：

粟米一石四斗半斗。卅一年正月甲寅朔壬午，启陵乡守尚、佐取、禀【人】☐ I 令史尚视平。☐ II 8 - 1241④

卅一年三月癸酉，贰春乡守氏夫、佐壬出粟米八升食舂央刍等二☐ I 令史扁视平。☐ II 8 - 1576⑤

同样的简还有 8 - 925、8 - 1550、8 - 2247、8 - 816、8 - 1595 等。从上述几支简看，乡级单位廪给粮食多是临时性的，并且对象多为刑徒。之所以如

---

① 陈伟主编：《里耶秦简牍校释》（第一卷），第 312 页。
② 陈伟主编：《里耶秦简牍校释》（第二卷），第 201 页。
③ 陈伟主编：《里耶秦简牍校释》（第二卷），第 315 页。
④ 陈伟主编：《里耶秦简牍校释》（第一卷），第 298 页。
⑤ 陈伟主编：《里耶秦简牍校释》（第一卷），第 364 页。

此，我们认为，这和乡的职能有关。乡作为一级行政机构，除了乡啬夫等基本吏员外，并没有所属机构，因而也就没有日常廪给对象。如果需要乡承担额外的义务，他们则需要向县廷及其下属机构借调吏员，比如迁陵县的属乡有"求羽"义务：

> 二月辛未，都乡守舍徒薄（簿）☑Ⅰ受仓隶妾三人，司空城☑Ⅱ凡六人。捕羽，宜、委、□☑Ⅲ 8-142
> 二月辛未旦，佐初□☑ 8-142背①

属乡负责求羽似乎不是由其全权负责，而是协助司空进行：

> 卅年十月辛卯朔乙未，贰春乡守绰敢告司空主，主Ⅰ令鬼薪𫐄、小城旦乾人为贰春乡捕鸟及羽。羽皆已Ⅱ备，今已以甲午属司空佐田，可定薄（簿）。敢告主。Ⅲ 8-1515
> 十月辛丑，隶臣良朱以来。/死半。邛手。8-1515背②

简文中有"为贰春捕鸟及羽"，说明为贰春乡劳作的刑徒，主管部门还是司空。并且这项工作完毕，贰春乡守绰还要将其归还给司空，因而无法提供月食。这只是吏员控制权限方面的规定，而最根本的原因是他们没有管理仓储粮食的权力。我们从前举简 8-212+8-426+8-1632 司空廪给文书就看得更明显（此外残简还有 8-575、8-1406、8-474+2075 等）：司空是掌管刑徒的机构，负责刑徒的劳作和管理，所以他们发放的对象主要是刑徒，然而在不多的简文中仍未发现有月食的迹象。我们还要注意到"出以食"一词，和仓、属乡等机构使用"出稟"不同，这似乎暗示着支出方式也有区别，司空是从仓领取后重新分配，至少在文书形式上需要如此表示。③ 其原

---

① 陈伟主编：《里耶秦简牍校释》（第一卷），第82页。
② 陈伟主编：《里耶秦简牍校释》（第一卷），第343页。
③ 刘鹏认为"出以食"是按日发放给多人，参见刘鹏《秦代地方廪食的几个问题》，《中国农史》2018年第1期。如果这一点能够坐实的话，其原因在于司空一方面不负责粮仓事务，另一方面他掌握的刑徒是动态变化的，所以按日廪给会更精确地发放口粮。

因在于他们并没有可以直接掌握的粮食，和乡拥有自己的公田不同。这一点，乡和田官很相似：

> 径廥粟米四石。卅一年七月辛亥朔朔日，田官守敬、佐壬、稟人婞出稟罚成公卒襄城武宜都胅、长利士五（伍）飌。Ⅰ令史逐视平。壬手。Ⅱ8－2246①
>
> 径廥粟米一石八斗泰半。卅一年七月辛亥朔癸酉，田官守敬、佐壬、稟人䓔出稟屯戍簪褭襄完里黑，士五（伍）朐忍松涂增Ⅰ六月食，各九斗半斗。令史逐视平。敦长簪褭襄坏（褱）德中里悍出。壬手。Ⅱ8－1574＋8－1787②
>
> 径廥粟米一石九斗少半斗。卅一年正月甲寅朔丙辰，田官守敬、佐壬、稟人显出稟貣士五（伍）巫中陵免将。Ⅰ令史扁视平。壬手Ⅱ。8－764③
>
> 径廥粟米一石九斗少半斗。卅一年正月甲寅朔丙辰，田官守敬、佐壬、稟人□出稟屯戍士五（伍）巫狼旁久铁。Ⅰ令史扁视平。壬手。Ⅱ9－762④
>
> 径廥粟米一石六斗。卅一年七月辛亥朔朔日，田官守敬、佐壬、稟人婞出稟【罚】☒Ⅰ令史逐视平☒Ⅱ9－41⑤

从记录的廪给数量看，既有二石左右的月食等级，⑥也有一石六斗的数额，但无一例外都使用"出稟"，而不是"出以食"，这是因为秦代田官是掌管国有土地的机构。

我们再观察廪给相关人员的任职情况。前面谈过，仓负责粮食的日常支出，在支出过程中通常由仓啬夫、史（或佐）、稟人经手，以及令史视平组

---

① 陈伟主编：《里耶秦简牍校释》（第一卷），第450页。
② 陈伟主编：《里耶秦简牍校释》（第一卷），第363页。
③ 陈伟主编：《里耶秦简牍校释》（第一卷），第219页。
④ 陈伟主编：《里耶秦简牍校释》（第二卷），第201页。
⑤ 陈伟主编：《里耶秦简牍校释》（第二卷），第49—50页。
⑥ 黄浩波：《里耶秦简（壹）所见稟食记录》，武汉大学简帛研究中心主办：《简帛》（第十一辑），上海古籍出版社2015年版。

合而成。除了廪人由刑徒等充作役力外，其他吏员任职情况怎样呢？我们以简中出现频率较高的秦始皇卅一年月度统计为例，列表如下（参见表6）：

表6　　　　　　　迁陵县秦始皇卅一年仓吏任职月度分布表

	正月	二月	三月	四月	五月	六月	七月	八月	九月	十月	十一月	十二月
仓啬夫			武				是	是	是			妃
守仓	武	武	武							妃	妃	
史	感	感	感		感		感	感	感	感	感	感
令史	尚、犴、扁	犴	尚、犴、扁		尚	逐	尚、气	悍		扁	偏	朝、悍、扁
佐					壬、富							

按：因为令史在司空、乡等支出口粮时也要视平，故一并统计。

我们观察上表可以发现，仓啬夫的任免比较频繁，但是前后相替的顺序比较清楚，由武、是、妃三人更替。史的任职较为简单，整个卅一年皆为感，大概他们的迁免和仓啬夫等官吏不同。作为胥吏，其工作性质或许与廪人差不多，区别在于史从事文书工作，廪人则是体力劳动。令史的排列则无规律，原因在于担负监督职责的令史是县廷的官员，员额较多，监督仓粮支出，只是他们的日常职责之一，所以一俟有此类任务，随机派出即可，因而排列次序无规律可言。能够确定为仓佐的人数不多，其原因大概同仓史。

还应当注意的是，在发放口粮之前还有申请的程序。睡虎地秦简中有这样一条律文：

县上食者籍及它费大（太）仓，与计偕。都官以计时雠食者籍。[1]

也就是说县级政权要定期上报需要官府提供口粮的人员，由中央批准。这条律文反映的是中央和县级政权之间的关系，规定了一个总原则。县级政权在日常行政过程中，也要有事先申报的程序。见下面这支简：

---

[1] 陈伟主编：《秦简牍合集·释文注释修订本（壹、贰）》，第64页。

卅年六月丁亥朔甲辰，田官守敬敢言之：疏书日食腏北（背）上。Ⅰ
敢言之。Ⅱ 8-1566
城旦、鬼薪十八人。AⅠ小城旦十人。AⅡ舂廿二人。AⅢ小舂三人。B
Ⅰ隶妾居赀三人。BⅡ戊申，水下五刻，佐壬以来。／尚半。逐手。8-
1566背①

这是田官向迁陵县呈送的文书，其内容是将所属刑徒等需要廪食县官的名单胪列下来，但并未列出需要廪给的数量。这是因为需要上级机构核实这些人数以及按照相应标准应该发放的粮食数量。也就是说，秦代政府廪食的程序分为事先申请和批准后发放。这一规定也为汉代所继承，李天虹曾将居延汉简廪名籍分为呈报和发放两类。②

三　廪给对象

如前所述，粮食供给是古代国家保证政权能够正常运转的条件之一。所以在里耶秦简的记录中，对粮食廪给有严格的程序要求。秦代国家对粮食廪给的重视，还表现在将发放对象严格限定为政府服务人员。除了前面列举的刑徒，尚包括官吏、屯戍者等。我们依次对其进行列举、分析如下：

1. 官吏

☐月庚戌，仓是、史感、禀人堂出禀库佐处☐Ⅰ☐令史悍视平。☐Ⅱ
8-1063③
☐八月丙戌，仓是、史感、廪（禀）人堂出禀令史旞☐Ⅰ☐令史悍视平。
☐Ⅱ 8-1031④

---

① 陈伟主编：《里耶秦简牍校释》（第一卷），第362页。
② 李天虹：《居延汉简簿籍分类研究》，科学出版社2003年版，第62—64页。
③ 陈伟主编：《里耶秦简牍校释》（第一卷），第271页。
④ 陈伟主编：《里耶秦简牍校释》（第一卷），第265页。

官吏的廩给也是按月定量供应，从下面两支简可以看出：

☐五月乙卯，仓是、史感、稟人援出稟迁陵丞昌。·四月、五月食。Ⅰ
☐令史尚视平。感手。Ⅱ 8 - 2245①
☐稟人廉出稟乡夫七月食。Ⅰ☐卻手。Ⅱ 8 - 1238②

简 8 - 2245 两个月一起计算，或许是特例，简 8 - 1238 中乡夫，其他文献未见，在同批公布的里耶简中，有这样一支简："☐乡夫、佐、稟人嫖出稟屯☐（8 - 1710）"，③比照前面乡廩食记录中乡夫和乡某的位置，二者一致，乡夫可能就是乡嗇夫省称，或者乡嗇夫名夫，后者可能性更大。作为政府吏员，他们由国家按月供给口粮。可惜因为残缺，无法知道其标准。在居延汉简中，各级吏员也是由国家供给粮食，有吏廩食名籍可以作为一个旁证。但是，如果官吏因事出差，则有时由沿途行政机构供给口粮：

元年七月庚子朔丁未，仓守阳敢言之：狱佐辨、平、士吏贺具狱，县官Ⅰ食尽甲寅，谒告过所县乡以次续食。雨留不能投宿贳。Ⅱ来复传。零阳田能自食。当腾期卅日。敢言之。／七月戊申，零阳Ⅲ靠移过所县乡。／齮手。／七月庚子朔癸亥，迁陵守丞固告仓嗇夫：Ⅳ以律令从事。／嘉手。Ⅴ 5 - 1
迁陵食辨、平尽己巳旦☐☐☐☐迁陵。Ⅰ七月癸亥旦，士五（伍）臂以來。／嘉发。Ⅱ 5 - 1 背④

这种临时廩给和定期供给的接续，也要通过仓予以证明，以保证在不同机构之间不能重复领取。如果不能及时廩食外县吏卒，也要追查：

☐☐年十一月甲申朔庚子，丹阳将奔命尉虞敢言之：前日☐Ⅰ稟丹阳将

---

① 陈伟主编：《里耶秦简牍校释》（第一卷），第 450 页。
② 陈伟主编：《里耶秦简牍校释》（第一卷），第 297 页。
③ 陈伟主编：《里耶秦简牍校释》（第一卷），第 380 页。
④ 陈伟主编：《里耶秦简牍校释》（第一卷），第 1 页。

奔命吏卒食迁陵，迁陵弗稟。请安稟，谒报。敢Ⅱ言之。9-452

十一月庚子水十一刻刻下尽，士五（伍）丹阳□里向以来。/彻□。襄手。9-452背①

迁陵县没有及时给丹阳将奔命尉虞所率吏卒稟食，因而遭到丹阳县质询。在睡虎地秦墓竹简《秦律十八种·仓律》中也能找到相关法律条文相印证：

宦者、都官吏、都官人有事上为将，令县资（贷）之，辄移其稟县，稟县以减其稟。已稟者，移居县责之。仓②

月食者已致稟而公使有传食，及告归尽月不来者，止其后朔食，而以其来日致其食；有秩吏不止。仓③

这说明秦代的法律规定在现实行政实践中得到了执行。

2. 罚戍、居赀、冗作

这几种身份和刑徒不同，他们是因为某种原因受到政府惩罚，但罪行轻微，或者与政府仅发生债务关系，需要以劳作或徭役的形式来补偿。

罚戍，是指因某种过错受到戍边处罚的人。睡虎地秦简《秦律杂抄》："不当稟军中而稟者，皆赀二甲，灋（废）；非吏殹（也），戍二岁；徒食、敦（屯）长、仆射弗告，赀戍一岁；令、尉、士吏弗得，赀一甲。·军人买（卖）稟稟所及过县，赀戍二岁；同车食、敦（屯）长、仆射弗告，戍一岁。"④居赀，秦律中习见，是指"虽本非刑罪之人，但他必定是触犯一定律条者，其照律被判为经济惩罚类的'赀罪'，因为无钱抵缴，而以劳役代偿。这种人的身份是自由的，不同于刑徒"⑤。冗作是在规定的徭役之外，为赎罪或代人赎罪而服劳役。⑥ 其口粮亦需要从仓中支取：

---

① 陈伟主编：《里耶秦简牍校释》（第二卷），第127页。
② 陈伟主编：《秦简牍合集·释文注释修订本（壹、贰）》，第69页。
③ 陈伟主编：《秦简牍合集·释文注释修订本（壹、贰）》，第69页。
④ 陈伟主编：《秦简牍合集·释文注释修订本（壹、贰）》，第162—163页。
⑤ 张金光：《秦制研究》，第565页。
⑥ 安忠义：《秦汉简牍中的作刑》，《鲁东大学学报》2010年第6期。

粟米一石九斗少半斗。卅三年十月甲辰朔壬戌，发弩绎、尉史过出贵罚戍士五（伍）醴阳同□禄。廿Ⅰ令史兼视平。过手。Ⅱ8-761①

□□出贵居赀士五（伍）巫南就路五月乙亥以尽辛巳七日食Ⅰ□缺手。Ⅱ8-1014②

□朔朔日，田官守敬、佐壬、稟人婴出稟居赀士五江陵东就斐□Ⅰ□史逐视平。Ⅱ8-1328③

径膺粟三石七斗少半升。·卅一年十二月甲申，仓妃、史感、稟人窠出稟冗作大女子䵼十月、十一月、十二月食。Ⅰ令史犴视平。感手。Ⅱ8-1239+8-1334④

径膺粟米一石泰半斗。卅一年五月壬子朔己未，田官守敬、佐郖、稟人婴出贵罚戍公卒襄武宜都肱。Ⅰ令史逐视平。郖手。Ⅱ9-763+9-775⑤

3. 包括屯戍、更卒等之内的服役者

根据张金光和杨振红对秦代徭役制度的研究，这是秦代两种不同的徭役类型，一为屯戍，一为月更。⑥ 这在里耶简中也得到了印证。对于这些普通的服役者，他们同样也需要国家供给粮食：

□佐富、稟人出稟屯戍□8-81⑦

□□出贷吏以卒戍士五（伍）涪陵戏里去死十一月食。Ⅰ□尉史□出。狗手。Ⅱ8-1094⑧

□□【稟】人忠出贷更卒士五（伍）城父蒙里□□Ⅰ□令史卻视平□Ⅱ

---

① 陈伟主编：《里耶秦简牍校释》（第一卷），第218页。
② 陈伟主编：《里耶秦简牍校释》（第一卷），第262页。
③ 陈伟主编：《里耶秦简牍校释》（第一卷），第311页。
④ 陈伟主编：《里耶秦简牍校释》（第一卷），第297页。
⑤ 陈伟主编：《里耶秦简牍校释》（第二卷），第202页。
⑥ 张金光：《论秦徭役制中的几个法定概念》，《山东大学学报》2004年第3期；杨振红：《徭、戍为秦汉正卒基本义务说——更卒之役不是"徭"》，《中华文史论丛》2010年第1期。
⑦ 陈伟主编：《里耶秦简牍校释》（第一卷），第58页。
⑧ 陈伟主编：《里耶秦简牍校释》（第一卷），第276页。

8-1024①

☐贷更戍☐8-1505②

☐人忠出贷更戍士五（伍）城父阳郑得☐8-850③

☐稟人忠出贷更戍城父士五（伍）阳耀倗八月九月☐8-980④

☐【人】忠出贷更戍士五（伍）城父中里筒。8-1000⑤

粟米二石。卅三年九月戊辰乙酉，仓是、佐襄、稟人蓝出贷【更】☐ 8-1660+8-1827⑥

☐朔朔日，田官守敬、史遬、稟人均出稟屯戍閬中下里孔。Ⅰ☐令史扁视平。遬手。Ⅱ9-552⑦

粟米四斗泰半斗。令史扁视平。Ⅰ卅一年四月癸未，贰春乡守氏夫、佐吾、稟人蓝出稟屯戍司寇江陵戏里☐。Ⅱ9-761⑧

卅一年十二月甲申，仓妃、史感、稟人堂出稟屯戍士五（伍）巫狼旁久戬（铁）。Ⅰ粟米二石。令史犴视平。和出。感手。Ⅱ9-2334⑨

在上述第二、三类廪给者中，除了有"出稟"外，还有"出贷"这种形式。"出贷"即"出贷""出借"，这是因为他们为国家服役，身份独立，均注明籍贯，和国家之间构成一种对等的契约关系，因而除了正常供应口粮外，也可以和国家发生借贷关系。⑩ 秦代刑徒，其身份完全属于国家，所以无论他们创造的劳动价值，还是维持其生存的消耗，都完全归属国家，因而就毋须和国家发生经济关系。

---

① 陈伟主编：《里耶秦简牍校释》（第一卷），第264页。
② 陈伟主编：《里耶秦简牍校释》（第一卷），第340页。
③ 陈伟主编：《里耶秦简牍校释》（第一卷），第237页。
④ 陈伟主编：《里耶秦简牍校释》（第一卷），第256页。
⑤ 陈伟主编：《里耶秦简牍校释》（第一卷），第259页。
⑥ 陈伟主编：《里耶秦简牍校释》（第一卷），第374页。
⑦ 陈伟主编：《里耶秦简牍校释》（第二卷），第154页。
⑧ 陈伟主编：《里耶秦简牍校释》（第二卷），第201页。
⑨ 陈伟主编：《里耶秦简牍校释》（第二卷），第475页。
⑩ 宫宅洁认为出贷意味着屯戍以外的戍卒都要自备粮食，无法自备就要借贷。参见［日］宫宅洁《秦代迁陵县志初稿——里耶秦简所见秦的占领支配与驻屯军》，刘欣宁译，周东平、朱腾主编《法律史译评》（第五卷），中西书局2017年版。不过，从后出的《里耶秦简》［贰］看也有更戍出稟的例子，比如9-268、9-363等。

秦代国家对粮食廪给有如此繁密的规定，从表面看是保护国有财富。但如果换一个角度考量，配给口粮也可以认为是国家向其吏民交换劳动的筹码，而相应的制度规定，则可以看作是契约。在农业社会里，通过掌握基本生存资源来控制臣民，是保障国家机器正常运转的一种手段。

第 五 章
政务告知方式："谒"与"应"

秦汉国家交流政务信息的主要途径是文书往来。为保障沟通顺畅，形成了一些标准的文书用语。里耶秦简大部分内容是日常行政文书，为此提供了丰富的例证。本章试以这批简牍中出现的机构间收发文书为中心，探讨以"谒"和"应"为核心的语词含义，进而探究其在政务运作中的意义。

一 与"谒"相关的文书术语

"谒"，《说文·言部》："谒，白也。从言曷声。"[1] 在先秦典籍中也有实例，如《左传·昭公四年》："入，弗谒；出，命之日。"[2] 此外，"谒"还有"请"的含义，如《左传·昭公十六年》："宣子谒诸郑伯。"[3] 在里耶秦简记述的日常政务文书中，"谒"字常与另一字构成一个词组，兼有请求、告白两种含义，为行政用语中的谦词，主要出现在下级向上级或平级机构间的文书内。我们先将这些词组提取出来，考察它们在行政文书中的含义和具有的效力。

（一）谒告

"告"为告知，谒告即请求告知。里耶简中有：

---

[1] 许慎撰、徐铉校定：《说文解字》卷三上，中华书局1963年版，第51页。
[2] 杨伯峻编著：《春秋左传注》（修订本），中华书局1990年版，第1258页。
[3] 杨伯峻编著：《春秋左传注》（修订本），第1378页。

中编·第五章 政务告知方式:"谒"与"应" 167

☐朔甲午,尉守儵敢言之:迁陵丞昌曰:屯戍士五(伍)桑唐赵归Ⅰ☐日巳,以乃十一月戊寅遣之署。迁陵曰:赵不到,具为报·问:审以卅Ⅱ☐【署】,不智(知)赵不到故,谒告迁陵以从事。敢言之。/六月甲午,Ⅲ临沮丞秃敢告迁陵丞主、令史,可以律令从事。敢告主。/胥手。Ⅳ九月庚戌朔丁卯,迁陵丞昌告尉主,以律令从事。/气手。/九月戊辰旦,守府快行。Ⅴ8-140

☐倍手 8-140背①

这条材料的基本内容是,临沮县士伍赵到迁陵县屯戍,但迁陵县并未见到赵,向临沮县发函询问,临沮尉守汇报给临沮丞(谒告迁陵),临沮丞转给迁陵丞,迁陵丞命迁陵尉处理。在里耶秦简中,还有一枚流程比较完整的简牍:

廿六年三月壬午朔癸卯,左公田丁敢言之:佐州里烦故为公田吏,徙属。事荅不备,分Ⅰ负各十五石少半斗,直钱三百一十四。烦冗佐署迁陵。今上责校券二,谒告迁陵Ⅱ令官计者定,以钱三百一十四受旬阳左公田钱计,问可(何)计付,署计年为报。敢言之。Ⅲ三月辛亥,旬阳丞滂敢告迁陵丞主:写移,移券,可为报。敢告主。/兼手。Ⅳ廿七年十月庚子,迁陵守丞敬告司空主,以律令从事言。/㦒手。即走申行司空Ⅴ8-63

十月辛卯旦,朐忍索秦士五(伍)状以来。/庆半 兵手8-63背②

这枚简的基本内容是旬阳县丞收到下属左公田丁的来函,关于公田吏烦遗留下来欠款事宜,向烦任职地迁陵县丞发函,迁陵县丞责成下属司空处理。从这两个例子看,谒告的基本流程是:本地诸官(谒告)→本县丞(中转)→外县丞(报)→外地诸官具体处理。并且,从目前已发现的秦简看,

---

① 陈伟主编:《里耶秦简牍校释》(第一卷),第80页。
② 陈伟主编:《里耶秦简牍校释》(第一卷),第48—49页。

谒告主要发生在县与县之间。其他的例子还有简 8－75＋8－166＋8－485,[①] 在迁陵县和鄀县之间；简 8－164＋8－1475,[②] 在某县和迁陵县之间等。其实，秦汉简帛文书用语"告"字，亦可反映出是在两个同级机构间的文书往来。里耶简中还有一种反映官员出差的"续食简"，其中也有一道必不可少的"谒告"程序：

> 元年七月庚子朔丁未，仓守阳敢言之：狱佐辨、平、士吏贺具狱，县官Ⅰ食尽甲寅，谒告过所县乡以次续食。雨留不能投宿赍。Ⅱ来复传。零阳田能自食。当腾期卅日。敢言之。/七月戊申，零阳Ⅲ齮移过所县乡。/齮手。/七月庚子朔癸亥，迁陵守丞固告仓啬夫：Ⅳ以律令从事。/嘉手。Ⅴ 5－1
> 迁陵食辨、平尽己巳旦□□□□迁陵。Ⅰ七月癸亥旦，士五（伍）辟以來。/嘉发。Ⅱ 5－1 背[③]

这种谒告没有特指的对象，只有"过所县乡"。这是因为无法预测行止在何处"食尽"。但接收到这种文件时，所在县要做出反应，县丞责成仓供给口粮。这也是上述谒告文书的一种变形。这种谒告续食简牍，应该是官吏出发前已经写就，以备不虞：

> 卅五年三月庚寅朔辛亥，仓衝敢言之：疏书吏、徒上事尉府Ⅰ者牍北（背），食皆尽三月，迁陵田能自食。谒告过所县，以县乡次续Ⅱ食如律。雨留不能投宿赍。当腾腾。来复传。敢言之。Ⅲ 8－1517
> 令佐温。Ⅰ更戍士五城父阳翟执。Ⅱ更戍士五城父西中痤。臂手Ⅳ 8－1517 背[④]

这是出差的吏徒带走正本之后，迁陵县留底的文书。在不确定何时何处需

---

① 陈伟主编：《里耶秦简牍校释》（第一卷），第 55—56 页。
② 陈伟主编：《里耶秦简牍校释》（第一卷），第 100 页。
③ 陈伟主编：《里耶秦简牍校释》（第一卷），第 1 页。
④ 陈伟主编：《里耶秦简牍校释》（第一卷），第 344—345 页。

要,则笼统地写成"过所县"。①

(二) 谒令

谒令,顾名思义,就是请求命令。在具体的行文中,为县级的下属机构请求县廷(主要是县丞)命令某个机构做某件事。这也是一种建议。具体简牍有:

> 卅四年七月甲子朔癸酉,启陵乡守意敢言之:廷下仓守庆书Ⅰ言令佐赣载粟启陵乡。今已载粟六十二石,为付券一上。Ⅱ谒令仓守。敢言之。·七月甲子朔乙亥,迁陵守丞巸告仓Ⅲ主:下券,以律令从事。/壬手。/七月乙亥旦,守府印行。Ⅳ8-1525
> 七月乙亥旦,□□以来。/壬发。恬手。8-1525背②

启陵乡按照仓的要求,将粟转运到仓中并交付券书,需要迁陵县丞转告仓,县丞照办。其基本流程是:诸官因某事谒令县丞要求某机构做某事→县丞告某机构→(某机构报之)。其繁化形式为谒县丞令某官。按照这一流程在县内交付办理的事例还有:尉守→县丞→仓(贷食)(8-1563);库啬夫→县丞→司空(派船运输武器)(8-1510);某官→县丞→仓、司空(派隶妾行书、治邸代处)(8-904+8-1343);贰春乡守→县丞→某官(派遣吏徒捕鸟)(9-31);田啬夫→县丞→仓、司空(派遣徒田作)(9-710);贰春乡→县丞→仓(给它县官员续食)(9-1114)。发出谒令的机构,有时也可以不注明令的对象,由县丞定夺:

> 卅五年七月【戊子】朔壬辰,贰【春】□【敢】言之:赋羽有Ⅰ书。毋徒捕羽,谒令官亟□捕羽给赋。敢言Ⅱ之。/七月戊子朔丙申,迁陵守建下仓、司空:亟Ⅲ8-673+8-2002+9-1848+9-1897

---

① 同样的简还有8-169+8-233+8-407+8-416+8-1185,见陈伟主编《里耶秦简牍校释》(第一卷),第102页。
② 陈伟主编:《里耶秦简牍校释》(第一卷),第349页。

遣。报之。传书。/歜手。/丙申旦，隶妾孙行。Ⅰ七月乙未日失（昳）
【时，东】成小上造□以来。如意手　8-673背+8-2002背+9-1848
背+9-1897背①

贰春乡要求提供捕羽的刑徒，令的对象只是笼统的"官"，即机构，县丞再下发给仓和司空，让其派遣刑徒。而且注明"报之。传书"。也说明在谒令这一流程中，县丞所代表的县廷是地方政务流转的中心。

县与郡之间也存在着谒令：

卅一年二月癸未朔丙戌，迁陵丞昌敢言之：迁☑Ⅰ佐日备者，士五
（伍）梓潼长亲欣补，谒令☑Ⅱ8-71
二月丙戌水下十一刻刻下八，守府快行尉曹。☑8-71背②

这是迁陵县丞向郡提出谒令，谒令后面的对象因为简牍残断，不清楚为何机构，并且因为这是文书发走后誊录留档，所以对于郡的后续处理也不清楚。但将这枚简和前述县内谒令结合起来看，至少说明谒令和谒告不同，所涉政务的处理发生在上下级机构之间。

不过，下属机构请求谒令的内容，县丞也未必一定按照其要求，让相关机构处理：

卅二年正月戊寅朔甲午，启陵乡夫敢言之：成里典、启陵Ⅰ邮人缺。除士五（伍）成里匄、成，成为典，匄为邮人，谒令Ⅱ尉以从事。敢言之。Ⅲ8-157
正月戊寅朔丁酉，迁陵丞昌却之启陵：廿七户已有一典，今有（又）除成为典，何律令Ⅰ瘛（应）？尉已除成、匄为启陵邮人，其以律令。/气手。/正月戊戌日中，守府快行。Ⅱ正月丁酉旦食时，隶妾冉以来。/

---

① 陈伟主编：《里耶秦简牍校释》（第二卷），第369页。
② 陈伟主编：《里耶秦简牍校释》（第一卷），第54页。

欣发。壬手。Ⅲ8-157背①

启陵乡啬夫向县廷"谒","令"主管官吏选举的尉,给该乡补缺里典和邮人。但是因为不符合律令规定,迁陵丞并未如乡啬夫所愿,命令尉执行,而是直接退回启陵乡。这件事说明,谒令的结果有两种可能,一种是县丞根据下属机构的需要,命令相关部门执行;另一种可能是若不符合规定,则直接打回去,其决定权掌握在县丞手中。在这一意义上说,提出谒令的诸官只是建议。当然,无论县丞是否采纳下级机构谒令的建议,都要回复,在下面这两枚秦简中,表现得比较清楚:

卅一年后九月庚辰【朔乙巳,启陵】乡守㝅敢言之:佐㝅为叚(假)令史,以乙巳视事,Ⅰ谒令官假养、走。敢言之。/卅二年十月己酉朔辛亥,启陵乡守Ⅱ㝅敢言之:重谒令官问㝅当得养、走不当。当,何令史与Ⅲ共?不当,问不当状。皆具为报,署主户发。敢言之。/㝅手。Ⅳ9-30

十月甲寅,迁陵丞昌谓仓啬夫:以律从事,报之。/圂Ⅰ手。/□水下尽,隶臣□行。Ⅱ十月甲寅日入,□□人以来。/圂发。㝅手。Ⅲ9-30背②

卅一年后九月庚辰朔乙巳,启陵乡守㝅敢言之:Ⅰ佐㝅为叚(假)令史,以乙巳视事,谒令官假Ⅱ【养、走】。敢言之。9-48

卅二年十月己酉朔壬子,迁陵丞昌下仓:以律令从事。/圂手。/守Ⅰ府□下仓,隶臣□行。Ⅱ十月庚戌十一刻刻下九,隶妾□以来。/□半。□手。Ⅲ9-48背③

从内容看,这两枚简是讲同一件事情;从时间看亦是同时。这样可以把这两枚简合起来,理清这件事的脉络:启陵乡守㝅为"假养、走"事,在九月

---

① 陈伟主编:《里耶秦简牍校释》(第一卷),第94页。
② 陈伟主编:《里耶秦简牍校释》(第二卷),第42页。
③ 陈伟主编:《里耶秦简牍校释》(第二卷),第52—53页。

二十六日谒令县丞，请求相关机构处理，十月二日县廷收到这份文书，十月四日转给仓处理。但其间十月三日启陵乡未收到回复，又发出文书，"重谒令"县廷，询问原因。县廷在十月六日收到第二份"重谒令"文书后，同日再一次给仓发了一份，并强调要"报之"，以示重视。从这件事情的经过可以看出，对于谒令的内容，上级机构必须给予答复，并不因为上下级关系而停止追问，说明这可能是制度规定使然。

（三）谒报

报即报告、汇报，① 谒报即下级向上级汇报。

☐☐月己亥朔辛丑，仓守敬敢言之：令下覆狱遝迁陵隶臣邓Ⅰ☐☐☐名吏（事）、它坐、遗言。·问之有名吏（事），定，故旬阳隶臣，以约为Ⅱ☐☐☐史，有遝耐皋以上，毃（系）迁陵未夬（决），毋遣殹。谒报覆狱治所，敢言Ⅲ 8-136+8-144

☐☐☐刻刻下六，小史夷吾以来。/朝半。尚手。8-136背+8-144背②

这是仓守敬对上级机构下发的指令进行处理，汇报结果。这件文书处理的事情已经完结，因而"谒报"也就仅仅是向上汇报的文书用语。不过，谒报单独出现的场合比较少，通常与包含其他处理意见信息同时出现。

廿七年十一月戊申朔甲戌，库守悳敢言之：前言组用几（机），令司Ⅰ空为。司空言徒毋能为组几（机）者。今岁莫（暮）几（机）不成，谒令仓为，Ⅱ☐☐徒。腾尉。谒报。敢言之。Ⅲ 9-1408+9-2288

十一月乙亥，迁陵守丞敦狐告仓：以律令从事。报之。/莫邪手。/日入，走葆行。Ⅱ甲戌水下五亥（刻），佐朱以来。/莫邪半。朱手。Ⅲ

---

① 有学者认为，报是批覆，谒报即请求回复。参见吴荣政《里耶秦简文书档案初探》，《湘潭大学学报》（哲学社会科学版）2013年第6期。不过从我们后面举的例子看，有的文书不需要回复。

② 陈伟主编：《里耶秦简牍校释》（第一卷），第76页。

9-1408 背+9-2288 背①

谒令和谒报在这枚简中一起出现，从处理的流程看，谒令在其中起到关键作用，谒报也是不可缺少的行政流程之一。上级机构对谒报的内容是否需要回复，取决于所报内容。

> 敬问之：吏令徒守器而亡之，徒Ⅰ当独负。·日足以责，吏弗责，负者死Ⅱ亡，吏代负偿。Ⅲ8-644 徒守者往成可（何）？敬讯而负之，可不可？Ⅰ其律令云何？谒报。Ⅱ8-644 背②

这枚简虽然也是谒报，但是敬提出了一系列的疑问，应该需要回复，尽管这里面没有后续的处理信息。还有一枚简：

> 廿八年正月辛丑朔丁未，贰春乡敬敢言之：从人城旦皆Ⅰ非智（知）篡田殹（也），当可作治县官府。谒尽令从人作官府Ⅱ及负土、佐甄，而尽遣故佐负土男子田。及乘城卒、诸Ⅲ黔首抵辠（罪）者皆智（知）篡田，谒上财（裁）自敦遣田者，毋令官独Ⅳ9-22 遣田者。谒报。敢言之。Ⅰ今敬正月壬子受徒，弗报。Ⅱ壬子夕，佐黑以来。/除半。□手。Ⅲ9-22 背③

简中贰春乡要求派遣人员帮助治篡田，并提出建议，酌情裁定。只是在这份文书后面有"今敬正月壬子受徒，弗报"。这几个字和正文不同，应该是对此事做出的标注，而非回复。

还需要说明的是，谒报作为下级对上级的文书用语，不仅出现在县内上下级之间，也出现在郡县之间的文书中。

---

① 陈伟主编：《里耶秦简牍校释》（第二卷），第 301 页。
② 陈伟主编：《里耶秦简牍校释》（第一卷），第 188 页。
③ 陈伟主编：《里耶秦简牍校释》（第二卷），第 33—34 页。

卅四年正月丁卯朔辛未，迁陵守丞巸敢言之：迁陵黔首☐Ⅰ佐均史佐日有泰（大）抵已备归，居吏被𥞋（徭）使及☐Ⅱ前后书，至今未得其代，居吏少，不足以给事☐Ⅲ吏。谒报，署主吏发。敢言之。☐Ⅳ
二月丙申朔庚戌，迁陵守丞巸敢言之：写上☐Ⅴ旦，令佐信行。☐Ⅵ
8-197
报别臧。☐Ⅰ正月辛未旦，居赀枳寿陵左行☐Ⅱ8-197背①

（四）与谒连用的其他语词

除了谒告、谒令、谒报等出现较多的行政用语外，在里耶秦简中还有一些相关的语词，与"谒"组合并非固定词组，在行政文书中也有不同的处理方式：

☐年八月丙戌朔甲寅，仓守妃敢言之：乃八月庚子言：疏书卅一年真见Ⅰ禾稼膚北（背）上。·今☐益出不定，更疏书膚北（背）上，谒除庚子书。敢Ⅱ【言之】。9-700+9-1888②
卅五年十一月辛卯朔朔日，都乡守择敢言之：上十一月平贾（价），谒布乡官。敢言之。/启手。Ⅰ十一月辛卯朔己酉，迁陵守丞绎下尉、乡官：以律令从事。以次传，别书。/就手。/十一月己酉旦，守Ⅱ府卯行尉。Ⅲ9-1088+9-1090+9-1113
十一月辛卯，都乡守择与令史就杂取市贾（价）平。AⅠ秫米石廿五钱。AⅡ粢（粱）米石廿钱。AⅢ毋【卖】它物者。B十一月乙未未旦，都乡佐启以来。/就发。C 9-1088背+9-1090背+9-1113背③

简9-700+9-1888的谒除是替换文书，不需要进一步处理。简9-1088+9-1-90+9-1113谒布需要告知乡官，所以县丞就将这条信息下达给相关

---

① 陈伟主编：《里耶秦简牍校释》（第一卷），第108—109页。
② 陈伟主编：《里耶秦简牍校释》（第二卷），第179页。
③ 陈伟主编：《里耶秦简牍校释》（第二卷），第253页。

吏员。

即使谒与同一个字用，其具体处理结果也不尽相同，也不具有行政程序方面的意义。比如"谒遣"：

> 卅年五月戊午朔辛巳，司空守敞敢言之：冗戍士五（伍）☐Ⅰ归高成免衣用，当传。谒遣吏传。谒报。Ⅱ敢言之。Ⅲ8-666+8-2006
> 辛巳旦食时食时，隶臣殷行。武☐ 8-666+8-2006背①
> 卅四年二月丙申朔己亥，贰春乡守平敢言之：廷令平代乡兹守贰春乡，今兹下之廷Ⅰ而不属平以仓粟米。问之，有（又）不告平以其数。即封仓以私印去。兹繇（徭）使未智Ⅱ（知）远近，而仓封以私印，所用备盗贼粮尽在仓中。节（即）盗贼发，吏不敢Ⅲ蜀（独）发仓，毋以智（知）粟米备不备，有恐乏追者粮食。节（即）兹复环（还）之官，可殹（也）；Ⅳ9-50不环（还），谒遣令史与平杂料之。谒报，署☐发。敢言之。Ⅰ二月甲辰日中时，典辄以来。/壬发。平手。Ⅱ9-50背②

简8-666+8-2006请求给免发放传，简9-50请求派遣令史一起处理仓米事务。简文中并未显示后续处理结果，可能并非急务，或无必要，使得处理结果没有写入这件文书中。当然，是否必须回复也不能一概而论，上级机构须视情况定夺。比如下列简：

> 卅一年二月癸未朔己丑，启陵乡守尚敢言之：尚部启陵乡官及邑中，乡行Ⅰ官事，稟吏卒、徒隶及日食者，毋监令史。谒遣令史监，毋留Ⅱ当稟者。谒报，署主稟发。敢言之。☐Ⅲ9-450
> 二月癸未朔【辛卯】，迁陵丞昌却之，令乡蜀（独）【行】☐Ⅰ/气手。/二月辛卯水十一刻刻下七，守府快行启陵乡。Ⅱ二月辛卯旦，史

---

① 陈伟主编：《里耶秦简牍校释》（第一卷），第197页。
② 陈伟主编：《里耶秦简牍校释》（第二卷），第54页。

气以来。/气发。敢手。Ⅲ9-450背①

【廿】六年二月癸丑朔丙子，唐亭叚（假）校长壮敢言之：唐亭Ⅰ旁有盗可卅人。壮卒少，不足以追。亭不可空。谒Ⅱ遣【卒】索（索）。敢言之。/二月辛巳，迁陵守丞敦狐敢告尉、告卿（乡）主，以律Ⅲ9-1112令从吏（事）。尉下亭鄣，署士吏谨备。贰卿（乡）上司马丞。/亭手。/即令Ⅰ走涂行。Ⅱ二月辛巳，不更舆里戌以来。/丞半。壮手。Ⅲ9-1112背②

简9-450县丞认为无法按照启陵乡的要求处理，给出相左的处理意见，必须告知启陵乡。简9-1112则是唐亭出现人数众多、无法处理的"盗"，请求紧急处理，也是急务，因而迁陵县丞实时做出决断。这四件文书，虽然都是"谒遣"，但根据所涉事件的轻重缓急，采用不同的处置方式，没有如谒告等统一的处理模式。从与"谒"组合的文书语词看，它们出现在同级或下级机构发出的文书中。谒本是文书中的谦辞，但是在"谒告""谒令"等固定词组中，又显示出这类文书的处理有了一定程序，表现出行政技术方面的意义。

二　应令与应书

与谒告、谒令等下级请求上级或同级间执行有关政务相对应，上级机构针对下级机构同样也有要求执行政务的文书用语，在里耶秦简中称为应令或应书，胡平生和徐世虹曾分别将其与汉简中的应令联系起来考察。③ 我们则从应令的内容以及功能角度观察这类文书。如下简：

應（应）令及书所问且弗應（应），弗應（应）而云当坐之状何如？Ⅰ其

---

① 陈伟主编：《里耶秦简牍校释》（第二卷），第126页。
② 陈伟主编：《里耶秦简牍校释》（第二卷），第260页。
③ 胡平生：《读〈里耶秦简（壹）笔记〉》，中国文化遗产研究院编：《出土文献研究》（第十一辑），中西书局2012年版；徐世虹：《秦律研究》，武汉大学出版社2017年版，第144页。

谨桉（案）致，更上，奏史展薄（簿）留日，毋腾却它 Ⅱ 8-1564①

应令及书是应令及应书的省写。"弗应而云当坐之状何如"，说明回应令和书具有强制性。但在里耶秦简中，应令更多的是以"当令"一词出现，其文书基本格式是："令曰……问之，毋当令者（或上当令者）。"

☐☐敢言之：令曰上见辒辌韬乘车及 Ⅰ☐守府，今上当令者一牒，它毋 Ⅱ 8-175

☐☐恒会正月七月朔日廷。Ⅰ☐佐午行。午手。Ⅱ 8-175 背②

廿八年七月戊戌朔辛酉，启陵乡赵敢言之：令曰二月 Ⅰ 壹上人臣治（笞）者名。·问之，毋当令者。敢 Ⅱ 言之。Ⅲ 8-767

七月丙寅水下五刻，邮人敞以来。／敬半。贝手。8-767 背③

需要说明的是，这种令并非全为律令之"令"，也包括郡县等机构发出的指示：

廿六年八月庚戌朔壬戌，厩守庆敢言之：令曰 Ⅰ 司空佐贰今为厩佐言视事日。·今以戊申 Ⅱ 视事。敢言之。8-163

贰手。8-163 背④

【廿六】年五月辛巳朔丁亥，发弩守相如敢【言之】：令【曰辟析】Ⅰ 亭良不在迁陵，复上真书言。·问之，良不在迁陵。上真书。Ⅱ 敢言之。Ⅲ 8-2299+9-1882⑤

简 8-163 令的内容是询问司空佐换职为厩佐的时间，询问对象是厩守啬夫，从这两点看，对这类琐事的询问不会是来自中央的令，甚至不会来自郡，只

---

① 陈伟主编：《里耶秦简牍校释》（第一卷），第 361 页。
② 陈伟主编：《里耶秦简牍校释》（第一卷），第 104 页。
③ 陈伟主编：《里耶秦简牍校释》（第一卷），第 221 页。
④ 陈伟主编：《里耶秦简牍校释》（第一卷），第 99 页。
⑤ 陈伟主编：《里耶秦简牍校释》（第二卷），第 384 页。

能是县廷发出的令。简 8 - 2299 + 9 - 1882 问良是否在迁陵县的析亭，这种令显然不是具有普适性的律令，只是县廷临时下发的指令。在里耶简中也有来自郡的令：

> 卅二年三月丁丑朔朔日，迁陵丞昌敢言之：令曰上Ⅰ葆缮牛车薄（簿），恒会四月朔日泰（太）守府。·问之迁陵毋Ⅱ当令者，敢言之。Ⅲ 8-62
> 三月丁丑水十一刻刻下二，都邮人□行。尚手。8-62 背①

在约定的时间上交账簿，这是太守府针对属县发出的命令。另一条材料则明确了这种令就是太守令：

> 廿六年十二月癸丑朔辛巳，尉守蜀敢告之：大（太）守令曰：秦人□□□Ⅰ侯中秦吏自捕取，岁上物数会九月朢（望）大（太）守府，毋有亦言。Ⅱ问之尉，毋当令者。敢告之。Ⅲ 8-67 + 8-652
> 辛巳，走利以来。/□半。憙□ 8-67 背 + 8-652 背②

简中内容是约定在九月上报捕获鸟兽等特产情况给太守府，明确提出是太守府令，那么简 8-62 迁陵县回复的内容相同，也应该是太守府令。简文中特别提到"毋有亦言"，说明接到的"令"都必须回复。其他简中没有这四个字，可以看成省写。即使没有相关问题也都回复"问之，毋当令者"。

如果比较太守府令和县廷令的差别可以看出，太守府的令都是督促属县在特定时间上交簿籍，或有关期会等事先已布置的工作。③ 县廷的令则多是对临时出现事情发出的指令。这种区别和秦时郡县在行政系统中的地位、行政手段有关：县处理具体政务，所以发出的"令"多是针对特定事情；郡对地方实施治理时，多是依靠所属县道提供的数据，作为上计中央的基础。

---

① 陈伟主编：《里耶秦简牍校释》（第一卷），第 47—48 页。
② 陈伟主编：《里耶秦简牍校释》（第一卷），第 52 页。
③ 相关的简还有 8-664 + 8-1053 + 8-2167、8-154、9-1417 + 9-1691、9-49 等，分别见陈伟主编《里耶秦简牍校释》（第一卷），第 197、93 页；《里耶秦简牍校释》（第二卷），第 304、53 页。

除了上传下达,不直接面对民众,因而它发出的令更多是既定期会等事务,这也是显示其权力的机会。

和应令相当的还有应书:

☐癃(应)书廷,廷校,今少内☐☐Ⅰ☐尉言毋当令者,节☐Ⅱ 8-64
☐署金布发。☐ 8-64 背①

应书和应令区别不大:

元年八月庚午朔朔日,迁陵守丞固敢言Ⅰ之:守府书曰:上真见兵,会九月朔日守府。·今上癃(应)Ⅱ书者一牒。敢言之。/九月己亥朔己酉,迁陵【守】丞固Ⅲ 8-653+9-1370 敢言之:写重。敢言之。/赣手。☐Ⅰ
赣。☐Ⅱ 8-653 背②

从辞例看,简中为"守府书曰……·今上应书者一牒"和"令曰……今上当令者一牒"形式一致,从内容看都是在特定日期上交某类账簿、物品。因此二者法律效力相当。并且有时在简中称为"令书":

卅五年八月丁巳朔己未,启陵乡守狐敢言之:廷下令书曰取鲛鱼与Ⅰ山今卢(鲈)鱼献之。问津吏徒莫智(知)。·问智(知)此鱼具署Ⅱ物色,以书言。·问之启陵乡吏、黔首、官徒,莫智(知)。敢言之。·户Ⅲ曹 8-769③

需要回复的令或书,对形制、内容有一定要求:

---

① 陈伟主编:《里耶秦简牍校释》(第一卷),第51页。
② 陈伟主编:《里耶秦简牍校释》(第二卷),第296页。
③ 陈伟主编:《里耶秦简牍校释》(第一卷),第222页。

卅三年四月辛丑朔丙寅，贰春乡守吾敢言之：令曰：以二尺Ⅰ牒疏书见刍稾、茭石数，各别署积所上，会五月朔Ⅱ日廷。问之，毋当令者。敢言之。Ⅲ9-2284

五月庚辰日中，佐胥以来。/圂发。吾手。Ⅲ9-2284背①

需要贰春乡上报的令，在简牍长度、书写内容、上交时间皆有要求。如果有当令者，须照此书写。②

上述郡县发出的书、令，要求"毋当令者亦言"，说明这是必须回复的文件，郡中对期会这类可以预期的事情，也要以令书的形式督促。这些皆说明郡县地方政府发出临时的令，起到强化执行文书内容的作用。此外，郡县机构对中央下发的诏书和令，也要再次以令的形式转发，从另一个角度也可以说明这一问题：

廿六年后九月己酉朔甲戌，□官守衷敢言之：令下制书曰：上□□受Ⅰ乘车、马、仆、养、走式八牒，放（仿）式上属所执法。毋当令者，亦言，薄留日。·问Ⅱ之，毋当令者，薄留一牒□。【敢】言之。9-1857

后九月甲戌水下□□以来。/逐半。赾手。Ⅲ9-1857背③

制书为皇帝诏书，"令下制书"是县廷以令的形式转发制书，并特别说明"毋当令者，亦言"，对此十分重视。

廿九年四月甲子朔辛巳，库守悍敢言之：御史令曰：各第（第）官徒丁【粼】☑Ⅰ勮者为甲，次为乙，次为丙，各以其事勮（剧）易次之。·令曰各以□☑Ⅱ上。·今牒书当令者三牒，署第（第）上。敢言之。☑Ⅲ8-1514

---

① 陈伟主编：《里耶秦简牍校释》（第二卷），第452页。
② 另外简8-251、8-41、8-317虽然是残简，也显露出应书与应令的书写要求。分别见陈伟主编《里耶秦简牍校释》（第一卷），第122、38、132—133页。
③ 陈伟主编：《里耶秦简牍校释》（第二卷），第372页。

四月壬午水下二刻，佐圂以来。/槐半。8－1514 背①

对上级文书的强化，是为了防止中央政令到了基层小吏发生效力递减，不够重视，县廷作为直接上级需要进一步强调。以令书的形式转达中央文件，也有省写的形式：

廿九年四月甲子朔戊子，田虎敢言之：御史书曰：各第Ⅰ官徒隶为甲、乙次。·问之，毋当令者，敢言之。Ⅱ9－699＋9－802
四月戊子水下十，佐安以来。/气半。安手。9－699 背＋9－802 背②
【廿】六年十一月甲申朔戊子，贰春乡后敢言之：丞相言："得巍（魏）城邑民Ⅰ降归义者，有故臣妾为拾房，以鼠（予）之。"令书已到。敢言之。Ⅱ9－1411
□辰，佐臧以来。/韦半。赻手。9－1411 背③

这两枚简都省略了"令下"的字样，但从后面"毋当令者""令书已到"字样看，和"令下制书"的性质一样。

廿六年十一月甲申朔壬辰，迁陵邦候守建敢告迁陵主：令史下御Ⅰ史请书曰：自今以来，毋（无）传叚（假）马以使若有吏（事）县中，及逆传车马而以载Ⅱ人、避见人若有所之，自一里以上，皆坐所乘车马为臧（赃），与盗同法。书到相报。今书已到。Ⅲ9－1874 敢告主。/毋（无）公印以私印，印章曰李志。Ⅰ
十一月月甲午，销士五（伍）□□若思以来。/□□。但手。Ⅱ9－1874 背④

应令与谒告、谒令相比，更强调其强制性。自上而下的令，其目的是保证上

---

① 陈伟主编：《里耶秦简牍校释》（第一卷），第 342 页。
② 陈伟主编：《里耶秦简牍校释》（第二卷），第 179 页。
③ 陈伟主编：《里耶秦简牍校释》（第二卷），第 302 页。
④ 陈伟主编：《里耶秦简牍校释》（第二卷），第 381 页。

级的要求能够得到贯彻，是集权体制的一种反映。

三 "谒""应"的制度意义

谒告、谒令、应书、应令这些在不同层级、不同性质机构之间传递的文书，其特点是注意文书发出后的反应和回复，并且也要追索出结果。应书是上级针对下级，因其权威而能够不折不扣地执行，谒告和谒令这些来自下级或互不隶属同级机构的文书，即使得不到回复，也要不断追问。里耶秦简有：

> 卅三年辛未朔癸未，库守□敢言之：守府书曰：义陵□□□用度□五件，其Ⅰ取二件。迁陵今写守□□为信符一封元□谒告迁陵。符到，谒报，报署Ⅱ工用发。□。敢言之。Ⅲ三月辛未朔□□□□敢言之：谒重。敢言之。/郑手。Ⅳ三月辛□朔□□库□敢言之：谒重。敢言之。/郑手。Ⅴ四月辛丑朔壬□，库守□言之：书与已三追，谒重。敢言之。/郑手。Ⅵ9－1871＋9－1883＋9－1893＋9－2469＋9－2471
> 四月辛丑朔□酉，库□□敢言之：书与已四追，至今未报。谒重。敢言Ⅰ之。/郑□。Ⅱ四月辛丑朔庚戌，贰……【丞】欧敢告迁陵丞主：移。敢告主。/□Ⅲ手。/五月庚午朔辛卯，迁陵守丞殷告库主：书皆以下，听书，以律令Ⅳ从事。/圂手。/五月辛卯旦，隶妾□行。Ⅴ五月己丑日中，酉阳隶妾亭以来。/横发。郑手。Ⅵ9－1871背＋9－1883背＋9－1893背＋9－2469背＋9－2471背①

这枚木牍虽然残缺，但从基本架构看，是义陵县从三月开始"谒告"迁陵县，因为未得到答复，所以屡次"谒重"，追问此事，最后在五月二十日迁陵县守丞才做了处理。从迁陵县发出的文书，也会碰到同样的问题：

> 卅三年五月庚午己巳，司空守冣敢言之：未报，谒追。敢言之。/敬Ⅰ

---

① 陈伟主编：《里耶秦简牍校释》（第二卷），第378—379页。

手。/六月庚子朔壬子，迁陵守丞有敢告闻中丞主：移。Ⅱ为报，署主仓发。敢告主。/横手。/六月甲寅日入，守府印行。Ⅲ9-2314
卅四年十二月丁酉朔壬寅，司空守沈敢言之：与此二追，未报，谒追。敢言之。/沈手。Ⅰ/正月丁卯朔壬辰，迁陵守丞巸敢告闻中丞主：追，报，署主仓发，敢告主。/Ⅱ壬手。/正月甲午日入，守府印行。Ⅲ六月丙午日入，佐敬以来。/横发。/十二月乙巳日入，佐沈以来。/壬发。/Ⅳ9-2314背①

这枚木牍虽然缺失了谒告的内容，但从后面流程能够看出，司空守两次通过县廷向阎中县"谒追"，这是两次谒追后的留底记录。这样的追问通常发生在互不隶属的县际之间。除了这两个例子以外，在《里耶秦简》[贰]中，9-1到9-12是一组阳陵县向迁陵县追查戍卒赀余钱的简牍，亦是如此。尽管接收方不积极处理，但是作为文书发出方却必须要得到结果，大约法律有这样的要求。对简9-1871+9-1883+9-1893+9-2469+9-2471，《里耶秦简牍校释》（第二卷）在注释中引用了睡虎地秦简《秦律十八种·行书》185号简："书廷辟有曰报，宜到不来者，追之。"②该简说明这是保障政令畅通的强制性要求。

那么，为何需要这些强制措施呢？这可以从两个角度来看：一方面与"谒""追"相关的事务皆为紧急或临时出现，需要及时处理，得到回复。我们通检里耶秦简可以发现，"谒告（令）"相关的事务有索债、补官、缉捕盗贼、续食、借还财物等；需要"应令（书）"的事务有督促执行上级政令、追查逃亡人口、统计物资等。如果我们再看这两类文书之外，无"谒""应"的上传下达文书内容，主要有：上报统计数字、爰书、考课数字、劾状、上交赋税等。这些都是惯常的事务，只需按照要求例行公事，上报即可。反过来说，本章所讨论的与"谒""追"相关的事务重要，需要知道事情的处理情况。不过，另一方面，秦代行政信息传达，在互不隶属机构间常有迁延的情况发生。我们曾排比过里耶秦简中文书处理周期，文书不能及时

---

① 陈伟主编：《里耶秦简牍校释》（第二卷），第469页。
② 陈伟主编：《里耶秦简牍校释》（第二卷），第379页。

传递的情况时常发生,特别是在互不隶属的机构中更是如此。① 并且,在上下级之间传递文书,上级机构通常也有"书到相报,不报,追"等字样:

> 六月壬午朔戊戌,洞庭叚(假)守繇下□:听书从事。临沅Ⅰ下窯(索)。门浅、零阳、上衍各以道次传,别书。临Ⅱ沅下洞庭都水,蓬下铁官。Ⅲ皆以邮行。书到相报,不报,追。临沅、门浅、零阳Ⅳ、【上衍皆言】书到,署兵曹发。/如手。道一书。·以洞庭候印☑Ⅴ 9-713
>
> 充报零阳,金布发。AⅠ酉阳报充,署令发。AⅡ迁陵报酉阳,署主令【发】☑BⅠ恒署。丁四。BⅡ七月己未水十一刻刻下十,都邮人□以来。/□发。BⅢ 9-713 背②

这几乎成为文书内容末尾书写的一种程序。③ 郡向属县发布文书也要求"别书相报",说明政令传达并不畅达。拖延似已经是当时行政过程中的常态。其实,就我们讨论的这些需要强制执行的文书也是如此,很多不能及时回复的文书,需要几次谒追。

我们再把眼光放宽到之后的汉代,比较相关的语词。检索汉代简牍文书中与谒相关的语词,已经不再有要求回复或建议处理方式的记录。与"谒"相关的组合,只有"谒报":

> ·疑媚罪,它县论,敢灖(谳)之,谒报,署史詹发。·吏当:黥媚(颜)頯,畀豫,或曰当为庶人。④
> 贷钱三千六百以赎妇当负臧贫急毋钱可偿知君者谒报敢言之 EPT56:8⑤

---

① 详见本书中编第八章《县级档案文书的处理周期——以迁陵县为中心》。
② 陈伟主编:《里耶秦简牍校释》(第二卷),第186—187页。
③ 此外还有简9-26、9-1718、9-1861、9-2076等,分别见陈伟主编《里耶秦简牍校释》(第二卷),第38、352、374、414页。
④ 张家山二四七号墓竹简整理小组编著:《张家山汉墓竹简[二四七号墓]》(释文修订本),第92页。
⑤ 张德芳主编:《居延新简集释》(四),甘肃文化出版社2016年版,第373页。

赇傅解左副文。唯
廷谒报耒阳，严与部乡。闳、豊、昭职事惶恐叩头叩头死罪死罪敢言
之。CWJ1③: 325—1—32①

如前所言，秦代的谒报是否需要回复视情况而定。另外还有与"谒"连称的语词，亦无需要回复的迹象。如：

一编谒上候官敢言之☐　73EJT33: 23②
廷谒言府尽力实核有增异正处复言信☐职惶恐叩头死罪死罪敢
言之2010CWJ1③: 154③

也就是说，"谒"到了汉代，仅仅是文书中的谦辞。汉代也有要求下级回复的应书：

甲渠言部吏毋盗作钱发冢
贩卖衣物于都市者
建武六年七月戊戌朔乙卯甲渠鄣守候　敢言之府移大将军莫府书曰奸
黠吏
民作使宾客私铸作钱薄小不如法度及盗发冢公卖衣物于都市虽知莫谴苛
百姓患苦之
掾谭令史嘉
书到自今以来独令县官铸作钱令应法度禁吏民毋得铸作钱及挟不行钱辄
行法诸贩卖
发冢衣物于都市辄收没入县官四时言犯者名状·谨案部吏毋犯者敢言之

---

① 长沙市文物考古研究所、清华大学出土文献研究与保护中心、中国文化遗产研究院、湖南大学岳麓书院编：《长沙五一广场东汉简牍选释》，中西书局2015年版，第193页。
② 甘肃简牍博物馆、甘肃省文物考古研究所、甘肃省博物馆、中国文化遗产研究院古文献研究室、中国社会科学院简帛研究中心编：《肩水金关汉简》（肆）中册，中西书局2015年版，第4页。
③ 长沙市文物考古研究所、清华大学出土文献研究与保护中心、中国文化遗产研究院、湖南大学岳麓书院编：《长沙五一广场东汉简牍》（壹），中西书局2018年版，第237页。

EPF22: 37 – 39①
・甲渠言府下赦令
诏书・谨案毋应书
建武五年八月甲辰朔甲渠鄣侯　敢言之府下赦令
诏书曰其赦天下自殊死以下诸不当得赦者皆赦除之上赦者人数罪别之
会月廿八日・谨案毋应书敢言之　EPF22: 162 – 165②

汉代的应书与秦的应书相比，其内涵为具体的文书，比如诏书、大将军莫府书等官方统一的文件，而非普通意义上的文书。并且只是对具体问题的征询与回复，强化命令的色彩不浓。在里耶秦简中出现较多的"当令"鲜见。综合这些情况看，汉代虽然也要求回复文书，但是多为统一的下行文书。整体说来，汉代文书的上传下达已经比较规范有序，不需要额外强调，说明地方统治技术成熟，上下等级森严，官僚们已经习惯了这些程序，文书用语早先具有的复杂含义，已变成谦恭具文。以此反观秦代，在文书传达过程中，特殊的文书需要通过谒告、谒令、应书与应令来特别提示，反映了秦初统一，地方制度草创，日常行政中执行政令不力，集权体制还有其限度。

---

① 张德芳主编：《居延新简集释》（七），第433页。
② 张德芳主编：《居延新简集释》（七），第469—470页。

第 六 章
徭使与秦帝国统治

秦汉王朝如何通过制度运作来保证新生的中央集权制度运转和存续，是秦汉制度史研究的重要着力点之一。官员日常出差与公务旅行是其中重要一面。秦汉地方行政文书简牍的陆续公布，相关材料渐渐丰富，学界也对此进行了深入的探讨。① 但先前出土文书以汉代为多，故考察重心还是偏重汉代。近几年新出土并刊布的秦简不断增多，关于这方面的材料随之增加，由此也能显示出秦代公务差旅的一些方面。《岳麓书院藏秦简》（伍）中有这样一条律文："廿六年正月丙申以来，新地为官未盈六岁节（即）有反盗，若有敬（警），其吏自佐史以上去繇（徭）使私谒之它郡县官，事已行，皆以彼（被）陈（阵）去敌律论之。吏遣许者，与同辠。以反盗敬（警）事故⌒，繇（繇）使不用此令。"② 整理者认为"徭使"，"指公干出差"。③ 佐史是国家编制员额中最低级的吏员，所谓"新地为官"之"官"为所有吏

---

① 侯旭东就以汉简为中心讨论了汉帝国官吏公务旅行的成本，参见侯旭东《皇帝的无奈——西汉末年的传置开支与制度变迁》，《文史》2015年第2期；悬泉汉简作为邮驿文书蕴含了丰富的这类材料，也引起了学者的注意。参见张俊民《悬泉汉简所见传舍及传舍制度》，收入其著《敦煌悬泉置出土文书研究》，甘肃教育出版社2015年版。
② 陈松长主编：《岳麓书院藏秦简》（伍），第48页。
③ 陈松长主编：《岳麓书院藏秦简》（伍），第75页。陈松长在此之前也曾指出"繇"并非全指力役，也有各级官吏出公差的意思。参看陈松长《秦汉时期的繇与繇使》，《湖南大学学报》2014年第4期。此外孙闻博、王彦辉、朱德贵等在讨论秦汉徭役制度时也注意到和徭役不同的"吏繇"及其性质，但皆未做进一步的讨论。分别参看孙闻博《秦及汉初"徭"的内涵与组织管理——兼论"月为更卒"的性质》，《中国经济史研究》2015年第5期；王彦辉：《秦汉徭戍制度补论——兼与杨振红、广濑熏雄商榷》，《史学月刊》2015年第10期；朱德贵：《岳麓秦简所见"徭"制问题分析——兼论"奴徭"和"吏徭"》，《江西师范大学学报》2016年第4期；王勇则注意到徭使的内容、消极影响等，参见王勇《里耶秦简所见秦代地方官吏的徭使》，《社会科学》2019年第5期。

员的统称,因此公干出差是所有吏员的义务。地方基层官吏徭使是秦代国家行政的一种常态,比如刘邦作为亭长"常繇咸阳";陈胜、吴广谪戍渔阳时,也有"将尉"。这里的"尉"将"谪卒"和刘邦"徭长安"一样,都是《岳麓书院藏秦简》(伍)中提到的徭使。不过,作为专门行政术语的"徭使"未见于传世的秦代文献,所见例证也只有寥寥几条。秦简牍中的相关记述较为丰富,本章试以此为基础,勾勒出秦代地方官吏徭使的一般图景。

一 秦代徭使的制度规定

徭使是秦代国家处理政务的一种手段,目的是为了保证行政效率和效果,因而对此有一套制度加以约束。主要有以下几种:一是走行时间的规定:《岳麓书院藏秦简》(肆):"□会狱治,诣所县官属所执法,即亟遣,为质日,署行日,日行六十里。"[1] 这里日行六十里是因执行和治狱相关的公务,其标准是每日六十里。这一标准和其他需要走行的事务比较起来并不高。比如"●繇(徭)律曰:委输传送,重车负日行六十里,空车八十里,徒行百里"[2]。传送物资时,负重情形下和上述吏员公务出行的标准一样,如果是徒步则为一百里。这种差距,可能与行役者的身份、地位、任务有关。比如"【●】令曰:吏岁归休卅日,险道日行八十里,易〈易〉道百里。诸吏毋乘车者,日行八十里,之官行五十里⌐"[3]。吏如果休归故里,要求每日行走里程较远,而到官府办事则要求较低。[4] 并且很可能是指徒步,因为秦律中有"御史言,令覆狱乘恒马者,日行八十里⌐。请,许"[5]。既然规定乘马八十里,那么每天六十里就是步行了。此外,亦有乘轺车:

---

[1] 陈松长主编:《岳麓书院藏秦简》(肆),第145页。
[2] 陈松长主编:《岳麓书院藏秦简》(肆),第150页。
[3] 陈松长主编:《岳麓书院藏秦简》(伍),第112页。
[4] 整理者认为"之官"是"指从故乡赶回官署",但放到原文对往返行程的要求为何有这样的差距,比较费解,我们还是将其作为两件不相干的事情看待。
[5] 陈松长主编:《岳麓书院藏秦简》(肆),第198页。

●今视故狱：廿（二十）一年五月丁未，御史窜诣士五（伍）去疾、号曰：载铜。●去疾、号曰：号乘轺之醴阳，与去疾买铜锡冗募乐一男子所，载欲买（卖）。得。它如窜。①

但对于乘轺车的里程规定不见于记载，或许与其执行临时特殊的任务有关，并非徭使出行的常态。

徭使是为政府服务的公务出差，因此其食宿皆由国家负责。就饮食而言，其具体要求是：饮食皆由派出机构负责，但针对不同情况有不同的处置方式，这在里耶秦简续食类简牍中反映得比较清楚：

元年七月庚子朔丁未，仓守阳敢言之：狱佐辨、平、士吏贺具狱，县官Ⅰ食尽甲寅，谒告过所县乡以次续食。雨留不能投宿赍。Ⅱ来复传。零阳田能自食。当腾期卅日。敢言之。/七月戊申，零阳Ⅲ龏移过所县乡。/齮手。/七月庚子朔癸亥，迁陵守丞固告仓啬夫：Ⅳ以律令从事。/嘉手。Ⅴ5-1
迁陵食辨、平尽己巳旦□□□□迁陵。Ⅰ七月癸亥旦，士五（伍）臂以來。/嘉发。Ⅱ5-1背②
卅五年二月庚申朔戊寅，仓□择敢言之：隶□顐为狱行辟Ⅰ书彭阳，食尽二月，谒告过所县乡以次牒（续）食。节（即）不Ⅱ能投宿赍。迁陵田能自食。未入关县乡，当成齑，Ⅲ以律令成齑。来复传。敢言之。Ⅳ8-169+8-233+8-407+8-416+8-1185
□择手。8-169背+8-233背+8-407背+8-416背+8-1185背③
卅五年三月庚寅朔辛亥，仓衔敢言之：疏书吏、徒上事尉府Ⅰ者牒北（背），食皆尽三月，迁陵田能自食。谒告过所县，以县乡次续Ⅱ食如律。雨留不能投宿赍。当腾腾。来复传。敢言之。Ⅲ8-1517
令佐温。Ⅰ更戍士五城父阳翟执。Ⅱ更戍士五城父西中痤。骨手Ⅳ8-

---

① 朱汉民、陈松长主编：《岳麓书院藏秦简》（叁），第120页。
② 陈伟主编：《里耶秦简牍校释》（第一卷），第1页。
③ 陈伟主编：《里耶秦简牍校释》（第一卷），第102页。

1517 背①

这三枚续食简的共同点是：某一机构（主要是县廷）派吏员出行，因雨天滞留，请求沿途供应口粮。这些吏员在出行前，要携带一部分口粮，一般为七到十天。② 赵晓军根据《墨子·杂守》篇的记载推算，当时士卒每天口粮最高标准为 10 升，折合今 0.75 公斤，③ 这在秦律中能够找到直接的例证，睡虎地秦简《秦律十八种·传食律》："御史、卒人使者，食精米半斗，酱驷（四）分升一，采（菜）羹，给之韭葱。其有爵者，自官士大夫以上，爵食之。使者之从者，食糲（粝）米半斗；仆，少半斗。"④ "御史卒人使者"就是监郡御史的徭使者，他们每餐半斗，其随从在口粮种类和数量上形成相应的等差。照此数量，在一次出差过程中，最多携带 7.5 公斤口粮，若加上公文简牍等，这应该是其长途旅行可以携带行李的合适重量。如果因变故，超出这样的数量，那么就需要途经县道提供口粮，但强调"田能自食"，表示派出县能够补偿续食消耗，最后大概可在不同县之间及时销账。秦是统一的帝国，已经形成覆盖全国的行政网络，使得县际之间结算成为可能。秦律中有一条关于处理放牧过程中死掉牲口的律文："将牧公马牛，马〖牛〗死者，亟谒死所县，县亟诊而入之，其入之其弗亟而令败者，令以其未败直（值）赏（偿）之。"⑤ 这种经济结算方式，可以作为续食简的一个旁证。

遍布帝国交通线上的邮传系统是徭使者的落脚之处。《岳麓书院藏秦简》（肆）："•田律曰：侍菆邮、门，期足以给乘传晦行求烛者，邮具二席及斧、斤、凿、锥、刀、甕、爵，置梗（绠）井旁└，吏有县官事使而无仆者，邮为饬，有仆，叚（假）之器，勿为饬，皆给水酱（浆）。"⑥ 整理者说："侍菆邮、门：菆，麻杆。邮，传递文书的驿站。门，门亭，负责地方治安的机构，亦承担某县边远或治安欠佳地区的文书传递工作。"⑦ 把邮、

---

① 陈伟主编：《里耶秦简牍校释》（第一卷），第 344—345 页。
② 5-1 为 7 天，8-169+8-233+8-407+8-416+8-1185 为 10 天，8-1517 为 9 天。
③ 赵晓军：《先秦两汉度量衡制度研究》，上海交通大学出版社 2017 年版，第 109—110 页。
④ 陈伟主编：《秦简牍合集·释文注释修订本（壹、贰）》，第 131 页。
⑤ 陈伟主编：《秦简牍合集·释文注释修订本（壹、贰）》，第 52 页。
⑥ 陈松长主编：《岳麓书院藏秦简》（肆），第 104 页。
⑦ 陈松长主编：《岳麓书院藏秦简》（肆），第 163 页。

门解释成承担文书传递工作,并不完整,文中"吏有县官事"除了传递文书工作以外,还包括公务外出,也就是"徭使"。这段话总体是说官吏行徭落脚处要根据是否带仆从而提供相应的服务和给养,但其中不包含口粮。这一点在《岳麓书院藏秦简》(伍)中也有可以印证的令文:

> ●令曰:诸乘传、乘马、傳(使)马傳(使)及覆狱行县官,留过十日者,皆勿食县官,以其传稟米,叚(假)鬵甗炊之,其【有】走、仆、司御偕者,令自炊。其毋(无)走、仆、司御者,县官叚(假)人为炊而皆勿给薪采。它如前令。·内史仓曹令①

整理者认为"门亭"承担部分驿站的功能在秦简中有相应的例证。里耶秦简有:

> 尉敬敢再捧(拜)谒丞公:校长宽以迁陵船徒卒史Ⅰ【酉阳,酉阳】□□【船】□元(沅)陵,宽以船属酉阳校长徐。今司空Ⅱ□□□□□□丞公令吏徒往取之,及以书告酉阳令Ⅲ来归之。盗贼事急,敬已遣宽与校长囚吾追求盗Ⅳ8-167+8-194+8-474+8-1011 发田官不得者,敢再捧(拜)谒之。8-167背+8-194背+8-474背+8-1011背②

卒史是郡之属吏,他由两县校长护送,在迁陵和酉阳之间水路走行。校长是亭吏,他护送郡吏,可能因该地是新开拓地区,还未完全置于政府掌控之下,无法保障出行官员的安全。因此门亭不仅要负责为官员行旅提供食宿保障,甚至还有护送的义务,毕竟亭的主要职责在于治安而非迎送,所以睡虎地秦简《秦律杂抄》:"捕盗律曰:……·求盗勿令送逆为它,令送逆为它事者,赀二甲。"③ 求盗不能"送逆",反过来说,也只有亭长、校长才有此

---

① 陈松长主编:《岳麓书院藏秦简》(伍),第183页。
② 陈伟主编:《里耶秦简牍校释》(第一卷),第101页。
③ 陈伟主编:《秦简牍合集·释文注释修订本(壹、贰)》,第176页。

职责，进一步说明负责迎送并非亭的主要功能。此外，传舍也是官吏徭使的休憩处，这在出土文献中也有体现：

卅年十月辛亥，启陵乡守高☒ Ⅰ 受司空仗城旦二人。Ⅱ 二人治传舍：它、骨。Ⅲ 8-801①

这条简文是说启陵乡使用刑徒修治传舍，说明在迁陵县境内传舍已普遍设置，洞庭郡地区也有主要负责徭使官吏中转的驿站。同时设置在迎送出差官吏职能方面有交集的邮、传舍、亭，它们在制度上彼此如何分工还不清楚。除了以上机构外，秦简中还有"候馆"，《岳麓书院藏秦简》（伍）：

☐县为候馆市旁，置给吏（事）具，令吏徒守治以舍吏殹（也）。·自今以来，诸吏及都大夫行往来者，它【不】得。②

设置在市场旁的候馆，其功能也是招待往来官吏，后文质日简中有不少"宿某县"的记载，其具体处所或许就是这些"候馆"。

二 质日简牍所见地方官吏的徭使活动

在秦汉简牍中有一类书写全年每天干支的历谱，并在相应的干支下记事。《岳麓书院藏秦简》（壹）中自名为《质日》。对于这类简牍的性质，颇有争议。③ 此外里耶简第九层中，简 9-2287 的形式与此相似，有学者认为是《质日》类文献。④《质日》的主人，大概是基层小吏。⑤ 在这类简牍所

---

① 陈伟主编：《里耶秦简牍校释》（第一卷），第 229 页。
② 陈松长主编：《岳麓书院藏秦简》（伍），第 138—139 页。
③ 具体的梳理工作参见苏俊林《关于"质日"简的名称与性质》，《湖南大学学报》2010 年第 4 期。
④ 里耶秦简牍校释小组：《新见里耶秦简牍资料选校（二）》关于这条简文的注释，武汉大学简帛研究中心主办：《简帛》（第十辑），上海古籍出版社 2015 年版。
⑤ 史达甚至推测是县丞，参见［德］史达《岳麓秦简〈廿七年质日〉所附官吏履历与三卷〈质日〉拥有者的身份》，《湖南大学学报》2016 年第 4 期。

记事件中，有很大比例是关于徭使出差的记录，它反映了官吏个体徭使的具体情形。我们以目前已经发现比较完整的几种秦代《质日》文书：主要有《岳麓书院藏秦简》（壹）三篇《质日》① 和《周家台秦简》中的一篇，② 以及《里耶秦简》［贰］的一枚木牍，以此为基础从实例来观察官吏、特别是地方行政机构属吏的徭使。

需要说明的是，这些材料虽然性质、功能相同，但在具体的书写中，其间差异很大。并且《岳麓书院藏秦简》（壹）三十五年明确说明是"私质日"，因而这些文书很可能是公务活动的官吏私人记录。

从这几篇质日材料看，徭使是地方吏员的日常工作之一。在这几个例子中，其标注事项中都有外出徭使。在质日简中还记录有"失以纵不直论""居右史""江陵公归""廷史行南"（《岳》三十四年）；"爽行廷史"（《岳》三十五年）；"归休""脱媪死"（《岳》二十七年）；"守丞登、史竖除。到"。"史丹系""史彻行"（《周》三十四年）。这些事项都是同僚任免、出发、个人归休等事情，外出公干与其并列，也可以视为非常态的事例。然而，换一个角度看，没有记载的空白日期是在衙署处理日常琐事，外出只是与其一样处理行政事务的活动，之所以被记载下来，是因为公干的地点、时间不确定，需要特别标记，并且外出路途遥远，也是苦差，大约也是需要标注的原因。

而且也正是因为路途遥远，他们在外时间也不算短暂。我们逐一分析：周家台秦简《历谱》从正月丁亥"宿长道"至二月戊戌"宿江陵"为一段，共12天，从简文看，江陵或许是历谱主人的治所所在，故"长道"前至少还有一天；从二月"起江陵"至三月庚午"到江陵"为一段，共24天；三月丁亥"治竟陵"，但考虑到江陵到竟陵至少需要两天时间（第二段中江陵到竟陵时间为两天），那么往返加上在竟陵办公，需要5天。这样这一年徭使在外的时间至少有41天。岳麓简二十七年质日，四月乙酉"夕行"至丁亥"到介"为一段，共三天，但考虑到没有记返程和办事的时间，那么至

---

① 朱汉民、陈松长主编：《岳麓书院藏秦简》（壹），其中包括二十七年、三十四年、三十五年《质日》。以下行文简称"《岳》某年"。

② 湖北省荆州市周梁玉桥遗址博物馆编：《关沮秦汉墓简牍》，中华书局2001年版。该书将这类文献命名为《历谱》，主要在秦始皇三十四年。以下行文简称"《周》三十四年"。

少有 6 天。四月癸卯"起江陵"至五月庚申"宿杨口"为一段，虽然中间有缺记，但考虑癸丑"起归"，才开始返程，意味着这一段时间都在外地，那么这一次行程共 18 天，九月癸亥"之鄢具事"，没有记起始行程，我们以最短时间计算，至少 3 天，这份"质日"中在外时间共 27 天。岳麓简三十四年质日，十月丁巳腾之安陆，十一月己卯"腾道安陆来"，正月"腾会逮监府"，二月丁丑"腾去监府视事"共四次，但没有写具体行程，我们以每次出差最少三天计，则共 12 天。岳麓简三十五年质日，从三月"治销"至五月壬寅"宿环望"，共 52 天，中间也有缺载，但这一段时间至咸阳，一直在外，且"环望"尚未回到起点，故这次时间还要多于 52 天。《里耶秦简》〔貳〕，四月己巳"宿夷郚亭"至癸巳，虽然己丑到癸巳有 5 天缺字，但壬辰残留了"沅"字，或许为"沅陵"，也是地点，且体例相同，那么至少在四月中连续 25 天在外。如果将这些时间平均起来，每一位徭使者每年在外时间约 34 天。占全年时间的 10% 左右。另外，官吏徭使之常见，还可以从其徭使的频次看，比如周家台三十四年历谱、岳麓书院藏秦简二十七年质日、三十四年质日为三次，三十五年质日两次。

里耶秦简中还有一条简文从另一个角度也能看出徭使之频繁：

迁陵吏志：AⅠ吏员百三人。AⅡ令史廿八人，AⅢ【其十】人繇（徭）使，AⅣ【今见】十八人。AⅤ官啬夫十人。BⅠ其二人缺，BⅡ三人繇（徭）使，BⅢ今见五人。BⅣ校长六人，BⅤ其四人缺，BⅥ今见二人。CⅠ官佐五十三人，CⅡ其七人缺，CⅢ廿二人繇（徭）使，CⅣ今见廿四人。CⅤ牢监一人。CⅥ长吏三人，DⅠ其二人缺，DⅡ今见一人。DⅢ凡见吏五十一人。DⅣ 9-633①

这段文字中的吏员数额可分为几类来看，一是定员数，总数是 103 人，但分项合计是 101 人，可能是有一处数字有误；二是实际员额数，即除掉缺员数，而包括徭使和今见，共 86 人；三是具体的分项包括徭使 35 人和今见 51 人。徭使吏员占定员数 30%，占实际员额数 40%，和今见，即在署处理日

---

① 陈伟主编：《里耶秦简牍校释》（第二卷），第 167—168 页。

常事务的吏员比为5∶7。这是一年的某一时间点，比照尹湾汉简《集簿》，很可能是上计时的吏员年终统计，由此可见吏员徭使是一种常态化的活动，在一些极端情况下，接近在署吏员的比例。

这几篇质日文书也记载了官吏到外地公干的路线和目的地。对此已有多位学者做过考证，其中郭涛系统地对《岳麓书院藏秦简》（壹）二十七年、三十五年质日，以及周家台秦简三十四年质日简中的交通地理做了考察，① 我们以他的研究作为基础，将几种质日简相关数据列表（参见表7），观察徭使的路途距离以及途中大致走行时间（不含停留治事时间）及其与制度规定的差异。

据后晓荣考证，秦代南郡郡治为江陵县，属县有18县。② 这几篇质日文献提到的目的地竟陵、州陵、沙羡等皆在其中，所以几篇质日多为郡府属吏到属县的徭使。里耶简是迁陵县到沅陵县，亦为郡内徭使，活动范围以郡治为中心，路程控制在十天之内，不至于消耗太多的行政资源。到咸阳则是因为在郡县制度下，郡直属于中央，他们自然也就有徭使咸阳的义务。徭使的范围说明还是按照行政层级进行划分，是郡县体制在日常行政中的反映。还要注意的是，虽然按照法律，徭使依走行方式不同，有秦制60里和80里之别，但从走行的里程看，多大于这个定额，③ 按照成人平均步行每小时5千米计算，每天5到10余小时不等，如果考虑到其中可能会水陆交错，船行速度要略高于步行，④ 因此，律令规定的时间应该为徭使走行时间的底限。尽管实际走行路程在四、五十千米，但和专业的邮人比较起来，仍然不多。据此后张家山汉简《二年律令·行书律》的规定，"邮人行书，一日一夜二

---

① 郭涛：《岳麓书院藏秦"质日"简交通地理考》，中国地理学会历史地理专业委员会《历史地理》编辑委员会：《历史地理》（第三十辑），上海人民出版社2014年版；《周家台30号秦墓竹简"秦始皇三十四年质日"释地》，中国地理学会历史地理专业委员会《历史地理》编辑委员：《历史地理》（第二十四辑），上海人民出版社2010年版。

② 后晓荣：《秦代政区地理》，社会科学文献出版社2009年版，第396—405页。

③ 周家台秦简三十四年《历谱》第一次走行有些特殊，在沩、罗、离、涌等河湖附近，曲折行进，每天行程少于法律规定。

④ 这一时期船行数据，有"舫船载卒，一舫载五十人，与三月之粮，下水而浮，一日行三百余里；里数虽多，不费马汗之劳"。（《战国策》卷14《楚策一》，上海古籍出版社1985年版，第506页）折合成今124.7千米，按每天十小时计算，约每小时12千米多，这还是在满载情况下。

表7

质日行程表

质日简批次	次数	目的地	里程(千米)	日行60里(秦制)所需时间(天)	日行80里(秦制)所需时间(天)	实际走行时间(天)	实际平均每天走行里程(千米)
岳麓简二十七年质日	第一次	介(宜昌市夷陵区)	117.3	4.6	3.8	2	58.6
	第二次	县内(沙羡县,今湖北武昌)	287千米(辛)	11.5	8.7	7	41
	第三次	鄢(今湖北宜城)	76千米(湘)	7	5.3	不详	
岳麓简三十五年质日		咸阳	770	31	23	14	55
周家台秦简三十四年质日	第一次	竟陵(今潜江西北)	85千米(辛)	3.4	2.6	8	10.1
	第二次	竟陵(今潜江西北)				2	42.5
里耶秦简(贰)9-2282		沅陵	200	8	6	5	40

列表说明:1. 里程按照北京大学藏秦水陆里程简册《里程表》,①里耶秦简16—52②。不见于以上两组简牍的里程数据,则按照郭涛考证的路线在百度地图上量取出大致数据。2. 日行里数按照秦汉里制为单位,1里=415.8米,60里相当于今25千米,80里相当于今33.2千米。岳麓书院藏秦简《肆》的规定,80里是乘桓马的规定。因为周家台秦简三十四年质日亦有"起江陵",岳麓简二十七年质日把目简中的起始地定位于江陵(今湖北荆州)。《里耶秦简》[贰]牍9-2282的起点为湖南湘西里耶镇。

① 辛德勇:《北京大学藏秦水陆里程简册初步研究》,李学勤主编:《出土文献》(第四辑),中西书局2013年版。表中简称"辛"。
② 湖南省文物考古研究所,湘西土家族苗族自治州文物处:《湘西里耶秦代简牍选释》,《中国历史文物》2003年第1期。表中简称"湘"。

百里",① 即相当于今83.1千米，徭使走行的强度不算太大，毕竟他们主要使命是处理公务，而非像邮人一样单纯地递送文书。当然在秦简中也不乏跨郡徭使的例子，比如岳麓书院藏秦简三十四日质日，有"腾之益阳具事"。秦益阳属长沙郡。

在这些质日简中，皆提及宿某处，可以分为两类：一是县，如：江陵、沮阳、当阳、销等，二是乡邑，如：井韩乡、都乡、杏乡、博望乡、盈夷乡、夷乡等。这两者未提及其具体住宿的处所，可能这些县、乡均设有传舍和候馆这类专司接待徭使吏员的设施，不言自明，故略而不书。三是邮、亭等辅助机构，如黄邮、临沃邮、商街邮、日土邮、夷郡亭，以及佚名的邮亭等。特别标识某邮、某亭，而传舍略而不书，则说明邮亭虽有招待职能，但并非其主业，故记录下来以示区别。另外还有关、铁官等无招待职责的机构，可能更是临时为之。

三 徭使与秦帝国的统治

上述可见，地方官员外出徭使在秦代行政中呈现常态化，既有制度规定，也有质日简所表现出的官吏日常行政记录。如果从秦代国家角度看，官吏徭使活动的意义何在？这可以从两个方面来讨论。

首先，徭使是秦代国家行政不可或缺的环节。秦以郡县制取代了分封制度，行政制度特点之一就是中央政令直接传导到基层社会。在当时的信息传递条件下，其方式主要依靠文书传递。然而以文字为载体的文书也有其局限性，无法承担起全部行政信息的上传下达功能。有些事务需要面对面交流方能解决，才不至出现偏差。② 因此我们从简牍所见徭使承担任务的角度来着手分析。岳麓书院藏秦简质日简出行目的多以"治某处""视事""具事"等笼统言之，这可能质日是官吏私人备查的记录，只要个人能够清楚即可，

---

① 张家山二四七号汉墓竹简整理小组编著：《张家山汉墓竹简［二四七号墓］》（释文修订本），第46页。
② 刘欣宁曾对汉代政务中文书与口头传达问题做了研究，参见刘欣宁《汉代政务沟通中的文书与口头传达：以居延甲渠候官为例》，《"中央"研究院历史语言研究所集刊》（第八十九本第三分册），2018年。

是否详细记载，无关紧要。因而我们还是从里耶简这类存档的官方文书入手。具体说来有如下几种：一是校勘文书律令等。里耶秦简：

> □年四月□□朔己卯，迁陵守丞敦狐告船官Ⅰ□：令史廳雠律令沅陵，其假船二艘，勿Ⅱ留。Ⅲ6-4①

所谓"雠律令"，就是校勘律令。秦代简牍材料中多次提到校雠律令，陈中龙曾做过梳理："里耶秦简所见以县廷为中心的律令校雠，其实是在'岁雠辟律'的基础上向下延伸的结果，只是地方政府校雠的范围不只限于刑律，而是扩大到律与令两种法律形式。当县级所属的单位携带旧有的律令到县廷校雠时，其校雠的方法应该也包括了对该年度的律令篇目名称、条文数目及其顺序，甚至可能也要逐字逐条地校雠，这样才能确保法条的正确性。"②律令除了做年度校勘以外，还有一种可能是秦统一前后律令发生了一些变化，比如里耶秦简8-461的更名方，其中专有名词变化比较大。又如《岳麓书院藏秦简》（伍）："●新律令下，皆以至其县、都官廷日决。"③这反映出律令变化经常出现，而秦代国家是依靠各种法律制度作为国家统治的依据，将频繁变化的新律令准确地传达给基层机构至关重要，因而需要定期派专人校勘新的律令，甚至可能还需要对新的律令解释说明，毕竟法律条文的字里行间无法包容各种可能性。④需要校勘的还有地图。秦兼并诸国，行郡县，需要划出准确的行政边界，并在地图上确定下来：

> 其旁郡县与椄（接）界者毋下二县，以□为审，即令卒史主者操图诣Ⅰ御史，御史案雠更并，定为舆地图。有不雠、非实者，自守以下主者。Ⅱ8-224+8-412+8-1415⑤

---

① 陈伟主编：《里耶秦简牍校释》（第一卷），第19页。
② 陈中龙：《试论〈二年律令〉中的"二年"——从秦代官府年度律令校雠的制度出发》，微信"先秦秦汉史"公众号，2017年5月4日。
③ 陈松长主编：《岳麓书院藏秦简》（伍），第103页。
④ 睡虎地秦简《法律答问》解读具体法律名词、量刑标准就是鲜明的例子。
⑤ 陈伟主编：《里耶秦简牍校释》（第一卷），第118页。

卒史是郡中主管文书杂务的属吏，他携带地图到中央御史处，确定与其他郡县接界的位置，并形成制度。比起文字，图像更不易表述交代清楚，因此也需要相关人员当面核对交待，才不至于出现歧义。

二是处理通过文书无法解决的具体政务。最典型的是跨界处理刑狱。比如，前揭里耶秦简5-1中狱佐和士吏外出"具狱"；简8-169+8-233+8-407+8-416+8-1185中为狱行辟书彭阳等皆是。处理刑狱案件，不仅需要书面证言证词，而且更需要对案件相涉人员当面审讯对质，必要时就需要掌刑狱的官员出差办案。

其次，是切实了解地方情况，加强社会控制的需要。比如上计材料需要官吏亲自送达，里耶简8-145讲到刑徒的工作种类有："八人与吏上计。BⅢ"[1] 这是分配给刑徒的工作之一。他们要跟随吏上计。这是迁陵县的档案，是为县上计于郡中，从西汉《尹湾汉墓简牍》所载《集簿》看，主要是以统计数字为主，以文书形式通过邮传系统传递即可，为何要吏亲自送达？如果联系汉代中央上计制度看，上计同时也是中央了解地方的机会，秦代吏亲自送文书，大约也有口头汇报地方实情的意味。甚至县级考课文书也需要官吏送至郡中，里耶简8-1677："一人与佐带上庌课新武陵。"[2] 新武陵为洞庭郡治所在，佐要专门将"庌课"带到郡，这可能有当面质询的需要，其结果显示出不同行政层级之间的尊卑，以及上级机构的控制能力。

同样中央对地方郡县也是如此。岳麓简三十五年《质日》主要徭使目的地是咸阳，这很容易让我们联想到刘邦"以亭长为县送徒骊山"[3]。其主要原因固然是咸阳工程多，需要从各地输送刑徒，但是如果与汉初相比较，似乎也不尽如此。比如，汉惠帝"三年春，发长安六百里内男女十四万六千人城长安，三十日罢"[4]。秦代使用劳动力的方式，其成本要大得多，这不仅对刑徒等劳动力而言，而且亭长这样的小吏也有徭使首都的义务，从国家行政成本来说，也是很重的负担。这样不计成本的做法，其实还有另一重效果，即向各地吏民显示中央威权，所以"高祖常繇使咸阳，纵观秦皇帝，喟

---

[1] 陈伟主编：《里耶秦简牍校释》（第一卷），第84页。
[2] 陈伟主编：《里耶秦简牍校释》（第一卷），第377页。
[3] 《汉书》卷1上《高帝纪上》，第7页。
[4] 《汉书》卷2《惠帝纪》，第89页。

然大息,曰:'嗟乎,大丈夫当如此矣!'"① 从政治角度考量,帝国吏员频繁徭使也是必要的行政代价。

秦代行政制度中的徭使,既有日常行政运转的刚性需要,也有集权体制显示威权的意愿。如果反过来看,中央控制下的郡县体制也为官吏徭使差役提供了保障,比如前言续食简牍中,徭使官吏在携带口粮不足时,可以向就近的县邑支取粮食,由派出县统一结算,这就是建立在一统帝制国家基础上,全国形成政令统一的网络。《岳麓书院藏秦简》(伍)中的一条秦令也可说明这一问题:

> ●令曰:郡及中县官吏千石下繇(徭)倶(使),有事它县官而行,闻其父母死,过咸阳者,自言□□□☑已,复之有事所,其归而已葬(葬)者,令居家五日,亦之有事所∟。其不过咸阳者,自言过所县官,县官听书言亦遣归如令,其自言县官,县官为致书,自言丞相,丞相为致书,皆诣其居县,居县以案□☑②

徭使官吏遇到丧假,其准假机构按照途经地点不同有所区别,分别为咸阳和途经郡县。这些郡县皆可准假,具有法律效力,这也是在郡县体制下权出一门的体现。

从上述可知,秦代官吏徭使有了细密的制度规定。这是除文书行政外,秦代国家政令上传下达的另一条重要途径,是保障国家机器运转不可或缺的行政技术手段。但毕竟国家政治体制初创,加之不断开疆拓土,这些都会导致官吏徭使制度时时面临新的问题,比如里耶秦简8-754+8-1007就讲述了迁陵本地官吏迷路误诣他乡,失道百六十七里。新开拓的疆域民户过少,传舍等配套设施还不够完善可能就是其中重要原因之一。因而秦代官吏徭使制度在具体实践过程中存在着尚需探索完善的空间。

---

① 《汉书》卷1上《高帝纪上》,第3页。
② 陈松长主编:《岳麓书院藏秦简》(伍),第196—197页。

第 七 章

行政文书的标准化

作为中央集权国家，秦朝区别于周代封邦建国体制的重要一点就是中央威权已触及基层社会的每一个角落，将各种社会资源置于自己掌控之下。为了达到这一目的，必然需要以一定的行政技术手段为支撑。其中信息在政府机构之间及时、有效的沟通至为重要。在当时条件下，文书是信息传达的基本载体。不过，秦帝国是建立在不断征服制度殊异的东方六国基础之上，为了保障政令及时上传下达，提高行政效率，就有必要采取整齐行政文书的措施。近些年出土的秦代简牍即显示出这一点。从出土资料来探讨秦汉时代文书制度已经取得了丰富成果，具体到秦代行政文书制度，较早的研究有潘玉民和王光宇，他们主要对云梦秦简中的文书管理问题做了梳理；[1] 后来孙瑞以睡虎地秦简资料为基础，对秦代上下行文书的内容、程序、要求等作了考察。[2] 最近吴荣政从后来公布的秦简资料对秦朝档案的分类、管理人员、载体、以及运转机制等问题做了阐述。[3] 随着作为县级行政档案资料的里耶秦简的出土和陆续公布，通过这些具体实例可以清晰反映出秦代在整齐文书制度方面的努力。我们以这些新材料为基础，以日常行政档案和相关律令为中心，把秦代国家针对行政文书的规范措施等梳理出来。

---

[1] 潘玉民：《从云梦秦简看秦代的文书工作制度》，《档案工作》1986 年第 2 期；王光宇：《从云梦秦简看秦代官府的文书工作》，《档案工作》1987 年第 6 期。

[2] 孙瑞：《从〈睡虎地秦墓竹简〉看秦国文书上报制度》，《档案学研究》1997 年第 3 期；《从〈睡虎地秦墓竹简〉看秦国下行文书管理制度》，《档案学研究》1998 年第 3 期。

[3] 吴荣政：《秦朝文书档案事业发展的体制、机制保障》，《档案学通讯》2013 年第 1 期；《睡虎地秦简档案文书探析》，《档案学研究》2013 年第 2 期。

一　规范行政文书的律令

文书行政是秦代国家保障政令畅通的核心所在，因而对此制订周密的法律和制度，在《岳麓书院藏秦简》（伍）中有一组律文，比较系统地规定了文书各个环节需要遵守的规范，我们将其分类归纳如下：

一是规定了书写载体，即简牍的形制、规格与容字之间的关联：

> 用牍者，一牍毋过五行，五行者，牍广一寸九分寸八，四行者，牍广一寸泰半寸，·三行者，牍广一寸半寸。·皆谨调謹〈护〉好浮书之，尺二寸牍一行毋过廿六字。·尺牍一行毋过廿二字，书过一章者，章□之乚，辞（辞）所当止皆腏之，以别易〈易〉智（知）为故。书却，上对而复与却书及事俱上者，纂编之，过廿牒，阶（界）其方，江（空）其上而署之曰：此以右若左若干牒，前对、请若前奏。·用疏者，如故。不从令及牍广不中过十分寸一，皆赀二甲。请：自今以来，诸县官上对、请书者，牍厚毋下十分寸一乚，二行牒厚毋下十五分寸一，厚过程者，毋得各过其厚之半。为程，牍牒各一乚。不从令者，赀一甲乚。御史上议：御牍尺二寸乚，官券牒尺六寸。·制曰：更尺一寸牍牒。·卒令丙四①

这里规定了行数、字数、性质、内容与简牍长度、宽度的关系。甚至简面的标点，以及违反律令的处罚等。

二是对文书内容与文书种类之间关系做出了规定：

> ●令曰：御史、丞相、执法以下有发征及为它事，皆封其书，毋以檄。不从令，赀一甲。·卒令乙八②
>
> ●令曰：上事，散书，取急用者上，勿谓刺。不从令，赀一甲。·卒令

---

① 陈松长主编：《岳麓书院藏秦简》（伍），第106—108页。
② 陈松长主编：《岳麓书院藏秦简》（伍），第101页。

乙廿三①

两条令文规定了对不同部门、不同的行政功能需要使用文书的种类，同时也对可能出现的问题做了特别提示。因为御史、丞相、执法作为中央最高行政官员发出的文书，出于保密不能使用公开的檄，而需要封缄；上书则担心使用过于简略的"刺"，而要求使用"散书"。

三是对封缄形式做出的规定：

● 令曰：诸传书，其封毁，所过县官【辄复封以令、丞印】，封缄解，辄缠而封其上，毋去故封。不从令，赀丞、令、【令】史一甲。·卒令乙十一②
● 令曰：书当以邮行，为检令高可以旁见印章；坚约之，书检上应署，令并负以疾走。不从令，赀一甲。·卒令丙三③
● 封书毋勒其事于署∟，书以邮行及以县次传送行者，皆勒书郡名于署，不从令，赀一甲。·卒令丙四重④

这三条律文对封缄文书的位置、封检厚度，甚至封检在途中出现损坏的处置方式都做了细致的规定。

四是对传行方式的规定：

● 令曰：制书下及受制有问议者，皆为薄（簿），署初到初受所及上年日月、官别留日数、传留状，与对皆（偕）上。不从令，赀一甲。·卒令乙五⑤
● 恒署书皆以邮行。·卒令丙二⑥

---

① 陈松长主编：《岳麓书院藏秦简》（伍），第102页。
② 陈松长主编：《岳麓书院藏秦简》（伍），第102页。
③ 陈松长主编：《岳麓书院藏秦简》（伍），第104页。
④ 陈松长主编：《岳麓书院藏秦简》（陆），第170页。
⑤ 陈松长主编：《岳麓书院藏秦简》（伍），第101页。
⑥ 陈松长主编：《岳麓书院藏秦简》（伍），第103页。

这两条令文不仅规定了特定文书（恒署书）的走行方式，而且制书等重要文书还要记录下来起讫、传递的中间环节，以便出现问题时追查责任。

此外，在已公布的其他简牍中也有与《岳麓书院藏秦简》（伍）互补的内容，可以梳理出以下几方面：

其一，根据需要，对行政文书做合理的分类。在睡虎地秦简中曾出现了命书、语书；而在里耶秦简中，则有更多的簿籍名称：作徒簿、葆缮车牛簿、卒簿、狱簿、官田自食簿等。不仅如此，为了确保文书内容名实统一，秦代国家还对各类文书适用范围作了规定，如睡虎地秦简《秦律十八种·仓律》："入禾稼、刍稾，辄为廥籍，上内史。"① 这是对廥籍内容的规定。又如：

县、都官用贞（桢）、栽为傰（棚）膌，及载县（悬）钟虡〈虡〉用輨（膈），皆不胜任而折；及大车辕不胜任，折軳（轴）上，皆为用而出之。②

为用，注释曰：为用书。这条材料表明用书书写何种内容。

其二，统一文书书写格式。对文书簿籍进行分类是总的要求，为了保证各种簿籍在书写和使用过程中的规范便于操作，秦代国家也要求按照特定格式书写文书。邢义田曾考察了秦汉时代书写样式方面的规范，对其中作为文书范本的"式"做了详细的考证，厘清了汉代行政文书的重要方面。③ 在新出土的里耶秦简中，也有这样的"式"，如简 8-235："☐为式十一牒。"甚至也提到具体式的种类：群志Ⅰ式具此Ⅱ中。以。Ⅲ（8-94）《校释》描述说这一支简头部涂黑，④ 说明这是一枚签牌。"群志式具此中"大约是说各种"志"的样式都在汇集在一起，而以此签牌标示。其具体样式见下简：

---

① 陈伟主编：《秦简牍合集·释文注释修订本（壹、贰）》，第61页。
② 陈伟主编：《秦简牍合集·释文注释修订本（壹、贰）》，第109页。
③ 邢义田：《从简牍看汉代的行政文书范本——"式"》，收入其著《治国安邦：法律、行政与军事》，中华书局2011年版。
④ 陈伟主编：《里耶秦简牍校释》（第一卷），第61页。

畜官课志：AⅠ徒隶牧畜死负、剥卖课，AⅡ徒隶牧畜畜死不请课，AⅢ马产子课，AⅣ畜牛死亡课，BⅠ畜牛产子课，BⅡ畜羊死亡课，BⅢ畜羊产子课。BⅣ·凡八课。BⅤ8－490＋8－501①

这支简牍性质尚不清楚，它既有可能是一组畜官课志目录，也可能是对畜官课志的内容要求，不过即使是文书目录，也应该看成是课志书写的一种模式，以便阅读使用者一目了然，提高文书使用效率。

其三，秦代国家对文书的书写细节也都有明确规定，睡虎地秦墓竹简《秦律十八种·属邦律》：

道官相输隶臣妾、收人，必署其已禀年日月，受衣未受，有妻毋（无）有。受者以律续食衣之。②

这是针对隶臣妾、收人等国家所控制的人口，政府对其廪食、廪衣所标注内容的规定。这样做的目的是要在不同机构和部门间，能够对信息进行准确有效的衔接，保障准确无误的转达。睡虎地秦简中还有一条律文：

稻后禾孰（熟），计稻后年。已获上数，别粲、穤（糯）秙（黏）稻。别粲、穤（糯）之裹（酿），岁异积之，勿增积，以给客，到十月牒书数，上内〖史〗。③

这是对农田收获物时间、类别记录的规定。之所以如此，是为了政府能够准确地掌握农作物的各类数据，更有效地掌控国家经济命脉。

其四，除了内容之外，文书正常传递与否也是关系着文书能否真正发挥效力的重要环节。对此，秦代国家也制订了相应的规章制度："县上食者籍及它费大（太）仓，与计偕。都官以计时雠食者籍。"④ 要求县级机构将

---

① 陈伟主编：《里耶秦简牍校释》（第一卷），第168页。
② 陈伟主编：《秦简牍合集·释文注释修订本（壹、贰)》，第141页。
③ 陈伟主编：《秦简牍合集·释文注释修订本（壹、贰)》，第63页。
④ 陈伟主编：《秦简牍合集·释文注释修订本（壹、贰)》，第64页。

"食者籍"在上计的时候一并交与太仓,其中暗含传递对象、时间等要素。以上所言是对文书传递对象与时间的常规要求。对于特定事件下发的不定期文书,在正文后面常需要附上传递时间、形式等方面的要求:

☑亥朔辛丑,琅邪叚(假)【守】☑敢告内史、属邦、郡守主:琅邪尉徙治即【默】☑Ⅰ琅邪守四百卅四里,卒可令县官有辟、吏卒衣用及卒有物故当辟征遝☑Ⅱ告琅邪尉,毋告琅邪守。告琅邪守固留费,且辄却论吏当坐者。它如律令。敢☑☑Ⅲ☑一书。·以苍梧尉印行事。/六月乙未,洞庭守礼谓县啬夫听书从事☑Ⅳ☑军吏在县界中者各告之。新武陵别四道,以次传。别书写上洞庭 V8-657

尉。皆勿留。/葆手。Ⅰ/骄手。/八月甲戌,迁陵守丞膻之敢告尉官主:以律令从事。传别【书】Ⅱ贰春,下卒长奢官。/☑手。/丙子旦食走印行。☑Ⅲ☑【月庚】午水下五刻,士五(伍)宕渠道平邑疵以来。/朝半。洞☑Ⅳ 8-657 背①

这是琅琊守因为琅邪尉治所迁移等事宜,向相关机构发出的告示文书,到达洞庭郡时,郡守礼向迁陵县下发,迁陵县丞将下发结果汇报给洞庭郡。

从以上法律文书和行政档案文书两个角度,可看出政府不仅对文书形成的各个环节以法令形式加以规定,而且这些规定繁复、具体,在现实的行政实践中也尽可能照章执行,以此保证文书顺利地上传下达,提高行政效率。

二 秦代国家保障文书规范化的措施

秦代国家不仅以法律的形式规范了文书书写与传递的各项标准,并且为了使这些标准能够顺利实施,还采取了行之有效的保障措施。

首先,对文书的书写进行日常督责。在里耶秦简中有专门督查文书书写是否合格的内容:

---

① 陈伟主编:《里耶秦简牍校释》(第一卷),第193页。

☐死亡者别以为二课，不應（应）令，书到亟 8-41①

这支简是说某件与死亡相关的文书本应为两件事，但（书写范式等）不符合法令要求，所以发来问责文书，要求立即解决。这是对书写内容不合格的文书进行问责。这种督责当是自上而下进行的，里耶秦简：

☐☐迁陵守丞齮【敢】言之，前日令史齮☐Ⅰ☐☐守书曰课皆☐應（应）式令，令齮定☐☐Ⅱ☐☐☐课副及当食人口数，别小大为食☐Ⅲ☐☐☐课副及☐传上，有不定☐Ⅳ 8-704+8-706
☐言之守府。丙申、己亥、甲辰追，今复☐Ⅰ☐手。Ⅱ☐守丞齮敢言之：令二月☐亥追，今复写前日☐Ⅲ☐时都邮人羽行。☐Ⅳ 8-704 背+8-706 背②

此简虽然残断，但是基本文义可以读懂，即郡守发来文书，要求考课文书书写符合规范，迁陵守丞对此予以回应。当然这种督责之所以能够发生效力，是因为有相应的配套法律。《岳麓书院藏秦简》（肆）：

●贼律曰：为券书，少多其实，人户、马、牛以上，羊、犬、彘二以上及诸误而可直（值）者过六百六十钱，皆为大误；误羊、犬、彘及直（值）不盈六百六十以下及为书而误、脱字为小误。小误，赀一盾；大误，赀一甲。误，毋（无）所害☐☐☐☐殹（也），减皋一等。③

这条贼律律文对经济文书（券书）中书写错误，按照其造成的损失给予不同的定性。里耶简中还有一条材料："☐☐能审，误不当律令☐☐"（8-557）。④虽然不清楚具体内容，根据这条材料中"审""误"等几个关键字，应该和上一条律文是一类性质。如果联想到张家山汉简《二年律令·贼律》

---

① 陈伟主编：《里耶秦简牍校释》（第一卷），第 38 页。
② 陈伟主编：《里耶秦简牍校释》（第一卷），第 207 页。
③ 陈松长主编：《岳麓书院藏秦简》（肆），第 142—143 页。
④ 陈伟主编：《里耶秦简牍校释》（第一卷），第 179 页。

的一条律文：" 诸上书及有言也而谩，完为城旦舂。其误不审，罚金四两。"根据《贼律》这条完整的简文，反观简8－557，其意是说某件文书内容比较确切，虽然有无意间的失误，但按照律令不应受到惩罚。反过来看，如果文书书写内容有重大失误就要受到惩处。

其次，除了从制度角度对文书进行要求外，政府也从技术角度为规范行政文书提供帮助。前面我们提到政府对文书格式有统一的要求，即所谓的"式"。而我们在秦简中也发现了这样的实例，睡虎地秦简《封诊式》：

> 封守　乡某爰书：以某县丞某书，封有鞫者某里士五（伍）甲家室、妻、子、臣妾、衣器、畜产。·甲室、人：一宇二内，各有户，内室皆瓦盖，木大具，门桑十木。·妻曰某，亡，不会封。·子大女子某，未有夫。·子小男子某，高六尺五寸。·臣某，妾小女子某。·牡犬一。·几讯典某某、甲伍公士某某："甲党（倘）有当封守而某等脱弗占书，且有辠（罪）。"某等皆言曰："甲封具此，毋（无）它当封者。"即以甲封付某等，与里人更守之，侍令。①

这其中涉及具体的指称皆以"某"替代，说明并不是确指。故邢义田认为这就是文书书写的样式。如果对文书书写还有不清楚的地方，似需要上级机构来裁定，如：

> ☐【年九月☐☐朔☐☐迁陵丞☐】☐☐志四牒。有不定者，谒令【饶定。敢告主】8－602+8－1717+8－1892+8－1922②

对已经完成的文书，上一级机构还要进行校对：

> 卅一年六月壬午朔庚戌，库武敢言之：廷书曰令史操律令诣廷雎，Ⅰ署书到、吏起时。有追。·今以庚戌遣佐处雎。Ⅱ敢言之。Ⅲ8－173

---

① 陈伟主编：《秦简牍合集·释文注释修订本（壹、贰）》，第269页。
② 陈伟主编：《里耶秦简牍校释》（第一卷），第184页。

七月壬子日中，佐处以来。/端发。处手。8－173背①

廷为县廷，库武是库的长官库啬夫武，这是县廷要求库派令史到县廷校勘律令。按，律令当是中央所发，非库所制订，要求库将律令拿到县廷校对，说明是对令史所誊写的律令进行检查核对，以免因为书写错误影响日常行政。除了校勘法律文书外，重要的日常簿籍也要需要校对，如上引睡虎地秦简《秦律十八种·仓律》："县上食者籍及它费大（太）仓，与计偕。都官以计时雠食者籍。"食者籍当为廪食官粮者的名籍，县要将这些名单上交到中央机构进行核对。目的是要保证没有统计错误，甚至可以防止冒领官粮的事情发生，充分发挥行政文书的效能。

除了政府对文书规范和标准化做出种种制度规定和制订保障措施之外，简牍中也能看出文书书写者提高文书书写水平的努力。在汉代西北屯戍文书中可以发现很多习字简，显示了这一情况。② 这类简在秦代行政档案中也有发现，如：

江陵慎里大女子可思 8－1444

屖陵江陵屖陵江陵　8－1444背③

迁陵库吏有库吏库Ⅰ武城武武武库库□□壄鄹壄壄有论曰有有事□□有论未决有□有事造造琴有事Ⅱ府府皆□有有有有有令令事Ⅲ8－176＋8－215

□□□都吏……道库库……吏急□□□车车车车库吏……Ⅰ都……□山山山□□□□□郡郡郡Ⅱ8－176背＋8－215背④

卅六年十一月丙戌，都乡守桦令史牒书吏当受嘉平迁，皆不守金钱。【巴】蜀蜀蜀蜀歇歇Ⅰ为沈沈□□□沈邦刻□□□□迁陵□帮城成蜀蜀守今今今今Ⅱ8－1041＋8－1043⑤

---

① 陈伟主编：《里耶秦简牍校释》（第一卷），第104页。
② 沈刚：《居延汉简中的习字简述略》，《古籍整理研究学刊》2006年第1期。
③ 陈伟主编：《里耶秦简牍校释》（第一卷），第327页。
④ 陈伟主编：《里耶秦简牍校释》（第一卷），第105页．
⑤ 陈伟主编：《里耶秦简牍校释》（第一卷），第267页。

上述对当时文书中经常出现的地名、官名重复书写，或有习字之意。同样的简还有 8－1442、8－1446、8－1460、8－1471＋1480、8－335、8－1485、8－1486、8－1587、8－1942、8－1994、8－1999 等。

秦代针对行政文书所施行的标准化可以视为与当时统一度量衡、文字等政策一样，是加强中央集权的举措之一。并且，文书的统一规范对于切实提高统治效率所发挥的作用更为直接。不惟如此，秦代规范行政文书意义还在于，它还为后来时代的文书制度提供了样板。比如在西北汉简中就有类似例证：《居延新简》中编号 EPF22：70－78 为一份官吏廪食名籍，即领取粮食的名册，在简 71 的背面写有"已雠"二字，[①] 说明有关机构对廪食者及其数量已进行过核对。同一批简牍中还有简 EPT17：5："告主官掾更定此草急言府即日鉼庭隧☒。"[②] 这是都尉府对主官掾修改文书提出的要求。这些或可以说明秦代不仅为后世的专制政权在统治模式上确立了框架，而且在技术层面也提供了直接的样板。

[①] 张德芳主编：《居延新简集释》（七），第 453 页。
[②] 张德芳主编：《居延新简集释》（一），第 466 页。

第 八 章
县级档案文书的处理周期
——以迁陵县为中心

秦汉国家行政系统的运转主要依靠文书传递来实现，文书处理的速度一定程度上决定了施政的效率，进而影响到国家对社会控制的能力。但传统史书中只记述国家宏观统治的效果，对这些琐碎细节并无措意。好在大量出土的秦汉档案文书简牍为我们探讨秦汉帝国的文书行政提供了极佳的材料和立足点。相对于汉简，里耶秦简等秦代档案简牍发现较晚，但这批材料公布不久，学界就注意到这一问题，从秦时文书的形成方式、传播路径、责任人等方面进行了研究，这些工作明晰了文书的基本形式，成为进一步讨论秦代文书问题的前提。[①] 然而，在这些成果中，对处理周期问题

[①] 与里耶秦简文书研究密切相关的成果有高荣《秦代的公文记录》，《鲁东大学学报》2006年第3期；陈治国《从里耶秦简看秦的公文制度》，《中国历史文物》2007年第1期；陈伟《秦与汉初的文书传递系统》，中国社会科学院考古研究所、中国社会科学院历史研究所、湖南省文物考古研究所编《里耶古城·秦简与秦文化——中国里耶古城·秦简与秦文化国际学术研讨会论文集》，科学出版社2009年版；邢义田《湖南龙山里耶J1 (8) 157和J1 (9) 1—12号秦牍的文书构成、笔迹和原档存放形式》，收入其著《治国安邦：法律、行政与军事》，中华书局2011年版；单育辰《里耶秦公文流转研究》，武汉大学简帛研究中心主办《简帛》（第九辑），上海古籍出版社2014年版；杨振红、单印飞《里耶秦简J (16) 5、J (16) 6的释读与文书的制作、传递》，《浙江学刊》2014年第3期；赵炳清《秦代地方行政文书运作形态之考察——以里耶秦简为中心》，《史学月刊》2015年第4期。特别是藤田胜久对此发表了系列论文：《里耶秦简与秦帝国的情报传达》，中国社会科学院考古研究所、中国社会科学院历史研究所、湖南省文物考古研究所编：《里耶古城·秦简与秦文化——中国里耶古城·秦简与秦文化国际学术研讨会论文集》，科学出版社2009年版；《里耶秦简与秦代政府之运作》，秦始皇兵马俑博物馆编：《秦俑博物馆开馆三十周年国际学术研讨会暨秦俑学第七届年会会议论文（会议用）》，2009年；《里耶秦简所见秦代郡县文书的传递》，武汉大学简帛研究中心主办：《简帛》（第八辑），上海古籍出版社2013年版；《里耶秦简的交通资料与县社会》，武汉大学简帛研究中心主办：《简帛》（第十辑），上海古籍出版社2015年版。

关注不多。① 后来唐俊峰将《里耶秦简》［壹］材料进一步做了量化处理，分析了文书处理的周期。② 我们补充新出《里耶秦简》［贰］中的相关文书，从这一角度进一步申论之，并进而讨论帝制初始时期政令运转的效率。

本章所说的文书处理周期指从发文者写就文书后，到收文者处理完成这一时间断限。其中包括写就文书→发送文书→文书走行→收文者处理这样几个步骤，个别文书还要回复发文者。但因文书种类不同，或者书写需要，其中有的环节被省写。根据目前已有对里耶秦简的研究，可以确定本章相关术语的解释：文书正文后"某某发"为开启收到文书的时间，"某某以来"是收到文书的时间，"某人行"则是发出文书的时间，以此作为计算的基点，即可以看出文书处理步骤的时间。

一 迁陵县内上、下行文书的运转周期

从已公布的里耶秦简文书看，以迁陵县为中心，文书走行的路径既包括县内的上下走行，也包括迁陵县与县外，主要是与其上级机构洞庭郡的文书往来。我们先观察迁陵县内文书往来的周期。

作为秦迁陵县的政府档案文书，里耶秦简同汉晋简牍档案文书一样，不同的传递路径皆有专门的格式和术语。其中包含迁陵县接收来自下属单位文书的记录，即为下属机构和属乡发到迁陵县的上行文书，反映了这些机构写就文书后到送至县廷的时间间隔。其排列的一般规律是：首先，县直属机构和都乡的文书多当天送达，如：

卅年五月戊午朔辛巳，司空守敞敢言之：冗戍士五（伍）□Ⅰ归高成

---

① 目前所见，只有汪桂海提到文书有当日发送和次日发送两种，但是当时限于材料不足，并没有做更进一步的分析。参见汪桂海《从湘西里耶秦简看秦官文书制度》，中国社会科学院考古研究所、中国社会科学院历史研究所、湖南省文物考古研究所编：《里耶古城·秦简与秦文化——中国里耶古城·秦简与秦文化国际学术研讨会论文集》，科学出版社 2009 年版。

② 唐俊峰：《秦代迁陵县行政信息传递效率初探》，武汉大学简帛研究中心主办：《简帛》（第十六辑），上海古籍出版社 2018 年版。

免衣用，当传。谒遣吏传。谒报。Ⅱ敢言之。Ⅲ8-666+8-2006

辛巳旦食时食时，隶臣殷行。武☐ 8-666+8-2006背①

卅三年三月辛未朔丙戌，尉广敢言之：☐☐Ⅰ☐【言谒徙迁陵阳里，谒告襄城】☐☐Ⅱ8-1477

三月丙戌旦，守府交以来。/履发。☐8-1477背②

卅五年七月戊子朔己酉，都乡守沈爰书：高里士五（伍）广自言：谒以大奴良、完，小奴㱃、饶，大婢阑、愿、多、☐，Ⅰ禾稼、衣器、钱六万，尽以予子大女子阳里胡，凡十一物，同券齿。Ⅱ典弘占。Ⅲ8-1554

七月戊子朔己酉，都乡守沈敢言之：上。敢言之。/☐手。Ⅰ【七】月己酉日入，沈以来。☐☐。沈手。Ⅱ8-1554背③

卅二年六月乙巳朔壬申，都乡守武爰书：高里士五（伍）武自言以大奴幸、甘多，大婢言、言子益Ⅰ等，牝马一匹予子小男子产。典私占。初手。Ⅱ8-1443+8-1455

六月壬申，都乡守武敢言：上。敢言之。/初手。Ⅰ六月壬申日，佐初以来。/欣发。初手。Ⅱ8-1443背+8-1455背④

简8-666+8-2006中的司空是县廷的稗官，为县所统属。⑤ 简8-1447中的县尉，其身份在秦代和稗官类似，与县令是上下级关系，而与汉代的尉作为县令、长的佐官有所不同。⑥ 这些直属机构和都乡之所以能够当天送达，是因为直属机构和县廷相距不远，都乡则是县治所在地。这种地点相近是当天送达的基础。其次，从文书内容看，多为程序化的文书。上述简8-1554和8-1443+8-1455含义明白，皆为都乡民户财产转移记录，登录于官府，具有备案公证书功能。除此以外，更多的是各类簿籍，如：

---

① 陈伟主编：《里耶秦简牍校释》（第一卷），第197页。
② 陈伟主编：《里耶秦简牍校释》（第一卷），第336页。
③ 陈伟主编：《里耶秦简牍校释》（第一卷），第356—357页。
④ 陈伟主编：《里耶秦简牍校释》（第一卷），第326页。
⑤ 郭洪伯：《稗官与诸曹——秦汉基层机构的部门设置》，卜宪群、杨振红主编：《简帛研究》（二〇一三），广西师范大学出版社2014年版。
⑥ 详见本书上编第五章《县级机构中的守吏》。

卅一年五月壬子朔壬戌，都乡守是徒薄（簿）。☑Ⅰ受司空城旦一人、仓隶妾二人。☑Ⅱ一人捕献。☑Ⅲ二人病。☑Ⅳ8－2011

五月壬戌，都乡守是□□□☑Ⅰ五月壬戌旦，佐初以来。/气发。☑Ⅱ8－2011背①

卅年九月庚申，少内守增出钱六千七百廿，环（还）令佐朝、义、佐盉赀各一甲，史狂二甲。Ⅰ九月丙辰朔庚申，少内守增敢言之：上出券一。敢言之。/欣手。九月庚申日中时，佐欣行。Ⅱ8－890＋8－1583②

卅年二月己丑朔壬寅，田官守敬敢言【之】☑Ⅰ官田自食薄（簿），谒言泰守府□☑Ⅱ之。☑Ⅲ8－672

壬寅旦，史逐以来。/尚半。☑ 8－672背③

卅二年十月己酉朔乙亥，司空守圂徒作簿。AⅠ…… GⅨ9－2289

【卅】二年十月己酉朔乙亥，司空守圂敢言之：写上，敢言之。/痤手。Ⅰ十月乙亥水十一刻刻下二，佐痤以来。Ⅱ9－2289背④

元年八月庚午朔庚寅，田官守瞿敢言Ⅰ之：上狠（垦）田课一牒。敢言之。☑Ⅱ9－1865

八月庚寅日入，瞿以来。/援发。瞿手。9－1865背⑤

上呈县廷徒作簿在已经公布的秦简中所占比例较高，除了简 8－145＋9－2294 外，尚有都乡（8－142；8－196＋1521）、仓（8－1559）、库（8－1069＋8－1434＋8－1520；8－686＋8－973）、畜官（8－199＋8－688）等。从里耶秦简反映的情况看，使用刑徒从事力役是政府敛取社会资源的重要手段之一，因此对其中每一个环节都十分重视：既有负责管理刑徒的仓和司空这两个机构，也有接收使用刑徒的畜官、库等其他县属机构和属乡。另外，简 8－672、9－1865 "官田自食薄（簿）" 和 "狠（垦）田课" 两份文件都

---

① 陈伟主编：《里耶秦简牍校释》（第一卷），第 417 页。
② 陈伟主编：《里耶秦简牍校释》（第一卷），第 242 页。
③ 陈伟主编：《里耶秦简牍校释》（第一卷），第 199 页。
④ 陈伟主编：《里耶秦简牍校释》（第二卷），第 455—458 页。
⑤ 陈伟主编：《里耶秦简牍校释》（第二卷），第 377 页。

是田官职责范围内的文件。因为这些簿籍编制格式、传送速度都有固定的模式可以遵循,因而推测这些县属机构需要呈报的定期文书多能在最短时间内传送到县廷。

除此以外,回复上级询问的文书也可当天送达,如:

廿六年十二月癸丑朔辛巳,尉守蜀敢告之:大(太)守令曰:秦人□□□Ⅰ侯中秦吏自捕取,岁上物数会九月朢(望)大(太)守府,毋有亦言。Ⅱ问之尉,毋当令者。敢告之。Ⅲ 8-67+8-652
辛巳,走利以来。/□半。憙□ 8-67背+8-652背①
卅年十一月庚申朔丙子,发弩守涓敢言之:廷下御史书曰县Ⅰ□治狱及覆狱者,或一人独讯囚,嗇夫长、丞、正、监非能与Ⅱ□□殹,不参不便。书到尉言。·今已到,敢言之。Ⅲ 8-141+8-668
十一月丙子旦食,守府定以来。/连手。萃手。8-141背+8-668背②

这种事情能够当天回复是基于两点原因:一是询问的事情比较容易回复,无须太多周折调查。简 8-67+8-652 是按照时间要求回复上级关于缴纳某种贡品的规定,事情并不复杂,因此可以做到及时上交;简 8-141+8-668 则是对收文的回复,也可以实时回答。二是除了机构与县廷相距不远、事由简单外,这些机构能够及时回复文书,或许还与他们是直接上下级关系有关。我们注意到在当天送达文书中,还有几份具体时刻为"旦",即清晨:

卅一年后九月庚辰朔壬寅,少内守敞作徒薄(簿):受司空鬼薪□Ⅰ其五人求羽:吉、□、哀、瘳、嬗。一人作务:宛。□Ⅱ后九月庚辰朔壬寅,少内守敞敢言之:上。敢言之。/□Ⅲ 8-2034
后九月壬寅旦,佐□以来。/尚发。□ 8-2034背③
卅一年五月壬子朔丁巳,都乡□□Ⅰ受司空城旦一人、仓隶妾二人。□

---

① 陈伟主编:《里耶秦简牍校释》(第一卷),第 52 页。
② 陈伟主编:《里耶秦简牍校释》(第一卷),第 81 页。
③ 陈伟主编:《里耶秦简牍校释》(第一卷),第 421 页。

Ⅱ8-196+8-1521

☐☐Ⅰ五月丁巳旦，佐初以来。/欣发。☐Ⅱ8-196背+8-1521背①
卅一年五月壬子朔辛巳，将捕爰，叚（假）仓兹敢Ⅰ言之：上五月作徒簿及冣（最）卅牒。敢言Ⅱ之。Ⅲ8-1559
五月辛巳旦，佐居以来。气发。居手。8-1559背②
二月辛未，都乡守舍徒薄（簿）☐Ⅰ受仓隶妾三人、司空城☐Ⅱ凡六人。捕羽，宜、委、☐☐Ⅲ8-142
二月辛未旦，佐初☐☐ 8-142背③
廿八年五月己亥朔甲寅，都乡守敬敢言之：☐Ⅰ得虎，当复者六人，人一牒，署复☐于☐Ⅱ从事，敢言之。☐Ⅲ8-170
五月甲寅旦，佐宣行廷。8-170背④

当天写就早晨就送达，这种可能性当然也存在，如简8-2034接收来自司空的刑徒，日期应该准确，没有标注具体哪一天，可视之为当天。不过，还有一种可能，在提交之前就已经提前写就，简8-170虽然残缺，内容大约是复除得虎者没有问题，此事并无严格的时间要求。但无论是哪一种情况，都能反映出下属机构雷厉风行地执行上级要求。因而或可以认为，这也是上级机构对下属的威权使然。⑤

与县廷直属机构和都乡不同，远离县廷的离乡送达文书时间较长，通常超过1天。里耶秦简所见迁陵县的离乡有启陵、贰春两乡。⑥ 他们送达县廷文书的时间有如下几条材料：

---

① 陈伟主编：《里耶秦简牍校释》（第一卷），第108页。
② 陈伟主编：《里耶秦简牍校释》（第一卷），第358页。
③ 陈伟主编：《里耶秦简牍校释》（第一卷），第82页。
④ 陈伟主编：《里耶秦简牍校释》（第一卷），第103页。
⑤ 当天送达的文书中，有一条材料值得怀疑："廿九年九月壬辰朔辛亥，贰春乡守根敢言之：牒书水Ⅰ火败亡课一牒上。敢言之。Ⅱ8-645 九月辛亥旦，史邛以来。/感半。邛手。8-645背"（陈伟主编：《里耶秦简牍校释》（第一卷），第189页）贰春乡是离乡，距离县治较远，能在写就早晨就送达，其原因不详，存疑。
⑥ 晏昌贵认为迁陵县除都乡外，只有贰春、启陵两个离乡。参见晏昌贵《秦简牍地理研究》第四章《里耶简牍所见秦迁陵县乡里研究》，武汉大学出版社2017年版。

卅年十月辛卯朔乙未，贰春乡守绰敢告司空主，主Ⅰ令鬼薪黪、小城旦乾人为贰春乡捕鸟及羽。羽皆已Ⅱ备，今已以甲午属司空佐田，可定薄（簿）。敢告主。Ⅲ8-1515

十月辛丑，隶臣良朱以来。／死半。邛手。8-1515背①

廿八年七月戊戌朔辛酉，启陵乡赵敢言之：令曰二月Ⅰ壹上人臣治（笞）者名。·问之，毋当令者。敢Ⅱ言之。Ⅲ8-767

七月丙寅水下五刻，邮人敞以来。／敬半。贝手。8-767背②

卅五年三月庚寅朔丙辰，贰春乡兹爰书：南里寡妇愁自言：谒垠（垦）草田故菜（桑）地百廿步，在故Ⅰ步北，恒以为菜（桑）田。Ⅱ三月丙辰，贰春乡兹敢言之：上。敢言之。／诎手。Ⅲ9-15

四月壬戌日入，戍卒寄以来。／瞫发。诎手。Ⅰ9-15背③

廿八年九月戊戌朔癸亥，贰春乡守畸敢言之：廷下平Ⅰ春君居叚舍人南昌平智大夫加謢书曰：各谦（廉）求其界中。Ⅱ得弗得，亟言，薄留日。今谦（廉）求弗得，为薄留一牒下。敢言Ⅲ之。9-2315

九月丁卯旦，南里不更除鱼以来。／彻半。壬手。9-2315背④

贰春到县廷需要1天。除了离乡，距离都乡较远的亭也无法即日送达：

【廿】六年二月癸丑朔丙子，唐亭叚（假）校长壮敢言之：唐亭Ⅰ旁有盗可卅人。壮卒少，不足以追。亭不可空。谒Ⅱ遣【卒】索（索）。敢言之。／二月辛巳，迁陵守丞敦狐敢告尉、告卿（乡）主，以律Ⅲ9-1112令从吏（事）。尉下亭鄣，署士吏谨备。贰卿（乡）上司马丞。／亭手。／即令Ⅰ走涂行。Ⅱ二月辛巳，不更舆里成以来。／丞半。壮手。Ⅲ9-1112背⑤

---

① 陈伟主编：《里耶秦简牍校释》（第一卷），第343页。
② 陈伟主编：《里耶秦简牍校释》（第一卷），第221页。
③ 陈伟主编：《里耶秦简牍校释》（第二卷），第21页。
④ 陈伟主编：《里耶秦简牍校释》（第二卷），第470页。
⑤ 陈伟主编：《里耶秦简牍校释》（第二卷），第260页。

具有治安职能的亭，在其附近发现"盗"是紧急情况，需要以最快的速度报告上级，因此从校长书写到县廷接收不会有丝毫延搁，花费最多的只会是走行时间。这么长的文书周期，文书需要走行距离远虽是主要因素，但并不是唯一的原因，我们看启陵乡的这两份文书：

启陵津船人高里士五（伍）启封当践十二月更，☐【廿九日】☐☒Ⅰ正月壬申，启陵乡守绕劾。Ⅱ卅三年正月壬申朔朔日，启陵乡守绕敢言之，上劾一牒☒Ⅲ8-651

正月庚辰旦，隶妾咎以来。／履发。☒ 8-651背①

卅二年正月戊寅朔甲午，启陵乡夫敢言之：成里典、启陵Ⅰ邮人缺。除士五（伍）成里匄、成，成为典，匄为邮人，谒令Ⅱ尉以从事。敢言之。Ⅲ8-157

正月戊寅朔丁酉，迁陵丞昌却之启陵：廿七户已有一典，今有（又）除成为典，何律令Ⅰ應（应）？尉已除成、匄为启陵邮人，其以律令。／气手。／正月戊戌日中，守府快行。Ⅱ正月丁酉旦食时，隶妾冉以来。／欣发。壬手。Ⅲ8-157背②

简8-651从写就到送达用了8天时间，简8-157则用了3天时间，同样距离，处理时间差距这样大，当然不会是传递过程中的问题，多出的时间应该从文书内容寻找答案。前一支简从残存的内容看，是启陵乡守绕告劾启封没有践更事，后一支简是申请递补吏员事。从发件方启陵乡角度，后一件事更为迫切、重要，因而处理起来更为积极。当然也有可能告劾事情比较复杂，虽然文书已经写就，还需谨慎行事。正因为如此，一些县直属机构也有延宕几日送达文书的情况：

廿九年四月甲子朔辛巳，库守悍敢言之：御史令曰：各第（第）官徒丁【邻】☒Ⅰ勮者为甲，次为乙，次为丙，各以其事勮（剧）易次

---

① 陈伟主编：《里耶秦简牍校释》（第一卷），第191—192页。
② 陈伟主编：《里耶秦简牍校释》（第一卷），第94页。

之。·令曰各以□ⅡⅠ上。·今牒书当令者三牒，署苐（第）上。敢言
之。☒Ⅲ8-1514

四月壬午水下二刻，佐圂以来。/槐半。8-1514背①

卅一年六月壬午朔庚戌，库武敢言之：廷书曰令史操律令诣廷雠，Ⅰ署
书到、吏起时。有追。·今以庚戌遣佐处雠。Ⅱ敢言之。Ⅲ8-173

七月壬子日中，佐处以来。/端发。处手。8-173背②

卅年六月丁亥朔甲辰，田官守敬敢言之：疏书曰食胺北（背）上。Ⅰ
敢言之。Ⅱ8-1566

城旦、鬼薪十八人。AⅠ小城旦十人。AⅡ舂廿二人。AⅢ小舂三人。B
Ⅰ隶妾居赀三人。BⅡ戊申，水下五刻，佐壬以来。/尚半。逐手。8-
1566背③

廿八年六月己巳朔甲午，仓武敢言之：令史敞、彼死共走兴。今彼死次
Ⅰ不当得走，令史畸当得未有走。今令畸袭彼死处，与敞共Ⅱ走。仓已
定籍。敢言之。Ⅲ8-1490+8-1518

六月乙未，水下六刻，佐尚以来。/朝半。□尚手。8-1490背+8-
1518背④

卅三年四月辛丑朔丙寅，贰春乡守吾敢言之：令曰：以二尺Ⅰ牒疏书见
刍稟、茭石数，各别署积所上，会五月朔Ⅱ日廷。问之，毋当令者。敢
言。Ⅲ9-2284

五月庚辰日中，佐胥以来。/圂发。吾手。9-2284背⑤

前两支简皆为响应上级机构相关要求，并没有当天送到。其中第一支简大约需要调查，后一支简可能是库武的消极对待，所以才会导致县廷"有追"。简8-1566是田官上交刑徒支取口粮的名单，只要在发放口粮之前送到即可，亦非急务。简8-1490+8-1518是关于吏员安排，或许颇费周章，所

---

① 陈伟主编：《里耶秦简牍校释》（第一卷），第342页。
② 陈伟主编：《里耶秦简牍校释》（第一卷），第104页。
③ 陈伟主编：《里耶秦简牍校释》（第一卷），第362页。
④ 陈伟主编：《里耶秦简牍校释》（第一卷），第338页。
⑤ 陈伟主编：《里耶秦简牍校释》（第二卷），第452页。

以无法当日送达。还需要注意的是，尽管有所延搁，但因为距离县廷较近，所以时间较离乡亦还要短一些。前四例中，除一例为 4 天外，其他皆 1 天之后即送到。简 9 – 2284 较为特殊，按规定是在五月初一交到县廷，却是在 11 天后送达，不过考虑到这份文书是在 4 月 2 日，也就是差不多 1 个月前写就，那么迟迟送达可能是因为某种客观原因所致。

以上讨论的是迁陵县内上行文书的处置周期，因为迁陵县廷是收文机构，故材料较多。但是反过来，迁陵县传达到下属机构的下行文书，因为没有其收文记录，所以材料相对较少，但从县廷转发交办事务还是能看出一些端倪：

廿七年十一月戊申朔甲戌，库守悉敢言之：前言组用几（机），令司 Ⅰ 空为。司空言徒毋能为组几（机）者。今岁莫（暮）几（机）不成，谒令仓为，Ⅱ□□徒。腾尉。谒报。敢言之。Ⅲ9 – 1408 + 9 – 2288
十一月乙亥，迁陵守丞敦狐告仓：以律令从事。报之。/莫邪手。/日入，走褑行。Ⅱ甲戌水下五亥（刻），佐朱以来。/莫邪半。朱手。Ⅲ 9 – 1408 背 + 9 – 2288 背①

廿七年二月丙子朔庚寅，洞庭守礼谓县啬夫卒史嘉、叚（假）卒史谷、属尉。令曰：传送委输，必先悉行城旦舂、隶臣妾、居赀赎责（债）；急事不可留，乃兴繇（徭）✓。今洞庭兵输内史及巴、南郡、苍梧，输甲兵当传者多节传之。必先悉行乘城卒、隶臣妾、城旦舂、鬼薪、白粲、居赀赎责（债）、司寇、隐官、践更县者✓。田时殹（也），不欲兴黔首。嘉、谷、尉各谨案所部县卒、徒隶、居赀赎责（债）、司寇、隐官、践更县者簿，有可令传甲兵，县弗令传之而兴黔首，兴黔首可省少弗省少而多兴者，辄劾移县，县丞以律令具论，当坐者言名夬（决）泰守府，嘉、谷、尉在所县上书，嘉、谷、尉令人日夜端行。它如律令。16 – 5a
三月丙辰，迁陵守丞欧敢告尉、告乡、司空、仓主，前书已下，重听书从事。尉别都乡、司空，司空传仓；都乡别启陵、贰春，皆勿留脱，它

---

① 陈伟主编：《里耶秦简牍校释》（第二卷），第 301 页。

如律令。／釦手。丙辰水下四刻，隶臣尚行。
三月癸丑，水下尽，巫阳陵士五（伍）匀以来。／邪手。
二月癸卯，水下十一刻刻下九，求盗簪褭阳成辰以来。／弱半。如手。
16-5b①

☐亥朔辛丑，琅邪段（假）【守】☐敢告内史、属邦、郡守主：琅邪尉徙治即【默】☐Ⅰ琅邪守四百世四里，卒可令县官有辟、吏卒衣用及卒有物故当辟征逯☐Ⅱ告琅邪尉，毋告琅邪守。告琅邪守固留费，且辄却论吏当坐者。它如律令。敢☐☐Ⅲ☐一书。·以苍梧尉印行事。／六月乙未，洞庭守礼谓县啬夫听书从事☐Ⅳ☐军吏在县界中者各告之。新武陵别四道，以次传。别书写上洞庭 V 8-657
尉。皆勿留。／葆手。Ⅰ／骄手。／八月甲戌，迁陵守丞膻之敢告尉官主：以律令从事。传别【书】Ⅱ贰春，下卒长奢官。／☐手。／丙子旦食走印行。☐Ⅲ☐【月庚】午水下五刻，士五（伍）宕渠道平邑疵以来。／朝半。洞☐Ⅳ 8-657 背②

简9-1408 中甲戌（二十六日）收到库发来的文书后，第二天就转给相关机构处理。简16-6在戊申（初三）日暮时收到郡府文书，庚戌（初五）就转达到相关机构，中间只间隔1天，并且在写就当天即发送，说明其效率较高。8-657则相反，收到郡级文书到准备转发文书，间隔4天，其中原因可能与文书紧急程度相关：前者关于征发劳役的身份标准，需要抓紧时间照章执行，而后者似乎是不急之务，从洞庭郡到迁陵县走行了大约近两个月，郡级政府对此也并未有严格的时间要求。尽管如此，其效率亦不低。整体来说，在迁陵县内，文书上下行时间皆不算拖沓。

二 迁陵县与县外之间的文书处理周期

迁陵县与外部文书往来可以分为与其直接上级机构洞庭郡往来文书，以

---

① 里耶秦简博物馆、出土文献与中国古代文明研究协同创新中心中国人民大学中心编：《里耶秦简博物馆藏秦简》，第207页。
② 陈伟主编：《里耶秦简牍校释》（第一卷），第193页。

及不经过洞庭郡与外县直接往来文书。我们先看前一种情况。洞庭郡作为迁陵县的上级，迁陵县廷对洞庭郡交办的事情响应比较积极。一是表现在写就文书后当天就送出：

> 卅二年三月丁丑朔朔日，迁陵丞昌敢言之：今日上Ⅰ葆缮牛车薄（簿），恒会四月朔日泰（太）守府。·问之迁陵毋Ⅱ当令者，敢言之。Ⅲ8-62
> 三月丁丑水十一刻刻下二，都邮人□行。尚手。8-62背①
> 卅三年二月壬寅朔朔日，迁陵守丞都敢言之：今日恒以Ⅰ朔日上所买徒隶数。·问之，毋当令者，敢言之。Ⅱ8-154
> 二月壬寅水十一刻刻下二，邮人得行。圂手。8-154背②
> 卅二年九月甲戌朔朔日，迁陵守丞都敢□Ⅰ以朔日上所买徒隶数守府。·问□Ⅱ敢言之。□Ⅲ8-664+8-1053+8-2167
> 九月甲戌旦食时，邮人辰行。□8-664背+8-1053背+8-2167背③
> 廿九年九月壬辰朔辛亥，迁陵丞昌敢言之：令令史感上Ⅰ水火败亡者课一牒。有不定者，谒令感定。敢言之。Ⅱ8-1511
> 已。Ⅰ九月辛亥水下九刻，感行。感手。Ⅱ8-1511背④

上述四例中，前三例都是规定在朔日上交簿籍，即在指定日期交纳的文件。最后一例则是上交考课文书，它们有一个共同特点，都是例行公事的定期文书。这和秦汉时期地方管理体制有关。韩树峰通过观察户籍类文书认为，在简牍书写时代，政府对于地方社会的控制，到了郡级单位通常只是掌握一个数字，而详情由县一级政府掌握。⑤ 同样，对于奴隶、公共财物等，郡级政府也只是掌握数字。如简8-154简所言，只要求县级政府呈报徒隶数即可。甚至并没有要求呈报细目。最后一项是要求上呈"水火败亡者课"，这种考

---

① 陈伟主编：《里耶秦简牍校释》（第一卷），第47页。
② 陈伟主编：《里耶秦简牍校释》（第一卷），第93页。
③ 陈伟主编：《里耶秦简牍校释》（第一卷），第197页。
④ 陈伟主编：《里耶秦简牍校释》（第一卷），第341—342页。
⑤ 韩树峰：《论汉魏时期户籍文书的典藏机构的变化》，《人文杂志》2014年第4期。

课可能也不需要详情，因为按照秦汉时期考课制度样本，郡一级上计文书中，其内容只是汇总辖境内的各项数据。这类文书处理起来，对县廷来说难度不大，因而可实时上报。当然，县廷也有非当日呈交郡府的文书：

廿六年十二月癸丑朔庚申，迁陵守禄敢言之：沮守瘳言：课廿四年畜 Ⅰ 息子得钱殿。沮守周主。为新地吏，令县论言史（事）。·问之，周不在 Ⅱ 迁陵。敢言之。Ⅲ ·以荆山道丞印行。Ⅳ 8－1516
丙寅水下三刻，启陵乘城卒秭归囗里士五（伍）顺行旁。壬手。8－1516 背①
卅四年后九月壬戌〈辰〉朔辛酉，迁陵守丞兹敢 Ⅰ 言之：迁陵道里毋蛮更者。敢言之。Ⅱ 8－1449＋8－1484
十月己卯旦，令佐平行。平手。8－1449＋8－1484 背②

8－1516 是迁陵县收到沮县的文书，请求调查原沮守周是否在迁陵县，十二月庚申日写就，丙寅日送走，中间相差 6 天。简 8－1449＋8－1484 则是按照要求，调查本地是否有蛮更者，即需要交纳更赋的少数民族。从写就到发走，中间用了 18 天。虽然皆未写明收件对象，不过从"敢言之"这一文书用语看，是发给洞庭郡或更高级部门无疑。因为针对沮县这样的平级机构，当用"敢告"这样的文书语词。但是为什么需要这么长的时间呢？和当日发送的文书相比，这些文书涉及的事情需要调查，可能虽然已经写完，但是出于谨慎考虑，或许还要做进一步地确认。另外还有一种可能，需要调查的事情有时间弹性，而且这类事情并不牵涉洞庭郡，迁陵县也未必会在第一时间处理。

里耶秦简所见迁陵县以外的文书传递路径，除了和洞庭郡直接对接之外，还有不经过上级直接和外县的文书往来。这类文件处理时间，因情况不同而有差别。首先是紧急的事情第一时间办理：

---

① 陈伟主编：《里耶秦简牍校释》（第一卷），第 343 页。
② 陈伟主编：《里耶秦简牍校释》（第一卷），第 328 页。

元年七月庚子朔丁未，仓守阳敢言之：狱佐辨、平、士吏贺具狱，县官 Ⅰ 食尽甲寅，谒告过所县乡以次续食。雨留不能投宿赍。Ⅱ 来复传。零阳田能自食。当腾期卅日。敢言之。／七月戊申，零阳Ⅲ 簿移过所县乡。／齮手。／七月庚子朔癸亥，迁陵守丞固告仓啬夫：Ⅳ 以律令从事。／嘉手。V 5-1

迁陵食辨、平尽己巳旦□□□□迁陵。Ⅰ 七月癸亥旦，士五（伍）臂以來。／嘉发。Ⅱ 5-1 背①

零阳县请求对出差办案吏员续食，即提供口粮的文件，这是无法拖延的事情，所以癸亥旦日迁陵县廷收到这一请求后，立即通知负责粮食供给的仓啬夫按照律令办理。此外，一些和迁陵县密切相关的事情，办理速度也较快：

☐朔甲午，尉守儵敢言之：迁陵丞昌曰：屯戍士五（伍）桑唐赵归Ⅰ☐日已，以乃十一月戊寅遣之署。迁陵曰：赵不到，具为报・问：审以卅Ⅱ☐【署】，不智（知）赵不到故，谒告迁陵以从事。敢言之。／六月甲午，Ⅲ 临沮丞秃敢告迁陵丞主、令史，可以律令从事。敢告主。／胥手。Ⅳ 九月庚戌朔丁卯，迁陵丞昌告尉主，以律令从事。／气手。／九月戊辰旦，守府快行。V 8-140
☐倍手　8-140 背②

这虽是迁陵县与临沮县的文书往来，但内容是迁陵县对屯戍者不到署的追索，和迁陵县关系更大，所以迁陵县丞在接到文书的第二天就交付主管官员尉。

不过，在更多的场合下，对外县要求的事情，常有迁延的现象：

廿六年三月壬午朔癸卯，左公田丁敢言之：佐州里烦故为公田吏，徙属。事荅不备，分Ⅰ 负各十五石少半斗，直钱三百一十四。烦冗佐署迁

---

① 陈伟主编：《里耶秦简牍校释》（第一卷），第1页。
② 陈伟主编：《里耶秦简牍校释》（第一卷），第80页。

中编·第八章　县级档案文书的处理周期　225

陵。今上责校券二，谒告迁陵Ⅱ令官计者定，以钱三百一十四受旬阳左公田钱计，问可（何）计付，署计年为报。敢言之。Ⅲ三月辛亥，旬阳丞滂敢告迁陵丞主：写移，移券，可为报。敢告主。/兼手。Ⅳ廿七年十月庚子，迁陵守丞敬告司空主，以律令从事言。/廧手。即走申行司空Ⅴ8-63

十月辛卯旦，朐忍索秦士五（伍）状以来。/庆半。兵手。8-63背①

这是旬阳县与迁陵县接洽，追讨公田吏烦所欠债务。对此，从前一年的三月到第二年十月辛卯一年多的走行才送达迁陵县，而迁陵县丞9天以后（从十月辛卯到庚子），才向负责官员司空布置处理。处理周期较长，一方面是这类债务文书处理起来不必着急。另一方面和其为外县有关。按整理者所说，旬阳在今陕西汉中一带，两者之间不仅距离玄远，而且无任何关联，所以也可能是迁陵县主事者无意着急办理。这似乎是一种通例：

十二月戊寅，都府守胥敢言之：迁陵丞膻曰：少内朏言冗Ⅰ佐公士棘道西里亭赘三甲，为钱四千卅二，自言家能入。Ⅱ为校□□□谒告棘道受责。有追，追曰计廿八年□Ⅲ责亭妻胥亡。胥亡曰：贫，弗能入。谒令亭居署所。上真书谒环。□□Ⅳ棘道弗受计。亭譿当论，论。敢言之。☑Ⅴ8-60+8-656+8-665+8-748

十二月己卯，棘道邮敢告迁陵丞主，写☑Ⅰ事，敢告主。/冰手。/六月庚辰，迁陵丞昌告少内主，以律令□☑Ⅱ手。/六月庚辰水下十一刻刻下六，守府快行少内。☑Ⅲ六月乙亥水十一刻刻下二，佐同以来。/元手。☑Ⅳ8-60背+8-656背+8-665背+8-748背②

这支简的内容是迁陵县通过棘道（今四川宜宾附近）追索冗佐亭的债务，文中称"有追"，似乎棘道主事者也未及时办理，导致迁陵县再次催办。还有一则文书也可说明这一问题：

---

① 陈伟主编：《里耶秦简牍校释》（第一卷），第48—49页。
② 陈伟主编：《里耶秦简牍校释》（第一卷），第43页。

卅三年五月庚午己巳，司空守聚敢言之：未报，谒追。敢言之。/敬 I 手。/六月庚子朔壬子，迁陵守丞有敢告阆中丞主：移。II 为报，署主仓发。敢告主。/横手。/六月甲寅日入，守府印行。III 9 – 2314
卅四年十二月丁酉朔壬寅，司空守沈敢言之：与此二追，未报，谒追。敢言之。/沈手。I /正月丁卯朔壬辰，迁陵守丞巸敢告阆中丞主：追，报，署主仓发，敢告主。/II 壬手。/正月甲午日入，守府印行。III 六月丙午日入，佐敬以来。/横发。/十二月乙巳日入，佐沈以来。/壬发。/
IV 9 – 2314 背①

这应该是档案留底的记录。6月7日迁陵县廷收到司空5月份某日写就的文书，6天后迁陵县廷将其转发到阆中县，两天后送走；12月9日收到司空于12月6日写就的文书，47天后转给阆中，两天后送走，这说明迁陵县似乎并不急于处理和阆中县之间的政事，而发走的两份文书，都是追问文书，反过来看，阆中县对此事也并不着急。这种现象或许说明，如果针对外郡外县的事情，各县从主观角度都不积极。

不过，如果是同郡属县，似乎处理稍快：

或遝。廿六年三月甲午，迁陵司空得、尉乘□☑ I 卒真薄（簿）☑ II 廿七年八月甲戌朔壬辰，酉阳具狱狱史启敢□☑ III 启治所狱留须，敢言之。·封迁陵丞☑ IV 8 – 133
八月癸巳，迁陵守丞陘告司空主，听书从事☑ I 起行司空☑ II 八月癸巳水下四刻走贤以来。/行半。☑ III 8 – 133 背②
廿六年五月辛巳朔壬辰，酉阳齮敢告迁陵主：或诣男子它。辤（辞）曰：士五（伍），居新武陵鞋 I 上。往岁八月毄（击）反寇迁陵，属邦候显、候丞【不】智（知）名。与反寇战，丞死。它狱迁陵，论 II 耐它为侯，遣它归。复令令史畸追环（还）它更论。它毄（系）狱府，

---

① 陈伟主编：《里耶秦简牍校释》（第二卷），第469页。
② 陈伟主编：《里耶秦简牍校释》（第一卷），第70页。

去亡。令史可以书到时Ⅲ定名吏（事）里、亡年日月、它坐论报赦（赦）皋去何，或（又）覆问毋有。遣识者，当腾腾。为报，勿Ⅳ留。敢告主。／五月戊戌，酉阳守丞宜敢告迁陵丞主：未报，追。令史可为报，勿留。Ⅴ 9-2287 敢告主。／抗手。Ⅰ

六月癸丑，迁陵守丞敦狐以此报酉阳曰：已以五月壬寅、戊申报曰：它等Ⅱ未毄（系），去亡。其等皆狱迁陵，盗戒（械）传谒迁陵。／逯手。／即令走起以送Ⅲ移旁。Ⅳ有前在其前狱。Ⅴ癸丑水下三刻，平里士五（伍）颤以来。／逐半。抗手。Ⅵ 9-2287背①

根据里耶秦简5-7《校释》的意见，酉阳和迁陵一样是洞庭郡之属县。这是酉阳县狱史办案的相关事宜，在收到文书当天，迁陵守丞就将其交给司空处理。处理如此迅速，其中一个重要因素应该是异县而同郡，还要受到洞庭郡府的节制。简8-2287稍微复杂，5月11日酉阳令发来文书后，5月18日酉阳守丞又发书"追"，而迁陵县针对这两份文书又分别在11天和10天后回复，最后"癸丑水下三刻"发来的这份文书，很可能是酉阳县第三份追书，把前两次情况一并说明。也就是说，从主观态度来说，迁陵县对酉阳县的事情还是比较重视。

三 文书周期所反映秦中央对地方政府的控制能力

前面以迁陵县为中心对其文书行政周期进行了分类梳理，大致能发现这样的规律：首先按照规定，需要向上级呈送的周期性文书通常能够得到及时处理，比如朔日上报奴隶数、考课内容等。一方面这和地方管理体制有关，且有据可循；另一方面，法律对此也有严格的规定，睡虎地秦墓竹简《秦律十八种·仓律》："县上食者籍及它费大（太）仓，与计偕。都官以计时雠食者籍。"② 这条律文规定了要将食者籍等与上计文书在一起上缴，而上计制度时间相对固定，是一个硬性的时间点，对这样具体程序化的事情进行规

---

① 陈伟主编：《里耶秦简牍校释》（第二卷），第453页。
② 陈伟主编：《秦简牍合集·释文注释修订本（壹、贰）》，第64页。

定，容易操作，故而可以得到有效地执行。并且这也是帝国中央了解地方社会最重要的途径，因此对这些周期性的定期文书，地方政府能够不折不扣地及时回复。

相对于这种有规律的定期文书，那些需要调查、相机处理的事务则具有很大的弹性，因而其文书处理周期也长短不一，通常不会实时回复。这类事务的文书处理周期存在着弹性，对秦帝国的统治者来说会影响到行政效率，因而秦代国家也试图从法律角度予以规范：

> 行命书及书署急者，辄行之；不急者，日觱（毕），勿敢留。留者以律论之。①
> ·禁苑啬夫、吏数循行，垣有坏陕（决）兽道出，及见兽出在外，亟告县。39/31/31/253②

命书，也就是制书，皇帝的文书，它和标明急件的文书需要实时传送，即使非急件，亦不许耽搁，否则依法处罚。当然这种规定还比较笼统，只说明不许积压文书，却看不出明确的量化标准。第二条也只是说明要立即禀报，也没有具体的标准。秦律中也规定了文书走行的方式：

> 雨为澍〈澍〉，及诱（秀）粟，辄以书言澍〈澍〉稼，诱（秀）粟及狼（垦）田畼毋（无）稼者顷数。稼已生后而雨，亦辄言雨少多，所利顷数。早〈旱〉及暴风雨、水潦、螽（蚕）蚰、群它物伤稼者，亦辄言其顷数。近县令轻足行其书，远县令邮行之，尽八月□□之。③

这条材料是规定了文书需要记录的具体内容。与本书相关的是文书依距离远近而要使用不同的传递方式。和上一条材料一样，它并未对送达和走行时间做出具体规定。正因为如此，从现实的行政实践看，这些法律条文未必会达

---

① 陈伟主编：《秦简牍合集·释文注释修订本（壹、贰）》，第133页。
② 陈伟主编：《秦简牍合集·释文注释修订本（叁）》，第35页。
③ 陈伟主编：《秦简牍合集·释文注释修订本（壹、贰）》，第40页。

到预期效果。

在《岳麓书院藏秦简》（陆）中，有一条律文："●律曰：治书，【书】已具，留弗行，盈五日到十日，赀一甲，过十日到廿日，赀二甲。后盈十日，辄驾（加）一甲。"① 治书，整理者解释为"治狱文书，即狱辟书"。与前述几条律文相比，这枚简虽然对发送文书规定了明确的时间节点，但对"具"的完成时间无法做出要求，因而这也不能从根本上解决这一问题。

我们前面在排比迁陵县文书处理周期时就曾发现，县内文书处理速度较快，针对其上级洞庭郡直接发来的文书亦能尽快处理。尽管如此，也很难说迁陵县能够不折不扣地回复洞庭郡文书，我们观察下面这支简：

卅三年正月壬申朔戊戌，洞庭叚守□谓县啬夫：廿八年以来，县所以令糶粟固各有数而上见，或别署，或弗□，以书到时亟各上所糶粟数后上见存，署见左方曰若干石斗不居见，□署主仓发，它如律令。县一书，·以临沅印行事。二月壬寅朔甲子，洞庭叚（假）守齸追，县丞上勿留。/酏手。·以上衍印行事。Ⅴ12-1784
三月丙戌日中，邮人缠以来。/□发。歇手。12-1784背②

洞庭郡在向属县发出第一次文件是正月二十七日，第二次重新发出这份文件的时间是二月二十三日，迁陵县收到这份文件的时间是三月十六日。这样第二份文件的单程走行时间是21天，那么这份文书在洞庭郡和迁陵县往返时间为42天。这就意味着洞庭郡在没有收到第一份文书回复的时候，就发出了催办文书，一则说明此事重要，再则是对迁陵县能否实时回复也没有把握。正因为如此，前面排比迁陵县处理外地郡县文书规律时，会出现处置速度上的选择，与本县关系不大的文书处理起来总会拖延几天。不仅在迁陵县，洞庭郡也有这种倾向，在《里耶秦简》〔贰〕中有一组追债文书，兹举

---
① 陈松长主编：《岳麓书院藏秦简》（陆），第57页。
② 里耶秦简博物馆、出土文献与中国古代文明研究协同创新中心中国人民大学中心编：《里耶秦简博物馆藏秦简》，第202页。

一例：

> 卅三年三月辛未朔丁酉，司空腾敢言之：阳陵谿里士五（伍）采有赀余钱八百五十二。不Ⅰ采戍洞庭郡，不智（知）何县署。·今为钱校券一上，谒洞庭尉，令署所县责，以受Ⅱ阳陵司空——司空不名计。问何县官计付，署计年为报。已訾责其家，家贫弗能入，乃Ⅲ移戍所。报署主责发。敢言之。／四月壬寅，阳陵守丞恬敢言之：写上，谒报，Ⅳ署金布发。敢言之。／卅四年八月癸巳朔朔日，阳陵遝敢言之：至今未报，谒追。Ⅴ敢言之。9-11 敢言之。Ⅰ卅五年四月己未朔乙丑，洞庭叚（假）尉觿谓迁陵丞：阳陵卒署迁陵，其Ⅱ以律令从事，报之，当腾腾。／嘉手。·以洞庭司马印行事。Ⅲ敬手。Ⅳ9-11 背①

这是一份阳陵县追债的文书，阳陵守丞恬发往洞庭郡的时间是三十三年四月壬寅，但到了第二年八月的时候没有收到回信，只好再一次追问，而洞庭郡尉处理的时间已是第三年四月。据晏昌贵、钟炜考证，秦代的阳陵县在今河南许昌附近，②虽然距离迁陵县遥远，但无论如何也不会走行一年多时间。加之提到的"谒追"，那么这完全是洞庭郡尉主观上不积极调查所致。

总之，秦代为了提高行政统治效率，需要加快文书的处理周期，并且也从制度建设方面做了努力。然而除了直接的上下级机构之间能够有较高的文书处理效率外，在不同郡县之间似乎并没有得到有效的贯彻。这可能是因为秦承分裂的战国而来，一统思想并没有浸透到官僚体系的观念中，制度与行政实践之间差距的磨合尚需时日。

---

① 陈伟主编：《里耶秦简牍校释》（第二卷），第 18 页。
② 晏昌贵、钟炜：《里耶秦简所见的阳陵与迁陵》，《中国历史地理论丛》2006 年第 4 期。

第 九 章
里耶秦简文书的归档

近二十年来,两湖地区一些古井中发现了数量众多的秦汉魏晋简牍,内容多是政府的公文书。学界除了关注其内容以外,也开始注意从埋藏地点特殊性的角度来研究这类材料。① 并且一些研究也认为这些公文书就是政府的档案。现代档案学关于档案有数十种定义,② 如果将它们和简牍书写时代的文书特点结合起来看,作为档案的简牍至少要包括长时间保存和提供查验两个特征。具体到里耶秦简文书,已有学者从档案学角度进行了研究,比如邢义田对先期公布的第九层编号 1—12 的一套文书从存档角度进行过分析;③ 王春芳、吴红松则将这批文书都看成档案文书,认为"正本、副本、抄件都作为迁陵县地方官府的文书档案加以保存,归档前经过了整理和立卷"④。另外在一些相关研究中也提及里耶秦简的档案特征。我们的工作也是从档案学视角看里耶秦简如何由文书变成由政府保存可资查阅的档案,也就是归档的过程。

---

① 如胡平生、宋少华认为,出土于古井中的走马楼吴简"大都是孙吴时长沙郡如田曹、户曹、仓曹与库等有关机构的档案文书,其中许多是契约合同的凭证,必须妥善保存,在事隔多年之后,有目的地将它们放置在空仓里,既有到期失效、就此作废的意思,也有郑重封存、避免流失的意思"。参见胡平生、宋少华《长沙走马楼简牍概述》,《传统文化与现代化》1997 年第 3 期;凌文超甚至提出古井简牍文书学的概念。参见凌文超《走马楼吴简采集簿书整理与研究》,广西师范大学出版社 2015 年版,第 467 页。
② 赵越主编:《档案学概论》,辽宁大学出版社 1987 年版,第 43—48 页。
③ 邢义田:《湖南龙山里耶J1(9)1—12 号秦牍的文书构成笔迹和原档存放形式》,收入其著《治国安邦:法制、行政与军事》,中华书局 2011 年版。
④ 王春芳、吴红松:《从里耶秦简看秦代文书和文书工作》,《大学图书馆情报学刊》2005 年第 2 期。

一 废弃物还是档案：古井一出土文书的性质

数量众多的秦迁陵县官署文书为何出现在古井中？最早对此做出解答的是发掘这批材料的考古工作者："简牍的埋藏应是秦末动乱之时，政务不修，以致随意弃置于水井之中。"① 不过大约是受到走马楼吴简等其他古井文书的影响，也有学者认为这是封存的档案，比如黄海烈说："处简牍于井中并非是因秦末动乱、政务不修，随意丢弃的，而是当地官署处理废弃档案的一种手段和方式。长沙走马楼吴简也是用此种'窖井'式的方法来处置的。"② 吴荣政将里耶秦简档案分为书传、律令、录课、簿籍、阀阅、符券、检楬、习字、历谱、九九、药方、里程书，③ 这实际就暗含着把里耶一号井中出土的所有材料都视为档案。

这些不同的认识是随着材料逐渐公布而加深的。我们现在能够看到更多材料，以后见之明来重新审视这批材料的性质，更倾向于这批简牍是作为废弃物品堆放在古井中，主要基于以下三点考虑：

一是在里耶秦简中出现了削衣简，据发掘者说，"另有少量的不规则简牍或用随意材料书写的，'削衣'痕迹得到较好的保留"④。削衣是削掉作废的简牍，自然当时就是作为垃圾处理，虽然和其他简牍伴出，但不能以正式档案文书视之。

二是在这些简牍中还有一部分也不能简单视为档案，包括这样几种：A. 习字简，如下简：

卅六年十月枳枳□枳枳如如丞□□昌埜 I 枳枳里野枳野里它言言食□乡乡武昌 II 卅年□当 III 枳枳□□□□□□□□□□□□令□□ IV

---

① 湖南省文物考古研究所、湘西土家族苗族自治州文物处、龙山县文物管理所：《湖南龙山里耶战国—秦代古城一号井发掘简报》，《文物》2003 年第 1 期。
② 黄海烈：《里耶秦简与秦地方官署档案管理》，《黑龙江史志》2006 年第 1 期。
③ 吴荣政：《里耶秦简文书档案初探》，《湘潭大学学报》2013 年第 6 期。
④ 湖南省文物考古研究所、湘西土家族苗族自治州文物处、龙山县文物管理所：《湖南龙山里耶战国—秦代古城一号井发掘简报》，《文物》2003 年第 1 期。

8－1437

昌里大男昌武武武止武武武武规规买Ⅰ昌武武出五买Ⅱ昌昌武乡貉何故有何有有有有□有买Ⅲ昌里大男子　貉阎叴有有□有　买Ⅳ8－1437背①

简面文字多是重复某一个字，自然不是正式公文，而是作习字之用，习字简通常写在作废的文书上，自然不必存档。

　　B. 私人书信：

七月壬辰，赣敢大心再撵（拜）多问芒季：得毋为事□Ⅰ居者（诸）深山中，毋物可问，进书为敬。季丈人、柏及□Ⅱ毋恙殹。季幸少者，时赐□Ⅲ史来不来之故，敢谒□□Ⅳ8－659＋8－2088
□官□8－659背＋8－2088背②

从敬语、所涉及内容看，这应是私人之间的书信往来，内中不关公务，似无存档的必要。

　　C. 九九表。这枚简的编号为6－1，不过考虑到乘法表的背面是习字书，那么也很难认为这块木牍就是作档案保存的。

　　另外，还有的简牍是利用废弃的简牍文书重新制作，原来的文书也不能作为档案，比如下简：

廷主Ⅰ仓发。Ⅱ8－1628
【行】邛手。8－1628背③（图一）

《里耶秦简牍校释》注释云：简端涂黑。牍改削而成。背面文字为原牍残留，书写顺序相反。观察图版并结合《校释》的说法，简牍背面"邛手"

---

　　① 陈伟主编：《里耶秦简牍校释）》（第一卷），武汉大学出版社2012年版，第325页。
　　② 陈伟主编：《里耶秦简牍校释）》（第一卷），武汉大学出版社2012年版，第194页。
　　③ 陈伟主编：《里耶秦简牍校释）》（第一卷），武汉大学出版社2012年版，第370页，本书图版皆来自湖南省文物考古研究所编著《里耶秦简》[壹]，以下不再一一注明。

倒写，上有"行"残笔，可能是将一支作废简上半截削掉，然后变成正面书写的检楬。

图一

三是在古井中遗物显示有规律的层次。按照发掘报告所说，简牍集中在第6层到第16层，为井口下5.8到13.7米这一段。① 如果这批材料是定期作废的档案，那么可能是按照时间先后次序依次扔到井中，不同层次之间有时间早晚之别。不过，根据目前整体公布的第5、6、8、9层和零星公布的其他层次纪年文书排列看，似乎显示不出来时间早晚顺序。另外，根据武汉大学简帛研究中心注释小组的缀合工作，也有在不同层次之间的缀合简例。例如：7-67+9-631；8-145+9-2294；即在第7层和第9层、第8层和

---

① 湖南省文物考古研究所、湘西土家族苗族自治州文物处、龙山县文物管理所：《湖南龙山里耶战国—秦代古城一号井发掘简报》，《文物》2003年第1期。

第9层的简牍也能够缀合。① 这说明它们或许是同时废弃到井中。在第5层，也就是在偏上的层次出现了几枚楚简残简，如果按时间先后，他们应该在最底层。

上述情况说明古井中的简牍不能完全以档案视之。不过，已经公布简牍中却有一些成组出现的情况，比如简9-1到9-12这一组。② 这又说明如果排除上述特例以外，这些公文书中有很大一部分就是政府废弃的档案。概而言之，这批材料就是以官署档案为主的废弃物，我们以下的讨论就以此为前提展开。

二 里耶秦简中作为档案的文书内容

永田英正曾把居延汉简中的文书分成两大类，即簿籍类和文书类："以日常记录为主、原来称之为定期文书的簿、籍（名籍）之类称为'簿籍类'，将这之外的、原来称之为不定期文书的部分称为'文书类'。"③ 针对里耶秦简，《里耶秦简》[壹]"前言"将其分为书传类、律令类、簿籍类、检楬类、历谱、九九术、药方、里程表、习字简等大类，每一部分又分成若干小类。④ 不过如果剔除非档案文书的部分，剩下这些小类文书仍然可以统摄到永田英正所分的两个大类中。

首先看簿籍类文书，在里耶简中主要有这样几种：

1. 徒作簿。这是政府机构分配或接收刑徒及其分工的名录。⑤ 这类簿籍中，接收机构在接收刑徒后，要有向县廷的回复记录。比如：

卅一年后九月庚辰朔壬寅，少内守敞作徒薄（簿）：受司空鬼薪☐Ⅰ 其五人求羽：吉、☐、哀、瘳、嬗。一人作务：宛。☐Ⅱ 后九月庚辰朔壬

---

① 里耶秦简牍注释小组：《新见里耶秦简牍资料选校（一）（二）》，武汉大学简帛研究中心主办：《简帛》（第十辑），上海古籍出版社2015年版。
② 张春龙、龙京沙：《湘西里耶秦代简牍选释》，《中国历史文物》2003年第1期。具体的释读和研究有马怡、邢义田、张忠炜等，具体详后。
③ [日]永田英正：《居延汉简研究》，张学锋译，广西师范大学出版社2007年版，第49页。
④ 湖南省文物考古研究所编著：《里耶秦简》[壹]，文物出版社2012年版。
⑤ 详见本书下编第四章《"作徒"管理问题探讨》。

寅，少内守敞敢言之：上。敢言之。/☑ Ⅲ 8-2034

后九月壬寅旦，佐□以来。/尚发。☑ 8-2034 背①

仓或司空派遣刑徒时，也需要将情况汇报给县廷，比如简 8-145 司空在罗列给刑徒分派的各种任务以及派遣给稗官之后，"……□圂敢言之，写上，敢言之。/痤手"。（8-145 背）② 县廷收藏这类文书形成档案以备查阅，并且仓或司空派遣刑徒和各稗官接收刑徒可以互相印证，起到验证的作用。

2. 各类收入账簿。

已公布的里耶秦简中有两组出卖祭品的简，③ 每组各举一例：

卅五年六月戊午朔己巳，库建、佐般出卖祠窖余彻酒二斗八升于□☑ Ⅰ
衡（率）之，斗二钱。令史歖监。☑ Ⅱ 8-907+8-923+8-1422④

【卅】二年三月丁丑朔丙申，仓是、佐狗杂出祠先襛（农）余彻羊头一、足四，卖于城旦赫所，取钱四□☑ 14-300+14-764⑤

这两批材料中的内容、时间、辞例等相同，虽然没有发现呈报、总结等关键信息，但认为它们可能是一个册书上的散简大约没有问题。

秦代县级政权负责财物收支的机构是少内：

卅年九月甲戌，少内守扁入佐晃赀一盾、佐斗四甲、史章二甲、□☑ Ⅰ
二甲、乡歇二甲、发弩囚吾一甲、佐狐二甲。凡廿五甲四盾。为 ☑ Ⅱ
8-1783+8-1852⑥

此外政府有关的收入账簿还有赋（茧）等。这些当是所谓校券的一种：

---

① 陈伟主编：《里耶秦简牍校释》（第一卷），第 421 页。
② 陈伟主编：《里耶秦简牍校释》（第一卷），第 86 页。
③ 详见本书下编第十章《市场与商人》。
④ 陈伟主编：《里耶秦简牍校释》（第一卷），第 246 页。
⑤ 里耶秦简博物馆、出土文献与中国古代文明研究协同创新中心中国人民大学中心编：《里耶秦简博物馆藏秦简》，第 204 页。
⑥ 陈伟主编：《里耶秦简牍校释》（第一卷），第 390 页。

●田律曰：吏休归，有县官吏乘乘马及县官乘马过县，欲贳刍槀、禾、粟、米及买菽者，县以朔日平贾（价）受钱└，先为钱及券，龄以令、丞印封，令、令史、赋主各挟一辨……中辨臧（藏）县廷。①

这是说政府收入现金，其中中券藏于县廷。我们推测其他财物收入大约也都是将一份校券入藏县廷，最终成为档案。与此相对应的是各种财政支出，比如在里耶秦简中出现大量的县属各仓禀贷粮食的记录：

丙朁粟米二石。令史扁视平。Ⅰ卅一年十月乙酉，仓守妃、佐富、稟人援出稟屯戍士五（伍）屏陵咸阴敝臣。富手。Ⅱ8-1545②
径朁粟米四石。卅一年七月辛亥朔朔日，田官守敬、佐壬、稟人娙出稟罚戍公卒襄城武宜都胅、长利士五（伍）甗。Ⅰ令史逐视平。壬手。Ⅱ8-2246③

这种记录的格式几乎相同，变动的只有仓名、参与者和口粮发放对象。而且这类简牍侧面均有和简面粮食数量相对应的刻齿，更可说明作供查验之用，是档案无疑。

3. 课、计文书。

在里耶秦简中还有一类文书是诸曹的统计记录以及与此相对应的对稗官的考课记录，称为"计录"或"课志"：

仓曹计录：AⅠ禾稼计，AⅡ贷计，AⅢ畜计，AⅣ器计，BⅠ钱计，BⅡ徒计；BⅢ畜官牛计，BⅣ马计，CⅠ羊计；CⅡ田官计。CⅢ凡十计。CⅣ史尚主。CⅤ8-481④

仓课志：AⅠ畜齞鸡狗产子课，AⅡ畜齞鸡狗死亡课，AⅢ徒隶死亡课，

---

① 陈松长主编：《岳麓书院藏秦简》（肆），第104—105页。
② 陈伟主编：《里耶秦简牍校释》（第一卷），第354—355页。
③ 陈伟主编：《里耶秦简牍校释》（第一卷），第450页。
④ 陈伟主编：《里耶秦简牍校释》（第一卷），第164页。

AⅣ徒隶产子课，AⅤ作务产钱课，BⅠ徒隶行繇（徭）课，BⅡ畜雁死亡课，BⅢ畜雁产子课。BⅣ·凡☐　C8－495①

这些内容排列有序的统计与考课条目，当是作为统计用的目录，前一支简就直接称为计录。那么在此之下还要有具体内容：

迁陵已计：卅四年余见弩臂百六十九。Ⅰ·凡百六十九。Ⅱ出弩臂四输益阳。Ⅲ出弩臂三输临沅。Ⅳ·凡出七。Ⅴ今九月见弩臂百六十二。Ⅵ8－151②

以上几种皆为与财物相关的簿籍。此外还有与人户管理相关的簿书，比如最基本的户籍类文书，除了已公布的在护城壕中发现的户版以外，在古井中也出现了类似的文书：

东成户人士五（伍）夫。☐AⅠ妻大女子沙。☐AⅡ子小女子泽若。☐AⅢ子小女子伤。☐AⅣ子小男子嘉。☐BⅠ夫下妻曰泥。BⅡ9－2037＋9－2059③

日常往来公文，也需留底存档，以备随时查询。从这批材料看，对来源不同的文书，处理方式也不尽相同。

1. 接收来的文书通常为原件存档，因为后续处理情况同时附在原件后面。比如：

廿六年三月壬午朔癸卯，左公田丁敢言之：佐州里烦故为公田吏，徙属。事苔不备，分Ⅰ负各十五石少半斗，直钱三百一十四。烦冗佐署迁陵。今上责校券二，谒告迁陵Ⅱ令官计者定，以钱三百一十四受旬阳左公田钱计，问可（何）计付，署计年为报。敢言之。Ⅲ三月辛亥，旬

---

① 陈伟主编：《里耶秦简牍校释》（第一卷），第169页。
② 陈伟主编：《里耶秦简牍校释》（第一卷），第91—92页。
③ 陈伟主编：《里耶秦简牍校释》（第二卷），第408页。

阳丞滂敢告迁陵丞主：写移，移券，可为报。敢告主。/兼手。Ⅳ廿七年十月庚子，迁陵守丞敬告司空主，以律令从事言。/鹰手。即走申行司空 Ⅴ8－63

十月辛卯旦，朐忍篆秦士五（伍）状以来。/庆半。兵手。8－63 背①
（图二）

这是旬阳丞给迁陵县发来有关"烦"这个人的债务文书。迁陵县丞接到文书之后责成司空来处理。如果从图版观察，笔迹可以分成三个部分，第一部分是正面，从开始到兼手，是旬阳丞发来的文书，第二部分是正面剩下的文字，为迁陵县丞的后续处理情况。背面是签收记录。从时间顺序看，廿六年三月旬阳县发来文书，第二年十月迁陵县收到，九天后迁陵守丞敬给出处理意见。每部分字迹不同，说明是处理这一事件过程的原始记录，作为档案留存下来。

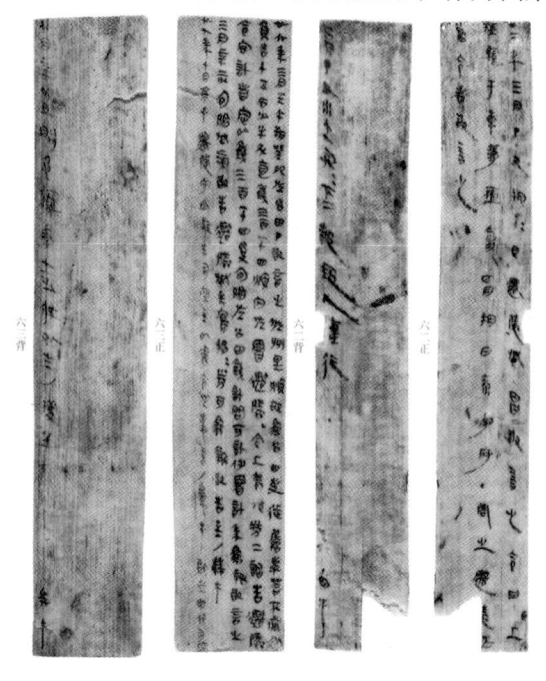

图二　　　　　　　图三

---

① 陈伟主编：《里耶秦简牍校释》（第一卷），第48—49页。

县内转来的文书，同样也是原件存底：

廿七年三月丙午朔己酉，库后敢言之：兵当输内史，在贰春□□□□ I 五石一钧七斤，度用船六丈以上者四艘（艘）。谒令司空遣吏、船徒取。敢言 II 之。☐ III 8-1510

三月辛亥，迁陵守丞敦狐告司空主，以律令从事。／…… I 昭行 II 三月己酉水下下九，佐赾以来。／釦半。III 8-1510 背①

库啬夫给县廷发文，请求司空派人帮助运输兵器。和简 8-63 一样，也是分成三部分，即正面是库啬夫的申请，背面是收文记录和迁陵守丞敦狐的处理意见，三部分字迹不同，也为原件存档。

如果是下属或其他机构回复的文书，不需要进一步处理，直接作为档案留存。

卅年十一月庚申朔丙子，发弩守涓敢言之：廷下御史书曰县 I □治狱及覆狱者，或一人独讯囚，啬夫长、丞、正、监非能与 II □□殹，不参不便。书到尉言。·今已到，敢言之。III 8-141+8-668

十一月丙子旦食，守府定以来。／连手。萃手。8-141 背+8-668 背②

这是迁陵下属的发弩对县廷转来御史书收到后的回复，不必做进一步处理，所以直接变成了档案。

2. 对于发送出去的文书，因为原件已经送走，则抄录一份存档：

卅二年三月丁丑朔朔日，迁陵丞昌敢言之：令曰上 I 葆缮牛车薄（簿），恒会四月朔日泰（太）守府。·问之迁陵毋 II 当令者，敢言之。III 8-62

---

① 陈伟主编：《里耶秦简牍校释》（第一卷），第 341 页。
② 陈伟主编：《里耶秦简牍校释》（第一卷），第 81 页。

三月丁丑水十一刻刻下二，都邮人□行。尚手。8-62背①（图三）

这是迁陵丞昌回复上级要求的回文。但正反面字体不一样，这可能是迁陵县在回文时，写了一式两份，一份送走；另一份在送走后，标识上送出时间和传送者，以备存底追责之用。和这类似的还有简 8-1449+8-1484 等。

关于秦汉简牍档案文书，学界曾讨论过正本、副本问题。从上述收发文书情况看，这还是根据实际需要来确定的，抄本或原件，无论哪种是副本，相对的都是正本，也就是说正本、副本都可以作为底案存档。另外，账簿上交县廷存档通常都为正本：

迁陵库真□AⅠ甲三百卌九。AⅡ甲廿一。AⅢ鞣瞀卅九。AⅣ胄廿八。BⅠ弩二百五十一。BⅡ臂九十七。BⅢ弦千八百一。BⅣ矢四万九百□CⅠ戟（戟）二百五十一。CⅡ8-458②

秦汉文书中的"真"，就是"正"。《汉书·景十三王传》："从民得善书，必为好写与之，留其真。"颜师古注："真，正也。留其正本。"③ 看简的图版，缺字为"簿"字。这也就是作为正本的库收藏武器簿，为县廷收藏。但是，如果需要交到上级机构的文书，上交的账簿是正本，而抄录的就可视之为副本：

课上金布副。AⅠ桼课。AⅡ作务。AⅢ畴竹。AⅣ池课。AⅤ园栗。BⅠ采铁。BⅡ市课。BⅢ作务徒死亡。BⅣ所不能自给而求输。BⅤ县官有买用钱/铸段（锻）。CⅠ竹箭。CⅡ水火所败亡。/园课。采金。CⅢ赀、赎、责（债）毋不收课。CⅣ8-454④

副，《校释》认为是副本。金布曹考课上交后留下的副本，交到上级机构的

---

① 陈伟主编：《里耶秦简牍校释》（第一卷），第47页。
② 陈伟主编：《里耶秦简牍校释》（第一卷），第154页。
③ 《汉书》卷53《景十三王传》，第2410页。
④ 陈伟主编：《里耶秦简牍校释》（第一卷），第152页。

则是正本。另一枚简8-648："卅一年七月辛亥朔甲子，司空守□敢言之：今以初为县卒I蘄死及传楬书案致，毋瘛（应）此人名者。上真书。书癸亥II到，甲子起，留一日。案致问治而留。敢言之。III"① 这支简明确说要"上真书"，"县卒死及传楬书"留底的就是副本。

3. 里耶秦简中还有部分司法审讯案卷，这也当是保存的档案：

廿六年八月丙子，迁陵拔、守丞敦狐诣讯般刍等，辞（辞）各如前。8-1743+8-2015

鞫之：成吏、闲、起赘、平私令般刍、嘉出庸（佣）、贾（价）三百，受米一石，臧（赃）直（值）百卌，得。成吏亡，嘉死，审。8-1743+8-2015背②

廿七年【八月丙戌，迁陵拔】讯欧，辞曰：上造，居成固畜□□☒I□狱，欧坐男子毋害詐（诈）伪自☒II 8-209

·鞫欧：失拜（拜）驺奇爵，有它论，赀二甲□□□☒ 8-209背③

两段简文中出现的"讯""鞫"皆为秦汉时期审讯程序的专用词。作为案卷，这个审讯记录也被存档。司法文书存档应该是一事一存，如下简："男子皇楗狱簿（薄）。☒I 廿六年六月癸亥，迁陵拔、守丞敦狐、史畸治。☒II（8-406）"④ 从简文看，这是一个标题和内容的摘要，其具体内容应该和简8-209类似。

三　里耶秦简档案文书的归档程序

里耶县廷日常要接收、处理数量繁多的公文、账簿，而其中多数要作为档案留存，特别是以简牍作为书写载体的时代，若要有效利用这些档案，必须对其做出合理的分类和管理。我们根据这批简牍提供的线索，也的确能梳

---

① 陈伟主编：《里耶秦简牍校释》（第一卷），第190页。
② 陈伟主编：《里耶秦简牍校释》（第一卷），第385页。
③ 陈伟主编：《里耶秦简牍校释》（第一卷），第114页。
④ 陈伟主编：《里耶秦简牍校释》（第一卷），第144页。

理出政府对档案文书整理和归类的过程。在档案文书的归档过程中，其中的"楬"能够提示关键信息。我们就以其为核心，来观察迁陵县廷档案文书的归档流程。

档案形成的第一步是事情办理完毕后，对相关公文信息，比如正文、附件、处理结果等进行整理、归并。如我们前面提到简8-63将一件事情的正文、收发记录、批示处理情况都要记录下来存档。如果一枚木牍容纳不了，或非同一时间完成的同一件事情，则需要统一整理。里耶简中有一组"御史问直络裙程书"为我们提供了这样的实例，现将简文移录如下：

卅二年四月丙午朔甲寅，少内守是敢言之：廷下御史书举事可为恒程者、洞庭上帬（裙）直，书到言。今书已到，敢言之。8-152

四月甲寅日中，佐处以来。／欣发。处手。8-152背

御史问直络帬（裙）程书。8-153

卅二年四月丙午朔甲寅，迁陵守丞色敢告酉阳Ⅰ丞主：令史下络帬（裙）直书已到，敢告主。Ⅱ8-158

四月丙辰旦，守府快行旁。欣手。8-158背

制书曰：举事可为恒程者上丞相，上洞庭络帬（裙）程有□□□Ⅰ卅二年二月丁未朔□亥，御史丞去疾：丞相令曰举事可为恒Ⅱ程者□上帬（裙）直。即癉（应）令，弗癉（应），谨案致……Ⅲ……庭□。／□手。Ⅳ……Ⅴ8-159

三月丁丑朔壬辰，【洞庭】□□□□□□□□□Ⅰ令□□索、门浅、上衍、零阳□□□以次传□□□□□Ⅱ书到相报□□□□门浅、上衍、零阳言书到，署□□发。Ⅲ□□□□一书以洞庭发弩印行事□□恒署。Ⅳ酉阳报□□□署令发。／四月□丑水十一刻刻下五□□□□Ⅴ迁陵□，酉阳署令发。Ⅵ□□□□【布令】□Ⅶ8-159背①（图四）

---

① 陈伟主编：《里耶秦简牍校释》（第一卷），第92—96页。

图四

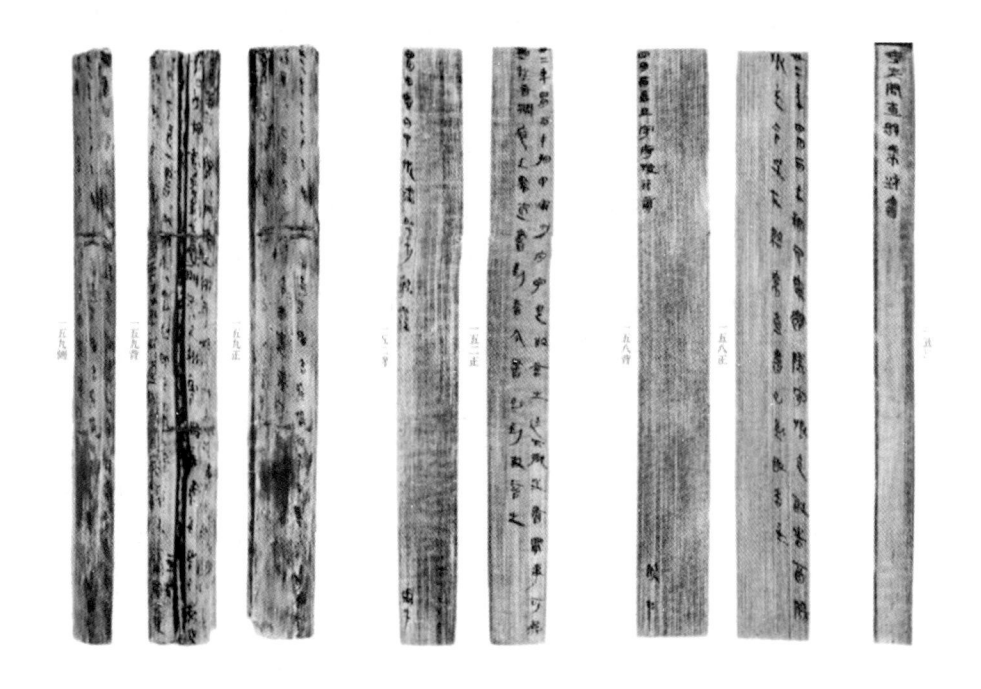

据邢义田从张春龙处得来的信息，这是里耶简中不多的被黏连在一起的简牍群组，[1] 因此它们很可能是原始的存档方式。我们将这组简文记录的事件按照时间为序排列，理清其来龙去脉：三十二年二月五日御史丞去疾发出"问直络帬（裙）程书"，三月二十六日洞庭郡转发给属县，四月九日迁陵县收到酉阳县发来的文书，同日转发给少内并回复酉阳县，两天后这份回复文书送走。我们把这组简牍的图版放到一起，可以明显看出不同简之间的字迹各不相同，也就是说并不是一次写成的文书，而是这件事完成之后，将相关文件收纳到一起。简 8–153 简上端涂黑，《校释》认为"本简简首涂黑，疑是 8–159 书题"，如果从档案管理角度，也可以看作归档后统一书写的签牌。

---

[1] 邢义田：《湖南龙山里耶 J1（9）1—12 号秦牍的文书构成笔迹和原档存放形式》，收入其著《治国安邦：法制、行政与军事》，中华书局 2011 年版，第 481 页注释 20。

在先期公布的里耶秦简中，还有一组追讨债务的校券，编号为9-1到9-12。学界对这组简研究成果众多，其中邢义田和张忠炜利用图版的反印文尝试归纳其归档方式。① 尽管在结论上略有差别，但是不可否认这组木牍都经过了迁陵县廷的重新排列，也可以视为二次整理而存档备用。

此外，里耶简中还有一枚签牌，只有"鼠券束。（8-1242）"三个字。若是如后面所列县廷整理的笥牌，则应该标注上列曹、时间断限等属性，因此这只能是列曹的初步整理，因为在本曹内，不标注曹名也不言自明。

对于这些以事件为中心整理而成的档案，下一步要由县廷以列曹为单位作进一步归类。里耶简中有这样一类签牌，发掘者称之为"笥牌"，这是观察归档问题的重要提示。② 其形制："一端弧形，一端平方，有个别作长方形的。近弧顶处有两孔或四孔以便系联。一般宽6-7、长10厘米。弧顶部以墨涂黑。"③ 比如：

廿八年十月Ⅰ司空曹Ⅱ徒薄（簿）已尽。Ⅲ8-1428④（图五）

这支简顶端为半圆形涂黑，有两穿孔，为典型笥牌。这个笥牌所包含的内容是二十八年十月司空曹所掌徒簿档案。"已尽"两个字的位置靠后拥挤，当是后书，起附注作用，不必连读。不过，这类文书很可能不是司空曹整理，

---

① 邢义田认为："这些简不是依公文原发出的年月日顺序，而是依底本拿出来后作后续处理和记录后的时间排列。这十二件文书的后续处理都在始皇三十五年四月乙丑，因而依这个日期而排列在一起。排放时又大致依据原公文发出的年月先后……本文认为这些木牍不是公文原件而是迁陵县根据阳陵县来文所作的存档抄件……他们就是迁陵县用以存档的底本。三十四年制作的底本，可以拿出来继续记录三十五年后续处理的新内容，因此出现了不同时间和不同人的不同笔迹。"参见邢义田《湖南龙山里耶J1(9)1—12号秦牍的文书构成笔迹和原档存放形式》，收入其著《治国安邦：法制、行政与军事》，中华书局2011年版；张忠炜说它们是"以'谒追'时间先后为序，时间早者在上，时间晚者在下；'谒追'时间相同者，以发文时间为准——发文早者在上，发文晚者在下。然而两两观察的结果固然有序，统观之似乎仍然是无序的"。参见张忠炜《前言：里耶秦简博物馆藏秦简概说》，里耶秦简博物馆、出土文献与中国古代文明研究协同创新中心编著《里耶秦简博物馆藏秦简》，第19页。
② 叶山较早注意到："可能是大部分的行政单位将档案存放于不同的竹笥，或是两个或是更多的单位共同使用一个笥。"但没有做更细致的论说。参见［加］叶山《解读里耶秦简——秦代地方行政制度》，武汉大学简帛研究中心主办：《简帛》（第八辑），上海古籍出版社2013年版。
③ 湖南省文物考古研究所编著：《里耶发掘报告》，第180页。
④ 陈伟主编：《里耶秦简牍校释》（第一卷），第323页。

而是由县廷统一整理，司空曹所起的作用只是将其对口诸官交上来的材料汇总。因为这类签牌中有多枚两个列曹合并到一起的现象：

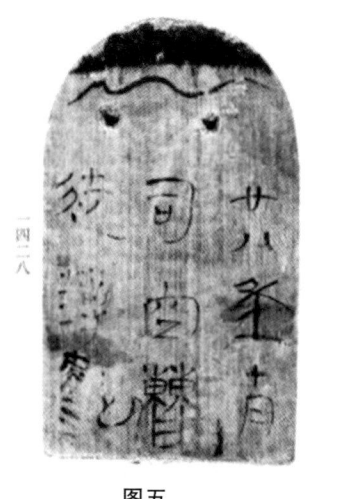

图五　　　　图六

司空Ⅰ【仓】曹期Ⅱ8-496①（图六）

卅二年十月Ⅰ以来廷仓、Ⅱ司空曹已Ⅲ笱。Ⅳ9-1131②

这两枚简仓曹与司空曹合并到一起归档，可能是因为两曹都有管理刑徒的职能。简8-496这句话不完整，从图版看，左侧有残笔，上截半圆弧度判断，左侧有缺损。或许就与这方面的内容有关。

当然县廷并不是将列曹交上来的文书简单堆放，他们还要作进一步的校验和整理。这批材料中还有一批形制和内容比较特别的简，通常短于一般简牍，底端削尖，上书诸官、属乡或列曹名称，如库（8-1036）、仓（8-1315）、都乡（8-1359）、廷吏曹（8-1700）、廷（8-1331）等（图七）。它们形似封检，不知其用途。我们推测这种简可能是作为档案分类中按部门分成小类的签牌或标识。

---

① 陈伟主编：《里耶秦简牍校释》（第一卷），第170页。
② 陈伟主编：《里耶秦简牍校释》（第二卷），第266页。

中编·第九章 里耶秦简文书的归档　247

图七

县廷所做的整理工作从签牌上也可看到这一点：

卅一年司空十二月以Ⅰ来，居赀、赎、责（债）薄（簿），Ⅱ尽三月城旦舂Ⅲ廷。Ⅳ8-284①（图八）

简文中"城旦舂"三字，无法与前文连读，可能是归档后补充进城旦舂的内容，然后在签牌上补录。"廷"字较大，字迹不同，似为归档后的最后签署。

此外，签牌内容结尾处多有"已事"二字，如"尉曹卅四年正月已事☐（8-253）"，②对这个词，目前尚无解释，我们估计大约是"已处理完

---

① 陈伟主编：《里耶秦简牍校释》（第一卷），第128页。
② 陈伟主编：《里耶秦简牍校释》（第一卷），第122页。

毕"的意思。

图八　　　　　　　　图九　　　　　　　图十

最后这些档案按照事类为中心装入笥中存档。如"卅四年Ⅰ迁陵课Ⅱ笥。Ⅲ（8-906）"①。这就点明三十四年迁陵考课文书都放在这个笥中保存。也有一个机构的文书放到一个笥中："卅四年十月以Ⅰ尽四月事曹Ⅱ已事笥。Ⅲ（9-981）"②"卅三年十月Ⅰ以尽【五】月吏Ⅱ曹已事Ⅲ笥。（9-1132）"③还有将一个机构某一事类放到一起，如："卅年廷金Ⅰ布期会Ⅱ已事。Ⅲ（9-2310）"④"迁陵廷尉Ⅰ曹【卅】一年、卅二年Ⅱ期会已Ⅲ事笥。Ⅳ（9-2313）"⑤最后，有时还需要对这些笥进行统一编号。如简8-776："卅年四月尽九月，Ⅰ仓曹当计禾Ⅱ稼出入券。Ⅲ已计及县Ⅳ相付

---

① 陈伟主编：《里耶秦简牍校释》（第一卷），第246页。
② 陈伟主编：《里耶秦简牍校释》（第二卷），第233页。该简文中的"事曹"，我们怀疑是"吏曹"的讹写。
③ 陈伟主编：《里耶秦简牍校释》（第二卷），第266页。
④ 陈伟主编：《里耶秦简牍校释》（第二卷），第468页。
⑤ 陈伟主编：《里耶秦简牍校释》（第二卷），第469页。

受Ⅴ廷。苐甲。Ⅵ"（图九）①"苐甲"两个字位于左下角边缘位置，字迹较小，与前面不同。并且这也不是孤证，简8-1536是一枚残简，左半边有"笥甲"两字（图十），也应该是笥的编号。

最后看一下文书归档周期问题。这在签牌中多有记录，主要有这样几类：以季度为单位、② 半年为单位、③ 年度为单位，④ 甚至还有八个月统计。⑤ 另外，在年度统计归档中，还掺入其他时间的简文。⑥ 这种毫无规律的归档周期，可能和档案储存方式有关，从前面列举的签牌看，都是放在笥中。而笥的存储量有限度，并且为摆放和管理方便，一定要规格统一，如果以事类为中心，那么在归档时间上做不到整齐划一。所以灵活处理，只要在签牌上标注清楚即可。还需要说明的是即使按年度保管，也有跨年的实例，比如："廿八年启陵乡歜已死，Ⅰ佐见已死。廿九年乡歜、佐缓已死。卅年。Ⅱ(8-39)"⑦ 简中的关键词"死"，具体含义不清楚，但这是罗列乡吏在三年中的某种情况，最后统计时大概要归属于最后一个年度。

最后还有一个档案保管周期问题。汪桂海从档案废弃角度讨论了居延汉简废弃的周期，其结论大约是13年。⑧ 但里耶秦简则无法反映出这个问题。这有两种可能，一是当时没有档案废弃制度，另一种可能是迁陵立县时间短，秦王政二十五年立县，十六年后秦灭亡，还没有足够的时间长度观察档案销毁周期。这批材料或如发掘者所说，是秦末集中废弃的。

---

① 陈伟主编：《里耶秦简牍校释》（第一卷），第224页。
② 如："卅三年Ⅰ十一月尽Ⅱ正月，吏户Ⅲ已事。Ⅳ（8-214）"陈伟主编：《里耶秦简牍校释》（第一卷），第116页。
③ 如上举里耶秦简8-776。
④ 如："元年少Ⅰ内金钱Ⅱ日治笥。Ⅲ"（9-27）陈伟主编：《里耶秦简牍校释》（第二卷），第40页；"卅年十月尽Ⅰ九月，群往来Ⅱ书已事仓曹Ⅲ□笥。Ⅳ"（8-1777+8-1868）陈伟主编：《里耶秦简牍校释》（第一卷），第389页；"卅三年当计Ⅰ券出入笥Ⅱ其此中。Ⅲ"（8-1200）陈伟主编：《里耶秦简牍校释》（第一卷），第291页。
⑤ 如上举里耶秦简9-1132。
⑥ "廿六年十月以来尽Ⅰ后九月往来书具Ⅱ此中。·廿五年二月、三月、Ⅲ六月、七月已事。Ⅳ尉吏曹。Ⅴ"（9-1125）陈伟主编：《里耶秦简牍校释》（第二卷），第265页。说明本来是廿六年全年的往来书，但其中也掺入了前一年四个月的部分文书，这反映还是从封装角度考虑的。
⑦ 陈伟主编：《里耶秦简牍校释》（第一卷），第38页。
⑧ 汪桂海：《汉代官文书制度》，广西教育出版社1999年版，231页。

下 编

行政与社会事务管理

第 一 章
里耶秦简所见民户簿籍管理问题

秦汉制度与周制的一个重要区别是以郡县代替分封，构建起中央集权体制。这种体制之所以可以付诸实践，是以对百姓的直接控制取代了周人的封邦建国。而其具体措施就是建立起以户籍为核心的各类名籍制度，直接掌握帝国境内臣民的信息。近年来，秦汉魏晋间基层管理档案的不断发现和公布，提供了这一时期民户簿籍的原始样本、法律规定、管理措施和运作的实态，使我们进一步认识了秦汉间户籍管理的一些真实面貌。晚近公布的里耶秦简中同样有数量颇多的名籍管理资料，从时间断限看，它反映了中央集权确立初期的情况，可以补充一些新的认识。对于这批材料已经多有学者关注，[1] 我们仅从书写特征和管理权限分工角度做一论说。

一　里耶秦简户籍文书的书写特征：
与吴简户籍文书相比较

户籍管理的前提是需要有一套严密、细致的人户登记资料，这是户籍管

---

[1] 主要有：张荣强《湖南里耶所出"秦代迁陵县南阳里户版"研究》，《北京师范大学学报》2008年第4期；张春龙《里耶秦简所见的户籍和人口管理》，中国社会科学院考古研究所、中国社会科学院历史研究所、湖南省文物考古研究所编《里耶古城·秦简与秦文化——中国里耶古城·秦简与秦文化国际学术研讨会论文集》，科学出版社2009年版；陈絜《里耶"户籍简"与战国末期的基层社会》，《历史研究》2009年第5期；黎明钊《里耶秦简：户籍档案的探讨》，《中国史研究》2009年第2期；韩树峰《里耶秦户籍简三题》，杨振红、邬文玲主编《简帛研究》（二〇一六春夏卷），广西师范大学出版社2016年版；袁延胜《里耶秦代"户版"研究》，收入其著《秦汉简牍户籍资料研究》，人民出版社2018年版。此外还有一些讨论秦汉时期户籍的成果也涉及这批材料，我们会在下面行文中提到。

理制度的基础。里耶秦简中有一批先期公布的户籍记录，对人口的身份特征有详细的登记，这是当时户籍档案的原始样本，弥足珍贵。除了这批资料，尚无完整相类的秦汉时期户籍文书。不过，在长沙走马楼吴简中出现了格式近似的孙吴早期户籍档案。孙吴早期制度以因袭汉制为主，所以这两部分资料虽然相隔400余年，但吴简仍然是观察里耶秦简户籍文书有价值的参照。我们首先从这两批资料对比入手，反观秦简户籍文书所反映出来的一些时代特征。

里耶秦简中的户籍文书出土于里耶古城北护城壕终端底部一凹坑中。除了在内容上略有差异之外，其格式相同，兹举一例：

1 (K27)
第一栏：南阳户人荆不更蛮强
第二栏：妻曰嗛
第三栏：子小上造□
第四栏：子小女子驼
第五栏：臣曰聚
伍长

类似格式的文书，同批共有22种，其形制，据发掘和整理者解释说："由完整简可知，这批简长均为46厘米，分为五栏，分栏符多为墨线，仅22号简二、三栏为硬物刻划。"① 这说明，这些户籍资料很可能是先统一画好格之后再书写，是一批按照规定格式书写的制式文书。

针对这类文书的性质、书写格式等问题，学者多有解说。根据晚近的研究，他们是按照大男、大女、小男、小女等赋役身份的顺序书写，② 爵为秦制，"荆"字强调他们的楚人身份等。③ 这些结论使这批材料的面目更加清楚。

---

① 湖南省文物考古研究所编著：《里耶发掘报告》，第208页。
② 刘欣宁：《里耶户籍简牍与"小上造"再探》，简帛网，2007年11月20日。
③ 邢义田：《从出土资料看秦汉聚落形态和乡里行政》，收入其著《地不爱宝：汉代的简牍》，中华书局2011年版。

我们拟从其后公布的里耶秦简材料,并参照吴简中户籍文书体例,来对上述秦简户籍文书资料进行补充说明。①

其一,这一套户籍单位都是"南阳里"。这里的"南阳",发掘者认为是南阳郡,但后来更多的学者认为是里。②黎明钊则折中认为"很可能是来自南阳郡的新移民,著籍于里耶,并命名其居住地为南阳里,因此在户籍册上登录名事邑里的地方写上'南阳'"③。我们也倾向于南阳为里的观点,因为说明户籍的基本概况,不可能是以郡这样一个最大的地方行政组织为统计单位,并且,从后文所举东汉时代东牌楼汉简的样本看,里也是户籍登记的最小单位。在户籍制度实行初期的秦代,里耶简的材料似乎也不能以特例视之。

里耶简材料也能够支持我们这种看法,在《里耶秦简》(壹)中有一套人口分类统计名册:

□□二户。AⅠ大夫一户。AⅠ大夫寡三户。AⅢ不更一户。AⅣ小上造三户。AⅤ小公士一户。AⅥ士五(伍)七户。□BⅠ司寇一【户】。□BⅡ小男子□□BⅢ大女子□□BⅣ·凡廿五□BⅤ8-19④

此版头端涂黑,按照秦汉文书简牍书写规律,说明这是一段小结,最后"·凡廿五□"是指总户数,其数量应是一里的规模,因为同一批材料中有:

卅二年正月戊寅朔甲午,启陵乡夫敢言之:成里典、启陵Ⅰ邮人缺。除士五(伍)成里匄、成,成为典,匄为邮人,谒令Ⅱ尉以从事。敢言之。Ⅲ8-157

---

① 韩树峰也注意到了户籍书式从秦代户版一直到魏晋时期的变化,但对发生的原因没有给出确切的答案,参见韩树峰《里耶秦户籍简三题》,杨振红、邬文玲主编《简帛研究》(二〇一六春夏卷),广西师范大学出版社 2016 年版。
② 张荣强:《湖南里耶所出"秦代迁陵县南阳里户版"研究》,《北京师范大学学报》2008 年第 4 期;陈絜:《里耶"户籍简"与战国末期的基层社会》,《历史研究》2009 年第 5 期;邢义田:《从出土资料看秦汉聚落形态和乡里行政》,收入其著《地不爱宝:汉代的简牍》,中华书局 2011 年版。
③ 黎明钊:《里耶秦简:户籍档案的探讨》,《中国史研究》2009 年第 2 期。
④ 陈伟主编:《里耶秦简牍校释》(第一卷),第 32—33 页。

正月戊寅朔丁酉，迁陵丞昌却之启陵：廿七户已有一典，今有（又）除成为典，何律令Ⅰ瘾（应）？尉已除成、匀为启陵邮人，其以律令。/气手。/正月戊戌日中，守府快行。Ⅱ正月丁酉旦食时，隶妾冉以来。/欣发。壬手。Ⅲ 8-157 背①

这里明确写出成里的规模为 27 户，二者数量相仿，因而可以肯定这是里中户数的合计。简 8-19 是按照爵级高低排列的户数，这种分类统计方式也出现在呈报类文书中：

今见一邑二里：大夫七户，大夫寡二户，大夫子三户，不更五户，□□四户，上造十二户，公士二户，从廿六户　8-1236+8-1791②

尽管如此，户籍在征收赋役方面的功能并不能充分体现出来，比如丁中人口和数量，所以我们推测在其下还应有人口分类统计。虽然目前没有发现完整的例证，但还是有迹可循：

大奴一人。Ⅰ大婢三人。Ⅱ小奴一人。Ⅲ小婢三人。Ⅳ·凡口数六十五 ☒Ⅴ 5-18③

从简文看，关于奴婢已经记述性别、大小等各种可能要素，故其数量只能是 8 人。那么"凡口数六十五"，当为一里人较为合适，而不仅是奴婢人数。那么在此之前，还应有平民人口的分类统计。以上可以证明，作为底案的户籍文书，其编制最小单位是里。

其二，从结构看，完整的里中户口簿籍，其结构应是"单户名籍＋户别统计＋人口分类统计"，这种记录户籍的模式，可能一直为汉代所沿用。比如长沙东牌楼出土的汉末简牍，有几支户籍文书的残简，如：

---

① 陈伟主编：《里耶秦简牍校释》（第一卷），第 94 页。
② 陈伟主编：《里耶秦简牍校释》（第一卷），第 297 页。
③ 陈伟主编：《里耶秦简牍校释》（第一卷），第 12 页。

建宁四年益成里户人公乘某卅九筭卒笃㾅　子 公 乘 石……①

这是单户名籍,同样是先书户主,再写家庭成员。不过,秦简的户籍文书书写与此相比,差别也比较明显。我们将它和数量更为丰富的走马楼吴简户籍文书比较,区别就可以显现出来。

吴简里中户籍统计的格式可以复原如下:

里名+户人公乘(或大女、大男等)+姓名+年龄+身体状况(或省)+给役(州、郡、县吏,卒等,或省)
家庭关系+身份+名+年龄+身体状况+给役(或省)
右某家口食若干人(其若干人男　若干人女)　(中)訾若干
……(格式相同的若干户)
·右某里领吏民若干户口食若干人
其若干人女/若干人男
其若干人贫穷老钝刑病等
·定应役民若干户
·其若干户+具体力役名称
其若干户新占民户②

首先看单户名籍。秦的户版只书写大男、小男等,而吴简则标注上准确年龄。这种区别与各自所处的历史条件有关。秦代处于中央集权制度草创时期,各种规章制度尚不够规范。甚至在一些法律文书中,如关于傅籍、法律责任年龄标准的划分,常以身高为尺度,这屡见于《睡虎地秦墓竹简》所记述的法律条文中。正是在这样的背景下,户籍文书的书写,对人口直接标注上大男、小男等服役能力的字样,强调了对赋役资源的敛取。经过三四百年的完善,到了汉末三国时期,政府对民户与人口身份建立起了更为完备和

---

① 长沙市文物考古研究所、中国文物研究所编:《长沙东牌楼东汉简牍》,文物出版社2006年版,释文第107页。
② 沈刚:《长沙走马楼三国竹简研究》,社会科学文献出版社2013年版,第14—15页。

科学的记录，因而完全可以年龄为尺度来判断人口的赋役标准，这一标准相对秦代制度更为准确、公平。不过建立户籍制度的目的是要通过对户口控制来达到对劳动力的剥削。所以从本质上讲二者是一致的，即强调人口课役身份。另外，就年龄而言，秦代简牍还有专门的名籍。①

单户名籍中爵位记录也是二者的重要区别。从目前公布的户版看，似乎秦简户主多有荆不更（大夫）爵，而子皆有小上造爵。不过，从简 8-19 看，当时不止这两种爵称，还有小公士、无爵的士五，甚至轻刑徒司寇等。户版中只有两种爵称，当是特例或偶然巧合。吴简虽然也有秦汉二十等爵的爵称，但只有公乘一种，为绝大多数户主所拥有，尚未见除列侯以外的其他爵称，而未成年的男子多称士五（士伍）。这种现象我们认为和东汉时期赐爵轻滥有关。②

从家庭人口排列次序看，按前揭刘欣宁的观点，是按照丁中标准排列。吴简则按照家庭人口同户主之间的关系排列。对于能否复除赋役，则在其下标注。相比较而言这也是更为准确、科学的记录方式。

其次，我们观察里中户籍统计部分。里耶简中因为材料所限，目前尚不能看到其整体面貌，不过从上述简 8-19 和 5-18 还是能够看出一些特点。简 8-19 是按照民户的爵位（很可能是户主爵位）从高到低顺序分类统计。吴简虽然也有民户的分类统计，但它是从赋役角度着眼。应役民自然是应当服役的户数，"新占民户"也是与缴纳赋税有关。因为在缴纳户赋时，故户与新户的标准不同，同等级新户要高于故户。这两种统计方式还和当时的行政制度甚至国家统治政策有着密切关系：秦简所处时代正是新爵制初创并发挥效力的时代，户籍按照爵级高低排列，也正彰显出二十等爵制所显示出的荣誉以及相关待遇。从其后不久的张家山汉简记述看，爵位关乎免役、起役年龄、刑罚轻重等这些百姓的切身利益。在吴简的单户户籍记录中，虽然也有记录公乘这一爵称，但是根据《长沙走马楼三国吴简·竹简》【壹】【贰】的统计，共有 98% 的户主具有公乘爵位，③ 此时公乘爵位也没有免役、减刑

---

① 王彦辉：《出土秦汉户籍简的类别及登记内容的演变》，《史学集刊》2013 年第 3 期。
② 沈刚：《长沙走马楼三国竹简研究》，第 188—196 页。
③ 沈刚：《长沙走马楼三国竹简研究》，第 190 页。

的功用，至多是一种身份的象征。户籍文书合计部分既是对人口的统计，也是对赋役资源的调查，而公乘爵位既然已不具备这样的职能，所以在乡里户籍的合计部分就没有爵称这一项目。相反，汉末魏晋间，出现了为国家服役的役吏等逐渐贱民化的人口，他们是国家能够役使的重要劳动力来源，因而这些人口自然就是国家关注的重点，所以在户籍中也给予特殊标注，统计部分强调"应役民"数量，而不是有爵者数量。

简5-18含有奴婢数量统计，我们在前面曾推测它是里中人口分类统计的一部分。吴简单户户籍文书记录中也有奴婢记录，称为户下奴婢，如"司户下婢□长五尺　司户下奴安长五尺（贰·1674）"。但是在分类合计中，除了统计人口总数、性别等基本要素外，只强调了"贫穷老钝刑病"等免役人口和"给役"人口的数量。这同当时社会人口的层级分类有关：秦简单独统计奴婢，说明当时政府对人口的身份划分还是以良奴为限，而吴简除了对单户人口标注服役身份外，在合计时还要特别分类统计各种"给役"人口的种类和数量，这说明自西汉后期以来，依附关系不断发展，孙吴国家在特殊历史时期对这种形式加以模仿和利用，以此获取更多的劳动力资源。户口中人口类别分类统计既是此一时期社会分层状况的直接体现，反过来也可以看成是国家对既成社会阶层的认可。另外，统计简中对奴婢的强调与否，还与私家奴婢和国家之间的密切程度有关。在吴简户籍文书中表现出的仅仅是私家奴婢所具备的私人财产属性。政府可以役使"役吏"等劳动力，因而作为曾经赋敛对象的私家奴婢，此时从国家角度，已不太关注其劳动力价值了。从法律条文看，秦代国家不仅界定了私家奴婢与其主人关系，而且对其为政府服役要求也有规定。

以上的分析可以看出秦代户籍统计方式，具有强烈的时代特点，但和后世的户籍文书相比，没有注役、年龄等记录。不过为了日常行政需要，这些功能被另立在一些名籍上。比如里典在登录里中人口自然情况时包含年龄一项："浮晢色，长六尺六寸，年卅岁，典和占。（8-550）"[①]，在户籍文书中，年龄这一项目却没有被书写，是因为还有单独的年籍。在时代稍后的张家山汉简《二年律令·户律》："恒以八月令乡部啬夫、吏、令史相杂案户

---

① 陈伟主编：《里耶秦简牍校释》（第一卷），第178页。

籍，副臧（藏）其廷。有移徙者，辄移户及年籍爵细徙所，并封。"① 也就是说即使到了汉初，户籍和年籍依然分列，对于这一点，张荣强有更为详尽的论证。②

年龄、赋役等这些名目虽然和户口相关，却又不记录在户版之中，而是单独分类造册，这种方式至少到汉初也未有改观，除了《二年律令·户律》中的那条材料外，户律中还有这样的记载："民宅园户籍、年细籍、田比地籍、田命籍、田租籍，谨副上县廷。"③ 和户籍相关的项目至少有田比地籍、田命籍等。

二 乡里政权对户籍管理的职责分工

随着出土文献的增多，秦汉时期郡县、乡、里各级政权对户籍管理问题逐渐明晰，胡平生、尹在硕、王彦辉分别以出土文献为中心，系统梳理了秦汉时期户口管理的诸方面。④ 张荣强则通过参照汉代材料并结合睡虎地秦简等秦代资料，揭示了秦代地方户籍管理问题。⑤ 邢义田在讨论乡里行政时也涉及这个问题。⑥ 这些研究构成了继续讨论的基础。因为《里耶秦简》[壹]材料的性质为县级文书档案，因而有更多的材料可以直接验证前贤已取得的结论，我们以这些资料为中心补苴其说。

从目前公布的里耶秦简看，反映乡对户籍管理的材料比较多，而乡的确

---

① 张家山二四七号汉墓竹简整理小组编著：《张家山汉墓竹简〔二四七号墓〕》（释文修订本），第54页。

② 张荣强：《湖南里耶所出"秦代迁陵县南阳里户版"研究》，《北京师范大学学报》2008年第4期。

③ 张家山二四七号汉墓竹简整理小组编著：《张家山汉墓竹简〔二四七号墓〕》（释文修订本），第54页。

④ 胡平生：《新出汉简户口簿籍研究》，中国文化遗产研究院编：《出土文献研究》（第十辑），中华书局2011年版；尹在硕：《秦汉户口统计制度与户口簿》，黎明钊编：《汉帝国的制度与社会秩序》，牛津大学出版社（香港）2012年版；王彦辉：《出土秦汉户籍简的类别及登记内容的演变》，《史学集刊》2013年第3期。

⑤ 张荣强：《湖南里耶所出"秦代迁陵县南阳里户版"研究》，《北京师范大学学报》2008年第4期。

⑥ 邢义田：《从出土资料看秦汉聚落形态和乡里行政》，收入其著《地不爱宝：汉代的简牍》，中华书局2011年版。

在基层户籍管理体系中起着关键作用。

首先，乡级政权负责户口的登记和初步分类。户籍成为正式文本是在乡一级政权完成的。这一点张荣强讨论户版问题时已经论证过。不仅如此，乡在户籍管理方面的权限还在于根据需要，做出初步整理，为上一级政权提供进一步统计的基础数据。如简8－518中"当出户赋者志"，就是启陵乡按照规定将需要交纳户赋的户数呈报给上级机构。

作为一级基层政权，乡在户籍管理方面的职能还不限于此，它还要对户籍变动作出登记：

南里小女子苗，卅五年徙为阳里户人大女婴隶。8－863＋8－1504①
南里小女子苗，卅五年徙为阳里户人大女子婴隶。8－1546②

这两支简所涉及的地点、人名、时间、身份等均一致，很可能讲的是一件事情。差别在于前一简称"大女婴"，后一简则为"大女子婴"，二者可能相同。另外观察图版，从形制角度看不出差别，皆为单简书写。但个别字的用笔习惯有差异，比如"户"字，一个是将横折连在一起，另一个是横折断开，却和下一横连写。"户"字是当时书手常用字，这种用笔习惯不同，或可说明二者是不同书手书写所致。从图版很难再解读出更多信息。我们再回到简文本身：简文是说南里小女子苗将户籍关系迁入阳里户主为大女子婴的名下，并且其身份转化为"隶"。简文没有书写乡名，从文书行政严密性的角度考虑，可能是在同一乡中进行，也就是说，户籍的迁移，乡级政权的登记就具有了法律效力。但这份文书出在县署附近，大概这需要送到县里备案。乡级政权对于人户管理具有法律效力，汉代出土文献中也有旁证。在居延汉简中，有一件过关用的"传"：

永始五年闰月己巳朔丙子北乡啬夫忠敢言之义成里崔自当自言为家私市居延谨案自当毋官

---

① 陈伟主编：《里耶秦简校牍释》（第一卷），第238页。
② 陈伟主编：《里耶秦简校牍释》（第一卷），第355页。

> 狱征事当得取传谒移肩水金关居延县索关敢言之
> 闰月丙子觻得丞彭移肩水金关居延县索关书到如律令/掾晏令史建 15.19A①

在给崔自当开具的这份证明当中，主要是由乡啬夫负责，也就是说乡在证明当事人身份方面具有法律效力。而县丞是代表县级政府加以确认。这就意味着在户籍人口管理方面，实际负责者为乡。

乡的户口统计是建立在最基层组织——里的占录之上。里是秦汉社会基层组织，里典是里中主要管理者和秩序维护者，也是国家和基层社会发生联系的神经末梢。在里耶简中里典户籍管理职能主要体现在户口登记案验方面：

> 增晳色，长二尺五寸，年五月，典和占。Ⅰ 浮晳色，长六尺六寸，年卅岁，典和占。Ⅱ 8-550②

注释云：典，应是里典。占，登记。里典登记的项目包括肤色、身高、年龄等要素。但这些只有年龄一项和户版中的注役身份相关，其余数据可能被别的簿籍采用。而且年龄一项，还有专门的年籍。如先期公布的简16-9还有"廿六年五月辛巳朔庚子，启陵乡□敢言之：都乡守嘉言渚里□□劾等十七户徙都乡，皆不移年籍"的记载。③

除了每年登记里中人口自然情况，为编制户籍提供素材外，在分户析产，或财产转移时，也需要里典参与公证：

> 卅二年六月乙巳朔壬申，都乡守武爰书：高里士五（伍）武自言以大奴幸、甘多，大婢言、言子益Ⅰ等，牝马一匹予子小男子产。典私占。初手。Ⅱ 8-1443+8-1455

---

① 简牍整理小组编：《居延汉简》（壹），"中央"研究院历史语言研究所2014年版，第54页。
② 陈伟主编：《里耶秦简牍校释》（第一卷），第178页。
③ 湖南省文物考古研究所、湘西土家族苗族自治州文物处：《湘西里耶秦代简牍选释》，《中国历史文物》2003年第1期。

六月壬申日，都乡守武敢言：上。敢言之。/初手。Ⅰ六月壬申日，佐初以来。/欣发。初手。Ⅱ8-1443背+8-1455背①

卅五年七月戊子朔己酉，都乡守沈爰书：高里士五（伍）广自言：谒以大奴良、完，小奴嚋、饶，大婢阑、愿、多、□，Ⅰ禾稼、衣器、钱六万，尽以予子大女子阳里胡，凡十一物，同券齿。Ⅱ典弘占。Ⅲ8-1554

七月戊子朔己酉，都乡守沈敢言之：上。敢言之。/□手。Ⅰ【七】月己酉日入，沈以来。□□。沈手。Ⅱ8-1554背②

这两条材料虽然是讲财产赠予子女，但是其中涉及奴婢，按照我们前面叙述的户版内容，他们均著录于簿籍，因而这也与户籍管理相关。张家山汉简《二年律令》就有："民欲先令相分田宅、奴婢、财物，乡部啬夫身听其令，皆参辨券书之，辄上如户籍。"③

国家能否在细节上对户籍完全掌握，里这级组织至为重要。因为秦汉时期里的规模较小，从秦简看，当时里的规模在20—40户之间，因而作为本里之人的里典，自然非常熟悉里中各户家庭具体情况，所以就被赋予了这样的职责。张家山汉简《二年律令·户律》也说："自五大夫以下，比地为伍，以辨 券 为信，居处相察，出入相司。有为盗贼及亡者，辄谒吏、典。"④

里耶简中所说的占，显示出其管理职能。为了保障基层胥吏能够如实登记，国家还有一套法律加以保障。睡虎地秦简《秦律杂抄》："匿敖童，及占癃（癃）不审，典、老赎耐。·百姓不当老，至老时不用请，敢为酢（诈）伪者，赀二甲；典、老弗告，赀各一甲；伍人，户一盾，皆罨(迁)

---

① 陈伟主编：《里耶秦简牍校释》（第一卷），第326页。
② 陈伟主编：《里耶秦简牍校释》（第一卷），第356—357页。
③ 张家山二四七号汉墓竹简整理小组编著：《张家山汉墓竹简〔二四七号墓〕》（释文修订本），第54页。
④ 张家山二四七号汉墓竹简整理小组编著：《张家山汉墓竹简〔二四七号墓〕》（释文修订本），第51页。

之。"① 秦律中之所以没有提到对官啬夫隐匿行为的处罚，是因为对户籍的登记等具体事宜由里典负责的缘故，从中也可以反映出里典和其他官吏在户籍管理职能上的差异。

《商君书·去强》云："强国知十三数：竟内仓口之数，壮男壮女之数，老弱之数，官士之数，以言说取食者之数，利民之数，马牛刍藁之数。欲强国，不知国十三数，地虽利，民虽众，国愈弱至削。"② 文中强调强国所需要掌握的各种数据里面"壮男壮女之数，老弱之数，官士之数"等，均和户籍管理制度相关。这些资料的获取方式、书写形式等具体问题在里耶秦简中生动地展现出来。同时，这和其他出土户籍类资料一起构建出秦汉魏晋时期国家对民户控制模式的线索，也因此变得越来越清晰，为了解那个时代的基层行政方式提供了重要参考。

---

① 陈伟主编：《秦简牍合集·释文注释修订本（壹、贰）》，第171页。
② 高亨注译：《商君书注译·去强》，第50页。

第 二 章
秦人与它邦人：秦代人口身份管理制度的一个方面

战国以降，随着各诸侯国加强中央集权，政府管理臣民的方式也发生了改变。秦国在商鞅变法后，以爵制划定人的身份等级，并规定了与之匹配的权利与义务。此外，为了适应统治的需要，还施行了一些特殊的身份划分方式。在《岳麓书院藏秦简》（叁）中，有一则关于购赏金额的案例，其中按照罪犯身份而设定不同额度的赏格，这种身份被界定为"秦人"与"它邦人"。这是秦代国家以旧国别为标准，将人口划分为不同的类型，并在管理措施、法律法规等方面皆有区别。这一问题，前贤措意无多，我们拟检讨相关史料，在区分秦人与它邦人的基础上，进一步探讨这一政策实施的原因和效果。

一 秦人与它邦人：以《尸等捕盗疑购案》为中心的分析

《岳麓书院藏秦简》（叁）案例〇二《尸等捕盗疑购案》中明确提出了"秦人""它邦人"概念。为方便叙述，我们先将案例中相关部分的释文移录如下：

尸等产捕诣秦 男 子 治 等 四人、荆男子闻等十人，告群盗盗杀伤好等。●治等曰：秦人，邦亡荆；闻等曰：荆邦人，皆居京州。相与亡，来入秦地，欲归薪（义）。行到州陵界中，未诣吏，悔。谋言曰：治等巳（已）有辠（罪）秦，秦不□归薪（义）。来居山谷以攻盗。即攻盗盗杀伤好等。它如尸等。●诊、问如告、辟（辞）。京州后降为秦。为秦之后，治、阎等乃群盗【盗】杀伤好等。律曰：产捕群盗一人，购金十四两。有（又）曰：它邦人□□□盗，非吏所兴，毋（无）什伍将长者捕之，购金二两。●鞫之：尸等产捕治、阎等，告群盗盗杀伤好等。治等秦人，邦亡荆；阎等荆人。亡，来入秦地，欲归薪（义），悔，不诣吏。以京州降为秦后，群【盗盗杀伤好】等。皆审。疑尸等购。它县论。敢谳（谳）之。●吏议：以捕群盗律购尸等。或曰：以捕它邦人【……】。廿（二十）五年六月丙辰朔己卯，南郡叚（假）守贾报州陵守绾、丞越：子谳（谳）：求盗尸等捕秦男子治等四人、荆男子阎等十人，告群盗盗杀伤好等。治等秦人，邦亡；阎等荆人。来归薪（义），行到州陵，悔□□□□□攻（？）盗（？），京州降为秦，乃杀好等。疑尺［尸］等购。●谳（谳）固有审矣。治等，审秦人殴（也），尸等当购金七两；阎等，其荆人殴（也），尸等当购金三两。它有【律】令。①

由这段话可以看出：首先，秦人和它邦人是当时人熟知的名词。"秦男子治等四人、荆男子阎等十人"是州陵守绾和丞越奏谳部分，这意味着在政府正式公文里明确以国别区分人的身份。同书其他案例中，还有以爵位界定身份，如案例〇三《猩、敞知盗分赃案》："廿（二十）三年四月，江陵丞文敢谳（谳）之：廿（二十）三［二］年九月庚子，令下，勎：捸（录）江陵狱：上造敞、士五（伍）猩智（知）人盗叔冡，分臧（赃）。得。"② 上造、士五和秦男子、荆男子在文书中出现的位置相同，说明二者在法律文书中的功能也相同。本案又言"治等曰：秦人，邦亡荆，阎等曰：荆邦人"，是为当事人自陈部分，他们在供述自己的身份时，也采用这一区分方式。这说明，秦人和其他国家人作为身份的分野，是当时秦国上下皆知的事实，并

---

① 朱汉民、陈松长主编：《岳麓书院藏秦简》（叁），第113—117页。
② 朱汉民、陈松长主编：《岳麓书院藏秦简》（叁），第119页。

且和爵位一样，在法律上都起到界定身份的作用。它邦人，顾名思义就是"其他国家的人"。但是作为身份的它邦人，其制度内涵是什么？因为这一名词在这批秦简中第一次出现，我们还是要回到上述简牍内容当中：这个案件之所以成为疑狱，症结在于案发时，阆等所居之京州已经入秦，那么身份是否为它邦人？县和一部分"吏议"意见认为算是群盗，意味着默认了他们的秦人身份，而另一部分"吏议"意见和最后的结论则认为这一案件不能笼统地归为群盗，原因在于阆等目前的身份还是楚人。这反映了秦人向东方扩张过程中，面对出现的新情况，官员对制度理解的混乱。我们以最后的回复结果为基础分析"它邦人"的身份。阆等被默认为秦人，是因为京州已经是秦人的地盘，然而他们最终没有获得秦人身份的关键点在于其没有"归义"。"归义"是指他们置于秦国统治之下，而当时最直接的表现形式为入户籍。综上，它邦人就是不在秦国户籍上的他国人，其所居之地是否已经并入秦国并不是判断是否为秦人的前提。

其二，从这一案例看，秦人与它邦人身份不同，国家从法律角度对其关注程度也不同。本案例主要体现在赏格方面："产捕群盗一人，购金十四两。有（又）曰：它邦人□□□盗，非吏所兴，毋（无）什伍将长者捕之，购金二两"，后者购金较少，其中"它邦人"身份是影响因素之一。最后上级部门回复部分称"治等，审秦人殹（也），尸等当购金七两；阆等，其荆人殹（也），尸等当购金三两"，更明确指出二者的区分。

对于赏金额度，简牍整理者已经注意到其中出现计算的矛盾。① 陈伟则结合相关史料做了清理，与本书相关的一个结论是：因为治等四人为秦人，不够五人攻盗的群盗标准，所以赏格较低。尽管还有阆等十人为共犯，但他们的身份是楚人，所以不计算在列。② 两者分野十分明显。秦人购金额度高于它邦人，说明秦国非常重视这个群体，他们被严格地控制着。

其三，它邦人身份可以向秦人转化。如前所言，它邦人通过"归义"的形式成为秦国统治下的百姓。但这种身份还不能完全等同于秦人，同书另

---

① 朱汉民、陈松长主编：《岳麓书院藏秦简》（叁），第118页。
② 陈伟：《尸等捕盗购金数试说》，简帛网，2013年9月11日

一个案例："●同曰：归义。就［就—僦］日未尽，为人庸（佣），除芝。"①"同"在自述身份时称"归义"，这一语词反映出虽然他已经归附秦国，但是还不能以秦人自称，与秦人身份还有一层隔膜。也就是说尽管已经籍属于秦，但与本土秦人的身份还不尽相同，尚未完全转化为秦人。这在里耶秦简户籍文书中也有表现，这批文书格式相类，有的户主位置标示出其荆爵身份，如：

1（K27）
第一栏：南阳户人荆不更蛮强
第二栏：妻曰嗛
第三栏：子小上造□
第四栏：子小女子驼
第五栏：臣曰聚
伍长②

和荆不更相似，在这批材料中还有荆大夫等"荆+爵位"的形式，按照张荣强的看法，这是秦政府赐予的爵位，户版在这些爵位之前注明"荆"的用意，"其目的就在说明这些爵位是秦政府在特定时间段授予原楚地民众的，与秦管理下的其他地区至少是与'故秦'的爵位有别"③。这也反映出，新占领地区的居民即使已经成为秦国编户，但其身份标识还不能完全等同于故秦之人。即使后来环境发生了变化，秦人和它邦人的身份区分还会持续发生着影响。

二 秦施行以国别区分身份制度的原因及效果

秦国在人口管理中以国别区分身份，在法律上对待国人和它邦人有双重

---

① 朱汉民、陈松长主编：《岳麓书院藏秦简》（叁）案例九《同、显盗杀人案》，第179页。
② 湖南省文物考古研究所编著：《里耶发掘报告》，第203页。
③ 张荣强：《湖南里耶所出"秦代迁陵县南阳里户版"研究》，《北京师范大学学报》2008年第4期。

标准，究其原因是其一贯的秦本位政策取向。工藤元男依据睡虎地秦简的记载，将秦和占领臣服地区的关系分为内臣、臣邦、外臣邦三个层次，是一个同心圆，即故秦为核心，第一个层次是属邦、附庸之地、旧六国之地（郡县），他们可以秦母这种血缘关系转变成核心层（作者称之夏子和真子的关系），最外层为外臣邦。① 内外之间，亲疏有别。也就是说，秦在与外部交往中，是以秦人为中心的视角看待彼此关系。这样的政策取向同样也适用于对待中原诸国。

在睡虎地秦简中，也有以国别为标准区分身份的记录，睡虎地秦简《法律答问》：

"邦客与主人斗，以兵刃、投（殳）梃、拳指伤人，擎以布。"可（何）谓"擎"？擎布入公，如赀布，入赀钱如律。②

邦客与主人，按照睡虎地秦墓竹简整理小组的意见：邦客，指秦国以外的人。主人，指秦国人。这里只说了对邦客的处罚，而不清楚相同情况对秦人的处罚措施。但邦客所受"擎布入公"只能和"赀布"相比照，体现了邦客所受处罚的特殊性。对秦人与他国人加以区分，还是出于防范的心理。同批简《秦律杂抄》：

游士在，亡符，居县赀一甲；卒岁，责之。·有为故秦人出，削籍，上造以上为鬼薪，公士以下刑为城旦。·游士律③

游士是专门从事游说列国之人，并且提到"亡符"，他们应非秦人。故这条律文有两方面意义，一是对游士的严格管理和掌控，二是防止他们与秦人交接，帮助其出逃。通过对游士的防范，加强了对本土秦人的控制。

如果我们把眼光放远一些，从秦人对新占领区的政策仍然能够看到这种

---

① ［日］工藤元男：《睡虎地秦简所见秦代国家与社会》，广濑薰雄、曹峰译，上海古籍出版社2010年版，第98页。
② 睡虎地秦墓竹简整理小组编：《睡虎地秦墓竹简·法律答问》，释文第114页。
③ 陈伟主编：《秦简牍合集·释文注释修订本（壹、贰）》，第158页。

以国别区分身份的影响。除了对新区百姓通过爵位来区分身份之外，为了确保秦国对新占领区进行有效的改造，还要向这一地区输送官吏，将其同化。里耶秦简记载迁陵县的冗吏，其身份多非籍属于本地（即迁陵县）。① 另外，在里耶秦简中还有新地吏：

> 廿六年十二月癸丑朔庚申，迁陵守禄敢言之：沮守瘳言：课廿四年畜 I 息子得钱殿。沮守周主。为新地吏，令县论言史（事）。・问之，周不在 II 迁陵。敢言之。III ・以荆山道丞印行。IV 8-1516
> 丙寅水下三刻，启陵乘城卒秭归□里士五（伍）顺行旁。壬手。8-1516 背②

新地吏估计有一定比例是来源于外地：

> 一岁病不视事盈三月以上者，皆免。病有瘳，令为新地吏及戍如吏，有谪过，废，免为新地吏及戍者。③

将病免等官吏重新启用做新地吏，特别是提到了"戍如吏，有谪过，废，免为新地吏及戍者"。"戍""谪"等字样似乎意味着他们是由外地贬谪而来，而非籍属本地。把官吏转移到新地区，是对新占领地施行有效统治的需要，而这些新地吏当有部分来自于秦地。

尽管新地已经成为秦人领土，但对本是它邦人的原住民，改造成符合秦政权要求的子民还需假以时日。因此通过输送秦人出身的官吏，在以吏为师的传统下，这是最直接、有效的改造方式，消弭秦人与楚人的差别，使故楚疆土与楚民真正成为秦国的一部分。

由上述可知，《尸等捕盗疑购案》中对秦人和它邦人的区分是秦国国家政策的一种表现形式。那么为什么秦国在施政过程中一直要强调秦本位呢？

---

① 详见本书上编第三章《冗吏》。
② 陈伟主编：《里耶秦简牍校释》（第一卷），第343页。
③ 陈松长主编：《岳麓书院藏秦简》（伍），第190页。

归根结底还是为了有效地实施统治。强调敌国之人为它邦人，在统一之前，出于防范心理，这容易理解。但占领之后还存在身份区分这种印记，其原因是在秦统治者眼中，新占领地区的原住民还是存在着秦与它邦的这种界隔。比如睡虎地秦简《语书》，对占领不久的南郡，守腾发了一部文告，晓谕属地吏民：

> 廿年四月丙戌朔丁亥，南郡守腾谓县、道啬夫：古者，民各有乡俗，其所利及好恶不同，或不便于民，害于邦，是以圣王作为灋（法）度，以矫端民心，去其邪避（僻），除其恶俗。灋（法）律未足，民多诈巧，故后有间令下者。凡灋（法）律令者，以教道（导）民，去其淫避（僻），除其恶俗，而使之之于为善殹（也）。今灋（法）律令已具矣，而吏民莫用，乡俗淫失（泆）之民不止，是以灋（废）主之明法殹（也），而长邪避（僻）淫失（泆）之民，甚害于邦，不便于民。故腾为是而修灋（法）令、田令及为间私方而下之，令吏明布，令吏民皆明智（知）之，毋巨（岠）于罪。今灋（法）律令已布闻，吏【民】犯灋（法）为间私者不止，私好、乡俗之心不变，自从令、丞以下，智（知）而弗举论，是即明避主之明灋（法）殹（也），而养匿邪避（僻）之民。①

南郡本属楚地，此时归秦不久。在这段话中，"乡俗""邪避（僻）淫失（泆）之民"字样反复出现，"乡俗"所指自然是楚地之俗，即原楚地固有的风俗民情；而"邪避（僻）淫失（泆）之民"主要指的是楚地的原住民。这反映出秦人在南郡的最高统治者还是将楚人视为不同于秦人的"他者"，因而要督促手下将"圣王作为法度，以矫端民心"，即将秦的一套制度推行到楚地，强化统一。

对待秦人而言，其赏格要重于它邦人，从表面看是对秦人身份的重视。不过，更重要的目的还是从秦国的统治利益出发。商鞅变法以来秦国就有重视耕战的传统，这其中很重要的一点措施就是将秦人固着在土地上，禁止迁

---

① 陈伟主编：《秦简牍合集·释文注释修订本（壹、贰）》，第29页。

徙，《商君书·垦令》：

> 使民无得擅徙，则诛愚乱农农民，无所于食，而必农。愚心躁欲之民壹意，则农民必静。农静诛愚，乱农之民欲农，则草必垦矣。①

这段话是说只有禁止百姓擅自迁徙，才能使其致力于农业，开垦荒地，为国家提供坚实的物质基础。因此，本章开头案例中对秦人提高赏格，也意味着加强了对秦人的控制，这样可以拥有稳固、持续地为其提供力役、赋税的劳动者，有效地为其兼并战争服务。

上述说明秦国从国别角度对人口实行管理的方式，是基于现实政治考量的必然结果。除此以外，春秋以来的地域观念也是值得注意的一个原因。东周时期，因为西周分封体制固有的弊端，春秋以来诸侯国之间征战不断，客观上强化了各国分野，以国作为界定人身份的基本单位为当时通行做法。甚至西汉前期司马迁描写全国经济区，亦采用这种形式，如"洛阳东贾齐、鲁，南贾梁、楚。故泰山之阳则鲁，其阴则齐"②。对不同地区间的民风民俗，司马迁也有概括描述，其间差异明显。秦末各支反秦势力仍以战国的国名相称，这些都是战国分域观念根深蒂固的反映。因此谈到秦代法律中"秦人"与"它邦人"这种区分发生的原因，亦不能忽视当时社会观念的影响。

最后我们再观察强化秦人身份政策实施的效果。如上所述，区分它邦人，是为了便于管理，可无法知道这一政策对它邦人及后来的荆爵者是否发挥了预期的效力。但从现有材料看，我们还可以看出这一政策在强化控制秦人方面的限度。

秦国法律中，有一些条款是对逃亡者的处理，在睡虎地秦简《封诊式》中就有这样几条关于逃亡案件的审理程序：

> 覆　敢告某县主：男子某辞曰："士五（伍），居某县某里，去亡。"可定名事里，所坐论云可（何），可（何）皋（罪）赦，【或（又）

---

① 高亨译注：《商君书译注》，第 25 页。
② 《史记》卷 129《货殖列传》（点校本二十四史修订本），第 3963 页。

覆问毋（无）有，几籍亡，亡及逋事各几可（何）日，遣识者当腾腾，皆为报，敢告主。①

□捕　爰书：男子甲缚诣男子丙，辞曰："甲故士五（伍），居某里，乃四月中盗牛，去亡以命。丙坐贼人□命。自昼甲见丙阴市庸中，而捕以来自出。甲毋（无）它坐。"②

作为官员学习法律的样本，《封诊式》所提供的案例应为当时习见的违法现象，关于逃亡案例程式不止一次出现，说明当时秦人逃亡并非偶发之特例。并且在《岳麓书院藏秦简》（肆）第一组简中有很大篇幅都为《亡律》就是显证。秦人逃亡者一个重要的流向是逃入他国，在法律文献中称为邦亡。如睡虎地秦简《法律答问》中有："告人曰邦亡，未出徼阑亡，告不审，论可（何）殹（也）？为告黥城旦不审。"③ 无凭证擅自离开国境即为邦亡，法律上有这样具体的规定，说明这一现象并不鲜见。

对邦亡问题，秦人亦很熟知，《岳麓书院藏秦简》案例〇一《癸、琐移谋购案》：

乃四月辛酉，校长癸、求盗上造柳、士五（伍）轿、沃诣男子治等八人、女子二人，告群盗盗杀人。……琐等言治等四人邦亡，不智（知）它人何辠（罪）。……●士五（伍）琐、渠、乐曰：与士五（伍）得、潘、沛戍。之山材，见治等，共捕。治等四人言秦人，邦亡，其它人不言所坐。④

在这个案件中，负责追捕的"琐"和被告"治"，皆知"邦亡"之罪，以此可以看出当时人人了解邦亡的法律，邦亡已经是当时经常发生的一种现象。

这种逃亡他国的邦亡，虽然法律明文禁止，但在当时的环境下，具体执

---

① 陈伟主编：《秦简牍合集·释文注释修订本（壹、贰）》，第271页。
② 陈伟主编：《秦简牍合集·释文注释修订本（壹、贰）》，第272页。
③ 陈伟主编：《秦简牍合集·释文注释修订本（壹、贰）》，第200页。
④ 朱汉民、陈松长主编：《岳麓书院藏秦简》（叁），第95—97页。

行起来难度很大。战国时期，各国人员流动频繁，对人口控制也有难度，不易管理。即使有了户籍制度，但因为技术上的原因，在施行过程中也很难如法律条文规划的那样执行到位。据韩树峰研究，在简牍书写时代，户籍资料只收藏于县、乡两级，其上的郡和中央只是掌握数字而已。① 在这种情况下很难防范全国范围内发生的逃亡事件，所以在传世史籍中，秦统一之后逃亡的例子也不乏记载：张良行刺秦始皇失败，"良乃更名姓，亡匿下邳"②；张苍，"秦时为御史，主柱下方书。有罪，亡归"③。只要简单的"更名姓"，即使是行刺皇帝的重罪，也能在逃亡之后安然无恙。张苍作为朝廷官员，有罪逃亡，秦廷似乎也束手无策。因此反观秦统一之前，尚有统治不及的地方，秦政府对邦亡者的控制能力更可想而知了。因此这反映出秦国关注秦人，力图从身份角度对其进行控制的政策效力已经打了折扣。

秦人以国别为标准区分人的身份，只是战国征战历史背景下的产物，当国家完成统一后，这种政策必然会碰到新的问题。我们看汉初的例子，张家山汉简《奏谳书》：

> 十一年八月甲申朔丙戌，江陵丞骜敢讞（谳）之。三月己巳大夫禒辤（辞）曰：六年二月中买婢媚五（伍）点所，贾（价）钱万六千，乃三月丁巳亡，求得媚，媚曰：不当为婢。·媚曰：故点婢，楚时去亡，降为汉，不书名数，点得媚，占数复婢媚，卖禒所，自当不当复受婢，即去亡，它如禒。④

这则案例之所以需要奏谳的程序，因为其疑难之处是"媚"的身份。导致这一问题的原因是秦楚汉易代，先前奴婢身份是否因为改朝换代而一并取消。以此比况秦的身份政策，若统一后还是一如既往以国别划分人口身份，那么在现实的行政实践中，必然会碰到很多矛盾和麻烦。但秦统一日浅，这

---

① 韩树峰：《论汉魏时期户籍文书的典藏机构的变化》，《人文杂志》2014 年第 4 期。
② 《汉书》卷 40《张良传》，第 2023 页。
③ 《汉书》卷 42《张苍传》，第 2093 页。
④ 张家山二四七号汉墓竹简整理小组编著：《张家山汉墓竹简〔二四七号墓〕》（释文修订本），第 92 页。

种矛盾还未完全暴露出来。并且因为传统观念和现实政治的需要，以国别区分身份的做法在西汉前期仍然延续了下来，除了前言以战国国别分野来做经济区划分外，汉朝中央和分封诸侯国之间的关系同样也是如此，张家山汉简中的法律条文已有明示。这种问题的解决是随着时间推移，统一日久，在制度、观念等方面才真正消除了战国以来的国别隔膜，形成了全新一统的地域观念。

第 三 章
里耶秦简所见戍役种类辨析

秦汉时代国家集权的物质基础是对社会资源的直接赋敛,这些资源包括赋税和力役等。比如汉初法律文书中就有这样的表述:"复蜀、巴、汉(?)中、下辨、故道及鸡刣中五邮,邮人勿令繇(徭)戍,毋事其户,毋租其田一顷,毋令出租、刍稾。"① 对待邮人优复的两个重要项目就是徭戍和租、刍稾两类。并且两者相较,以徭戍为主的劳动力资源对政府来说更为重要。② 它包括徭役和兵役两部分,后者在秦代文献中以戍的形式出现。睡虎地秦墓竹简中有许多关于戍役的记述,这也引发了学界对于秦代徭役、兵役制度的研究热潮,其论题包括戍役的概念、法律条文、服役年限等。③ 后来公布的秦代简牍新资料,则提供了戍役制度在国家行政实践层面的一些数

---

① 张家山二四七号汉墓竹简整理小组编著:《张家山汉墓竹简〔二四七号墓〕》(释文修订本),第46页。
② 王毓铨在讨论汉代情况时就指出,以人身为本的征敛比以土地为本的征敛重,汉代封建政权所赖以维持其统治的物质基础(土地和人户),人户具有更大的重要性。参见王毓铨《"民数"与汉代封建政权》,收入其著《莱芜集》,中华书局1983年版。在体制相同的秦代,大致也是如此。
③ 高敏:《劳动人民是戍边徭役的主要承担者——读〈云梦秦简〉札记》,收入其著《云梦秦简初探》(增订本),河南人民出版社1981年版;屈建军:《秦国兵役徭役制度试探》,《咸阳师专学报》1994年第1期;李庆新:《秦汉时期谪戍、徙迁的实施及其对岭南开发的影响》,中国秦汉史研究会主编:《秦汉史论丛》(第七辑),中国社会科学出版社1998年版;黄今言:《秦代租赋徭役制度初探》,收入其著《秦汉经济史论考》,中国社会科学出版社2000年版;张金光:《秦制研究》第四章《租赋徭役制度》,上海古籍出版社2004年版;张伯元:《"爵戍"考》,收入其著《出土法律文献研究》,商务印书馆2005年版;王焕林:《里耶秦简所见戍卒索隐》,卜宪群、杨振红主编:《简帛研究》(二〇〇五),广西师范大学出版社2008年版;杨振红:《秦简中的"冗"、"更"与供役方式——从〈二年律令·史律〉谈起》,卜宪群、杨振红主编:《简帛研究》(二〇〇六),广西师范大学出版社2008年版;高恒:《秦律中的徭、戍问题》,收入其著《秦汉简牍中法制文书辑考》,社会科学文献出版社2008年版;杨剑虹:《秦代的口赋、徭役、兵役制度新探》,收入其著《秦汉简牍研究存稿》,厦门大学出版社2013年版。

据。周海锋讨论了岳麓书院藏秦简中的《戍律》，宫宅洁在梳理秦迁陵县基本情况时也论及各种戍役的分类。① 我们拟从戍役种类角度，补充后出的秦代法律文书，对该问题做一探讨。

一 戍役名目

为国家服力役是秦汉时代健康成年男子的一项基本义务，他们通常在特定年龄段要承担一定时间的屯戍、宿卫等工作。不过，在秦简牍中，除了这种常规性的屯戍义务外，还有一些其他名目的"戍"，我们将这些与"戍"相关的语词，分别梳理，以此探究秦代戍役的构成情况。

（一）更戍

编户齐民的戍役义务，秦代国家以法律形式加以规定，如睡虎地秦简《秦律杂抄》："戍律曰：同居毋并行，县啬夫、尉及士吏行戍不以律，赀二甲。"② 戍律一词，说明戍役以法条的形式固定下来，是对征发徭役的常规性规定。这种被征发戍守边地的编户民，在里耶秦简中称为"更戍"：

卅四年九月癸亥朔乙酉，畜□□Ⅰ盖侍食赢病马无小，谒令官遣□Ⅱ病者无小，今止行书徒更戍城父柘□□Ⅲ之。/卅五年十一月辛丑朔朔日，迁陵□□Ⅳ 8-143

如律令。/履手。/十一月【壬】□Ⅰ十一月辛卯旦，史获以来。/□Ⅱ 8-143背

《校释》曰："更戍，当番戍边。"并引证了汉代文献中关于更役的各种解说。③ 将更戍和汉代的践更、过更联系起来，其方向无误。杨振红曾将秦汉

---

① 周海锋：《岳麓秦简〈戍律〉及相关问题研究》，张德芳主编：《甘肃省第三届简牍学国际学术研讨会论文集》，上海辞书出版社2017年版；[日]宫宅洁：《秦代迁陵县志初稿——里耶秦简所见秦的占领支配与驻屯军》，刘欣宁译，周东平、朱腾主编：《法律史译评》（第五卷），中西书局2017年版。
② 陈伟主编：《秦简牍合集·释文注释修订本（壹、贰）》，第176—177页。
③ 陈伟主编：《里耶秦简牍校释》（第一卷），第83页。

时期的"更"和"冗"对比观察，认为"更"相当于唐代的番上之役。①我们从里耶秦简中也能发现这一问题：里耶秦简有一批仓给相关政府服务人员发放粮食的记录，其中有几支发放的对象是更戍：

☐人忠出贷更戍士五（伍）城父阳郑得☐ 8-850②

☐禀人忠出贷更戍城父士五（伍）阳糴偁八月九月☐8-980③

☐【人】忠出贷更戍士五（伍）城父中里简。8-1000④

☐☐【禀】人忠出贷更卒士五（伍）城父蒙里☐☐Ⅰ☐令史卻视平☐Ⅱ
8-1024⑤

卅四年八月☐亥朔己未，迁陵守【丞】巸谓覆狱狱史☐：令史Ⅰ唐与输者，守府毋徒，其以更【戍卒】城父士五（伍）乐里顺予Ⅱ令史唐☐☐☐。它如律令。Ⅲ9-2203

八月丙申旦，令史唐行。鞿手。9-2203背⑥

卅二年七月乙亥朔丁丑，尉广敢告库主：疏书戍卒有☐Ⅰ可以律令叚（假）。敢告【主】。☐Ⅱ9-2209+9-2215

【更戍簪褭城父☐利】☐☐Ⅰ更戍士五（伍）城父西章义。/七月丁酉日失（昳）【时】，更戍簪褭城父平☐Ⅰ9-2209背+9-2215背⑦

在已经公布的里耶简中，虽然只有这几条禀给更卒的记录，但是从籍贯看，均来源于城父。城父位于今安徽省境内，与迁陵相去悬远。他们籍贯相同，并非偶然巧合。在西北汉简中，就有来源于同一地方的戍卒编组在一起。上述同籍的更戍，也可以此视之。其身份为士伍，即平民而非刑徒，因而其所服是义务性的劳役。

---

① 杨振红：《秦汉简中的"冗"、"更"与供役方式——从〈二年律令·史律〉谈起》，卜宪群、杨振红主编：《简帛研究》（二〇〇六），广西师范大学出版社2008年版。
② 陈伟主编：《里耶秦简牍校释》（第一卷），第237页。
③ 陈伟主编：《里耶秦简牍校释》（第一卷），第256页。
④ 陈伟主编：《里耶秦简牍校释》（第一卷），第259页。
⑤ 陈伟主编：《里耶秦简牍校释》（第一卷），第264页。
⑥ 陈伟主编：《里耶秦简牍校释》（第二卷），第432页。
⑦ 陈伟主编：《里耶秦简牍校释》（第二卷），第433页。

据张金光研究，秦代的"更"为每年一月的更役，和一生一年的戍守"正卒"不同。① 从更戍所执行的任务看，其工作分成多种，如："卅四年七月甲子朔甲戌，牢人更戍士五（伍）城☐。"（8-1401）② 牢人在里耶秦简 8-273+8-520 条下《校释》云："疑指在牢狱中的役人。"③ 水间大辅则进一步梳理出牢人的职责，有管理牢狱、传递文书、追捕嫌犯等，身份由征发为兵的民及隶臣、司寇等隶属身份或刑徒充任的。④ 但他认为更戍是兵士身份，似有可商余地。记录更戍工作的简文还有：

卅五年三月庚寅朔辛亥，仓衔敢言之：疏书吏、徒上事尉府Ⅰ者腹北（背），食皆尽三月，迁陵田能自食。谒告过所县，以县乡次续Ⅱ食如律。雨留不能投宿赍。当腾腾。来复传。敢言之。Ⅲ 8-1517
令佐温。Ⅰ更戍士五城父阳翟执。Ⅱ更戍士五城父西中痤。臂手Ⅳ 8-1517 背⑤

该简是说吏徒，即令佐温和更戍执、痤等有公事于尉府，需要向所经县乡续食，即在屯戍地以外的地方服役。更戍任务的多样性，是与后面所言屯戍的区别。

在里耶简记载中也能够看出其平民身份。

……【司】空佐敬二甲。AⅠ【司】空守警三甲。AⅡ司空守臦三甲。AⅢ司空佐沈二甲。以。AⅣ☐☐☐一盾。入。AⅤ库武二甲。AⅥ库佐驾二甲。BⅠ田官佐贺二甲。BⅡ髳长忌再☐罢。BⅢ校长予言赍二甲。BⅣ发弩☐二甲。BⅤ仓佐平七【盾】。BⅥ田佐☐一甲。BⅦ令佐图一盾。CⅠ令佐冣七甲。CⅡ令佐逌二甲。已利。CⅢ☐廿钱。CⅣ更戍昼

---

① 张金光：《论秦徭役制度的几个法定概念》，《山东大学学报》2004年第3期。
② 陈伟主编：《里耶秦简牍校释》（第一卷），第320页。
③ 陈伟主编：《里耶秦简牍校释》（第一卷），第127页。
④ ［日］水间大辅：《里耶秦简所见的"牢监"与"牢人"》，王沛主编：《出土文献与法律史研究》（第二辑），上海人民出版社2013年版。
⑤ 陈伟主编：《里耶秦简牍校释》（第一卷），第344—345页。

二甲。CⅤ更戍【五】二甲。CⅥ更戍【登】二甲。CⅦ更戍婴二甲。DⅠ更戍☐二甲。DⅡ更戍褒赎耐。二。DⅢ更戍得赎耐。DⅣ更戍堂赎耐。DⅤ更戍齿赎耐。DⅥ更戍暴赎耐。DⅦ8－149＋8－489①

这是吏卒所受赀刑和耐刑的名单，和更戍并列的名目有司空、库啬夫、库佐、田官、髳长、校长、发弩、田佐、仓佐、令佐等，皆为县级机构的主官或佐吏，更戍与其并列，说明其身份相去不远，但其位次排在这些低级官吏之后，说明其身份是服役的庶民，和罚戍、赀戍等惩罚性的戍役不同。

（二）屯戍

里耶秦简有："☐佐富、禀人出禀屯戍☐。（8－81）"②《校释》曰："屯戍，驻防。"③ 也就是说，屯戍是从其戍役分工角度而言的，强调其驻扎工作。并且称为屯戍，还有一层含义，他们是担负戍守边地的正卒。王焕林依据先期公布的里耶秦简 J1（1）－12 木牍所记官府向戍卒追讨赀钱、赎钱文书，认为此时戍卒是招募而来，和东汉时期的募兵制度一样。④ 但是这种讨债文书和国家的徭役制度是两个不同范畴的事情，故不取其结论。

（三）冗募之戍

☐冗募群戍卒百卅三人。AⅠ☐廿六人。・死一人。AⅡ☐六百廿六人而死一人。AⅢ尉守狐课。BⅠ十一月己酉视事，尽十二月丁未。BⅡ8－132＋8－334⑤

《校释》对此引用了两家说法，一种是睡虎地秦墓竹简整理小组在《秦律杂

---

① 陈伟主编：《里耶秦简牍校释》（第一卷），第 89—90 页。
② 陈伟主编：《里耶秦简牍校释》（第一卷），第 58 页。
③ 张家山二四七号汉墓竹简整理小组：《张家山汉墓竹简・二年律令・行书律》（释文修订本），第 91 页。
④ 王焕林：《里耶秦简所见戍卒索隐》，卜宪群、杨振红主编《简帛研究》（二〇〇五），广西师范大学出版社 2008 年版。
⑤ 陈伟主编：《里耶秦简牍校释》（第一卷），第 70 页。

抄》35号简"冗募归,辞曰日已备,致未来,不如辞,赀日四月居边"下的注释:"冗募,意即众募,指募集的军士。"另一种是孙言诚的看法:冗、募指的是两种人,冗是冗边者,募是应募而从军戍的。冗边的人有两种情况,一种是有谪罪的,因罪罚充冗边;一种是赎身的。但《校释》并未给出判断。首先,我们同意孙先生的观点,冗、募是两种人,两种人放到一起说,是因为冗边的目的是要在边境服役一定的时间才能为亲属赎身,募的具体情形虽然不清楚,但从字面理解,应该是国家招募的士卒,这两者的共同点就是都与国家间形成了契约关系,所以《秦律杂抄》35号简会出现若谎称服役期满,就是违反约定,故会受到赀戍的处罚。不过,冗边似乎还不能包括谪罪。《秦律十八种·司空律》151—152号简:"百姓有母及同姓(生)为隶妾,非适(谪)辠(罪)殹(也)而欲为冗边五岁,毋赏(偿)兴日,以免一人为庶人,许之。"① 因为这句话说冗边除了不能抵偿谪戍,亦不能抵偿征发的常规戍役。并且,在里耶简中也明确出现了冗戍,如:

卅年五月戊午朔辛巳,司空守敝敢言之:冗戍士五(伍)□Ⅰ归高成免衣用,当传。谒遣吏传。谒报。Ⅱ敢言之。Ⅲ 8-666+8-2006
辛巳旦食时食时,隶臣殷行。武☒ 8-666+8-2006背②

冗戍和谪戍出现在同批文书中,说明冗和谪是并列关系,所以冗戍大概只包括赎身一种情况。也就是说,冗戍者的身份更接近于屯戍和更戍者,而并非罪人。比如《岳麓书院藏秦简》(伍)有:"●令曰:吏及宦者、群官官属└、冗募群戍卒及黔首䌛(徭)使、有县官事,未得归,其父母、泰父母不死而谩吏曰死以求归者,完以为城旦。"③"冗募群戍卒"介于吏和黔首之间,说明其身份还是戍卒之一种。而在《岳麓书院藏秦简》(肆)中的一条律文:"●□律曰:冗募群戍卒及居赀赎责(债)戍者及冗佐史、均人史,皆二岁壹归,取衣用,居家卅日。"④"冗募群戍卒"与冗吏等并列,正与上

---

① 陈伟主编:《秦简牍合集·释文注释修订本(壹、贰)》,第121页。
② 陈伟主编:《里耶秦简牍校释》(第一卷),第197页。
③ 陈松长主编:《岳麓书院藏秦简》(伍),第193页。
④ 陈松长主编:《岳麓书院藏秦简》(肆),第160页。

条令文相合，并且他们还享受一定的优待政策。"募"在文献中可以比照西汉赵充国的例子，为军士自不待言。关于冗，一是简牍明确指出是冗戍。二是冗边虽然不包括谪罪，但是秦汉时期的谪罪主要是戍边，如众所熟知的"七科谪"，非谪罪才可以"冗"，也就意味着两者任务相似，若谪罪戍边，则此处之"冗"亦然。简 8－132＋8－334 把"冗募群戍卒"放在一起，也可以看作是一个旁证。

（四）谪戍、罚戍与赀戍

这一组与"戍"相连称的名词都具有处罚性质，但是这几种戍役适用范围、来源皆不相同。试辨析如下。首先看赀戍，明确提到这一名词是睡虎地秦简《秦律杂抄》的一条材料：

> 不当禀军中而禀者，皆赀二甲，灋（废）；非吏殹（也），戍二岁；徒食、敦（屯）长、仆射弗告，赀戍一岁；令、尉、士吏弗得，赀一甲。·军人买（卖）禀禀所及过县，赀戍二岁；同车食、敦（屯）长、仆射弗告，戍一岁；县司空、司空佐史、士吏将者弗得，赀一甲；邦司空一盾。·军人禀所、所过县百姓买其禀，赀二甲，入粟公；吏部弗得，及令、丞赀各一甲。·禀卒兵，不完善（缮），丞、库啬夫、吏赀二甲，灋（废）。①

我们分析这条材料，可以看出这样几个问题：1. 被处以赀戍的处罚皆和经济犯罪有关，都是冒领、擅自买卖军粮的行为，这大概也是以"赀"名戍的原因之一。2. 从处罚结果看，和赀甲盾这种赀刑处于同一序列中，并且以"赀"命名，或可以视之为赀刑的延伸形式，尽管在通常的赀刑排序中，并不包括赀戍。3. 被处罚的对象多为平民和胥吏。"非吏殹（也），戍二岁"，强调"非吏"的身份，反过来看，则只受到"赀二甲，法（废）"仅针对"吏"这个阶层。我们再从连坐者所受到的处罚看，徒食、敦（屯）长、仆射、同车食皆要"赀戍一岁"，而令、尉、士吏、县司空、司空佐

---

① 陈伟主编：《秦简牍合集·释文注释修订本（壹、贰）》，第 162—163 页。

史、邦司空等吏员，皆受到赀甲盾的处罚，这固然是因为发生连坐的责任大小不同，但身份的高低也是不能不考虑的因素。①

罚戍一词在里耶秦简中出现：

罚戍士五（伍）资中宕登爽署迁陵书。☐8-429②
粟米一石九斗少半斗。卅三十月甲辰朔壬戌，发弩绎、尉史过出禀罚戍士五（伍）醴阳同□禄。廿Ⅰ令史兼视平。过手。Ⅱ8-761③
卅一年六月壬午朔丁亥，田官守敬、佐郿、禀人娙出禀罚戍䉒裹坏（襄）德中里悍。Ⅰ令史逐视平。郿手。Ⅱ8-781+8-1102④

简8-761、8-781+8-1102是两条廪给粮食的记录，格式相同。简8-429是说罚戍登爽在迁陵县服役。并且在该简下，《校释》："里耶简8-889、8-1029有'适戍'，'罚戍'，应与谪戍有别。"⑤将罚戍同谪戍区别开来的意见值得重视。罚戍者同前言更戍者一样，以郡为单位统一发送。据陈松长公布的一条岳麓书院藏秦简材料：

绾请许而令郡有罪罚当戍者，泰原署四川郡；东郡、三川、颍川署江胡郡；南阳、河内署九江郡。⑥

然而对于罚戍，除了上述几条外，在秦代文献中并没有更多的资料来反映其全貌。张家山汉简《二年律令》中却有几条关于罚戍的资料，除了《校释》所引《捕律》外，还有：

盗贼发，士吏、求盗部者，及令、丞、尉弗觉智（知），士吏、求盗皆

---

① 张伯元认为"赀戍"是以钱抵偿戍守，毋须戍边。参见张伯元《"爵戍"考》，收入其著《出土法律文献研究》，商务印书馆2005年版。但从上引秦简看，更强调从身份角度区分赀甲盾和赀戍。
② 陈伟主编：《里耶秦简牍校释》（第一卷），第147页。
③ 陈伟主编：《里耶秦简牍校释》（第一卷），第218页。
④ 陈伟主编：《里耶秦简牍校释》（第一卷），第226页。
⑤ 陈伟主编：《里耶秦简牍校释》（第一卷），第147页。
⑥ 陈松长：《岳麓书院藏秦简中的郡名考略》，《湖南大学学报》2009年第2期。

以卒戍边二岁，令、丞、尉罚金各四两。令、丞、尉能先觉智（知），求捕其盗贼，及自劾，论吏部主者，除令、丞、尉罚。一岁中盗贼发而令、丞、尉所（？）不觉智（知）三发以上，皆为不胜任，免之（《捕律》）。①

博戏相夺钱财，若为平者，夺爵各一级，戍二岁。(《杂律》)②

有任人以为吏，其所任不廉、不胜任以免，亦免任者。其非吏及宦也，罚金四两，戍边二岁。(《置吏律》)③

诸詑（诈）给人以有取，及有贩卖买而詑（诈）给人，皆坐赃（赃）与盗同法，罪耐以下有（又）罨（迁）之。有能捕者诇吏，吏捕得一人，为除戍二岁；欲除它人者，许之。(《□市律》)④

和秦代相去无远，作为刑罚的罚戍，其内涵应差别不大，我们就以这几条材料为中心讨论罚戍：

首先，部分罚戍的处罚发生在无爵者中间，爵可以用来减免刑罚，如二年律令《捕律》中的"与盗贼遇而去北，及力足以追逮捕之而官□□□□□逗留奥弗敢就，夺其将爵一络〈级〉，免之，毋爵者戍边二岁"；《收律》"博戏相夺钱财，若为平者，夺爵各一级，戍二岁"。朱绍侯认为，在夺爵各一级，戍二岁之间缺"无爵者"三个字。⑤ 也就是说爵可以抵偿罚戍，无爵者才需要执行罚戍。其次，除了以爵抵罪之外，官吏职位似乎也有抵罪的功能。如上述《置吏律》后一句罚金与戍边的处罚，特别强调是"其非吏及宦也"，也就是说，"吏及宦"仅受免职的处罚。《捕律》对"盗贼发"的处罚，下级胥吏"士吏、求盗部者"要"以卒戍边二岁"，而"令、丞、

---

① 张家山二四七号汉墓竹简整理小组编著：《张家山汉墓竹简〔二四七号墓〕》（释文修订本），第28页。
② 张家山二四七号汉墓竹简整理小组编著：《张家山汉墓竹简〔二四七号墓〕》（释文修订本），第33页。
③ 张家山二四七号汉墓竹简整理小组编著：《张家山汉墓竹简〔二四七号墓〕》（释文修订本），第36页。
④ 张家山二四七号汉墓竹简整理小组编著：《张家山汉墓竹简〔二四七号墓〕》（释文修订本），第45页。
⑤ 朱绍侯：《从〈二年律令〉看汉初二十级军功爵的价值——〈二年律令〉与军功爵制研究之四》，《河南大学学报》2003年第2期。

尉"等长吏只要"罚金各四两"即可。当然，这并不是说长吏对罚戍有豁免权。如《校释》所引《捕律》对"逗留裔弗敢就"的处罚，最后说"而罚其所将吏徒以卒戍边各二岁"，也就是说前面"夺其将爵一级，免之，毋爵者戍边二岁"是针对官吏而言的。"以卒戍边"特别强调"卒"，似乎也暗含着前面官吏被罚戍，在边地作为戍卒也是惩罚的一部分。《岳麓书院藏秦简》（伍）中有："一岁病不视事盈三月以上者，皆免。病有瘳，令为新地吏及戍如吏，有适过，废，免为新地吏及戍者。·迁吏令甲。"① 病免而非谪过可以"戍如吏"，以吏的身份到边地戍守。反过来说，如果有谪过，在边地身份由吏变成卒。秦简几条罚戍材料中，也有簪褭、公卒等爵称，大约就是在不考虑官吏以爵级抵罪的情境下发生的。

在里耶秦简中有"适戍"，即"谪戍"：

☐贷适戍士五（伍）高里庆忌☐　8-899②
☐巳朔朔日，启陵乡守狐出贷适戍☐☐8-1029③

在传世文献中具体写到谪戍的是《汉书》里记载晁错说的一段话：

杨粤之地少阴多阳，其人疏理，鸟兽希毛，其性能暑。秦之戍卒不能其水土，戍者死于边，输者偾于道。秦民见行，如往弃市，因以谪发之，名曰"谪戍"。先发吏有谪及赘婿、贾人，后以尝有市籍者，又后以大父母、父母尝有市籍者，后入闾，取其左。④

后面所谓"七科谪"，《汉书·武帝纪》颜师古注引张晏的说法，即"吏有罪一，亡命二，赘婿三，贾人四，故有市籍五，父母有市籍六，大父母有市籍七，凡七科也"⑤。也就是说秦代的谪戍，是一种苦役，因而就落到这些

---

① 陈松长主编：《岳麓书院藏秦简》（伍），第190页。
② 陈伟主编：《里耶秦简牍校释》（第一卷），第245页。
③ 陈伟主编：《里耶秦简牍校释》（第一卷），第265页。
④ 《汉书》卷49《晁错传》，第2284页。
⑤ 《汉书》卷6《武帝纪》，第205页。

贱民阶层身上。① 这是传世文献的解释。那么里耶简中所谓的谪戍，是否就是指这类人呢？的确也有这样一支简："城父繁阳士五（伍）枯取（娶）贾人子为妻，戍四岁☐。(8-466)"②《校释》曰："因娶贾人之女为妻而戍四岁，应是当时法律规定。"我们注意到在七科谪中，有三种是和商人有关，其主旨是对商人阶层的打击，当中虽然没有提到对娶贾人子的贬谪，士五枯"戍四岁"原因却源于此。所以，将此"戍四岁"看成是"谪戍"当无问题。杨剑虹认为，谪戍主要负责边境的徭役，③ 联想到谪在早期和"迁"有关，④ 杨先生的结论是有道理的。

上述三种皆是惩罚性的戍役，并且施行对象多为下层吏民。即使偶有官吏受此处罚，惩戒的方式也有不同。他们三者之间的区别：谪戍与赀戍、罚戍相比，他们受到戍守边地的惩罚主要与其身份相关，后两种是因为其犯罪行为所受的惩罚。赀戍和赀罪有关，或者可以看成是赀刑的延伸形式。罚戍则是对其他犯罪行为的处罚。

二 戍役者的待遇与役期问题

现有的材料并没有系统地说明秦代屯戍者的权利。当时与戍役者切身利益密切相关的是其服役期限和日常待遇。就后者而言，无论是目前所见材料，还是当时的实际情势，口粮供给应是其主要表现形式。我们首先根据里耶秦简中的廪食资料，以戍役种类为中心列制表格（参见表8）进行分析：

我们将这些材料进行排比后发现这样的规律：屯戍多使用"禀"字，而更戍杂用"出禀""出贷"，谪戍、罚戍以及赀戍等使用"贷（贷）"字。如果把眼光放到戍役以外看其他群体，如刑徒也皆用"禀"字，而不使用"贷"字。禀字是表示无偿供给粮食，贷则需要归还。综合这些情况，我们推想其原因是，谪戍、罚戍以及赀戍等惩罚性的戍役国家不负责他们的口粮

---

① 臧知非：《谪戍制考析》，《徐州师范学院学报》1984年第3期。
② 陈伟主编：《里耶秦简牍校释》（第一卷），第161页。
③ 杨剑虹：《秦代的口赋、徭役、兵役制度新探》，收入其著《秦汉简牍研究存稿》，厦门大学出版社2013年版。
④ 张金光：《秦制研究》第四章《租赋徭役制度》。

表8　　　　　　　　　　　里耶秦简戍役人员廪给表

借方对象	贷方人员	形式	编号
适戍☒	启陵乡守狐	出贷	8-1029
适戍士五（伍）高里庆忌☒		贷	8-899
罚戍公卒襄城武宜都肽、长利士五（伍）甗	田官守敬、佐壬、稟人娙，令史逐视平。壬手	出稟	8-2246
罚戍士五（伍）醴阳同□禄	发弩绎、尉史过、令史兼视平，过手。	出贷	8-761
罚戍簪襃坏（褭）德中里悍	田官守敬、佐郿、稟人娙、令史逐视平、郿手	出贷	8-781+8-1102
士五（伍）巫中陵免将	田官守敬、佐壬、稟人显、令史扁视平、壬手	出稟贳贷	8-764
屯戍士五（伍）孱陵咸阴敝臣	令史扁视平、仓守妃、佐富、稟人援，富手。	出稟	8-1545
屯戍簪襃襄完里黑，士五（伍）胸忍松涂增	田官守敬、佐壬、稟人□、令史逐视平、敦长簪襃襄坏（褭）德中里悍出。壬手	出稟	8-1574+8-1787
屯戍☒	佐富、稟人	出稟	8-81
更戍士五（伍）城父蒙里□	【稟】人忠、令史却视平	出贷	8-1024
更戍士五（伍）城父阳郑得	（稟）人忠	出贷	8-850
更戍城父士五（伍）阳耀倗	稟人忠	出贷	8-980
更戍士五（伍）城父中里简	（稟）【人】忠	出贷	8-1000
屯戍士五安陵昌甾广	稟人娙	出稟	9-174
更戍虞吉里上造□	稟人婴	出稟	9-268
更戍留荥阳不更詹	仓守处僕人婴	出稟	9-363
屯戍阆中下里孔	田官守敬史遬稟人均	出稟	9-552
屯戍司寇江陵戏里□	贰春乡守氏夫佐吾稟人蓝	出稟	9-761
屯戍士五巫狼旁久铁	田官守敬佐壬稟人显	出稟	9-762
罚戍公卒襄武	田官守敬佐郿稟人娙	出稟	9-763
居责□	田官守敬佐壬稟人娙	出稟	9-901
居贳士五巫庠□	田官守敬佐郿稟人娙	出贷	9-1117
更戍不更城父左里节	佐奢稟人小	以贷	9-1980
屯戍士五巫狼旁久戜	仓妃史感稟人堂	出稟	9-2334

数额，由其自己负责，否则在日常待遇上就体现不出与正常屯戍的区别。屯戍和刑徒，尽管其身份不同，但从国家角度看，他们都是为国家服务的人员。更戍"贷""禀"杂用，正常屯戍人员要从仓中贳领粮食，与前面归纳的规律不符。我们想解释这一现象可以从"更戍"工作种类多样着眼，其他廪给戍卒都称为"屯戍"，二者相异，其症结或在此，但限于材料，详情不得而知。① 另一条相反的例子，即本当贳取粮食却是廪给：

径膋粟米四石。卅一年七月辛亥朔朔日，田官守敬、佐壬、禀人娙出禀罚戍公卒襄城武宜都肤、长利士五（伍）甗。Ⅰ令史逐视平。壬手。
Ⅱ 8－2246②

和其他仓贷给罚戍粮食简的区别是，其他皆为贳给一人，这里是廪给两位罚戍者，我们推测这大约是因两人要完成某种特殊勤务，所支取口粮不占平日份额所致。

秦代戍役的时间长短，学者们通常以《汉书·食货志》所载董仲舒所言"又加月为更卒，已复为正，一岁屯戍，一岁力役，三十倍于古"为基础考察。③ 如李庆新认为：谪戍和戍役役期有长短，戍役期限为一年，而谪戍似乎是没有期限的。④ 张金光认为，戍卒与卫卒为一类，役期为一年。谪戍和赀戍是补充形式。⑤ 屈建军则认为：在兵役方面，秦民服役时间的长短和服役次数的多少完全是以战争需要为转移，并无具体年限之规定。⑥ 我们把秦和汉初出土简牍中戍役时限列制表格（参见表9），然后再进行讨论：

---

① 宫宅洁曾对不同身份廪给形式不同给予了关注，认为除了屯戍是出禀以外，其他身份者都是出贷，因而都需要自备口粮，但从后出的《里耶秦简》［贰］看，更戍也是两者杂用。但我们赞同其对惩罚性戍役自备口粮的结论。参见［日］宫宅洁《出禀与出贷——里耶秦简所见戍卒的粮食发放制度》，武汉大学简帛研究中心主办：《简帛》（第十七辑），上海古籍出版社2018年版。
② 陈伟主编：《里耶秦简牍校释》（第一卷），第450页。
③ 《汉书》卷24上《食货志上》，第1137页。
④ 李庆新：《秦汉时期谪戍、徙迁的实施及其对岭南开发的影响》，中国秦汉史研究会主编：《秦汉史论丛》（第七辑），中国社会科学出版社1998年版。
⑤ 张金光：《秦制研究》第四章《租赋徭役制度》。
⑥ 屈建军：《秦国兵役徭役制度试探》，《咸阳师专学报》1994年第1期。

表9　　　　　　　　　　　　戍役期限表

戍役名目	罪名	身份	时限	来源
罚戍	不当禀军中而禀者	非吏	戍二岁	《睡》
赀戍	弗告（不当禀军中而禀者）	徒食、敦（屯）长、仆射	一岁	《睡》
赀戍	买（卖）禀禀所及过县	军人	二岁	《睡》
罚戍	买（卖）禀禀所及过县，弗告（军人买（卖）禀禀所及过县）	同车食、敦（屯）长、仆射	一岁	《睡》
罚戍	盗贼以短兵杀伤其将及伍人而弗能捕得		二岁	《张》
罚戍	力足以追逮捕之而官□□□□□逗留耎弗敢就	（官吏）毋爵者；	二岁	《张》
罚戍	力足以追逮捕之而官□□□□□逗留耎弗敢就，所将吏徒	吏徒	（以卒戍边）一岁	《张》
罚戍	盗贼发	士吏、求盗	（以卒戍边）二岁	《张》
罚戍	博戏相夺钱财，若为平者	（无爵者）	二岁	《张》
罚戍	有任人以为吏，其所任不廉、不胜任以免	非吏及宦	二岁	《张》
谪戍	取（娶）贾人子为妻	士五（伍）	四岁	《里》

按：表格来源一项中，《睡》为《睡虎地秦墓竹简》，《张》为《张家山汉墓竹简》，《里》为《里耶秦简》。

我们比较谪戍、罚戍、赀戍的刑期：赀戍最少，为1—2岁，罚戍为1—4年。谪戍最高，为4年。《岳麓书院藏秦简》（伍）还有一条相关简文："耐女子为隶妾，有能捕若诇告一人，为除赀戍若罚戍四岁以下一人，欲以除它人，许之。"①"罚戍四岁以下"则说明罚戍的刑期还可能更长，但四年至少是其中一个重要的节点，即使超过四年也是特例，四年作为顶限是常态。为什么会出现这种差别呢？我们从这几种刑罚的性质寻找答案。前面说过，赀戍和赀甲盾是在一个序列中。据富谷至研究，赀甲盾等刑在秦统一前后，有时不需要直接缴纳甲盾，而是通过服劳役的方式来补

---

① 陈松长主编：《岳麓书院藏秦简》（伍），第195页。

偿，即"居赀"。① 赀戍似乎还不是抵偿甲盾，但因为赀刑在秦的刑罚等序中，低于劳役刑，因而在服役年限上低于作为罚役性质的罚戍。谪戍的资料更少，相较赀戍，服役年限较长的原因，或许与秦代对商人身份歧视的政策取向有关。还要注意到，这几种作为刑罚的戍役，目前所见最高年限为四年，大约是因为秦代刑徒无刑期，如果这类戍役年限过长，则无法凸显出他们与劳役刑之间的等次差距。这一时期正常服役的屯戍时间并没有明确记录，但据杨振红考证，此时尚未有岁更制度。② 不过即便如此，我们推测，其服役时间也不会过长，既然这些惩罚性的戍役有期限限制，如果二者相当，那么很难体现出赀戍、罚戍等惩戒效果。

秦代名目繁多的戍役，反映了对外征战、巩固新占领区的需要，再加之数量众多的刑徒，秦代国家征敛了数量巨大的劳动力资源，这固然使得秦征服六国，一统天下，但同样也正因为如此，强秦的灭亡亦始于斯。

---

① ［日］富谷至：《秦汉刑罚制度研究》，柴生芳、朱恒晔译，广西师范大学出版社2006年版，第37页。

② 杨振红：《徭、戍为秦汉正卒基本义务说——更卒之役不是"徭"》，《中华文史论丛》2010年第1期。

第 四 章
"作徒"管理问题探讨

秦代刑徒数目庞大,其存在对维持帝国运转具有重要意义。如张金光所说,秦代刑徒"不仅数量惊人,而且其中多城旦等重刑"①。因而认识刑徒问题,是理解秦代国家统治的重要视角。睡虎地秦简中有许多内容是有关刑徒来源、待遇、惩罚的等各种法律规定,这也是学界研究的热点问题,成果宏富,主要集中在刑徒的刑名、刑期等方面。而针对刑徒的管理,刘海年等先生曾经关注过。② 在《里耶秦简》[壹]中有一批记录刑徒劳作情况的作徒簿,以及其他一些相关内容,能补充或印证先前刑徒研究中已得出的结论,因此也受到学界的关注。③ 关于这一问题研究,已有多篇成果发表。④

---

① 张金光:《秦制研究》,第545页。
② 刘海年:《中国古代早期的刑徒及其管理》,收入其著《战国秦汉法制管窥》,法律出版社2006年版。
③ 相关成果有:李力《论"徒隶"的身份——从新出土里耶秦简入手》,中国文物研究所编《出土文献研究》(第八辑),上海古籍出版社2007年版;湖南省文物考古研究所《龙山里耶秦简之"徒簿"》,中国文化遗产研究院编《出土文献研究》(第十二辑),中西书局2013年版;高震寰《从〈里耶秦简(壹)〉"作徒簿"管窥秦代刑徒制度》,中国文化遗产研究院编《出土文献研究》(第十二辑),中西书局2013年版;贾丽英《里耶秦简所见"徒隶"身份及监管官署》,卜宪群、杨振红主编《简帛研究》(二○一三),广西师范大学出版社2014年版。
④ 文霞、李亚光对徒隶的内涵进行了探讨,参见文霞《试论秦简中的"徒隶"》,《广西第二师范学院学报》2016年第4期,李亚光:《战国秦及汉初的"徒隶"与农业》,《中国农史》2018年第3期;黄浩波则考察了徒簿到计的形成过程,参见黄浩波《里耶秦简所见"计"文书及相关问题研究》,杨振红、邬文玲主编《简帛研究》(二○一六春夏卷),广西师范大学出版社2016年版;李勉和俞方洁对里耶秦简中出现的徒簿作了分类,参见李勉、俞方洁《里耶秦简"徒簿"类文书的分类解析》,《重庆师范大学学报》2017年第4期;刘自稳在对徒簿重新分类的基础上,重点考察了呈报方式,参见刘自稳《里耶秦简牍所见"作徒簿"呈送方式考察》,《中国人民大学学报》2018年第3期;陈伟则利用秦法律文书探讨了徒隶的生存状况,参见陈伟《秦简牍校读及所见制度考察》第八章《岳麓简所见"徒隶"的生存状态》,武汉大学出版社2017年版。

本部分以《里耶秦简》［壹］［贰］的材料为基础，考察秦代国家政权，特别是县以下政权对刑徒劳作的管理措施。

一　作徒簿解析

不断出土的秦汉地方政府档案表明，发达的文书制度是秦汉国家对社会进行有效控制的重要基础，信息在官府上下层级之间能够有效沟通很大程度上是依靠文书的上传下达来实现的。同样，秦代对刑徒的管理，除了法律上的各种规定，通过严密的簿籍对其日常活动进行严密控制也是不可或缺的一个方面。所以我们先从里耶秦简中的作徒簿入手，分析其形式和内容，以此为基础，对秦代刑徒管理的相关问题进行探讨。

作徒簿是里耶秦简中自命名的一种簿籍，如："廿九年八月乙酉，库守悍作徒薄（簿）（8-686+8-973）。"① 有时也简称为徒簿："二月辛未，都乡守舍徒薄（簿）（8-142）。"② 这是作徒簿的标题。我们以"廿九年八月乙酉，库守悍作徒簿"为例，来观察其基本形式：

> 廿九年八月乙酉，库守悍作徒薄（簿）：受司空城旦四人、丈城旦一人、舂五人、受仓隶臣一人。·凡十一人。AⅠ城旦二人缮甲□□。AⅡ城旦一人治输□□。AⅢ城旦一人约车：登。AⅣ　丈城旦一人约车：缶。BⅠ隶臣一人门：负剧。BⅡ舂三人级：姱、□、娃。BⅢ廿廿年上之☐ C 8-686+8-973
>
> 八月乙酉，库守悍敢言之：疏书作徒薄（簿）牒北（背）上，敢言之。逐手。Ⅰ乙酉旦，隶臣负解行廷。Ⅱ 8-686背+8-973背③

除标题外，作徒簿主体分为三部分：1. 接受刑徒的明细与数量。2. 对接受刑徒所做工作的具体分工。3. 部门长官针对上级的汇报文字。从标题看，

---

① 陈伟主编：《里耶秦简牍校释》（第一卷），第203页。
② 陈伟主编：《里耶秦简牍校释》（第一卷），第82页。
③ 陈伟主编：《里耶秦简牍校释》（第一卷），第203页。

是"库"这一机构的作徒簿。与库一样，同是接收机构的还有畜官、田官、少内等直属机构以及下属之乡等，它们也有作徒簿，分别见简8-199+8-688、简8-285、简8-2034、简8-142等。

与畜官、田官、库、少内及属乡接收方相对应，刑徒授予方也有相应的簿籍。秦代的刑徒多由司空管理，如宋杰说："在秦汉国家机构的'司空'组织当中，各县道所辖的'司空'应该是数量最多的。……秦汉县道的'司空'监管刑徒劳作，负责境内土木工程、水利及交通设施的修建维护，安排士卒徭役及'居赀赎责（债）者'的征发。"① 在里耶简中也有司空派遣刑徒的簿籍：

一人□：【朝】。A 一人有狱讯：目。AⅠ一人捕鸟：城。AⅡ一人治船：疵。BⅠ一人作务：且。BⅡ一人输备弓：具。BⅢ……8-2008
后九月丙寅，司空□敢言☑ 8-2008背②

不过，除了司空这一机构之外，在里耶秦简中，还记载着仓向外派遣劳力，主要为隶臣妾。③ 如上引8-686+8-973：受司空城旦四人，丈城旦一人，舂五人，受仓隶臣一人。即城旦、舂由司空派遣，隶臣（妾）由仓派遣。具体实例有：

二人付□□□。AⅠ一人付田官。AⅡ一人付司空：枚。AⅢ一人作务：臣。AⅣ一人求白翰羽：章。AⅤ一人廷守府：快。AⅥ其廿六付田官。BⅠ一人守园：壹孙。BⅡ二人司寇守：囚、婢。BⅢ二人付库：恬、扰。BⅣ二人市工用：饍、亥。BⅤ二人付尉□□。BⅥ☑ 8-663
五月甲寅仓是敢言之：写上。敢言之。☑8-663背④

---

① 宋杰：《秦汉国家统治机构中的"司空"》，《历史研究》2011年第4期。
② 陈伟主编：《里耶秦简牍校释》（第一卷），武汉大学出版社2012年版，第416页。
③ 李勉和俞方洁进一步区分出接受机构称为作徒簿，而派出机构称为徒作簿。李勉、俞方洁：《里耶秦简"徒簿"类文书的分类解析》，《重庆师范大学学报》2017年第4期。
④ 陈伟主编：《里耶秦简牍校释》（第一卷），第196页。

这支简和简 8－2008，皆有结尾而无标题，不符合秦汉简牍文书结构特点，我们推测，标题可能是写在另外一支简上。另外，还有一个需要说明的问题，文中有"一人付司空：枚"的记录，仓出的隶臣妾为什么要发送到司空这一主管城旦舂等刑徒的机构呢？我们认为司空除了主管刑徒之外，还与它主管大型劳动工程的职能有关。

关于刑徒授予的簿籍，有一支记录内容更为详细的简牍需要单独讨论：

……A……囷、段、卻。BⅠ七人市工用。BⅡ八人与吏上计。BⅢ一人为舄：剧。BⅣ九人上省。BⅤ二人病：复卯。BⅥ一人□徙酉阳。BⅦ□□□人。CⅠ□□十三人。CⅡ隶妾暨（系）舂八人。CⅢ隶妾居赀十一人。CⅣ受仓隶妾七人。CⅤ·凡八十七人。CⅥ其二人付畜官。CⅦ四人付貣舂。CⅧ廿四人付田官。CⅨ二人除道沅陵。CⅩ四人徒养：枼、痤、带、复。CⅪ二人取芒：阮、道。DⅠ一人守船：遏。DⅡ三人司寇：荱、狼、款。DⅢ二人付都乡。DⅣ三人付尉。DⅤ一人付□。DⅥ二人付少内。DⅦ七人取□：繪、林、烧、粲、鲜、夜、丧。DⅧ六人捕羽：刻、婢、□、□、娃、变。DⅨ二人付启陵。DⅩ三人付仓。DⅪ二人付库。DⅫ二人传徙酉阳。EⅠ一人为笥：齐。EⅡ一人为席：崎。EⅢ三人治臬：梜、兹、缘。EⅣ五人暨：婢、般、橐、南、儋。EⅤ二人上眚（省）。EⅥ一人作庙。EⅦ一人作务：青。EⅧ一人作园：夕。EⅨ·小城旦九人：FⅠ其一付少内。FⅡ六人付田官。FⅢ一人捕羽：强。FⅣ一人与吏上计。FⅤ·小舂五人：FⅥ其三人付田官。FⅦ一人徒养：姊。FⅧ一人病：□。FⅧ8－145

□□囷敢言之，写上，敢言之。／痤手。8－145 背①

因为这枚简的标题和呈报等关键信息缺失，因而我们首先要判明它的制作机构。从前面举的两个例子看，既可能是仓、也可能是司空。不过，其中有"受仓隶妾七人"，并且还有"小城旦"等字样，显然只有司空一种可能。而且在后来公布的《里耶秦简》第二卷中，还有一方木牍，编号为 9－

---

① 陈伟主编：《里耶秦简牍校释》（第一卷），第84—86页。

2289，其主题内容除了个别因为释文偶有差别外，基本一样，但是多了正面和背面第一行标题和呈报内容，节录之如下：

卅二年十月己酉朔乙亥，司空守園徒作薄。AⅠ……9-2289
【卅】二年十月己酉朔乙亥，司空守園敢言之：写上，敢言之。/痤手。
Ⅰ十月乙亥水十刻刻下二，佐痤以來。Ⅱ9-2289背①

因此，这更坐实了我们的判断。从整体看，8-145 这支简大致可以分成这样几部分：第二栏以前是一部分，为一类刑徒；第二栏至第五栏是一类，主要是各种成年女性刑徒；第六栏则为未成年男女刑徒。从形式看，我们推测第一部分缺失的是成年男性刑徒，大约是城旦、鬼薪、隶臣之类。第二部分"□□□人　□□十三人"所缺字，我们推测为"白粲□人，舂□十三人"。这样分类的目的，一方面是从刑徒劳动能力角度考量，另一方面从其他材料看，不同的劳动力从事不同的工作，在衣食供给上有不同的待遇。如里耶秦简中有徒日食簿：

卅年六月丁亥朔甲辰，田官守敬敢言之：疏书日食牘北（背）上。Ⅰ
敢言之。Ⅱ8-1566
城旦、鬼薪十八人。AⅠ小城旦十人。AⅡ舂廿二人。AⅢ小舂三人。B
Ⅰ隶妾居赀三人。BⅡ戊申，水下五刻，佐壬以來。/尚半。逐手。8-
1566背②

这是一支申请廪给口粮的文书，后面分列各种刑徒，都是按照性别、年龄等分列，隶妾居赀虽然和舂一样是成年女性，但居赀和普通刑徒在待遇上有所区别，所以也要单列。关于禀衣的待遇，睡虎地秦简《秦律十八种·金布律》：

---

① 陈伟主编：《里耶秦简牍校释》（第二卷），第455、458页。
② 陈伟主编：《里耶秦简牍校释》（第一卷），第362页。

禀衣者，隶臣、府隶之毋（无）妻者及城旦，冬人百一十钱，夏五十五钱；其小者冬七十七钱，夏卅四钱。春冬人五十五钱，夏卅四钱；其小者冬卅四钱，夏卅三钱。隶臣妾之老及小不能自衣者，如春衣。·亡、不仁其主及官者，衣如隶臣妾。①

其后不久的张家山汉简则有更明确的年龄和性别界定：

诸内作县官及徒隶，大男，冬禀布袍表里七丈、络絮四斤，绔（袴）二丈、絮二斤；大女及使小男，冬袍五丈六尺、絮三斤，绔（袴）丈八尺、絮二斤；未使小男及使小女，冬袍二丈八尺、絮一斤半斤，未使小女，冬袍二丈、絮一斤。夏皆禀襌，各半其丈数而勿禀绔（袴）。夏以四月尽六月，冬以九月尽十一月禀之。布皆八稷、七稷。以裘皮绔（袴）当袍绔（袴），可。②

我们再看简 8－145，它和简 8－2008 不同，这支简除了刑徒作务、付受等记录外，在此之前还记录了不同种类刑徒的数量。因而从整支简看，其性质还不是简单的付受记录。它大约是县司空一定时间内对其掌握刑徒情况的整理。

从分工情况看，简中作徒大致有两类，一类是分配到政府相关机构以及属乡中；一类是服各种劳役，这类人通常都标注具体人名，这可能是因为司空在管理刑徒的同时，还要负责劳役。并且从这些劳役种类看，似乎还很难归属到具体的部门或机构。

作徒簿也有两种不同的类型，即临时付受与月度统计。从我们上举 8－686＋8－973 的例子看，隶臣负解就不在该简前面所排列的刑徒中，说明这并不是库中全部刑徒，只是"廿九年八月乙酉"这一天所接受刑徒记录，并且要将其接收刑徒的身份、数量、年龄、性别、使用等情况向上级

---

① 陈伟主编：《秦简牍合集·释文注释修订本（壹、贰）》，第 96 页。
② 张家山二四七号汉墓竹简整理小组编著：《张家山汉墓竹简〔二四七号墓〕》（释文修订本），第 65 页。

主管部门汇报。里耶简中就有类似的格式,自名为"作徒日簿",如简8-1069+8-1434+8-1520背面:"卅二年五月丙子朔庚子,库武敢言之,疏书作徒日薄(簿)一牒。敢言之。横手。五月庚子日中时,佐横以来。/圂发。"①

对于这类机构中的作徒,如同司空要对其所掌刑徒进行定期清理一样,各个机构要有月度统计,如:

卅年八月贰春乡作徒薄(簿):AⅠ城旦、鬼薪积九十人。AⅡ仗城旦积卅人。AⅢ春、白粲积六十人。AⅣ隶妾积百一十二人。AⅤ·凡积二百九十二人。BⅠ☐卅人甄。BⅡ☐六人佐甄。BⅢ☐廿二人负土。BⅣ☐二人☐瓦 BⅤ☐ 8-1143+8-1631②

是为属乡的作徒月簿,其内容既有目前实有作徒总数,也有其分工。从这支简看,其基本特征是:具体到月份,但不写具体日期,虽有分工,但不写具体名字;二是有"积"这一表示"累计"的字样。③ 总结处用"凡……"字样,数量较大。

二 刑徒管理问题

以上从文本角度对里耶秦简中和作徒相关的簿籍作了初步分类,并分析了其性质。对刑徒动态管理,我们再围绕里耶简中的资料做进一步论说。

刑徒授予一方包括仓和司空两个机构,但是他们所掌握的刑徒却有严格分工。我们从仓和司空与各相关机构之间的刑徒付受记录进行归纳:仓掌管的徒主要有隶臣、隶妾、大隶臣、大隶妾、小隶臣。简单地说,隶臣妾由仓来管理。司空掌握的刑徒主要有隶妾系春、城旦、丈城旦、春、司空居赀、

---

① 陈伟主编:《里耶秦简牍校释》(第一卷),第272—273页。
② 陈伟主编:《里耶秦简牍校释》(第一卷),第283页。
③ 李勉、俞方洁认为是劳作刑徒累计的数量,其说可从。参见李勉、俞方洁《里耶秦简"徒簿"类文书的分类解析》,《重庆师范大学学报》2017年第4期。

居赀、赎责、鬼薪、白粲、小城旦、隶妾居赀、小舂。① 这里值得注意的是，隶妾本是归属仓管理，但如果受到居赀的处罚，则要划归司空管理。隶妾系舂也同样如此，个中原因或如《校释》引睡虎地竹简《秦律十八种·司空》所言："隶臣妾、城旦舂之司寇、居赀赎责（债）墼（系）城旦舂者，勿责衣食；其与城旦舂作者，衣食之如城旦舂。隶臣有妻，妻更及有外妻者，责衣。人奴妾墼（系）城旦舂，貣（贷）衣食公，日未备而死者，出其衣食。"② 从律文内容看，它们皆系于司空律下，说明了司空所管刑徒范围非常宽泛。

仓和司空在刑徒管理上的分工，我们从仓廪记录中也可以看出。由仓直接廪给粮食的只有隶臣妾，如：

稻五斗。卅一年九月庚申，仓是、史感、【廪人】堂出稟隶臣☒ Ⅰ
令史尚视平。Ⅱ 8-211③

给其他刑徒廪给粮食需要假手司空等机构，如：

径詹粟米一石九斗五升六分升五。卅一年正月甲寅朔丁巳，司空守增、佐得出以食舂、小城旦渭等卅七人，积卅七日，日四升六分升一。Ⅰ令史☐视平。得手。Ⅱ 8-212+8-426+8-1632④

另外，秦简中还有某曹"计录"的文书，司空曹计录中有"徒计"，仓曹计录中亦有"徒计"，这也说明二者皆是刑徒主管部门，只是分工不同。

自睡虎地秦简出土后，隶臣妾因出现频率较高，且显示出较其他刑徒独有的特征，因而受到学界关注，对其性质等问题展开了热烈的讨论。将隶臣

---

① 这一点高震寰、贾丽英已经指出，参见高震寰《从〈里耶秦简（壹）〉"作徒簿"管窥秦代刑徒制度》，中国文化遗产研究院编《出土文献研究》（第十二辑），中西书局2013年版；贾丽英《里耶秦简所见"徒隶"身份及监管官署》，卜宪群、杨振红主编《简帛研究》（二〇一三），广西师范大学出版社2014年版。但我们以下讨论该问题的着眼点与其稍有差异。
② 陈伟主编：《里耶秦简牍校释》（第一卷），第86页。
③ 陈伟主编：《里耶秦简牍校释》（第一卷），第115页。
④ 陈伟主编：《里耶秦简牍校释》（第一卷），第115页。

妾看成秦汉刑徒的一个等次殆无异议。韩树峰曾对隶臣妾与城旦舂、鬼薪白粲之间的区别做了细致的分析，认为二者是刑徒结构的两个不同等次。① 那么，从徒的授予机构看，隶臣妾和城旦舂、鬼薪白粲两者截然不同，这从一个角度可以为秦汉时期刑徒分级提供佐证。

刑徒管理机构对接收机构亦加以严格管理。各接收刑徒机构的作徒簿表明，它们接收到来自司空或仓的刑徒后，要及时汇报这些刑徒的使用情况。即使临时派到属乡从事劳役，完成任务后，属乡也要报告司空：

卅年十月辛卯朔乙未，贰春乡守绰敢告司空主，主Ⅰ令鬼薪畛、小城旦乾人为贰春乡捕鸟及羽。羽皆已Ⅱ备，今已以甲午属司空佐田，可定薄（簿）。敢告主。Ⅲ 8 – 1515
十月辛丑旦，隶臣良朱以来。／死半。邛手。8 – 1515 背②

作徒簿内容只是说明这些刑徒派到各部门后的分工情况，这个文书则说明刑徒使用完归还司空后，也要向司空报告，对交割过程中的每一步骤都要交代清楚。司空对刑徒的严格控制还表现在，派到其他机构的刑徒即使因病等没有进行劳作，也要汇报，如简 8 – 1207 + 8 – 1255 + 8 – 1323："卅三年正月庚午朔己丑，贰乡守吾作徒薄（簿）：受司空白粲一人，病。"③

以上所论，皆为县所属机构和属乡对刑徒的管理制度。作为总理行政的县以及郡如何参与刑徒管理，里耶简中亦有详细资料说明，在先期公布的里耶简第十六层中有这样一条材料：

廿七年二月丙子朔庚寅，洞庭守礼谓县啬夫卒史嘉、叚（假）卒史谷、属尉。令曰：传送委输，必先悉行城旦舂、隶臣妾、居赀赎责（债）；急事不可留，乃兴徭（徭）乙。今洞庭兵输内史及巴、南郡、苍梧，输甲兵当传者多节传之。必先悉行乘城卒、隶臣妾、城旦舂、鬼薪、白

---

① 韩树峰：《汉魏法律与社会——以简牍、文书为中心的考察》，社会科学文献出版社 2011 年版，第 56 页。
② 陈伟主编：《里耶秦简牍校释》（第一卷），第 343 页。
③ 陈伟主编：《里耶秦简牍校释》（第一卷），第 291—292 页。

粲、居赀赎责（债）、司寇、隐官、践更县者ㄥ。田时殹（也），不欲兴黔首。嘉、谷、尉各谨案所部县卒、徒隶、居赀赎责（债）、司寇、隐官、践更县者簿，有可令传甲兵，县弗令传之而兴黔首，兴黔首可省少弗省少而多兴者，辄劾移县，县亟以律令具论，当坐者言名夬（决）泰守府，嘉、谷、尉在所县上书，嘉、谷、尉令人日夜端行。它如律令。16-5a

三月丙辰，迁陵守丞欧敢告尉、告乡、司空、仓主，前书已下，重听书从事。尉别都乡、司空，司空传仓；都乡别启陵、贰春，皆勿留脱，它如律令。/釦手。丙辰水下四刻，隶臣尚行。

三月癸丑，水下尽，巫阳陵士五（伍）匄以来。/邪手。

二月癸卯，水下十一刻刻下九，求盗簪褭阳成辰以来。/弱半。如手。16-5b①

县啬夫，指县令。② 这段文字的主题内容是洞庭郡守礼对迁陵县所下文书，要求按照国家法令，征发刑徒，勿兴黔首。迁陵县丞再依次下发到本县下属各部门。我们关心的是这个文书的传达流程：郡依据律令对属县发布文书，县则将文书的要求传递到管理刑徒机构仓、司空以及属乡等。在此过程中，郡只提出指导性原则，县则照章具体布置，县以下各部门执行规定。郡县在刑徒管理方面的统属关系还表现在郡要掌握县中刑徒的数据，比如：

卅二年九月甲戌朔朔日，迁陵守丞都敢☐Ⅰ以朔日上所买徒隶数守府。·问☐Ⅱ敢言之。☐Ⅲ 8-664+8-1053+8-2167

九月甲戌旦食时，邮人辰行。☐ 8-664背+8-1053背+8-2167背③

简虽然有残缺，但其内容大体是说迁陵守丞都将卅二年九月甲戌朔日所买徒

---

① 里耶秦简博物馆、出土文献与中国古代文明研究协同创新中心中国人民大学中心编：《里耶秦简博物馆藏秦简》，第207页。
② 裘锡圭：《啬夫初探》，《裘锡圭学术文集·古代历史、思想、民俗卷》，复旦大学出版社2012年版。
③ 陈伟主编：《里耶秦简牍校释》（第一卷），第197页。

隶数汇报给其上级单位郡府。如果徒隶数量不够，要由郡府向中央申请调拨，简8-986："迁陵隶臣员不备十五人。"① 迁陵县隶臣数量不足，目的大概是向上级汇报。里耶简中也的确记录了这方面的规定，如简8-757："徒少及毋徒，薄（簿）移治虏御史，御史以均予。"②

县在这一体系中上传下达，起到中枢作用。具体说来，体现在以下两个方面：首先要对本县作徒实施监管，见下简：

卅四年六月甲午朔乙卯，洞庭守礼谓迁陵丞：Ⅰ丞言徒隶不田，奏曰：司空厌等当坐，皆有它罪，Ⅱ8-755 耐为司寇。有书，书壬手。令曰：吏仆、养、走、工、组Ⅰ织、守府门、助匠及它急事不可令田，六人予田徒Ⅱ8-756 四人。徒少及毋徒，薄（簿）移治虏御史，御史以均予。今迁陵Ⅰ廿五年为县，廿九年田廿六年尽廿八年当田，司空厌等Ⅱ8-757 失弗令田。弗令田即有徒而弗令田且徒少不傅于Ⅰ奏。及苍梧为郡九岁乃往岁田。厌失，当坐论。即Ⅱ8-758 如前书律令。／七月甲子朔癸酉，洞庭叚（假）守Ⅰ绎追迁陵。／歇手。·以沅阳印行事。Ⅱ 8-759

歇手。8-755 背③

这段话是说洞庭守礼对迁陵丞奏司空厌让隶徒不田事所作出的处理意见。在这个程序当中，可以看出县丞监督主管刑徒的下属部门。除此以外，县还要对与刑徒相关的簿籍进行校验，以此达到有效管理刑徒的目的。这从下列两个签牌可以看出：

廿九年尽Ⅰ岁田官徒薄（簿）Ⅱ廷。Ⅲ8-16④
卅一年司空十二月以Ⅰ来，居赀、赎、责（债）薄（簿），Ⅱ尽三月城

---

① 陈伟主编：《里耶秦简牍校释》（第一卷），第257页。
② 陈伟主编：《里耶秦简牍校释》（第一卷），第217页。
③ 陈伟主编：《里耶秦简牍校释》（第一卷），第217页。
④ 陈伟主编：《里耶秦简牍校释》（第一卷），第31页。

旦春Ⅲ廷。Ⅳ8-284①

这两支简皆顶端半圆涂黑，且8-16有两绳孔，秦汉简牍中签牌多为此种形制。简8-16中"尽岁"，《校释》认为是"似指整个年度"，简8-284则是一个季度的统计记录。从主体内容看，它们似是司空、田官等机构定期对刑徒情况的统计。不过结尾皆有一个"廷"字，无法与前面连读。我们观察图版，这两个字，较前面字大，并且字体也不一样。8-16"廷"字较为工整，8-284虽然模糊，亦可看出有异，因而基本可以肯定它们为两次书写，而且可能是后书。廷在秦汉时期是县廷的简称。这种后书的意义在于，它表明田官、司空这些刑徒统计账目，要通过县廷校验。

从以上分析可以看出，秦代对于刑徒的管理，国家负责制定法律，确定一般原则；郡负责对相关问题的裁决，县则对刑徒劳作进行统计、监督；而具体执行机构主要是司空和仓，以及接收刑徒的各部门和属乡。

三 徒与徒隶

我们在讨论里耶秦简作徒时，最后还需要说明徒、徒隶这两个概念。对此，先前已经有多位学者注意于此，李力曾做了细致的梳理，② 不赘述。《校释》在简6-7"敢言之：前日言当为徒隶买衣及予吏益仆"下给出了几家主要的解释："李学勤先生指出……'徒隶'就是隶臣妾、城旦舂和鬼薪白粲。李力先生认为，在此确实用'徒隶'来指'隶臣妾、城旦舂、鬼薪白粲'，但不能因此而断定前者就是后者的省称，或者说'徒'就是指'城旦舂和鬼薪白粲'，'隶'就是指'隶臣妾'。里耶秦简所见'徒隶'一词是一个泛称，既可指奴隶，也可指刑徒'隶臣妾、城旦舂和鬼薪白粲'。"③ 贾丽英则认为"徒隶"是泛称，因时代、语境不同，所指对象

---

① 陈伟主编：《里耶秦简牍校释》（第一卷），第128页。
② 李力：《"隶臣妾"身份再研究》，中国法制出版社2007年版，第466—480页；李力：《论"徒隶"的身份——从新出土里耶秦简入手》，中国文物研究所编：《出土文献研究》（第八辑），上海古籍出版社2007年版。
③ 陈伟主编：《里耶秦简牍校释》（第一卷），第20页。

亦不同。① 李亚光则更关心徒隶在文献中的语义。② 我们根据里耶秦简中的资料认为这个问题还有进一步申说的余地。

从作徒簿看，徒包括司空所掌管的城旦舂、鬼薪白粲及各种居赀赎责者和仓所掌管的隶臣妾。这和李学勤界定的徒隶范围一致，徒就是徒隶。在同时期的文献中也有此例：

金钱羽旄，息子多少，徒隶攻丈，作务员程，老弱痒（癃）病，衣食饥寒。③
以徒隶给大雨，堤防可衣者衣之。④

除了在刑徒劳作角度二者一致外，我们前面所引 8-755—759 那份文书中，前面称徒隶，后面又径言徒，说明二者在不需要严格界定的情况下可以混用。之所以如此，大约是因为在徒作等场合下，政府关心的是他们的劳动能力，作为劳动力资源来看待，因而就统称为"徒"。不仅如此，"徒"有时也被视为一个特定群体：

卅五年八月丁巳朔己未，启陵乡守狐敢言之：廷下令书曰取鲛鱼与Ⅰ山今卢（鲈）鱼献之。问津吏徒莫智（知）。·问智（知）此鱼具署Ⅱ物色，以书言。·问之启陵乡吏、黔首、官徒，莫智（知）。敢言之。·户Ⅲ曹　8-769⑤

作为基层官吏的启陵乡守啬夫狐将其辖境内的人口分成乡吏、黔首、官徒三个群体，并且写在正式的文书中，说明这是官方约定俗成的一种表达方式。官徒，《校释》解释成"官府的徒隶"。也就是说这些徒、或称为徒隶，是

---

① 贾丽英：《里耶秦简所见"徒隶"身份及监管官署》，卜宪群、杨振红主编：《简帛研究》（二〇一三），广西师范大学出版社2014年版。
② 李亚光：《战国秦及汉初的"徒隶"与农业》，《中国农史》2018年第3期。
③ 陈伟主编：《秦简牍合集·释文注释修订本（壹、贰）》，第308页。
④ 黎翔凤撰：《管子校注·度地篇》，中华书局2004年版，第1068页。
⑤ 陈伟主编：《里耶秦简牍校释》（第一卷），第222页。

身份低于平民的一个贱民阶层。徒隶的这一用法，在战国秦汉文献中习见，如《管子·轻重乙》："今发徒隶而作之，则逃亡而不守。发民，则下疾怨上。"① 徒隶与民相对，正和简 8-769 内容相吻合。但是，从里耶简看，"徒隶"一词还有其特殊含义。考课记录中有仓课：

> 仓课志：AⅠ畜彘鸡狗产子课，AⅡ畜彘鸡狗死亡课，AⅢ徒隶死亡课，AⅣ徒隶产子课，AⅤ作务产钱课，BⅠ徒隶行繇（徭）课，BⅡ畜雁死亡课，BⅢ畜雁产子课。BⅣ·凡☑　C8-495②

与徒隶课并列的诸项目对比看，徒隶被看成是"仓"所掌财产的一部分，如果仅认为是一种贱民，则无法判断其作为财产应该具有的价值等特征。另一份有关徒隶的文书可以佐证这一点：

> 卅三年二月壬寅朔朔日，迁陵守丞都敢言之：令曰恒以Ⅰ朔日上所买徒隶数。·问之，毋当令者，敢言之。Ⅱ 8-154
> 二月壬寅水十一刻刻下二，邮人得行。圂手。8-154 背③

买入徒隶需要向上级机构汇报，虽然没有出现具体内容，却凸显出其所具有的财产属性。王健认为这条资料中的徒隶是私徒隶，并进而推论里耶简中徒隶有官、私之分。④ 不过，如前所言，在秦代官方文书中，徒隶的内涵已经非常清楚，主要是刑徒。目前并未发现"私徒隶"这一名称，如果存在内涵不同的私徒隶与官府中徒隶使用同一称呼，如何在行政文书中区别出来呢？换句话说，同一个身份术语，如何体现出两种不同的含义呢？李力利用徒隶"泛称"的观点来弥合这种矛盾。⑤ 其实，我们还可以从另外一个角度

---

① 黎翔凤撰：《管子校注·轻重乙》，第1448页。
② 陈伟主编：《里耶秦简牍校释》（第一卷），第169页。
③ 陈伟主编：《里耶秦简牍校释》（第一卷），第93页。
④ 王健：《从里耶秦简看秦代官府买徒隶问题（论纲）》，秦始皇兵马俑博物馆编：《秦俑博物馆开馆三十周年国际学术研讨会暨秦俑学第七届年会会议论文（会议用）》，2009年。
⑤ 李力：《"隶臣妾"身份再研究》，第480页。

来解决这个问题。前面提到，徒隶包括城旦舂、鬼薪白粲、隶臣妾等几类。如果官府购买，这种关系只能发生在官府和百姓之间，这样就可以排除城旦舂、鬼薪白粲这些身份界定明确的刑徒。但秦代的隶臣妾身份比较复杂，李力曾对秦简中涉及的隶臣妾逐条做了解说和分析，发现隶臣妾既可做官奴婢的名称，也可做刑徒的名称。① 故我们据此推测，官府向私人购买奴婢后变成官奴婢，也就成了隶臣妾的一种，而隶臣妾又是徒隶的组成部分，所以在政府公文中就将这种购买而来的私奴婢直接叫作徒隶。

另外，在讨论里耶秦简作徒簿时，可以发现其中并没有司寇，李力、王健、吕利均曾指出了这一点。② 我们再根据此后新公布的资料加以补充说明。③ 在前引16-5简中，前后文名词置换时，徒隶代替隶臣妾、城旦舂、鬼薪白粲，却没包含司寇。也可证明这一点（这条材料上引宋杰等已经指出）。不过，司寇也是秦代刑徒之一种，如张金光说："秦的刑徒等级序列应是城旦、舂→鬼薪、白粲→隶臣、妾→司寇→候。"④ 在里耶简中也有记载：

戍有罪为鬼薪。AⅠ齰城旦。AⅡ赢城旦。AⅢ欹城旦。AⅣ瘳城旦。AⅤ滕司寇。☒BⅠ憎司寇。☒BⅡ 8-533⑤

按照《校释》的解释，刑名前皆为人名。这也就是说，在里耶秦简中，司寇和城旦为并列的刑名之一。这支简性质不明，我们推断它可能是收入刑徒或是县中存量刑徒的记录。然而身为刑徒，司寇却未出现在作徒簿中，其中

---

① 李力：《"隶臣妾"身份再研究》，第四章、第五章。
② 李力：《"隶臣妾"身份再研究》，第472页；王健：《从里耶秦简看秦代官府买徒隶问题（论纲）》，秦始皇兵马俑博物馆编：《秦俑博物馆开馆三十周年国际学术研讨会暨秦俑学第七届年会会议论文（会议用）》，2009年；吕利：《律简身份法考论：秦汉初期国家秩序中的身份》，法律出版社2011年版，第265—268页。
③ 简文中有一例："☒一年四月癸未朔己□☒Ⅰ□城旦司寇一人，☒Ⅱ☒薪廿人，☒Ⅲ☒□□四人，☒Ⅳ。（8-2151）"按：睡虎地秦简《秦律十八种·司空律》有"城旦舂之司空"，注释者认为，应为城旦舂减刑为司寇者，简中有时分称为城旦司寇、舂司寇。如果此说成立，那么可以认为这些城旦即使减刑为司寇，其作为城旦的一些义务依然存在。如"城旦居赀赎责"一样。
④ 张金光：《秦制研究》，第533—534页。
⑤ 陈伟主编：《里耶秦简牍校释》（第一卷），第175页。

原因可以从司寇地位来考虑。

司寇虽然是一种刑徒，但从秦和汉初文献看，他们和城旦舂、鬼薪白粲等还有很大区别。这种区别，吕利在探讨不同刑徒的特征时，曾有所涉及。我们根据此后新公布的资料看，还有以下两点值得注意：一是他们为国家正户，有户籍，如里耶简中有：

成里户人司寇宜Ⅰ☐下妻酱。☐Ⅱ 8-1027①
阳里户人司寇寄☐ 8-1946②

司寇可以作为户主身份出现，另外在简 8-19 中户籍统计时，司寇和有爵位的不更、公士、上造，以及无爵之士五（伍）并列，这是与其他刑徒存在的显著差别。在此后不久的张家山汉简中，对吏民授田宅时，司寇和隐官一样，成为获得国家授田宅最低的一级。这一等级之下则不见其他刑徒。③ 这种分野，张家山汉简《二年律令》的法律条文中也有体现，如《赐律》有："司寇、徒隶，饭一斗，肉三斤，酒少半斗，盐廿分升一。"④ 虽然在赏赐品上二者相同，但行文时却二者分列，说明在界定其法律身份时有所区分。

司寇和其他刑徒的区别还在于，其他刑徒要被国家统一调拨。如前引简 8-757 所言，由中央的治庖御史统一分配，这也就意味着刑徒无人身自由，具有奴隶的属性。和允许居住在里中的司寇相比，其身份要卑微许多。

通过以上的分析可以概括为，在当时人的观念中，徒和徒隶是一个泛指的概念，官府认为是服劳役的刑徒，民间观念认为是贱民。当其在正式行政法律文书中出现或涉及权利与义务时，则有特定的内涵，司寇要与其他刑徒分立。

我们对《里耶秦简》中的作徒问题做了梳理。这批材料呈现了秦统一

---

① 陈伟主编：《里耶秦简牍校释》（第一卷），第 264 页。
② 陈伟主编：《里耶秦简牍校释》（第一卷），第 409 页。
③ 这一点王健曾经指出过，但他看成庶人和奴隶身份的区别。参见王健《从里耶秦简看秦代官府买徒隶问题（论纲）》，秦始皇兵马俑博物馆编：《秦俑博物馆开馆三十周年国际学术研讨会暨秦俑学第七届年会会议论文（会议用）》，2009 年。
④ 张家山二四七号汉墓竹简整理小组编著：《张家山汉墓竹简〔二四七号墓〕》（释文修订本），第 49 页。

前后，县域以下各机构对刑徒管理的细节，丰富了我们对秦代国家运作机制的认识。这套制度对之后的时代也有直接影响。汉代就可以看到这套刑徒管理模式的痕迹。比如在敦煌悬泉汉简中有"县（悬）泉置阳朔元年见徒名藉（籍）。（Ⅱ0215②：1）"[①] 基层邮驿机构有"见徒名藉"，颇类于秦简中"作徒簿"。又如《续汉书·百官志》本注在记述汉代县丞职掌有"丞署文书，典知仓狱"，这大约和秦代仓负责隶臣妾亦有渊源关系。

---

① 胡平生、张德芳编撰：《敦煌悬泉汉简释粹》，上海古籍出版社2001年版，第98页。

第 五 章
县级财政管理

秦对内实行中央集权，对外征服，攻城略地，皆以强大的财力为基础。凭借中央集权体制，秦实现了对地方社会的直接掌控和财富汲取。不过，具体到技术层面，传世文献并不能提供更多信息。有赖于出土文献，特别是里耶秦简提供了县级财政运作的样本。目前所见专门以秦县级财政为研究对象的成果不多，[1] 但是有些专题研究却涉及相关问题，主要有三类：一是秦汉财政史专著中对于秦财政的考察，因限于材料和体例，通常将秦代财政问题放到秦汉这样一个较长时段来观察；[2] 二是对秦代财政职官、财政政策，比如少内、金布、税制等进行研究；[3] 三是对出土文献中有关经济制度方面的律文（如金布律等）进行探究而旁及财政问题。[4] 但这些成果受材料所限，均未专门讨论过秦的地方财政问题。近年，随着以岳麓书院藏秦简和里耶秦简等法律文书资料的刊布，秦代地方行政制度与行政实践两方面的内容也丰富起来，本章即以这些材料为基础，对秦县级财政收支、相关职官，以及在

---

[1] 以此为主题的成果仅见于宫长为《云梦秦简所见财政管理——读〈睡虎地秦墓竹简〉札记》（《史学月刊》1996 年第 3 期）一文。但当时所见材料仅有睡虎地秦简，且该文是将县级财政作为国家财政的一部分来论述。

[2] 参见杨际平《中国财政通史·秦汉财政史》，湖南人民出版社 2013 年版。

[3] 参见罗开玉《秦国"少内"考》，《西北大学学报》1981 年第 3 期；［加］叶山《解读里耶秦简——秦代地方行政制度》，武汉大学简帛研究中心主办《简帛》（第八辑），上海古籍出版社 2013 年版；吴方基《论秦代金布的隶属及其性质》，《古代文明》2015 年第 4 期；《秦代县级财务监督机制与日常运作》，《地方财政》2017 年第 2 期；朱圣明《秦至汉初"户赋"详考——以秦汉简牍为中心》，《中国社会经济史研究》2014 年第 1 期；臧知非《说"税田"：秦汉田税征收方式的历史考察》，《历史研究》2015 年第 3 期；陈松长《秦代"户赋"新证》，《湖南大学学报》2016 年第 4 期等。

[4] 朱红林：《里耶秦简"金布"与〈周礼〉中的相关制度》，《华夏考古》2007 年第 2 期。

秦国家财政体系中的地位做一梳理。

一 县级财政的收支

出土简牍虽然没有呈现出完备的制度规定，但勾稽相关材料，还是能够看出当时县级财政收支的基本面貌，以下从收支两个方面分门别类进行阐述。

（一）财政收入

作为国家财政来源基础之一的县级财政，其收入主要有制度性的租赋和日常生产经营收入，以及其他收入。下面分别论述：

1. 租赋类收入。在中国古代中央集权体制下，分别基于土地和人口的地税与人头税，即租和赋，是国家财政收入的主要来源，更是维持国家机器运转的基本动力。秦代同样如此。早在秦孝公十四年（前348），即"初为赋"，[①] 在文献中也有秦"收泰半之赋"的记载，说明秦曾实行过很重的租赋。但是，具体负责机构和征收形式却语焉不详。出土史料可补苴其不足。《岳麓书院藏秦简》（肆）载有《金布律》：

> ●金布律曰：出户赋者，自泰庶长以下，十月户出刍一石十五斤；五月户出十六钱，其欲出布者，许之。十月户赋，以十二月朔日入之，五月户赋，以六月望日入之，岁输泰守。十月户赋不入刍而入钱者，入十六钱。吏先为？印，敛，勿令典、老挟户赋钱。[②]

[①] 《史记》卷5《秦本纪》（点校本二十四史修订本），第257页。对于这种"赋"的内涵，历代史家有不同说法，参见本书下编第七章《贡赋之间："羽"赋的性质》的相关梳理。不过，我们认为这种"赋"虽然起始意义是军赋，但作为重要历史事件被载入《本纪》，应是一个因关系到国计民生而被确立下来的重要制度，也就是说已成为一项基本的国家财政收入。另外，考虑到秦在开疆拓土的过程中，对土地控制远比对人口控制稳定，对民户的控制远比对个人的控制简单，因此这或如张金光所认为的户赋，参见《秦制研究》，第201页。即基于土地、以户为单位而产生的赋敛项目。下文《岳麓书院藏秦简》（肆）所引《金布律》的记述也可作为佐证。

[②] 陈松长主编：《岳麓书院藏秦简》（肆），第107页。

陈松长将这条律文与其他秦简资料结合起来进行分析后认为，秦代的户赋包括刍、钱、布、茧四种。所谓"岁输泰守"，"它说明各乡县分两次所征收的户赋，在'足其县用'之后，每年都要向上输送给郡守，因此，户赋的征收应该是秦代郡级财政税收的一个重要组成部分"①。为什么大宗财政收入归属于郡而不是行政重心的县？我们推想，可能受两个因素影响：一是这类税收来源稳定，数量大，为保障国家机器运转有雄厚的经济基础，显然不能完全留给基层单位；二是这类税收计算简单，收入明确，即使郡级单位不直接面向民众征收，也容易通过县来转收而不至于在中间环节上下其手。

除了这种常规的户赋之外，还有一些源于贡献的"赋"，比如在里耶秦简中出现的"献羽""求羽"文书，亦呈现常态化的趋势。② 并且这同户赋一样，也是上交到上级、甚至是中央机构。此外，汉代与赋相关的税收还有"算赋"，即按人头征税，而文献中也提到秦代"头会箕敛"，③ 似乎也暗示着秦代亦有人头税。不过这在目前所见简牍资料中并无记载。

秦代还存在着市租。《岳麓书院藏秦简（叁）》案例《芮盗卖公列地案》从多个角度反映了国家对市场有严格的管理措施。这样做的主要目的是加强对社会的控制，也反映了在市场经营过程中政府有收取市租的需求。比如《商君书·外内篇》："市利之租必重。"④ 其具体程序，在秦律中有比较详细的描述："●金布律曰：官府为作务、市受钱，及受赍、租、质、它稍入钱，皆官为甀，谨为甀空（孔），叟（须）毋令钱能出，以令若丞印封甀而入。"⑤ "作务、市受钱"，当即"市利之租"。这类租钱在收取、存储、封缄等环节均有明确的规定，成为政府财政收入的一部分。张家山汉简《金布律》中也有类似记述："官为作务、市及受租、质钱，皆为甀，封以令、丞印而入，与参辨券之。"⑥ 可见这一制度秦西汉间一脉相承。

2. 经营收入。秦代国家直接掌控着各类经济资源，在农业、畜牧业、

---

① 陈松长：《秦代"户赋"新证》，《湖南大学学报》2016年第4期。
② 详见本书下编第七章《贡赋之间："羽"赋的性质》。
③ 《汉书》卷32《张耳传》，第1831页。
④ 高亨注译：《商君书注译》，第167页。
⑤ 陈松长主编：《岳麓书院藏秦简》（肆），第108页。
⑥ 张家山二四七号汉墓竹简整理小组编：《张家山汉墓竹简［二四七号墓］》（释文修订本），第67页。

商业领域中有专门机构负责增殖,这是县级财政的重要来源。

秦代土地除了一部分由自耕农耕作以外,政府还控制着一部分公田,设置专门的田官来管理,其收获物即归县级政府所有。这已有详尽的研究,兹不赘述。①

畜牧业也是当时重要的生产部门之一。县级机构中有畜官:

畜官课志:AⅠ徒隶牧畜死负、剥卖课,AⅡ徒隶牧畜畜死不请课,AⅢ马产子课,AⅣ畜牛死亡课,BⅠ畜牛产子课,BⅡ畜羊死亡课,BⅢ畜羊产子课。BⅣ·凡八课。BⅤ 8-490+8-501②

这是对畜官进行考课的记录,其内容包括各种牲畜死亡和产子两个大类,目的是要考核增殖和损耗。仓也承担着类似的工作:

仓课志:AⅠ畜彘鸡狗产子课,AⅡ畜彘鸡狗死亡课,AⅢ徒隶死亡课,AⅣ徒隶产子课,AⅤ作务产钱课,BⅠ徒隶行䌛(徭)课,BⅡ畜雁死亡课,BⅢ畜雁产子课。BⅣ·凡□ C 8-495③

与上一支简的区别在于,畜官负责马、牛、羊等大牲畜,仓负责彘、鸡、狗、雁等家禽和小牲畜。产子的目的是以出卖盈利为主。睡虎地秦简《秦律十八种·仓律》:"畜鸡离仓。用犬者,畜犬期足。猪、鸡之息子不用者,买(卖)之,别计其钱。"④此段后半句是说,如果猪、鸡产子,除留出必需部分外,剩余出卖,收入另行统计。结合简8-490+8-501看,这部分收入应该进入县级财政中。同样,畜官课志的第一条"徒隶牧畜死负、剥卖课",是出卖意外死亡的畜产品,在现实行政实践中仍有此类实例:"□三·

---

① 详见本书下编第八章《地方公田及其管理》;魏永康《里耶秦简所见秦代公田及相关问题》,《中国农史》2015年第2期。
② 陈伟主编:《里耶秦简牍校释》(第一卷),第168页。
③ 陈伟主编:《里耶秦简牍校释》(第一卷),第169页。
④ 陈伟主编:《秦简牍合集·释文注释修订本(壹、贰)》,第83页。

卖牛及筋。(8-102)"①

从春秋后期开始，古典商品交换经济开始发展起来，但工商食官遗风犹存，秦政府依然同市场发生各种联系。除了前述出卖禽畜以外，也出售其他生产生活必需品。在农业社会里，个体家庭无法自己生产铁器等生产生活必需品，也要购买获得，虽然秦尚未实行铁器官营制度，但是政府也会出售一部分铁器：

> 铁椎（锥）钎鋒（锋）不可久劾，勿久劾。铁钁□□□□□□久劾殹（也），令吏勿坐，而务求可以劾久臧（职）者，劾久臧（职）之；可而弗劾久臧（职）者，赀官啬夫、吏各一盾。铸为群铁器及它器卖黔首者，勿久劾。②

这段话讲述了官府对各类铁器刻画记号的规定，最后"铸为群铁器及它器卖黔首者，勿久劾"，说明秦代官府供应了部分社会所需要的铁器，但并未说明由哪级机构来执行。我们考虑到县是地方行政中枢，而百姓也不便到郡中购买铁器，所以还是将其视作县级财政收入。

出卖官府多余财物，即政府拥有的剩余物品需要出售，以降低损失，如出卖祭余物品。秦代重视祭祀，各种祭品消耗极大。对于祭祀完毕的祭品，通常以出卖的方式来处理，例如：

> 【卅】二年三月丁丑朔丙申，仓是、佐狗杂出祠先䢉（农）余彻羊头一、足四，卖于城旦赫，所取钱四□☑ 14-300+14-764③

秦出卖祭品，还是从经济角度着眼，这一点与先秦时期通过分食胙肉等方式不同。④ 秦代出卖祭品主要是由仓和库两个负责储存物品和生产功能的机构

---

① 陈伟主编：《里耶秦简牍校释》（第一卷），第 62 页。
② 陈松长主编：《岳麓书院藏秦简》（肆），第 214—215 页。
③ 里耶秦简博物馆、出土文献与中国古代文明研究协同创新中心中国人民大学中心编：《里耶秦简博物馆藏秦简》，第 204 页。
④ 详见本书下编第十一章《祠先农制度及其流变》。

来完成。① 因为这类简均为迁陵县的档案文书，所以可以看作是县财政收入的一部分。

政府出卖商品不仅多种多样，而且有专门的售卖途径。《岳麓书院藏秦简》（肆）载："●金布律曰：市衡术者，没入其卖殹（也）于县官，吏循行弗得，赀一循〈盾〉。县官有卖殹（也），不用此律∟。"② 这段律文反过来看，政府可以在"衡术"中售卖相关商品，也就意味着这种售卖有专门的市场，已经制度化。

3. 罚没收入。在秦的刑罚体系中，有徒刑、财产刑等多个类别，其中财产刑以赀刑为代表，即向国家缴纳甲盾等，这部分收入要交到县里：

> 卅年九月甲戌，少内守扁入佐晁赀一盾、佐斗四甲、史章二甲、□☒ Ⅰ 二甲、乡歜二甲、发弩囚吾一甲、佐狐二甲。凡廿五甲四盾。为☒ Ⅱ 8
> − 1783 + 8 − 1852③

少内是县属机构，少内收入所赀甲盾，自然也就交到县里。秦简刑罚中的赀甲盾，常可以用钱来折算。于振波认为赀甲盾和钱比率为：赀二甲为2688钱，赀一甲为1344钱，赀二盾为768钱，赀一盾为384钱。④ 汉初也继承了这样的做法："有罚、赎、责（债），当入金，欲以平贾（价）入钱，及当受购、偿而毋金，及当出金、钱县官而欲以除其罚、赎、责（债），及为人除者，皆许之。各以其二千石官治所县十月金平贾（价）予钱，为除。"⑤ 汉代刑罚中虽然没有赀甲盾等刑罚，直接代之以罚金，这些和赎、债等与政府发生经济关系的刑罚，均已用金和钱来结算。

对于非法买卖所得，也要充公，交到县、道政府。《龙岗秦简》有："没入其贩假殹（也）钱财它物于县、道官。☒（26/92/91/264）"尽管对

---

① 详见本书下编第九章《秦简中的"库"及其在汉代的流变》。
② 陈松长主编：《岳麓书院藏秦简》（肆），第109页。
③ 陈伟主编：《里耶秦简牍校释》（第一卷），第390页。
④ 于振波：《秦律中的甲盾比价及相关问题》，《史学集刊》2010年第5期。
⑤ 张家山二四七号汉墓竹简整理小组编著：《张家山汉墓竹简〔二四七号墓〕》（释文修订本），第67页。

"贩假"的对象理解有歧义,① 但是后半段文字是说将这些不当得利交到县级官府没有问题。

(二) 县级财政的支出

县级财政收入虽然很大一部分要上交,成为国家财政体系的一部分,比如前揭之户赋、贡赋等。但是为了保证本级行政开支,也要支取一部分县中获取的财政收入。主要有以下几类:

1. 保障本县行政正常运转的支出,即县级财政最基本的支出。为政府服务吏员的口粮廪给都仰赖于县仓。② 秦政府还依靠刑徒等服劳役,除了口粮外,衣物也依靠财政供给:

> 受(授)衣者,夏衣以四月尽六月稟之,冬衣以九月尽十一月稟之,过时者勿稟。后计冬衣来年。囚有寒者为褐衣。为絜布一,用枲三斤。为褐以稟衣:大褐一,用枲十八斤,直(值)六十钱;中褐一,用枲十四斤,直(值)卌六钱;小褐一,用枲十一斤,直(值)卅六钱。已稟衣,有余褐十以上,输大内,与计偕。都官有用□□□□其官,隶臣妾、舂城旦毋用。在咸阳者致其衣大内,在它县者致衣从事之县。县、大内皆听其官致,以律稟衣。③

致其衣大内,整理者谓"凭券向大内领衣",那么"在它县者致衣从事之县"则是在县中的刑徒向所在县领衣。

2. 对于本县中因军功而购赏者,亦由县财政来支出:"•制诏丞相御史:兵事毕矣﹂,诸当得购赏贳责(债)者,令县皆亟予之。令到县,县各尽以见(现)钱,不禁者,勿令巨皋。令县皆亟予之。"④ 战国秦的历史,征战是其主旋律,因军功受赏人数众多,这应该也是一笔不小的支出。

3. 市场采购。县廷要从市场购入劳动力,这也是县级财政支出的项目。

---

① 几种说法详见陈伟主编《秦简牍合集・释文注释修订本(叁)》,第26页。
② 详见本书中编第四章《县级政权的粮食廪给》。
③ 陈伟主编:《秦简牍合集・释文注释修订本(壹、贰)》,第95页。
④ 陈松长主编:《岳麓书院藏秦简》(肆),第197页。

里耶秦简有："廿九年少内☒I买徒隶用钱三万三千□☒II少内根、佐之主。☒III (9-1406)"① 徒隶在秦简中常见，是国家控制的劳动力，这支简虽然不完整，但因为出自迁陵县，并且出现了负责县财政的少内，可以肯定他们是县购买的劳动力。秦代国家从民间购买劳动力比较常见："皇帝其买奴卑（婢）、马，以县官马牛羊贸黔首马牛羊及买，以为义者，以平贾（价）买之，辄予其主钱。而令虚质、毋出钱、过旬不质，赀吏主者一甲，而以不质律论∟。"② 这段话是说中央（皇帝）以政府的马、牛、羊同百姓交易奴婢、马匹，反映出政府购买劳动力乃是当时普遍存在的一种现象。在此背景下，县廷购买徒隶成为一种常态。需要说明的是，政府同民间发生交易，也要执行严格的程序，如"●关市律曰：县官有卖买殹（也），必令令史监，不从令者，赀一甲"。③ 县官是官府的泛称，但是后面有"令史监"，令史在很多国家机构中均有设置，自然也包括县廷所置令史，因而县进行买卖活动时，也要执行这条规定。

4. 维持国家行政运转发生的费用。"●田律曰：侍莝邮、门，期足以给乘传晦行求烛者，邮具二席及斧、斤、凿、锥、刀、甕、虪，置梗（绠）井旁∟，吏有县官事使而无仆者，邮为饬，有仆，叚（假）之器，勿为饬，皆给水酱（浆）。"④ 为保证信息的畅达和行政命令的有效执行，秦在各地设置了邮驿系统，这条《田律》就是要求邮驿视不同情况，给有公干的官员提供各种生活器具和服务。邮驿沿交通要道而设，分布在地方各县，从就近方便的角度考虑，也由县来负责供给。

5. 其他临时性支出。

卅年九月庚申，少内守增出钱六千七百廿，环（还）令佐朝、义、佐盂赀各一甲，史狅二甲。I 九月丙辰朔庚申，少内守增敢言之：上出券一。敢言之。/欣手。九月庚申日中时，佐欣行。II 8-890+8-1583⑤钱三百五十。卅五年八月丁巳朔癸亥，少内沈出以购吏养城父士五

---

① 陈伟主编：《里耶秦简牍校释》（第二卷），第300页。
② 陈松长主编：《岳麓书院藏秦简》（肆），第134—135页。
③ 以上参见陈松长主编《岳麓书院藏秦简》（肆），第148页。
④ 陈松长主编：《岳麓书院藏秦简》（肆），第104页。
⑤ 陈伟主编：《里耶秦简牍校释》（第一卷），第242页。

（伍）得。得告戍卒赎耐罪恶。Ⅰ令史华监。瘳手。Ⅱ 8-811＋
8-1572①

前一支简是说少内要偿还给令佐等几位官员6720钱，大约与赀刑有关。后一支简则是少内支付赏金。这些当是因特殊事情而支出，并没有规律。另外在里耶秦简中，还有少内向县内其他机构支付的记录：

☑癸卯，少内守就叚（假）令史郪，郪以市 8-802②
☑九月壬辰朔辛亥，牢人☐☐☐受少内☐☑ 8-819③

这两枚简因为残缺，只能看出少内向令史、牢人等支付某种财物，尽管如此，也能反映出县内财政一部分收入需要满足本级政权机构运转。除了现金支出外，县级财政还要支出实物：

☑【竹】笥一合。卅四年九月癸亥朔甲子，少内守狐付牢人☐☑ 8-1170＋8-1179＋8-2078④
竹笥三合。卅四年十一月丁卯朔庚寅，少内守☐☑ 8-1220⑤
牝豚一。卅三年二月壬寅朔庚戌，少内守履付仓是。☑ 8-561⑥

这些器物与牲畜支付给相关机构和人员时，被记录在案，也要算成财政支出的一部分。

二　县级财政机构

为了保证有效地管理县级财政，秦县级政府设置了专门机构负责财政的

---

① 陈伟主编：《里耶秦简牍校释》（第一卷），第231页。
② 陈伟主编：《里耶秦简牍校释》（第一卷），第229页。
③ 陈伟主编：《里耶秦简牍校释》（第一卷），第232页。
④ 陈伟主编：《里耶秦简牍校释》（第一卷），第287页。
⑤ 陈伟主编：《里耶秦简牍校释》（第一卷），第293页。
⑥ 陈伟主编：《里耶秦简牍校释》（第一卷），第179页。

运转。郭洪伯和孙闻博曾将县中机构分成列曹和稗官（或称诸官）两类。①后来吴方基针对负有财政职责的金布与少内关系做了进一步辨析，认为金布属于列曹，主管统计库中的兵、车、工用器和少内机构中的器物、金钱等财物，并协助考核县属各机构国有资财增减情况的动态记录。少内为"官"，主管全县财政、职掌金钱和物资的收入和支出。② 我们赞同这一观点，并进一步申说之。从前一节可以看出，少内负责钱物的支出。秦律中也明确指出了这一点：

"府中公金钱私貣用之，与盗同灋（法）。"·可（何）谓"府中"？·唯县少内为"府中"，其它不为。③

这条法律解释称县中"少内"为"府中"，而府在先秦两汉文献中被认为是储钱之处。《淮南子》卷十八《人间训》："西门豹治邺，廪无积粟，府无储钱，库无甲兵，官无计会，人数言其过于文侯。"④ 少内虽然是县中重要的财政运行机构，负责钱的储存，部分钱的日常零散收入却非由其经手，从下面这几条材料能够看出收入这笔钱的流程：

● 金布律曰：官府为作务、市受钱，及受赍、租、质、它稍入钱，皆官为缿，谨为缿空（孔），婴（须）毋令钱能出，以令若丞印封缿而入，与入钱者三辨券之，辄入钱缿中，令入钱者见其入。月壹输缿钱，及上券中辨其县廷，月未尽而缿盈者，辄输之，不如律∟，赀一甲。⑤

《岳麓书院藏秦简》（肆）中《金布律》的这条律文，是说官府对于生产、市场等各种来源的钱均要收储到专门由令或丞印封缄的容器中，然后将3份

---

① 郭洪伯：《稗官与诸曹——秦汉基层机构的部门设置》，卜宪群、杨振红主编：《简帛研究》（二〇一三），广西师范大学出版社2014年版；孙闻博：《秦县的列曹和诸官——从〈洪范五行传〉一则佚文谈起》，武汉大学简帛研究中心主办：《简帛》（第十一辑），上海古籍出版社2015年版。
② 吴方基：《论秦代金布的隶属及其性质》，《古代文明》2015年第4期。
③ 陈伟主编：《秦简牍合集·释文注释修订本（壹、贰）》，第195页。
④ 刘文典撰：《淮南鸿烈集解》，中华书局1989年版，第605页。
⑤ 陈松长主编：《岳麓书院藏秦简》（肆），第108页。

券书中的下券给了交钱人，其余两份券书留在县廷。那么，县廷的两份归谁保管？《岳麓书院藏秦简》载：

> ● 田律曰：吏休归，有县官吏乘乘马及县官乘马过县，欲贵刍稟、禾、粟、米及买菽者，县以朔日平賈（价）受钱𠃊，先为钱及券，鉥以令、丞印封，令、令史、赋主各挟一辨，月尽发鉥令、丞前，以中辨券案雔（雠）钱，钱辄输少内，皆相与靡（磨）除封印，中辨臧（藏）县廷。①

和上条简所言钱的来源不同，但流程一样，这条简文更明确地说 3 份券书"令、令史、赋主各挟一辨"，赋主就是前文的入钱者，这就说明剩下的两份券书分别给令和令史保管。而且《岳麓书院藏秦简》的这两条律文不约而同地指出这些来源不同的钱流向少内，通常每月一输。《田律》中还讲到这中间要有对账的程序，并须令、丞来监督。虽然没有说由谁来"发鉥"，但考虑到令史收藏券书，且其职责是负责县廷秘书杂务，那么可以认为是由他具体负责的。这两条简文说明从钱的收入来说，令史负责的是零存整储，少内则负责整入钱。不过，睡虎地秦简所载的《金布律》却有一条律文显示出与此相悖的现象："县、都官坐效、计以负赏（偿）者，已论，啬夫即以其直（值）钱分负其官长及冗吏，而人与参辨券，以效少内，少内以收责之。"② 这条律文是说官府人员如果因为点验物资或计账时的过失而造成损失，需要分摊偿付，这部分钱直接交给少内，而没有满月一交付的程序。对于这一矛盾，我们认为可以从钱的来源着眼。《岳麓书院藏秦简》中提到的两种情形，都是国家经营性或类似经营性收入，而后一条材料则是罚没款项，它可能会涉及所有的官员，包括令、丞、令史等，不能自行监管，所以就直接和少内发生关系。而少内收入钱的确也包含了这两种情况。里耶秦简载"元年少Ⅰ内金钱Ⅱ日治笥Ⅲ（9-27）"③，这说明少内每天都要统计、

---

① 陈松长主编：《岳麓书院藏秦简》（肆），第 104—105 页。
② 陈伟主编：《秦简牍合集·释文注释修订本（壹、贰）》，第 91 页。
③ 陈伟主编：《里耶秦简牍校释》（第二卷），第 40 页。

管理金钱，为其日常工作，如果仅月尽输钱，就不会这样忙碌。通过以上分析，可以看出县级财政收入方面，经营性收入需要经过令史收储和核校，每月一入少内，而其他收入（至少是罚没收入）则随时缴给少内。令或丞起监督作用。

除了直接负责政府财物的收支活动以外，少内还担负一定的组织生产职能。秦代刑徒承担了政府部门的生产劳动任务，由负责刑徒日常管理的司空和仓这两个机构向相关机构进行分配，其中就有少内。下面两段简文内容是司空将其所管辖的各类刑徒分配给县属机构以及使用他们从事各种生产劳动。值得注意的是，这些机构包括属乡、畜官、田官、尉、仓等，它们多负有生产职能，因而少内自然也可以此视之：

……A……圂、殷、卸。BⅠ七人市工用。BⅡ八人与吏上计。BⅢ一人为舄：剧。BⅣ九人上省。BⅤ二人病：复卯。BⅥ一人□徙酉阳。BⅦ□□□人。CⅠ□□十三人。CⅡ隶妾墼（系）舂八人。CⅢ隶妾居赀十一人。CⅣ受仓隶妾七人。CⅤ·凡八十七人。CⅥ其二人付畜官。CⅦ四人付贰舂。CⅧ廿四人付田官。CⅨ二人除道沅陵。CⅩ四人徒养：枼、痤、带、复。CⅪ二人取芒：阮、道。DⅠ一人守船：遏。DⅡ三人司寇：莨、狼、款。DⅢ二人付都乡。DⅣ三人付尉。DⅤ一人付□。DⅥ二人付少内。DⅦ七人取□：繒、林、娆、粲、鲜、夜、丧。DⅧ六人捕羽：刻、婢、□、□、娃、变。DⅨ二人付启陵。DⅩ三人付仓。DⅪ二人付库。DⅫ二人传徙酉阳。EⅠ一人为笥：齐。EⅡ一人为席：婄。EⅢ三人治臬：梜、兹、缘。EⅣ五人墼：婢、般、橐、南、儋。EⅤ二人上省（省）。EⅥ一人作庙。EⅦ一人作冢：青。EⅧ一人作园：夕。EⅨ·小城旦九人：FⅠ其一付少内。FⅡ六人付田官。FⅢ一人捕羽：强。FⅣ一人与吏上计。FⅤ·小舂五人：FⅥ其三人付田官。FⅦ一人徒养：姊。FⅧ一人病：□。FⅧ8-145

□□圂敢言之，写上，敢言之。/痤手。8-145背①

□□。AⅠ□寇。AⅡ□□。AⅢ□□。AⅣ□人守□。AⅤ□作园。AⅥ□

---

① 陈伟主编：《里耶秦简牍校释》（第一卷），第84—86页。

畜官。AⅦ☐☐令。AⅧ☐☐载粟输。AⅨ二人付少内。BⅠ一人取角。BⅡ六人作庙。BⅢ二人伐竹。BⅣ七人☐☐。BⅤ二人为库取灌。BⅥ一☐取☐。BⅦ一人☐笥。BⅧ·小城旦十人。CⅠ其八人付田官。CⅡ二人载粟输。CⅢ　8-162①

另有一种记录刑徒劳动分工的簿籍，通常由使用刑徒劳动的机构制作。少内也有这样一条：

卅一年后九月庚辰朔壬寅，少内守敳作徒薄（簿）：受司空鬼薪☐Ⅰ其五人求羽：吉、☐、哀、瘘、嬗。一人作务：宛。☐Ⅱ后九月庚辰朔壬寅，少内守敳敢言之：上。敢言之。/☐Ⅲ 8-2034
后九月壬寅旦，佐☐以来。/尚发。☐　8-2034背②

这条材料中，少内所辖刑徒主要有两项工作，一是作务，一是求羽。"作务"大概泛指劳作；"求羽"在里耶秦简中出现多次，主要目的是提供箭羽这种军需物资。③ 这一工作也和少内职能密切相关，少内作为财政机构，军需物资的生产由其负责，也是其职责所在。而且与其他部门的刑徒工作比较起来，这一职责显得更为明显：

廿九年八月乙酉，库守悍作徒薄（簿）：受司空城旦四人、丈城旦一人、舂五人、受仓隶臣一人。·凡十一人。AⅠ城旦二人缮甲☐☐。AⅡ城旦一人治输☐☐。AⅢ城旦一人约车：登。AⅣ丈城旦一人约车：缶。BⅠ隶臣一人门：负剧。BⅡ舂三人级：姱、☐、娃。BⅢ廿廿年上之☐C8-686+8-973
八月乙酉，库守悍敢言之：疏书作徒薄（簿）牒北（背）上，敢言之。逐手。Ⅰ乙酉旦，隶臣负解行廷。Ⅱ8-686背+8-973背④

---

① 陈伟主编：《里耶秦简牍校释》（第一卷），第98—99页。
② 陈伟主编：《里耶秦简牍校释》（第一卷），第421页。
③ 详见本书下编第七章《贡赋之间："羽"赋的性质》。
④ 陈伟主编：《里耶秦简牍校释》（第一卷），第203页。

这是库的作徒簿，库是负责车辆、武器收储修缮的机构，因此，其工作有缮甲、约车等。与此类比，少内负责使用刑徒劳作还是与其财政职能有关。

从县内财政管理角度看，少内是负责具体操作的机构，县廷还要整体把控财政的运转。这些是由县廷列曹来具体负责，和县财政管理关系最密切的机构是金布，它负责县中财政统计与考课：

课上金布副。AⅠ漆课。AⅡ作务。AⅢ畴竹。AⅣ池课。AⅤ园栗。BⅠ采铁。BⅡ市课。BⅢ作务徒死亡。BⅣ所不能自给而求输。BⅤ县官有买用钱/铸段（锻）。CⅠ竹箭。CⅡ水火所败亡。/园课。采金。CⅢ赀、赎、责（债）毋不收课。CⅣ 8-454①

这枚简标题为"课上金布副"。副为副本，也就是说其下的内容是金布考课内容的副本。其考课范围主要包括手工业、种植业、市场、财物支出等，基本涵盖了县级财政收支的各个方面。金布的财政职能不仅表现在对县属财政事项的考课，同时也担负部分的统计工作：

金布计录：AⅠ库兵计，AⅡ车计，AⅢ工用计，BⅠ工用器计，BⅡ少内器计，BⅢ【金】钱计。CⅠ凡六计。CⅡ 8-493②

相比考课，金布负责统计的范围相对小一些，包括库、少内及工官等机构所担负的职责。而和财政收支相关的统计更多地分布于其他诸曹。以下分列司空曹、仓曹、户曹计录：

司空曹计录：AⅠ船计，AⅡ器计，AⅢ赎计，BⅠ赀责计，BⅡ徒计。BⅢ凡五计。CⅠ史尚主。CⅡ 8-480③

---

① 陈伟主编：《里耶秦简牍校释》（第一卷），第152—153页。
② 陈伟主编：《里耶秦简牍校释》（第一卷），第169页。
③ 陈伟主编：《里耶秦简牍校释》（第一卷），第164页。

仓曹计录：AⅠ禾稼计，AⅡ贷计，AⅢ畜计，AⅣ器计，BⅠ钱计，BⅡ徒计，BⅢ畜官牛计，BⅣ马计，CⅠ羊计，CⅡ田官计。CⅢ凡十计。CⅣ史尚主。CⅤ8-481①

户曹计录：AⅠ乡户计，AⅡ絲（縣）计，AⅢ器计，AⅣ租质计，AⅤ田提封计，BⅠ髳计，BⅡ鞫计。BⅢ·凡七计。BⅣ☐8-488②

户曹、仓曹、司空曹依其职能对口负责相应的部门，不仅登录数字，还要担负日常监督和管理，这就使其工作量增多，责任较大，因而金布（曹）与其他诸曹需要有合理的分工。而且因为金布主要负责全县的财政考课，这一工作相对重要，故而其统计的内容相对简单一些，多为器物等，容易操作。

金布和少内作为县级财政的列曹和职能机构，同其他列曹与对应机构的关系一样，一为负责具体工作，一为负责监督、统计，职责明确。而且它们之间也有联系："四月丙午朔癸丑，迁陵守丞色下：少内谨案致之。书到言，署金布发，它如Ⅰ律令。/欣手。/四月癸丑水下十一刻刻下五，守府快行少内。Ⅱ（8-155）"《校释》："案致，考查。"③ 迁陵守丞要求少内考查某事，形成文字后，回文时要题署上"金布发"。④ 这就说明少内的工作要归口到金布管理。不过这也暗含着县丞拥有在其之上的财政权力。因为少内和金布毕竟皆为县廷的下属机构，县中长吏财政权力表现方式之一就是对现金收支的掌控。除前引《岳麓书院藏秦简》（肆）中两条县令、丞监督现金收入的材料外，睡虎地秦简《金布律》中也提到县长吏负责钱的支出："官府受钱者，千钱一畚，以丞、令印印。不盈千者，亦封印之。钱善不善，杂实之。出钱，献封丞、令，乃发用之。"⑤ 里耶秦简的简文虽言少内出钱，但省略了其中的必要程序，《金布律》的这条律文则做了补充，即少内出钱，也需要令、丞启封，以此显示长吏在现钱支出中的作用。县长吏在财政方面的功能还体现在县丞是本县与县外机构交往的代表，里耶秦简中有这样一段

---

① 陈伟主编：《里耶秦简牍校释》（第一卷），第164页。
② 陈伟主编：《里耶秦简牍校释》（第一卷），第167页。
③ 陈伟主编：《里耶秦简牍校释》（第一卷），第94页。
④ 吴方基：《论秦代金布的隶属及其性质》，《古代文明》2015年第4期。
⑤ 陈伟主编：《秦简牍合集·释文注释修订本（壹、贰）》，第84页。

简文:

> 十二月戊寅,都府守脣敢言之:迁陵丞膻曰:少内毘言冗Ⅰ佐公士橾道西里亭赀三甲,为钱四千卌二,自言家能入。Ⅱ为校□□□谒告橾道受责。有追,追曰计廿八年□Ⅲ责亭妻脣亡。脣亡曰:贫,弗能入。谒令亭居署所。上真书谒环。□□Ⅳ橾道弗受计。亭譓当论,论。敢言之。☑Ⅴ 8-60+8-656+8-665+8-748
> 十二月己卯,橾道郤敢告迁陵丞主,写☑Ⅰ事,敢告主。/冰手。/六月庚辰,迁陵丞昌告少内主,以律令□☑Ⅱ手。/六月庚辰水下十一刻刻下六,守府快行少内。☑Ⅲ六月乙亥水十一刻刻下二,佐同以来。/元手。☑Ⅳ 8-60背+8-656背+8-665背+8-748背①

简文讲述的是迁陵县和橾道两个县级机构之间关于冗佐亭偿还政府债务的往来经过。橾道向迁陵县丞发送文书,迁陵县丞转发给其下属少内处理。下面这支简也表明县级机构之间关于财政的交涉,也是以县丞作为交接对象:

> ☑□酉阳守丞又敢告迁陵丞主:令史曰,令佐莫邪自言上造Ⅰ☑□遗莫邪衣用钱五百未到。迁陵问莫邪衣用钱已到Ⅱ☑问之,莫邪衣用未到。酉阳已腾书沅陵。敢告主。Ⅲ 8-647
> ☑刻,隶妾少以来。/朝半。彼死手。8-647背②

这是酉阳县和迁陵县之间关于令佐莫邪衣用钱交涉的文书,简文开头"敢告"为酉阳守丞向迁陵丞发送文书的标识用语。金布和县丞也表现出这种层级领属关系,体现出县丞的财政长官职能:"金布书一封,丞印,诣洞庭泰守府。Ⅰ卅年五月壬戌水下十一劾(刻)劾(刻)下三,守府快以来。Ⅱ(9-1593)"③金布向洞庭郡发送文书,同样也要以丞印封缄。县丞的这一

---

① 陈伟主编:《里耶秦简牍校释》(第一卷),第43页。
② 陈伟主编:《里耶秦简牍校释》(第一卷),第189页。
③ 陈伟主编:《里耶秦简牍校释》(第二卷),第333页。

功能主要是由其一县的民政长官身份所决定的，正因为如此，他也成为县级财政管理的中枢。

三 县级财政与国家财政关系

如前所述，秦县级政权有专职财政机构，并制订财政收支的规则和流程。但是秦的政治体制与周代不同，作为中央集权国家，县是郡县体系的一部分，因而县级财政也是国家财政的一个环节。从整个国家层面看，它置于国家财政的掌控之下。具体从以下三个方面表现出来：

一是秦代国家依靠行政层级层层控制县级财政。秦代行政体制是"中央—郡—县"三个层级，对财政的控制也是依靠这个体系。县的上级机构——郡要对县级财政进行监督：

> 卅二年三月丁丑朔朔日，迁陵丞昌敢言之：令曰上Ⅰ葆繕牛车薄（簿），恒会四月朔日泰（太）守府。·问之迁陵毋Ⅱ当令者，敢言之。Ⅲ8-62
> 三月丁丑水十一刻刻下二，都邮人□行。尚手。8-62背①

前述金布所统计的内容中有"车计"，是县财政管理的项目之一。秦令要求朔日将"葆繕牛车薄（簿）"上报到太守府，反映了郡对县级财政监督的一个方面。县级特殊的财政支出，也需要郡批准："用钱八万，毋见钱。府报曰取臧钱临沅五。（8-560）"② 迁陵县因某事用钱八万，没有现钱，郡府批准使用"臧钱临沅五……"尽管我们尚不清楚简文中关键信息的具体含义，但是根据公文语气判断，在特殊情形下，县廷对钱的支出需要向郡府申请报批。

部分收入也需要上交中央。前引《岳麓书院藏秦简》（肆）《金布律》中有收纳户赋的条文，要求户赋"岁输泰守"。张家山汉简《金布律》却要

---

① 陈伟主编：《里耶秦简牍校释》（第一卷），第47—48页。
② 陈伟主编：《里耶秦简牍校释》（第一卷），第179页。

求"户赋"及其他每年的定期收入最后都要上交到中央:"租、质、户赋、园池入钱县官道,勿敢擅用,三月壹上见金、钱数二千石官,二千石官上丞相、御史。"①

户赋等现金收入需要以季度为单位上交二千石官,即郡级长吏,然后经由其手上交丞相、御史,成为中央财政收入的一部分。考虑到汉承秦制,且从集权角度着眼,如果这些大宗收入及郡而止,会造成外重内轻之势,因此秦时这部分收入至少会有一部分会流向中央。

秦中央从制度方面对县级财政进行监督和管理,县有时也要直接负责中央的物资供给:

卅五年正月庚寅朔甲寅,迁陵少内壬付内官☐8-1457+8-1458
翰羽二当一者百五十八镞,AⅠ三当一者三百八十六镞,AⅡ·五当一者四百七十九镞,BⅠ·六当一者三百卅六镞,BⅡ·八当一者【五】☐CⅠ·十五当一者☐CⅡ8-1457背+8-1458背②

迁陵少内向内官交付用作箭羽的"翰羽"。内官在秦汉传世文献和出土文献中频现,秦代归属少府,为中央机构的官署。③另一条材料:"锦缯一丈五尺八寸。卅五年九月丁亥朔朔日,少内守绕出以为【献】☐Ⅰ令佐俱监☐。Ⅱ(8-1751+8-2207)"④这支简残缺后半部。献,大约和献赋有关,是地方向中央缴纳的税种之一,因此,这条材料也可视为县级财政向中央输送物资。上面两支简反映出少内不仅是县属的稗官,而且还有对中央相关机构直接负责的一面。

当然需要说明的是,这些物资可能是本县留下必要用度之外,再缴纳给中央,如"献"给中央的"锦缯",在下简中也出现过:

---

① 张家山二四七号汉墓竹简整理小组编著:《张家山汉墓竹简〔二四七号墓〕》(释文修订本),第67页。
② 陈伟主编:《里耶秦简牍校释》(第一卷),第332页。
③ 周雪东:《秦汉内官、造工考》,《西北大学学报》1998年第2期;王伟、白利利:《秦汉内官职能辨正》,《西安财经大学学报》2014年第5期。
④ 陈伟主编:《里耶秦简牍校释》(第一卷),第386页。

锦一丈五尺八寸，度给县用足。AⅠ缣三百廿五丈三尺四寸半寸，度给县不足三百卅八丈。AⅡ白布四百三丈六尺九寸，度给用不足四百一十一丈。AⅢ大枲卅六石廿四斤二两廿二朱（铢），度给县用不足百五十五石。AⅣ锦帷二堵，度给县用足。AⅤ缣帷一堵，度给县用足。BⅠ组缨一，度给县用足。BⅡ络袍二，度给县用足。BⅢ襜袍二，度给县用足。BⅣ布帷一堵，度给县用足。BⅤ缦帷二堵，度给CⅠ县用足。CⅡ络锦八尺六寸。CⅢ9－2296①

各种织物后，均有"度给县用度足"字样，那么剩余部分自然是上缴到中央。同时，也正因为以政治上一统局面为基础，除了租、赋等需要统一缴纳中央的收入以外，还有一部分由各县结算的收入也能做到归属中央财政管理，睡虎地秦墓竹简《秦律十八种·金布律》："县、都官以七月粪公器不可缮者，有久识者靡蚩之。其金及铁器入以为铜。都官输大内，〖大〗内受买（卖）之，尽七月而臂（毕）。都官远大内者输县，县受买（卖）之。"②这段简文是对官府工具进行处理的规定。都官，陈伟曾集合众家说法，尽管意见分歧，但指中央机构皆无异议。③都官的工具正常情况下要输送到大内，即中央主管财政物资的机构，但如果都官设在偏远地区，则要送到附近的县中。这部分收入显然不能算县级财政收入，而是中央财政收入。在简文中还有一条类似情况，即放牧官府牲畜出现死亡，要尽快分类处理，肉类要卖掉。睡虎地秦墓竹简《秦律十八种·厩苑律》：

将牧公马牛，马〖牛〗死者，亟谒死所县，县亟诊而入之，其入之其弗亟而令败者，令以其未败直（值）赏（偿）之。……其乘服公马牛亡马者而死县，县诊而杂买（卖）其肉，即入其筋、革、角，及索（索）入其贾（价）钱。钱少律者，令其人备之而告官，官告马牛县出之。④

---

① 陈伟主编：《里耶秦简牍校释》（第二卷），第463—464页。
② 陈伟主编：《秦简牍合集·释文注释修订本（壹、贰）》，第93页。
③ 陈伟主编：《秦简牍合集·释文注释修订本（壹、贰）》，第54页。
④ 陈伟主编：《秦简牍合集·释文注释修订本（壹、贰）》，第52页。

在游牧过程中，死亡牲口在就近的县处理，防止肉质腐败后带来更大损失，乘服的官府畜力死亡同样也要在就近的县处理，"官告马牛县出之"，由有关机构告知马牛所出县，让其销账。这显示出秦各个县级财政不是各自完全独立的结算单元，而是国家整体财政中的一部分，其自主权并不是很大。国家财政的整体性还表现在，如果对官府欠债，即使人口迁移，也可以在不同行政单位之间追索：

> 廿六年三月壬午朔癸卯，左公田丁敢言之：佐州里烦故为公田吏，徙属。事荅不备，分Ⅰ负各十五石少半斗，直钱三百一十四。烦冗佐署迁陵。今上责校券二，谒告迁陵Ⅱ令官计者定，以钱三百一十四受旬阳左公田钱计，问可（何）计付，署计年为报。敢言之。Ⅲ三月辛亥，旬阳丞滂敢告迁陵丞主：写移，移券，可为报。敢告主。／兼手。Ⅳ廿七年十月庚子，迁陵守丞敬告司空主，以律令从事言。／應手。即走申行司空ⅤⅤ8-63
> 十月辛卯旦，朐忍索秦士五（伍）状以来。／庆半。兵手。8-63背①

这段话是说烦这个人在公田吏任上因工作失误，需要赔偿314钱，但他调任到迁陵县，所以这笔钱放到迁陵县的统计中。这也是中央政令统一的结果。《里耶秦简》［贰］9-1到9-12简是阳陵县向洞庭郡发出的一组文书，其内容为本县到洞庭郡屯戍的戍卒欠赀余钱，与屯戍具体地点迁陵县进行交接。② 这反映出不同机构间的财务交接已经呈现制度化的一面。

财政有效运转是政权存在的经济基础，因此秦代国家也在法律上给予保障。虽然现在没有看到系统的律令条文，但从下面的两条律文，亦可窥见一斑：

---

① 陈伟主编：《里耶秦简牍校释》（第一卷），第48—49页。
② 具体内容详见马怡《里耶秦简选校》，中国社会科学院历史研究所学刊编委会编辑《中国社会科学院历史研究所学刊》（第四集），商务印书馆2007年版。

●田律曰：租禾稼、顷刍稾，尽一岁不廪（毕）入其诸賨它县官者，书到其县官，盈卅日弗入及有逋不入者，赀其人及官啬夫、吏主者各一甲⌐，丞、令、令史各一盾，逋其入而死、亡有皋毋（无）后不可得者，有（又）令官啬夫、吏代偿。①

隶臣妾及诸当作县 道 官者、仆、庸，为它作务，其钱财当入县道官而逋未入去亡者，有（又）坐逋钱财臧，与盗同法。②

前一条是刍稾税缴纳的时间规定，以及逾期不交对官啬夫、丞、令、令史等相关官员的处罚；后一条则是因擅自使用官府劳动力资源而拖欠官府钱财的法律适用，与盗同法。这些都说明政府为维持财政收入做了种种努力。不过还应该注意到，因为秦统一不久，实行法律的客观条件还不完善，比如阳陵县追讨本县戍卒赀余钱，"阳陵谿里士五（伍）采有赀余钱八百五十二。不采戍洞庭郡，不智（知）何县署（9－11A）"。县廷对本县戍卒只知道大致去向，而不知具体地点，在追讨力度上可能就会打折扣。从后文看，也的确如此，"阳陵遫敢言之：至今未报，谒追"③，迁陵县对阳陵县第一次发来的文书并没有及时回复。从卅三年三月丁酉到卅四年八月朔日，间隔了一年半左右。我们曾经排比了秦代文书在不同机构之间走行周期，这种往来于不同郡县之间的文书多有延宕，个中原因在于：一是统一的思想并没有浸透到整个官僚体系中，县吏主观上不积极，二是制度还稍显疏阔，技术上也有提升的空间。④法律规定与现实行政实践之间的矛盾，正是帝制运行初期的现实写照，在一定程度上也影响到了财政的运转效率。

综上，除了已有的户赋、市租等常规而稳定的赋税收入，秦代国家还通过直接掌控土地、劳动力等资源参与生产经营活动，其所得也成为财政收入的重要组成部分。同样，赀刑等获取的罚没收入也是国家财政来源。这些收入主要用于满足各级国家机构的运转。秦时县级主要财政机构有少内和金布

---

① 陈松长主编：《岳麓书院藏秦简》（肆），第103页。
② 陈松长主编：《岳麓书院藏秦简》（肆），第61页。
③ 陈伟主编：《里耶秦简牍校释》（第二卷），第18页。
④ 详见本书中编第八章《县级档案文书的处理周期——以迁陵县为中心》。

曹，一为具体工作，一为监督、统计。少内除负责日常财物管理外，还担负着组织生产职能。此外其他诸曹和县令、县丞等长吏亦参与到财政管理。秦的县级财政是作为国家财政的一个基本环节而存在。管窥简牍所反映的秦代财政，可以看出此时国家财政收支在制度轨道上有序运转，成为集权体制运行的重要一环。另一方面，县中直接控制生产经营，进入市场逐利的行为也较为明显，这正是从周代的分封体制刚转换到集权体制这一政治变革在经济制度上的体现。

第 六 章
"课""计"与战国秦汉时期考绩制度流变

随着分封制度的瓦解，战国时期各诸侯国逐步建立起中央集权的政治体制。在这种体制下，地方实行郡县制度，考课与上计等制度是中央控制地方郡县的重要手段。这些制度草创于战国，到秦汉时期逐渐成熟起来。学者们通过梳理文献，对这套制度实行的时间、内容、意义等已有了比较清楚的认识。① 近年来的出土文献，特别是秦汉郡县行政文书的发现，又为我们补充了这方面的新资料。比如，对于尹湾汉简《集簿》的性质，很多学者就认为是西汉后期东海郡上计记录的副本。②《里耶秦简》中有一些"计""课"等方面的资料，对我们进一步认识秦汉早期的上计、考课制度提供了帮助。特别是这些文书为县级档案，对这一级单位"计""课"内容，先前资料很少，因而更显珍贵。李均明、黄浩波、黎明钊与唐俊峰、陈伟等诸位先生，

---

① 对战国秦汉考课制度的专门研究有：葛剑雄《秦汉的上计和上计吏》，《中华文史论丛》1982年第2期；陶天翼《考绩缘起初探——东周迄秦》，《"中央"研究院历史语言研究所集刊》（第五十四本第二分册），1983年；邓小南《西汉官吏考课制度初探》，《北京大学学报》1987年第2期；于振波《汉代官吏的考课时间与方式》，《北京大学学报》1994年第5期；吉家友《论战国秦汉时期上计的性质及上计文书的特点》，《湖北师范大学学报》2007年第2期；朱红林《〈周礼〉"六计"与战国时期的官吏考课制度》，《吉林大学社会科学学报》2012年第1期。另外，在制度史或简牍学的专著中，亦有辟专门章节论述该问题，如杨宽《战国史》；严耕望《中国地方行政制度史——秦汉地方行政制度》；徐富昌《睡虎地秦简研究》；安作璋、熊铁基《秦汉官制史稿》。

② 高恒：《汉代上计制度论考——兼评尹湾汉墓木牍〈集簿〉》，《东南文化》1999年第1期。

从计、课的性质、形成流程、法律地位等角度做了细致的研究。① 我们从秦汉考绩制度流变的视角看这一文书制度的意义。

一 "计"的文本分析

里耶秦简中有一类名为"某曹计录"的文书，即关于各曹属"计"的汇编。我们检索到以下几支：

> 司空曹计录：AⅠ船计，AⅡ器计，AⅢ赎计，BⅠ赀责计，BⅡ徒计。BⅢ凡五计。CⅠ史尚主。CⅡ 8-480②
> 仓曹计录：AⅠ禾稼计，AⅡ贷计，AⅢ畜计，AⅣ器计，BⅠ钱计，BⅡ徒计，BⅢ畜官牛计，BⅣ马计，CⅠ羊计，CⅡ田官。CⅢ凡十计。CⅣ史尚主。CⅤ 8-481③
> 户曹计录：AⅠ乡户计，AⅡ繇（繇）计，AⅢ器计，AⅣ租质计，AⅤ田提封计，BⅠ鬃计，BⅡ鞫计。BⅢ·凡七计。BⅣ☐ 8-488④
> 金布计录：AⅠ库兵计，AⅡ车计，AⅢ工用计，BⅠ工用器计，BⅡ少内器计，BⅢ【金】钱计，CⅠ凡六计。CⅡ 8-493⑤

这四支简的标题都称为"计录"。所谓"录"，《校释》注曰："录：登记以备存查。"李均明认为"录"是秦汉文书的一种形式，他根据《周礼》和《居延新简》中的实例，认为"录"就是"记录"。⑥ 司空、仓曹、户曹、

---

① 李均明：《里耶秦简"计录"与"课志"解》，武汉大学简帛研究中心主办：《简帛》（第八辑），上海古籍出版社2013年版；黄浩波：《里耶秦简所见"计"文书及相关问题研究》，杨振红、邬文玲主编：《简帛研究》（二〇一六春夏卷），广西师范大学出版社2016年版；黎明钊、唐俊峰：《里耶秦简所见秦代县官、曹组织的职能分野与行政互动——以计、课为中心》，武汉大学简帛研究中心主办：《简帛》（第十三辑），上海古籍出版社2016年版；陈伟：《秦简牍整理与研究》第八章《秦代的律形式——以令、式、课为中心》，经济科学出版社2017年版。
② 陈伟主编：《里耶秦简牍校释》（第一卷），第164页。
③ 陈伟主编：《里耶秦简牍校释》（第一卷），第164页。
④ 陈伟主编：《里耶秦简牍校释》（第一卷），第167页。
⑤ 陈伟主编：《里耶秦简牍校释》（第一卷），第169页。
⑥ 李均明：《秦汉简牍文书分类辑解》，文物出版社2009年版，第415页。

金布都是县廷所属机构。标题就是县廷所属这些机构"计"的记录。那么"计"是什么呢？徐富昌认为："凡官府对各方面的会计核验都称为计。"①《校释》在对简 8－75＋166＋485 中"金钱计"进行注释时说："在简 8－493 中，与'金布计录'、'库兵计'、'车计'等并列，应是财务方面的统计。"从内容看，这样解释没有问题。我们在此基础上做进一步申说。从明细看，一类是器物，如船、器、漆、库兵、车、工用器等；一类是钱财，包括钱和国家的各种债权；一类是牲畜；一类是劳动力。这些明细虽然名目繁多，但它们都是国家的财产，钱财、器物、牲畜自不必说，徒，多数学者认为秦代的刑徒尚无刑期，并且从同批秦简中对于徒作情况也有严密的统计，故亦可以财产视之。所以"计"也就是相关机构所掌各类财物的统计记录。李均明认为《居延新简》EPF22：236－241 这一册书中"省兵物录"是提纲，"即事先拟定好要调查的内容，执行者调查时便可依据提供所列若干条，逐一将客观事实记录在案"②。上述秦简中的录，虽然不能视为拟定的调查提纲，但可以认为是已经统计完各类财务的提纲，是一套财务记录的目录，附于一套详细记录的前面。

作为统计记录，应当有统计周期，但上述几支简并没有说明，显然它们还不是独立的文书。按照秦汉行政文书书写和传递规律，还应该和呈报类文书配合使用。下面这支简提供了线索：

卅年四月尽九月，Ⅰ仓曹当计禾Ⅱ稼出入券。Ⅲ已计及县Ⅳ相付受Ⅴ廷。萧甲。Ⅵ8－776③

《校释》注曰："'相付计'三字较小，插写于'已计及县'与'廷'之间。或当读作'已计及县廷相付受'。简首涂黑。"券，为券书。"简首涂黑"这一特征说明它是一枚签牌，它当是简 8－481 下的一个子类。四月尽九月，说明这是以半年为单位进行统计。不过，这并不意味着秦代"计"的周期

---

① 徐富昌：《睡虎地秦简研究》，第 440 页。
② 李均明：《秦汉简牍文书分类辑解》，第 415 页。
③ 陈伟主编：《里耶秦简牍校释》（第一卷），第 224 页。

皆为半年，同样是仓曹，亦有一年统计周期：

仓曹Ⅰ廿九年Ⅱ当计出入Ⅲ券甲Ⅳ筒。Ⅴ8-1201①

这也是一个签牌，性质与简8-776相同，为廿九年一年的统计。《校释》说："'甲'字小而淡，恐当'券筒'连读。简首涂黑。""甲"估计是编号，筒是容器，这个签牌是将二十九年一年仓曹的"计出入券"汇编到一起，年底做一次彻底的清理。② 简8-776、8-1201不同，可能简8-776是因为禾稼的特殊性所致。二者都提到了"券"，说明计的具体内容是"券"，或者他们是以"券"为基础编制而成。

这种券是个人或机构同政府之间发生经济关系的记录。可以见下面的案例：

廿六年三月壬午朔癸卯，左公田丁敢言之：佐州里烦故为公田吏，徙属。事荅不备，分Ⅰ负各十五石少半斗，直钱三百一十四。烦冗佐署迁陵。今上责校券二，谒告迁陵Ⅱ令官计者定，以钱三百一十四受旬阳左公田钱计，问可（何）计付，署计年为报。敢言之。Ⅲ三月辛亥，旬阳丞滂敢告迁陵丞主：写移，移券，可为报。敢告主。/兼手。Ⅳ廿七年十月庚子，迁陵守丞敬告司空主，以律令从事言。/麀手。即走申行司空Ⅴ8-63
十月辛卯旦，朐忍衮秦士五（伍）状以来。/庆半。兵手。8-63背③

这个例子意思是说，烦曾为旬阳县公田吏，因工作失误，应该偿付314钱，但此时又调转到迁陵县任职，他和旬阳县的债务关系被转移到迁陵县，其中的证明和媒介就是"券"。所谓券，整理者曾有过详细的解释：校券：《法律答问》179号简云："可（何）谓'亡券而害'？亡校券右为害。"整理小

---

① 陈伟主编：《里耶秦简牍校释》（第一卷），第291页。
② 简8-1200："世五年当计Ⅰ券出入筒Ⅱ具此中。Ⅲ"也可以作为一个旁证。
③ 陈伟主编：《里耶秦简牍校释》（第一卷），第48—49页。

组注释云："古时契券中剖为左右两半，……右券起核验凭证的作用，如《商君书·定分》：'即以左券予吏民之问法令者，主法令之吏，谨藏其右券木柙，以室藏之，封以法令之长印。即后有物故，以券书从事。'《史记·平原君列传》：'操右券以责'校券右，即作为凭证的右券。"这就是说，县"计"是建立在这类大量券的基础之上的。计的功能是对这些国家资财定期做出清理。在这一意义上说，"计"不仅具有统计功能，而且还有会计监督功能。① 和这支简相类似的还有《里耶秦简》［贰］中一系列追讨债务的文书，兹举一例：

卅三年三月辛未朔丁酉，司空腾敢言之：阳陵谿里士五（伍）采有貲余钱八百五十二。不Ⅰ采成洞庭郡，不智（知）何县署。·今为钱校券一上，谒洞庭尉，令署所县责，以受Ⅱ阳陵司空——司空不名计。问何县官计付，署计年为报。已訾责其家，家贫弗能入，乃Ⅲ移成所。报署主责发。敢言之。/四月壬寅，阳陵守丞恬敢言之：写上，谒报，Ⅳ署金布发。敢言之。/卅四年八月癸巳朔朔日，阳陵遬敢言之：至今未报，谒追。Ⅴ敢言之。9-11②

马怡对此做了较为详细的注释，可参。③ 这类文书大概就是简8-840司空曹计录中的"赎计、貲责计"的实例。

对政府资产要及时、严格地按照规定进行统计，上述赎计、貲责计类文书就是明证，如果未及时"计"，也要有解释说明的记录：

除见钱三百六十，AⅠ钱千付令佐处，未出计。AⅡ·钱□☑BⅠ未出☑BⅡ 6-5④

---

① 马怡也据睡虎地秦简《效律》认为"计"是官府会计。参见马怡《里耶秦简选校》，中国社会科学院历史研究所学刊编委会编辑《中国社会科学院历史研究所学刊》（第四集），商务印书馆2007年版。《校释》采用这一说法。
② 陈伟主编：《里耶秦简牍校释》（第二卷），第18页。
③ 马怡：《里耶秦简选校》，中国社会科学院历史研究所学刊编委会编辑：《中国社会科学院历史研究所学刊》（第四集），商务印书馆2007年版。
④ 陈伟主编：《里耶秦简牍校释》（第一卷），第19页。

这支简后半部残缺，但从已有文字可以看出，即使"未出计"，也要写到文书上，当然，后续如何处理，我们还不甚明了。

二 "课"的文本分析

"课"即考核，里耶秦简中有和"计"格式相近的关于各类考课的汇总记录，列举如下：

田课志。AⅠ髳园课。AⅡ·凡一课。BⅡ 8-383+8-484①

田官课志。Ⅰ田□□课。Ⅱ·凡一课。Ⅲ8-479②

乡课志：AⅠ□□□；AⅡ□食□□课；AⅢ黔首历课；BⅠ寡子课子课；BⅡ·凡四课。BⅢ 8-483③

司空课志：AⅠ□为□□□AⅡ□课，AⅢ□□□□课，AⅣ舂产子课，AⅤ□船课，BⅠ□□□课，BⅡ作务□□BⅢ……BⅣ……BⅤ8-486④

仓课志：AⅠ畜彘鸡狗产子课，AⅡ畜彘鸡狗死亡课，AⅢ徒隶死亡课，AⅣ徒隶产子课，AⅤ作务产钱课，BⅠ徒隶行繇（徭）课，BⅡ畜雁死亡课，BⅢ畜雁产子课。BⅣ·凡□ C8-495⑤

畜官课志：AⅠ徒隶牧畜死负、剥卖课，AⅡ徒隶牧畜畜死不请课，AⅢ马产子课，AⅣ畜牛死亡课，BⅠ畜牛产子课，BⅡ畜羊死亡课，BⅢ畜羊产子课。BⅣ·凡八课。BⅤ8-490+8-501⑥

【尉】课志：AⅠ卒死亡课，AⅡ司寇田课，AⅢ卒田课。BⅠ·凡三课。BⅡ8-482⑦

---

① 陈伟主编：《里耶秦简牍校释》（第一卷），第141页。
② 陈伟主编：《里耶秦简牍校释》（第一卷），第163页。
③ 陈伟主编：《里耶秦简牍校释》（第一卷），第165页。
④ 陈伟主编：《里耶秦简牍校释》（第一卷），第165—166页。
⑤ 陈伟主编：《里耶秦简牍校释》（第一卷），第169页。
⑥ 陈伟主编：《里耶秦简牍校释》（第一卷），第168页。
⑦ 陈伟主编：《里耶秦简牍校释》（第一卷），第165页。

这种文书称为"志",汉简中还有"从器志""田器志"等名目,李均明认为这些"志"是账簿、簿录的意思。① 因此,上述秦简中的某课志就是某类课的簿录,和"某计录"相似,但为何要用两个不同的字,尚不清楚。

从上面几枚简的内容看,它也是对各机构所掌事务和职责的考课。如简 8-490+8-501 畜官课志,主要记录牲畜蕃息和死亡的明细。又如,简 8-495 中"仓课志"中有"徒隶死亡课、产子课",是因为仓的职能不仅是负责粮食出纳,同时也负责隶臣妾的管理,故和司空课中的"春产子课"并存。

同"计录"一样,以上"某官课志"只是考课的条目,其具体内容在《睡虎地秦墓竹简》中有所体现。我们以简 8-490+8-501"畜官课志"为例:其中有"徒隶牧畜死负、剥卖课,徒隶牧畜畜死不请课",对此,《校释》认为是"指牲畜死后赔偿和分割出卖",其依据是睡虎地秦墓竹简《秦律十八种·厩苑律》中的具体规定:

> 将牧公马牛,马〖牛〗死者,亟谒死所县,县亟诊而入之,其入之其弗亟而令败者,令以其未败直(值)赏(偿)之。……其大厩、中厩、宫厩马牛殹(也),以其筋、革、角及其贾(价)钱效,其人诣其官。其乘服公马牛亡马者而死县,县诊而杂卖(卖)其肉,即入其筋、革、角,及索(索)入其贾(价)钱。钱少律者,令其人备之而告官,官告马牛县出之。今课县、都官公服牛各一课,卒岁,十牛以上而三分一死;不【盈】十牛以下,及受服牛者卒岁死牛三以上,吏主者、徒食牛者及令、丞皆有辠(罪)。内史课县,大(太)仓课都官及受服者。②

对这些项目的考核是依据《厩苑律》的规定,照章执行。若不如实上报,也要考核、监督,即"徒隶牧畜畜死不请课"。又如对马、牛、羊产子的考课,睡虎地秦简《秦律杂抄》中有相关的标准:

---

① 李均明、刘军:《简牍文书学》,第 405 页。
② 陈伟主编:《秦简牍合集·释文注释修订本(壹、贰)》,第 52—53 页。

牛大牝十，其六毋（无）子，赀啬夫、佐各一盾。·羊牝十，其四毋（无）子，赀啬夫、佐各一盾。·牛羊课①

这条律文自命名为"牛羊课"，所以和"畜官课"的内容正好吻合。因为这是法律条文，所以也规定了具体的惩罚措施。

里耶秦简中记录了一则关于畜产子考课追责的案例：

廿六年十二月癸丑朔庚申，迁陵守禄敢言之：沮守瘳言：课廿四年畜Ⅰ息子得钱殿。沮守周主。为新地吏，令县论言史（事）。·问之，周不在Ⅱ迁陵。敢言之。Ⅲ·以荆山道丞印行。Ⅳ 8-1516
丙寅水下三刻，启陵乘城卒秭归□里士五（伍）顺行旁。壬手。8-1516背②

对于考课的周期，大约根据实际情况，不同项目有不同的周期。比如《厩苑律》对牲畜产子的考核要"卒岁"，即以年度为单位。而对于牲畜的日常饲养管理，从睡虎地秦简中的法律规定看，则是以季度为单位：

以四月、七月、十月、正月肤田牛。卒岁，以正月大课之，最，赐田啬夫壶酉（酒）束脯，为旱〈皂〉者除一更，赐牛长日三旬；殿者，谇田啬夫，罚冗皂者二月。其以牛田，牛减絜，治（笞）主者寸十。有（又）里课之，最者，赐田典日旬；殿，治（笞）卅。③

这段话是说从四月开始，每一季度检查田牛饲养情况，根据优劣分别对主管官员和饲养人员进行奖惩。但是，无论何种考课周期，都要求相关部门将结果以牒书的形式及时上报：

---

① 陈伟主编：《秦简牍合集·释文注释修订本（壹、贰）》，第170—171页。
② 陈伟主编：《里耶秦简牍校释》（第一卷），第343页。
③ 陈伟主编：《秦简牍合集·释文注释修订本（壹、贰）》，第49页。

廿九年九月壬辰朔辛亥，贰春乡守根敢言之：牒书水Ⅰ火败亡课一牒上。敢言之。Ⅱ8－645

九月辛亥旦，史邛以来。/感手。邛手。8－645背①

是为贰春乡将本乡的"水火败亡课"上报到县廷。以九月上报，似乎是法定的时间，里耶秦简中还有一支简也是如此：

廿九年九月壬辰朔辛亥，迁陵丞昌敢言之：令令史感上Ⅰ水火败亡者课一牒。有不定者，谒令感定。敢言之。Ⅱ8－1511

已。Ⅰ九月辛亥水下九刻，感行。感手。Ⅱ8－1511背②

之所以选在九月，可能是秦以十月为岁首，要进行全年的考课工作，如简8－1516所言。这种考课如果不能及时上报，县廷还要督促：

☐☐朔戊午，迁陵丞迁告畜官仆足，令Ⅰ☐☐毋书史，畜官课有未上，书到亟日Ⅱ☐☐守府事已，复视官事如故，而子弗Ⅲ8－137

☐事，以其故不上，且致劾论子，它承Ⅰ☐　就手。Ⅱ8－137背③

这段话虽然已残断很多，但从"畜官课有未上，书到亟日"字样看，这是迁陵丞对畜官没有及时将考课记录汇报，下达文书催促督办。

除了对课有时间要求外，其式样方面也有相应规定：

☐☐迁陵守丞齮【敢】言之，前日令史齮☐Ⅰ☐☐守书曰课皆☐應（应）式令，令齮定☐☐Ⅱ☐☐☐课副及当食人口数，别小大为食☐Ⅲ☐☐☐课副及☐传上，有不定☐Ⅳ8－704＋8－706

☐言之守府。丙申、己亥、甲辰追，今复☐Ⅰ☐手。Ⅱ☐守丞齮敢言之：

---

① 陈伟主编：《里耶秦简牍校释》（第一卷），第189页。
② 陈伟主编：《里耶秦简牍校释》（第一卷），第341—342页。
③ 陈伟主编：《里耶秦简牍校释》（第一卷），第77页。

令二月□亥逋，今复写前日☒Ⅲ☒时都邮人羽行☒Ⅳ8－704背＋8－706背①

简文称"课皆应式令"，所谓"式"，是一种文书范本，邢义田依据秦汉简牍资料做过深入的研究。② 也就是要求课的书写模式应该符合"式"的标准，下一行"当食人口数，别小大为食"当是对书写内容的具体要求。③

前面的各种"课志"都是县廷下属部门，所以这种考课要上交到县里，如：

课上金布副。AⅠ桼课。AⅡ作务。AⅢ畴竹。AⅣ池课。AⅤ园粟。BⅠ采铁。BⅡ市课。BⅢ作务徒死亡。BⅣ所不能自给而求输。BⅤ县官有买用钱/铸段（锻）。CⅠ竹箭。CⅡ水火所败亡。/园课。采金。CⅢ赀、赎、责（债）毋不收课。CⅣ8－454④

金布是负责财政的列曹，这些项目和前面几个机构考课目录对比看，多有重复。题名为"课上金布"，因而可知这支简下面的项目都是各机构上交到金布进行汇总的材料。还要注意的是题名中的"副"字，《校释》注为"副，副本"。县中具体由金布掌管的"课"是副本，这就意味着考课文书一式两份，正本留在相关机构手中以作备查。

以上在考课时间、标准，以及事后监督方面都有明确的法律规定，说明秦代县级政权对考课制度已经比较规范，这是制度发展成熟的结果。

三 "计"与战国秦汉间考绩制度的变迁

我们前面对"计""课"的文本及相关信息进行了分析。从内容看二者

---

① 陈伟主编：《里耶秦简牍校释》（第一卷），第207页。
② 邢义田：《从简牍看汉代的行政文书范本——"式"》，收入其著《治国安邦：法律、行政与军事》，中华书局2011年版。
③ 若不合要求，似乎还要重新书写，如："☒死亡者别以为二课，不癃（应）令，书到亟。"（8－41）
④ 陈伟主编：《里耶秦简牍校释》（第一卷），第152页。

相似之处颇多，比如，上呈机构有重叠之处，仓、司空等皆是，明细内容亦有重复，如皆有徒、船、器、畜等。秦代已经有了比较严密的行政运作体系和机制，"计"与"课"之间的重复之处，应非制度疏漏。我们仔细分析二者内容，发现其分野非常明显。这主要表现在：其一，就财产情况而言，"计"是对现有国家资财或固定资产的统计，"课"则是对国有资财增减情况的记录，并以此为依据进行考评；其二，"计"强调列曹的统计，所以皆曰"某曹计录"，"课"的对象则是稗官，问责对象是具体职官和实际责任人。比如《秦律杂抄》中的啬夫、佐，《厩苑律》的田啬夫，冗皂者、田典等。这是因为涉及奖惩，要责任落实到具体的人，才能发生实际效力。此为战国时期各国加强对地方统治的惯常做法。其三，"计"是一定时期财产的静态总结，"课"则是动态监督。

对战国秦汉时期考课制度的研究，通常认为和上计制度密切相关，是通过上计活动来实现的。《后汉书·百官志》本注引胡广曰：

> 秋冬岁尽，各计县户口垦田，钱谷入出，盗贼多少，上其集簿。丞尉以下，岁诣郡，课校其功。①

因而后来研究者多将上计作为中央对地方考课的手段看待，如严耕望在谈到上计制度时即以此为依据，② 安作璋与熊铁基亦持此论。③ 但后来刘文瑞则对此提出疑问，他说："以上计为考课制度，确有一定道理，但上计作为官吏的年终工作总结，只在各级地方行政首脑中进行，并非普遍适用，更接近于地方政府机关的考核，而不是对官吏个人的考核。"④ 仅就秦代情况而言，在《里耶秦简》[壹]公布以前，也通常认为计课一体。⑤ 其实，我们从汉代文献对上计的记述看，虽然上计结果是考核一郡的情况，但亦有一定的奖惩措施。上引《后汉书·百官志》本注，后面还有："功多尤为最者，于廷

---

① 《后汉书》志第 28《百官志五》，第 3623 页。
② 严耕望：《中国地方行政制度史——秦汉地方行政制度》，第 257 页。
③ 安作璋、熊铁基：《秦汉官制史稿》，第 880 页。
④ 刘文瑞：《我国古代考课时间建立于何时》，《西北大学学报》1990 年第 1 期。
⑤ 徐富昌：《睡虎地秦简研究》，第 432 页。

尉劳勉之，以劝其后。负多尤为殿者，于后曹别责，以纠怠慢也。"这也提醒我们，上计要承担考课的职能。然而从前面所举秦简中"计"的实例看，计只是统计的结果，如果没有监督机制，虚报数字，亦无从管理，很难看到校验在发生作用。所以对于上计的性质，后来又有很多新的观点，吉家友曾归纳为审计说，会计说，财政管理说等，并且他认为上计的性质是述职报告。[①] 对于"计""课"这些歧义的理解，我们从迄今所能看到的资料，按时间顺序梳理出一条线索，提出一孔之见。

在先秦文献，特别是与战国时期相关文献中已经有上计的记载，这一点陶天翼已做了详尽的梳理和剖析。[②] 我们择取几条主要材料如下：

> 田婴相齐，人有说王者曰："终岁之计，王不一以数日之间自听之，则无以知吏之奸邪得失也。"[③]
> 李兑治中山，苦陉令上计而入多。[④]
> 西门豹为邺令，清克洁悫，秋毫之端无私利也，而甚简左右，左右因相与比周而恶之，居期年，上计，君收其玺。[⑤]
> 赵襄子之时，以任登为中牟令，上计，言于襄子曰……[⑥]
> 昭王召王稽，拜为河东守，三岁不上计。[⑦]

这些材料中都提到"计"，这是国君考课地方的依据。考核程序，杨宽认为："每年中央的重要官吏和地方的首长，都必须把一年各种预算数字写在木'券'上，送到国君那里去，国君把'券'剖分为两，由国君执右券，臣下执左券，这样国君便可操右券来责成臣下，到了年终，臣下必须到国君

---

① 吉家友：《论战国秦汉时期上计的性质及上计文书的特点》，《湖北师范大学学报》2007 年第 2 期。
② 陶天翼：《考绩缘起初探——东周迄秦》，《"中央"研究院历史语言研究所集刊》（第五十四本二分册），1983 年。
③ 韩非著，陈奇猷校注：《韩非子新校注》，上海古籍出版社 2000 年版，第 832 页。
④ 韩非著，陈奇猷校注：《韩非子新校注》，第 886 页。
⑤ 韩非著，陈奇猷校注：《韩非子新校注》，第 739 页。
⑥ 吕不韦，陈奇猷校释：《吕氏春秋新校释》，上海古籍出版社 2002 年版，第 1104 页。
⑦ 《史记》卷 79《范雎列传》（点校本二十四史修订本），第 2929—2930 页。

那里去报核。"① 但是，因为材料所限，我们看不到除了"计"以外，有其他考绩的方法。就考核的机制而言，亦不十分严密。其实，这不是材料缺失的问题，可能事实即是如此。因为从时代背景看，此时刚从分封制度瓦解的基础上，重新构建出一种新制度，君主对地方从名义管理到能够实际控制，在制度上是一个飞跃。但毕竟是草创的制度，自有其疏阔之处。

从本章对"课"和"计"的分析看，秦代"课""计"分离，计只具有统计的功能，考绩工作由"课"来承担。出现这种变化的原因，是由于秦实行郡县两级体制，对地方的控制，却从中央直接到县。尽管疆土逐渐拓展，但这种中央直接控制县的体制并未改变。上计制度同样也是县直接对中央负责，这一点徐富昌有论述。② 这同战国其他国家相比，制度显得更加严密。

不过，面对统一后幅员辽阔的疆域，中央直接对县进行控制的办法，具体实行过程需要耗费很大的行政成本，而且也逐渐发生改变，从《岳麓书院藏秦简》（伍）的情况看，可能中县还是由中央御史直接考课，而新拓展地区的考课权则直接下放到郡中。汉朝建立后，将中央对地方的考绩制度变成郡县两级上计的方式，形成制度化。中央只对郡问责，通过上计制度了解地方情况，这就比秦制简化出许多。在形式上虽然和战国时期相同，但是实质上却有根本的差别。中央对地方的考课，除了通过上计文书以外，还辅以一套完备的监察机制，汉初沿袭秦的御史监郡制度，武帝时期又实行州刺史制度，并且有相关联的督邮—廷掾—亭长这样一套系统，③ 和行政体系相辅相承，这样他们可以对地方行政首长的日常工作进行监督，一定程度上保证了上计结果的真实性，中央可以完全掌握广阔帝国境内各地的情况。

还需要说明的是，从考绩内容看，秦代因为中央直接和县相连接，所以事无巨细，皆在其考课范围之内。汉代情况不同，对上计（考课）内容只关心人口、垦田等事关帝国统治基础的大方面。这不仅是从上引《后汉书·百官志》的内容看如此，西汉的情况也是这样。尹湾汉简的《集簿》内容

---

① 杨宽：《战国史》，第217页。
② 徐富昌：《睡虎地秦简研究》，第429页。
③ 周振鹤：《从汉代"部"的概念释县乡亭里制度》，《历史研究》1995年第5期。

多认为是上计的样本,高恒归纳出其内容为地区面积与行政机构、农业经济、财政、民政等诸方面。①

里耶秦简"计""课"等文本的发现,对于重新思考战国秦汉时期中央对地方的考绩问题,提供了新的思路,从以往平面看待这一制度,到能够区分出这一制度的变化,显示出考绩制度在数百年间演化的过程。

---

① 高恒:《汉代上计制度论考——兼评尹湾汉墓木牍〈集簿〉》,《东南文化》1999 年第 1 期。

第七章
贡赋之间："羽"赋的性质

里耶秦简中有一类记录迁陵县各机构及属乡关于"捕羽""求羽"的资料，它与秦代赋税制度有关。这类内容在此前的文献中鲜有记载，因而除了整理者的相关解释外，目前所见成果主要有杨小亮对相关简文进行的缀合、释义与解说；[①] 鲁家亮针对这批材料中"捕鸟"和"捕羽"的区别、羽的用途、以及"羽赋"与"四时献"等问题的梳理与分析；[②] 王子今则认为"羽"除了作为军国之用外，其用途还可以作为装饰材料。[③] 我们细绎这些材料，在这几篇文章讨论的基础上，从秦代经济制度史角度做进一步的探讨。

一　"羽"的来源

在里耶秦简中，有一类出现频率很高，自名为"作徒簿"的簿籍，即官府使用刑徒劳作的统计资料。其主体内容是记录刑徒劳动分工，其中有一项名目是"求羽"或"捕羽"，如：

卅一年后九月庚辰朔壬寅，少内守敞作徒薄（簿）：受司空鬼薪☐Ⅰ其

[①]　杨小亮：《里耶秦简中有关"捕羽成鏃"的记录》，中国文化遗产研究院编：《出土文献研究》（第十一辑），中西书局2012年版。

[②]　鲁家亮：《里耶出土秦"捕鸟求羽"简初探》，魏斌主编：《古代长江中游社会研究》，上海古籍出版社2013年版。

[③]　王子今：《里耶秦简"捕羽"的消费主题》，《湖南大学学报》2016年第4期。

五人求羽：吉、□、哀、瘳、嬗。一人作务：宛。☒Ⅱ后九月庚辰朔壬寅，少内守敞敢言之：上。敢言之。/☒Ⅲ 8-2034

后九月壬寅旦，佐□以来。/尚发。☒ 8-2034 背①

少内是秦代官府下属机构之一，主管县中财政事务。② 它从掌管刑徒的司空那里接受鬼薪，其中有五人从事"求羽"工作。所谓求羽，顾名思义，就是搜求鸟的羽毛。由少内这一掌财政事务的机构负责"求羽"工作，说明收获物"羽"具有政府财政收入性质。

除少内外，仓也负责这项工作，如：

二人付□□□。AⅠ一人付田官。AⅡ一人付司空：枚。AⅢ一人作务：臣。AⅣ一人求白翰羽：章。AⅤ一人廷守府：快。AⅥ其廿六付田官。BⅠ一人守园：壹孙。BⅡ二人司寇守：囚、婢。BⅢ二人付库：恬、扰。BⅣ二人市工用：馈、亥。BⅤ二人付尉□□。BⅥ☒ 8-663

五月甲寅仓是敢言之：写上。敢言之。☒ 8-663 背③

仓负责"求白翰羽"，是因为从里耶秦简记述看，这一机构除了负责粮食出纳外，也掌管刑徒，主要是隶臣妾等。"求羽"工作多由刑徒承担，所以仓有"求羽"的职能也就顺理成章了。同样，秦代司空也是负责管理刑徒的机构，故而在分配刑徒工作时，自然亦有"求羽"，如简 8-2034，9-1078 等。

另外，迁陵县的属乡也有"求羽"的义务：

二月辛未，都乡守舍徒薄（簿）☒Ⅰ受仓隶妾三人、司空城☒Ⅱ凡六人。捕羽，宜、委、□☒Ⅲ 8-142

---

① 陈伟主编：《里耶秦简牍校释》（第一卷），第 421 页。
② 陈治国、张立莹：《从新出简牍再探秦汉的大内与少内》，《江汉考古》2010 年第 3 期。本书下编第五章《县级财政管理》在讨论县级财政运转时关注到县中少内机构。
③ 陈伟主编：《里耶秦简牍校释》（第一卷），第 196 页。

二月辛未旦，佐初□☑　8－142 背①

卅□年□月癸未朔丙午，启陵乡守逐作徒薄（簿）。AⅠ受仓大隶妾三人。AⅡ其一人【稟人】。BⅠ一人行书。BⅡ一人捕羽。C 9－2341

取手　9－2341 背②

"求（捕）羽"虽然是乡的义务之一，但因为工作的特殊性，所以还需要仓或司空派遣刑徒来帮忙。从下面这支简看出这一点：

卅年十月辛卯朔乙未，贰春乡守绰敢告司空主，主Ⅰ令鬼薪轸、小城旦乾人为贰春乡捕鸟及羽。羽皆已Ⅱ备，今已以甲午属司空佐田，可定薄（簿）。敢告主。Ⅲ 8－1515

十月辛丑，隶臣良朱以来。/死半。邛手。8－1515 背③

简文中有"为贰春捕鸟及羽"，说明为贰春乡劳作的刑徒，还是受司空控制，这项工作完毕，乡守绰要将他们归还给司空，继续从事田作。还有一支简也说的是类似情况：

卅五年七月【戊子】朔壬辰，贰【春】☑Ⅰ书毋徒捕羽，谒令官丞☑Ⅱ之。/七月戊子朔丙申，迁陵守☑Ⅲ 8－673+8－2002

遣报之传书。/歍手。/☑Ⅰ七月乙未日失（昳）【时，东】成□上造以来。☑Ⅱ　8－673 背＋8－2002 背④

这支简后半残缺，但从剩余文字看，贰春乡无刑徒从事捕羽，故向上级部门提出请求。

因为捕取鸟羽来源不稳定，所以除了主动捕求之外，购买也是迁陵县获取"羽"的另一条重要途径：

---

① 陈伟主编：《里耶秦简牍校释》（第一卷），第 82 页。
② 陈伟主编：《里耶秦简牍校释》（第二卷），第 476 页。
③ 陈伟主编：《里耶秦简牍校释》（第一卷），第 343 页。
④ 陈伟主编：《里耶秦简牍校释》（第一卷），第 199—200 页。

钱十七。卅四年八月癸巳朔丙申，仓□、佐卻出买白翰羽九□长
□□□□之□十七分，□□阳里小女子胡伤伤Ⅰ□。令佐敬监
□□□□。毘手。Ⅱ8-1549①
□【买】白翰羽□Ⅰ□【沅】以北【到】□Ⅱ□邮行□Ⅲ8-1662②
迁陵买羽，仓衔故□8-1755③

从上面三条材料看，迁陵县买入"羽"主要是通过"仓"这一机构来执行，在规格标准方面似有一定要求。

购买"羽"，在汉初也是如此，张家山汉简《算数书》有一道算题：

> 羽矢　羽二喉（鍭）五钱。今有五十七分侯（鍭）卅〈卌〉七，问得几何？曰：得一钱百一十四分钱七十一。术（術）曰：二乘五十七为法，以五乘卅七为实，实如法一钱。不盈，以法命分。④

二　"羽"的性质

杨小亮认为，秦简中只有刑徒捕羽而未见征收，所以认为这非正式税目，而是特贡。⑤ 不过，从前文胪列的材料看，捕求和购买都是迁陵县获取"羽"的重要途径，这就意味着迁陵县的上级，甚至是中央政府对征收"羽"的数量有常态化的额度，因而上交的"羽"可以视为国家税目之一。里耶秦简中也的确有这方面记载：

---

① 陈伟主编：《里耶秦简牍校释》（第一卷），第355页。
② 陈伟主编：《里耶秦简牍校释》（第一卷），第374页。
③ 陈伟主编：《里耶秦简牍校释》（第一卷），第387页。
④ 张家山二四七号汉墓竹简整理小组编著：《张家山汉墓竹简〔二四七号墓〕》（释文修订本），第139页。
⑤ 杨小亮：《里耶秦简中有关"捕羽成镞"的记录》，中国文化遗产研究院编：《出土文献研究》（第十一辑），中西书局2012年版。

廿七年羽赋二千五【百】☐ 8-1735①
钱少，不□以买羽备赋☐ 9-992②

这两条材料透露出了这样的信息：首先，上述所缴纳羽的性质可以明确为"赋"；其次，以年度为单位上交；再次，每年上缴都有额定数量，而且似乎数量不少。后世文献也提及秦对新征服区域要求以羽为赋，《后汉书·南蛮传》：

> 及秦惠王并巴中……其君长岁出赋二千一十六钱，三岁一出义赋千八百钱。其民户出幏布八丈二尺，鸡羽三十鍭。③

这段话是说蛮夷君长要出钱当赋，而其臣民所缴幏布、鸡羽亦可以赋视之。根据简 8-757"今迁陵廿五年为县"，即秦统一前后才立县，时间较晚，但以羽为赋的传统却一脉相承。鲁家亮已经注意到这些材料，从"义赋""幏布""羽赋""四时献"等税目角度做了解说。④ 我们关心的是里耶秦简所记录"羽赋"是何种性质。

秦享国日浅，有关秦代赋税制度史料记载不多。具体到赋，有一条记载颇受关注，《史记·秦本纪》：秦孝公十四年，"初为赋"。对此《史记》最早的两家解释是徐广曰："制贡赋之法也。"《索隐》引谯周云："初为军赋也。"徐广和谯周的分歧在其性质方面，一为贡献，一为军需。在此二说之外，亦有新说。李剑农据《史记·廉颇蔺相如列传》所载赵奢作为田部吏，向平原君家征收赋税的故事认为，这时赋税合一，均以田地为征课对象。⑤ 黄今言则认为这里的"赋"最大的可能性当是"口赋"。其理由是秦代有口赋，而官方文书又没有明确提到过，那么此处"初为赋"当

---

① 陈伟主编：《里耶秦简牍校释》（第一卷），第 384 页。
② 陈伟主编：《里耶秦简牍校释》（第二卷），第 239 页。
③ 《后汉书》卷 86《南蛮传》，第 2841 页。
④ 鲁家亮：《里耶出土秦"捕鸟求羽"简初探》，魏斌主编：《古代长江中游社会研究》，上海古籍出版社 2013 年版。
⑤ 李剑农：《中国古代经济史》（第一卷），武汉大学出版社 1991 年版，第 98 页。

即"口赋"。① 就军赋说和贡赋说而言,前者有较多的文献根据,比如,《汉书·食货志》:"有赋有税。税谓公田什一及工商衡虞之入也。赋共车马兵甲士徒之役,充实府库赐予之用。"② 同书《刑法志》谈到井田制度时也说:"因井田而制军赋……有税有赋。税以足食,赋以足兵。"③

其实,里耶秦简中对这些"羽"的用途也有明确说明:

卅五年正月庚寅朔甲寅,迁陵少内壬付内官☒ 8-1457+8-1458
翰羽二当一者百五十八鏃,AⅠ三当一者三百八十六鏃,AⅡ·五当一者四百七十九鏃,BⅠ·六当一者三百卅六鏃,BⅡ·八当一者【五】☒CⅠ·十五当一者☒CⅡ 8-1457背+8-1458背④

《校释》认为:"二当一,疑是以二翰羽用作一箭羽。"杨小亮根据古代字书的解释,认为第一、二、三栏表示翰羽数量之"鏃",应读为"撅"。第四栏"成鏃"之"鏃",则读为本字。⑤ 这一解释当无疑问。在出土秦汉文物中,也有这样的实例,"现存最完整的汉箭出土于居延甲渠侯官遗址,系西汉昭帝始元六年(前81年)所制。全长67厘米,装三棱铜镞,竹杆,有三条尾羽,镞和羽均缠丝涂漆以与杆相固着"⑥。内官,据《汉书·百官公卿表上》:"宗正,秦官……属官有都司空令丞,内官长丞……初,内官属少府,中属主爵,后属宗正。"⑦ 少府最初具有皇室财政机构的职能。⑧ 因而迁陵少内向内官交付翰羽,也就是地方将财物交给中央财政

---

① 黄今言:《秦代租赋徭役制度初探》,收入其著《秦汉经济史论考》,中国社会科学出版社2000年版。持相同观点的还有加藤繁、杨宽等。参见[日]加藤繁《关于算赋的小研究》,收入其著《中国经济史考证》(第一卷),吴杰译,商务印书馆1959年版;杨宽、吴浩坤主编:《战国会要》卷112《食货》,第1077页。
② 《汉书》卷24上《食货志上》,第1120页。
③ 《汉书》卷23《刑法志》,第1081页。
④ 陈伟主编:《里耶秦简牍校释》(第一卷),第332页。
⑤ 杨小亮:《里耶秦简中有关"捕羽成鏃"的记录》,中国文化遗产研究院编:《出土文献研究》(第十一辑),中西书局2012年版。
⑥ 孙机:《汉代物质文化图说》,文物出版社1990年版,第138页。
⑦ 《汉书》卷19上《百官公卿表上》,第730页。
⑧ [日]加藤繁:《汉代国家财政和帝室财政的区别以及帝室财政的一斑》,吴杰译,收入其著《中国经济史考证》(第一卷),商务印书馆1959年版。

机构。

　　以上说明这时的羽赋完全是作为军需之用，界定为军赋当无疑问。那么能否就认为秦代之赋皆为军赋，徐广所谓贡赋说为向壁虚造呢？从前引简 8-1515 看，尚不能遽然否定。简文中有令鬼薪和小城旦等刑徒"捕鸟及羽"，说明捕鸟和捕羽二者相关。鲁家亮认为"捕鸟""捕羽"之间存在细微差别，前者是常见禽鸟，后者是稀有鸟雀。① 我们赞同这一结论，但还可进一步讨论。

　　里耶秦简中还记录了一条关于捕鸟的文书：

廿八年七月戊戌朔乙巳，启陵乡赵敢言之：令令启陵捕献鸟，得明渠 I 雌一。以鸟及书属尉史文，令输。文不盲（肯）受，即发鸟送书，削去 II 其名，以予小史适。适弗敢受。即罾适。已有（又）道船中出操枏〈楫〉以走赵，叟詗 III 罾赵。谒上狱治，当论论。敢言之。令史上见其罾赵。IV 8-1562

七月乙巳，启陵乡赵敢言之：恐前书不到，写上。敢言之。／贝手。 I 七月己未水下八刻，□□以来。／敬半。贝手。8-1562 背②

它记述了捕鸟所引发的一场官司。我们来分析其内容："令令启陵捕献鸟"，前一个令是县令，启陵为乡，说明捕鸟的任务被县分解到乡。明渠，校释者解释为："鸟名。《文选·司马相如〈上林赋〉》：'烦鹜庸渠。'李善注引郭璞曰：'庸渠似凫，灰色而鸡脚，一名章渠。''明渠'或与类似。"这种"捕献鸟"工作似乎无关军国大事，但启陵乡守赵，"恐前书不到"，又重新写上，能够说明"捕献鸟"事务十分重要，是县级机构的一项重要常态工作。捕鸟同样也是作徒簿所列工作之一：

　　一人□：【朝】。A 一人有狱讯：目。A I 一人捕鸟：城。A II 一人治船：

---

　　① 鲁家亮：《里耶出土秦"捕鸟求羽"简初探》，魏斌主编：《古代长江中游社会研究》，上海古籍出版社 2013 年版。

　　② 陈伟主编：《里耶秦简牍校释》（第一卷），第 359—360 页。

疵。BⅠ一人作务：且。BⅡ一人输备弓：具。BⅢ……8-2008
后九月丙寅，司空□敢言☒　8-2008背①

这说明从捕献鸟和捕（求）羽出现的语境看，二者区别不大，若羽是赋的一种，那么，简中的"鸟"性质同样也可能是赋。《里耶秦简》第二卷中的一条简文也能坐实这一点：

廿八年二月辛未朔庚寅，贰春乡守行敢言之：廿八年岁赋献黄二、白翰二、黑翰二、明（鸣）Ⅰ渠鸟二、鹭鸟四。令令乡求捕，毋出三月。乡毋吏、徒，行独居，莫求捕。捕爰用吏、徒Ⅱ多。谒令官有吏、徒者将求捕，如廿七年捕爰，乃可以得爰。敢言之。Ⅲ9-31
仓□已付。……Ⅰ二月戊戌□□□□□□士五（伍）程人以来。/除半。行手。Ⅱ9-31背②

明确提出岁赋的内容就是各种鸟类。不过，还有一个要考虑的问题是"献"字，那些鸟类也未必是作为箭羽，或如王子今所言是作为装饰品。从字面理解它可能是向中央进贡的物品。从下面这几点看，至少在秦统一前后这一时段的"献"，是一种接近常态化的税种，试从以下几个方面加以论说：

首先，简9-13提到"岁赋献"，即是每年常态化的缴纳贡献。
其次，所献之物并非都是本地特产：

卅五年八月丁巳朔己未，启陵乡守狐敢言之：廷下令书曰取鲛鱼与Ⅰ山今卢（鲈）鱼献之。问津吏徒莫智（知）。·问智（知）此鱼具署Ⅱ物色，以书言。·问之启陵乡吏、黔首、官徒，莫智（知）。敢言之。·户Ⅲ曹　8-769
曹。Ⅰ八月□□□邮人□以来。/□发。狐手。Ⅲ8-769背③

---

① 陈伟主编：《里耶秦简牍校释》（第一卷），第416页。
② 陈伟主编：《里耶秦简牍校释》（第二卷），第43—44页。
③ 陈伟主编：《里耶秦简牍校释》（第一卷），第222页。

令书,从周代金文看,这是"王之令",即中央下达命令的文书。① 廷即县廷,县传达中央的命令,要求"取鲛鱼与山今卢鱼献之",然而其辖境内的人皆不知鲛鱼与山今卢鱼为何物,说明其并非本地习见之特产,这一"献"字内涵就不能完全以"贡献"的本始含义视之。它们更可能和面向全国征收的赋税这一含义更为接近。

再次,这种"捕献"亦有制度化的迹象。

卅三年六月庚子朔丁未,迁陵守丞有敢言之:守府下Ⅰ四时献者上吏缺式曰:放(仿)式上。今牒书癃(应)Ⅱ书者一牒上。敢言之。Ⅲ
8-768
六月乙巳旦,守府即行。履手。8-768背②

这份文书的核心是"守府下四时献者上吏缺式",《校释》解释为:四时献者上:四季进献于皇帝。也就是说,"者"字和"诸"通,从"上"与"吏"之间点断。但对"吏缺式"没有解释,这句话整体的意思也就不明了。我们认为还有一种点读的可能,从式和曰之间断开,前面为一句话,意思是守府下发了"四时献者上吏缺"这一内容的"式",后面有"放(仿)式上",即仿照"式"回复。"上吏缺"中的吏,或指主管官员,因为在前揭乡作徒簿中,均以某乡守开头,来指代某乡。这句话是说"某地(或机构)没有完成四时献"需要书写文书的样式。式是一种文书范本,关于"四时献者上吏缺"出现专门的书写格式,说明这种四时贡献已经呈现制度化。

地方向中央上缴的献物除了鸟以外,秦简中还记载有猿、鱼、锦缯、冬瓜等,见下列简:

☑乾鲈鱼☑8-1705③
锦缯一丈五尺寸。卅五年九月丁……守绕出以为献。☑Ⅰ令佐俱监。☑

---

① 孙瑞:《论先秦令书》,《吉林师范大学学报》2004年第3期。
② 陈伟主编:《里耶秦简牍校释》(第一卷),第222页。
③ 陈伟主编:《里耶秦简牍校释》(第一卷),第380页。

下编·第七章 贡赋之间:"羽"赋的性质

Ⅱ 8 – 891 + 8 – 933 + 8 – 2204①
献冬瓜 乾鲂鱼 8 – 1022②
☒言之☒Ⅰ☒【隶妾】☒Ⅱ 8 – 2429
☒☒赀责七☒Ⅰ☒☒人为蒲席☒Ⅱ☒☒人与令史☒Ⅲ☒☒人捕爰☒Ⅳ
8 – 2429 背③

这些贡物,特别是鸟、猿、鱼等动物,要通过捕获方式获得,这也是刑徒的一项重要工作,如:

卅一年五月壬子朔壬戌,都乡守是徒薄(簿)。☒Ⅰ受司空城旦一人、仓隶妾二人。☒Ⅱ一人捕献。☒Ⅲ二人病。☒Ⅳ 8 – 2011
五月壬戌,都乡守是☒☒☒☒Ⅰ五月壬戌旦,佐初以来。/气发。☒Ⅱ
8 – 2011 背④

这种捕献之物也要按时统计缴纳:

廿六年十二月癸丑朔辛巳,尉守蜀敢告之:大(太)守令曰:秦人
☒☒☒Ⅰ侯中秦吏自捕取,岁上物数会九月望(望)大(太)守府,
毋有亦言。Ⅱ问之尉,毋当令者。敢告之。Ⅲ 8 – 67 + 8 – 652
辛巳,走利以来。/☒半。憙☒ 8 – 67 背 + 8 – 652 背⑤

简文中称"岁上物数会九月望",说明是以年为单位统计,因为秦制十月为岁首,县廷在九月望日报告给太守府,太守府在月底统计汇总后报告给中央,这与秦汉时代的二级上计制度有关。

从上面的分析可以看出,这些贡物按时赋敛,并非都是本地特产,在来

---

① 陈伟主编:《里耶秦简牍校释》(第一卷),第 243 页。
② 陈伟主编:《里耶秦简牍校释》(第一卷),第 263 页。
③ 陈伟主编:《里耶秦简牍校释》(第一卷),第 467 页。
④ 陈伟主编:《里耶秦简牍校释》(第一卷),第 417 页。
⑤ 陈伟主编:《里耶秦简牍校释》(第一卷),第 52 页。

源、获取方式方面和作为军赋的羽颇为相似，二者区分并不明显，所以从性质上亦可以"赋"视之。之所以如此，是因为渊源有自的贡和赋，到春秋时期，"诸侯国经由霸主向王朝进献，大国中饱，军赋纳入其中，合称'贡赋'，征索无度"①。里耶秦简所反映的时代是中央集权国家形成期，各种制度在不断的完善过程中，赋税制度同样如此。这类献物和羽赋，在性质方面并不严格加以区别，故不能完全用汉代以后的概念内涵来推定。另外，关于献、赋之间关系，《汉书·高帝纪》中有一段史料与此密切相关：

> （汉高祖十一年）二月，诏曰："欲省赋甚。今献未有程，吏或多赋以为献，而诸侯王尤多，民疾之。令诸侯王、通侯常以十月朝献，及郡各以其口数率，人岁六十三钱，以给献费。"②

文中的"献费"，从宋人徐天麟开始，就有种种解释，周振鹤曾将这些结论归纳为三类，即独立税收说、算赋说和部分算赋说。周先生赞同第三种说法，但认为是诸侯王和列侯在经济上对皇帝所尽的一种义务。③ 但无论何种说法，材料皆不够充分，更多的是基于逻辑推理，很难说哪一种解说为确诂。文中称"吏或多赋以为献"，从我们上面所引里耶秦简资料看，这句话或可以认为在汉初制度草创时，"赋"和"献"之间的区别，连国家官吏亦不清楚，所以刘邦才以诏书的形式确定"献费"的范围及额度。汉初承秦制，可是秦代对赋和献的性质并无明确的制度规定，所以造成汉初执行该制度时出现了混乱。

赋税是秦汉以来中央集权国家赖以存在的经济基础，因而专制集权制度早期的税赋问题也是学界关注的热点，但传世文献对此记载内容较少，且内涵模糊不清，因而我们今天尚不能完全确定某些具体细节。里耶秦简作为秦统一前后的县级文书档案，可以补充一些新材料，从一个方面为认识秦汉时期的赋税制度提供参考。

---

① 王贵民：《试论贡、赋、税的早期历程——先秦时期贡、赋、税源流考》，《中国经济史研究》1988年第1期。
② 《汉书》卷1下《高帝纪下》，第70页。
③ 周振鹤：《西汉献费考》，《周振鹤自选集》，广西师范大学出版社1999年版。

第 八 章
地方公田及其管理

所谓公田，是指所有权归属国家并且由其直接经营的土地。它是中国古代国家财政收入的重要来源之一。汉代以后，相关材料比较丰富，因而关于政府直接经营管理土地问题都有比较清楚的记述。相比较而言，秦代因为存续时间较短，留存的传世文献较少，故其经营公田的情况不太明晰。但后来出土资料逐渐增多，使我们对秦代国有土地的认识因此而不断深入。在20世纪50年代中国古代土地制度讨论的热潮中，一些马克思主义史学家在探索中国古代土地所有制问题时，已经认识到秦代存在着一部分归国家直接控制的土地，如侯外庐认为从秦汉到唐开元、天宝以前，存在着皇族土地所有制，这可以和本章讨论的公田或官田相模拟。① 当然，这些文章主旨是对中国土地问题做宏观的理论探讨，并且因为缺乏必要的数据，所以其重心并不在秦汉时期国有土地管理的细枝末节。当然也有学者对秦代是否存在公田并不确信，如贺昌群认为："汉武帝以前，汉天子直接掌握的土地很少，也没用公田、官田这些名称。武帝时代没收了诸侯王、大小封君及功臣外戚的封地，又利用缗钱令没收了中家以上富商大贾、地主豪强的土地；此外，赃十万以上官吏有罪所没收的土地，战国以来氏族公社残余的强宗大族的土地，都陆续入于汉政权之手而称为'公田'。汉政权掌握大量公田，是形成汉武帝时期专制封建主义中央集权和十三州部大一统的重要物质条件。"② 贺先生认为汉武帝以前，皇帝直接掌握的土地很少，言外之意，秦代情况可能也

---

① 侯外庐：《中国封建社会土地所有制形式的问题》，南开大学历史系中国古代史教研组编：《中国封建社会土地所有制形式问题讨论集》，生活·读书·新知三联书店1962年版。
② 《贺昌群文集》（第二卷），商务印书馆2003年版，第549页。

是如此。

在秦简发现以前，因为材料限制，无论是否承认秦代存在着公田，学者们并没有直接证据来证成其说，他们只是通过理论阐释或从历史发展逻辑的角度进行论说；睡虎地秦简出土之后，关于秦代土地制度的材料丰富起来，学界以此为基点，又重新讨论秦代土地所有制问题。睡虎地秦简中有很多关于土地管理的法律条文，通过解读这些条文，多数学者认为秦代存在着国家直接经营的公田，如张金光认为秦在普遍土地国有制下，土地有两种基本的占有形态和经营方式，一部分是由政府机构直接经营管理，一部分则是通过国家授田（包括庶民份地授田和军功份地益田等方式）而转归私人占有和经营使用。他对于国营农耕地的分析是通过睡虎地秦简《仓律》中关于程禾、计禾，遗种，以及经营管理的诸多条文得出的。① 唐赞功，② 熊铁基与王瑞明，③ 杨师群等在秦代存在着土地国有这一方面的认识和张金光观点基本相同。④ 此外日本学者重近启树分析了《秦律十八种·仓律》简118的对"隶臣田者"粮食支付的规定，并与简105、106播种量的规定等记载相联系，判明了存在大规模的具管公田。⑤ 高敏也认为存在国家直接控制的土地，但其所指为苑囿园池等，对于《仓律》中的材料认为还是针对民众的授田制度。⑥ 不过，对于秦代存在公田问题也有相反意见，如施伟青对张金光认为有国家直接经营管理的土地提出质疑。⑦

对秦代是否存在国家公田问题之所以未取得一致意见，是因为睡虎地秦简并没有明确说明存在着国家直接管理的土地。因此，尽管对该问题的认识

---

① 张金光：《秦制研究》第一章《土地制度》。
② 唐赞功：《云梦秦简所涉及土地所有制形式问题初探》，中华书局编辑部编：《云梦秦简研究》，中华书局1981年版。
③ 熊铁基、王瑞明：《秦代的封建土地所有制》，中华书局编辑部编：《云梦秦简研究》，中华书局1981年版。
④ 杨师群：《从云梦秦简看秦的国有制经济》，《史学月刊》1995年第4期。
⑤ ［日］谷口建速：《日本秦简研究现状·田制、农业》，武汉大学简帛研究中心主办：《简帛》（第六辑），上海古籍出版社2011年版。
⑥ 高敏：《从云梦秦简看秦的土地制度》，收入其著《云梦秦简初探》（增订本），河南人民出版社1981年版。
⑦ 施伟青：《也论秦自商鞅变法后的土地制度——兼与张金光同志商榷》，《中国社会经济史研究》1984年第4期。

深入了一步，却也需要通过一定的推论，因而就不乏质疑者。近年随着秦代简牍材料发现和公布的不断增多，这一问题也变得明晰起来。萧灿从《岳麓书院藏秦简·数》中相关算题提供的信息，确认了秦代存在着政府直接经营的公田，[①] 后来王文龙在此基础上又进一步从县廷征税角度证实了秦代确有国家经营的公田。[②] 里耶秦简作为秦代地方档案，有很多关于"田官"以及土地管理方面的记录，这些材料多和秦代国家土地所有制问题密切相关，我们以这些材料为核心，从秦代公田存在形态、县级机构对公田的管理等角度探讨这一论题。

一 公田存在形态

如上所述，在《里耶秦简》[壹]之前的文献中，对秦代国家直接管理公田问题尚无的证，《里耶秦简》[壹]中则有证据说明秦代确实存在着国家直接经营的土地，如下简：

廿六年三月壬午朔癸卯，左公田丁敢言之：佐州里烦故为公田吏，徙属。事苔不备，分Ⅰ负各十五石少半斗，直钱三百一十四。烦冗佐署迁陵。今上责校券二，谒告迁陵Ⅱ令官计者定，以钱三百一十四受旬阳左公田钱计，问可（何）计付，署计年为报。敢言之。Ⅲ三月辛亥，旬阳丞滂敢告迁陵丞主：写移，移券，可为报。敢告主。/兼手。Ⅳ廿七年十月庚子，迁陵守丞敬告司空主，以律令从事言。/廱手。即走申行司空Ⅴ8-63
十月辛卯旦，朐忍絭秦士五（伍）状以来。/庆半　兵手8-63[③]

对于"左公田"一词，《校释》："左公田，管理公田的官吏。《秦汉南北朝官印征存》13为'左公田印'，从下文可知，这里'左公田'在旬阳。"由

[①] 萧灿：《从〈数〉的"舆（与）田"、"税田"算题看秦田地租税制度》，《湖南大学学报》2010年第4期。
[②] 王文龙：《出土秦及汉初算数书所见田租问题探讨》，《咸阳师范学院学报》2013年第1期。
[③] 陈伟主编：《里耶秦简牍校释》（第一卷），第48—49页。

注释可知，左公田在以前的材料中也曾出现过，但是作为玺印，很难从中解读出更多信息来证明其为国家机构中管理直属土地的官员。也有学者认为，"左"为动词，即"佐"。① 不过，本章后面还有相对的"右田"，所以理解成为动词，不好解释。我们还是从《校释》之说。这支简则提供了更为丰富的内容：首先，左公田领有公田吏这类属吏，能看出对公田管理存在一个特定的机构；"事苔不备"，按照《校释》的意见，它和睡虎地秦简《效律》中的一条资料相类：

> 实官佐、史被免、徙，官啬夫必与去者效代者。节（即）官啬夫免而效不备，代者与居吏坐之。故吏弗效，新吏居之未盈岁，去者与居吏坐之，新吏弗坐；其盈岁，虽弗效，新吏与居吏坐之，去者弗坐。它如律。②

也就是说相关官吏工作失误所造成的损失，也由其来赔偿。如果这是分授给农民的私田，则不必由这样一个专门机构来管理生产，若粮食出现损失还要赔偿。

由此可知"某公田"的确是政府里直接负责管理土地的官员，这在秦代封泥官印里还可以找到相应的证据。除了《校释》所引《征存》的例子外，尚有"左田之印"。③ "左田"可能就是"左公田"的省称或别称。"赵郡左田"，联系到简 8-63 旬阳设置左公田，可以认为这类"左田"是地方郡县管理公田的职官，与此相对的还有"右公田印"，注释云"云梦秦简田律……右公田当是管理公田之官"④。

在秦代法律文书中，也有相关的佐证，《岳麓书院藏秦简》（陆）：

> ●县官田者或夺黔首水以自澭（溉）其田乚，恶吏不事田，有为此以害黔首稼乚。黔首引水以澭（溉）田者，以水多少为均，及有先后次乚。

---

① 周晓陆、路东之编著：《秦封泥集》，三秦出版社 2000 年版，第 41 页。
② 陈伟主编：《秦简牍合集·释文注释修订本（壹、贰）》，第 147 页。
③ 孙慰祖主编：《古封泥集成》，上海书店出版社 1994 年版，第 346 页。
④ 罗福颐主编：《秦汉南北朝官印征存》，文物出版社 1987 年版，第 3 页。

县官田者亦当以其均，而不殹（也），直以威多夺黔首水，不须其次，甚非殹（也）┘。有如此者，皆当以大犯令律论之。·县官田令甲廿二①

所谓官田，据刘鹏排比史料，它是由公田改称而来。② 这条令文中对灌溉水源的分配，官田和黔首田地区分清楚，说明公田是国家直接经营的土地。以令的形式保护黔首的利益，也反映着国营土地的优势地位。

地方公田是随着郡县制在全国的推行而同时设置的：

廿四年六月甲午朔乙卯，洞庭守礼谓迁陵丞：Ⅰ丞言徒隶不田，奏曰：司空厌等当坐，皆有它罪，Ⅱ8-755 耐为司寇。有书，书壬手。令曰：吏仆、养、走、工、组Ⅰ织、守府门、劦匠及它急事不可令田，六人予田徒Ⅱ8-756 四人。徒少及毋徒，薄（簿）移治房御史，御史以均予。今迁陵Ⅰ廿五年为县，廿九年田廿六年尽廿八年当田，司空厌等Ⅱ8-757 失弗令田。弗令田即有徒而弗令田且徒少不傅于Ⅰ奏。及苍梧为郡九岁乃往岁田。厌失，当坐论。即Ⅱ8-758 如前书律令。/七月甲子朔癸酉，洞庭叚（假）守Ⅰ绎追迁陵。/歇手。·以沅阳印行事。Ⅱ8-759

歇手。8-755 背③

"今迁陵廿五年为县，廿九年田廿六年尽廿八年当田"，是说迁陵县二十五年设县，本应第二年就设公田，却延宕到二十九年，司空厌因此而失职获罪。

其实，秦代国家直接经营的土地，除了这种设置田官管理而获得收益外，还有一些归其他政府机构管理的特殊公田。《秦汉魏晋南北朝官印征存》收录了这样两方官印："厩田仓印"，注云"此是掌厩马专田所产粮储

---

① 陈松长主编：《岳麓书院藏秦简》（陆），第176—177页。
② 刘鹏：《秦县级公田的劳动力供给与垦种运作》，《北京社会科学》2019年第12期。
③ 陈伟主编：《里耶秦简牍校释》（第一卷），第217页。

之仓";"泰寑（寝）上左田",注云"泰,战国属楚,此当是寝园掌田之官"①。这种专门机构所掌公田,在其后不久的张家山汉简中能够找到相应的佐证,《二年律令·行书律》:"一邮十二室。长安广邮廿四室,敬（警）事邮十八室。有物故、去,辄代者有其田宅。有息,户勿减。"② 这些田宅所有权归国家,目的是用其来支付负责邮传任务民户的酬劳。比照《行书律》,秦代"厩田""寝田"也是为供应"厩""寝"开支的田地。

对于权属国家的公田,政府除了直接派员管理,将其收获物用于维持各机构的运转外,有时也将这些土地转给私人耕作。《岳麓书院藏秦简》（叁）所记案例一四《学为伪书案》,讲述学冒充冯毋择之子以冯毋择的口吻伪造书信骗取胡阳县钱、粮,这件伪书开头说:

> ●视癸私书,曰:五大夫冯毋择敢多问胡阳丞主。闻南阳地利田,令为公产。臣老,癸与人出田,不赍钱、糧（种）。顧（愿）丞叚（假）钱二万賁（贷）、食支卒岁。稼孰（熟）倍賞（偿）。勿环（还)!③

虽然是伪造的书信,但为了取得胡阳县官员的信任,信中所讲制度自然会与实际相符。公产,注释曰:公共产业,即一种公田。在书信中,冯毋择为其子向胡阳县借贷钱、粮,作为维持其耕种南阳郡公田的耗费。这段话可以看出,秦代国家公田是选择肥美土地,即所谓"利田";土地除了由政府直接经营以外,还可以让冯毋择这样的权贵经营,从"稼熟倍偿"看,这种经营是以盈利为目的。并且我们推想,盈利的一部分应该上缴政府,作为政府公田的收益。但限于材料,具体情形就不得而知了。

二 县级公田的管理

我们以"某公田"这一管理国有耕地的职官为线索,确认了秦代有国

---

① 罗福颐主编:《秦汉南北朝官印征存》,第3页。
② 张家山二四七号汉墓竹简整理小组编著:《张家山汉墓竹简〔二四七号墓〕》（释文修订本）,第45页。
③ 朱汉民、陈松长主编:《岳麓书院藏秦简》（叁）,第224—225页。

家直接经营的耕地及其形态。从《里耶秦简》[壹]的内容看,管理县级公田的职官除了"左公田"之外,还记录了数量更多被称为"田官"的机构。

对于"田官",《校释》在简 8-16:"廿九年尽Ⅰ岁田官徒薄(簿) Ⅱ 廷。Ⅲ"下对其解释为:"田官,里耶秦简多见。9-981 有'田官守',张春龙、龙京沙认为是'乡啬夫的佐吏'。睡虎地秦简《田律》有'田啬夫',整理小组注释认为是'地方管理农事的小官'。裘锡圭认为是县所属各种官啬夫之一,'总领全县田地等事'。据已见里耶秦简,'田官'应即'田啬夫'所治之官,为县级机构。"① 不过我们的意见与之相左,认为它是直接管理土地的政府机构,通过下面这份徒作簿即可看出:

……A……圂、叚、卻。BⅠ七人市工用。BⅡ八人与吏上计。BⅢ一人为舄:剧。BⅣ九人上省。BⅤ二人病:复卯。BⅥ一人□徙西阳。BⅦ□□□人。CⅠ□□十三人。CⅡ隶妾墼(系)舂八人。CⅢ隶妾居赀十一人。CⅣ受仓隶妾七人。CⅤ·凡八十七人。CⅥ其二人付畜官。CⅦ四人付贰舂。CⅧ廿四人付田官。CⅨ二人除道沅陵。CⅩ四人徒养:枼、痤、带、复。CⅪ二人取芒:阮、道。DⅠ一人守船:遏。DⅡ三人司寇:茝、狠、款。DⅢ二人付都乡。DⅣ三人付尉。DⅤ一人付□。DⅥ二人付少内。DⅦ七人取□:繒、林、娆、粲、鲜、夜、丧。DⅧ六人捕羽:刻、婢、□、□、娃、变。DⅨ二人付启陵。DⅩ三人付仓。DⅪ二人付库。DⅫ二人传徙西阳。EⅠ一人为笥:齐。EⅡ一人为席:姱。EⅢ三人治枲:梜、兹、缘。EⅣ五人墼:婢、般、橐、南、儋。EⅤ二人上睿(省)。EⅥ一人作庙。EⅦ一人作务:青。EⅧ一人作园:夕。EⅨ·小城旦九人:FⅠ其一付少内。FⅡ六人付田官。FⅢ一人捕羽:强。FⅣ一人与吏上计。FⅤ·小舂五人:FⅥ其三人付田官。FⅦ一人徒养:姊。FⅧ一人病:□。FⅧ 8-145

☒□圂敢言之,写上,敢言之。/痤手。8-145 背②

---

① 陈伟主编:《里耶秦简牍校释》(第一卷),第31页。
② 陈伟主编:《里耶秦简牍校释》(第一卷),第85—86页。

这是县廷主管刑徒机构的司空将刑徒分配到其他机构从事劳作的记录。和本章主题有关，至少有两点值得注意：首先，分配到田官的是隶臣妾、城旦舂等刑徒。如果田官负责管理县中所有田地，似不需要分配给这些从事苦役的刑徒。并且从记载完整部分的数量看，刑徒总数是为101人，分配到田官有33人，在所有部门中，所占比例最高。使用数量如此众多的刑徒，显然要他们从事农作，并且耕种的也不会是已经授予民众的土地。这亦非孤证，在《里耶秦简》[壹]中的其他徒作簿，如简8-162、8-239、8-444、8-663、8-2101均呈现出这一趋势。其次，分配到刑徒的部门有贰春、启陵等乡和仓、库、少内、畜官等机构，它们均为政府的经济部门，田官与其并列，说明是同一性质，而且从名称看，它和畜官一样，都是为政府提供收益的机构。除此以外，刑徒所从事的其他工作，如传徒、作庙等也和县廷密切相关，这也是旁证之一。

在农业社会中，耕种土地为基本劳动技能，故耕种公田的刑徒亦为无它长技者。上引简"8-755-759"有"令曰：吏仆、养、走、工、组织、守府门、刖匠及它急事不可令田，六人予田徒四人。徒少及毋徒，薄（簿）移治房御史，御史以均予"，即只有从事其他工作以及拥有特殊技艺之外的刑徒才能作为田徒耕治公田，并且二者之间可能还有一定的比例要求。若刑徒数量不足，可以向中央申请。这也说明秦代国家十分重视公田。

公田上的劳作者除刑徒外，还有其他部门所提供的劳动力，如下简：

【尉】课志：AⅠ卒死亡计，AⅡ司寇田课，AⅢ卒田课。BⅠ·凡三课。BⅡ 8-482①

比照里耶秦简中有关考课记录的辞例，简文中的尉是县廷职官，因而只能是县尉，负责县的军事。对县尉的考课内容有"司寇田"和"卒田"，这是因为从尉的职能角度看，卒为其所领属，司寇是轻刑，比较特殊，按秦简的记载，政府不把他们归属在司空和仓这些掌管刑徒的机构中，所以也归县尉管辖。县尉统领的卒和司寇也要从事田作，是公田上的劳动者，其劳动情况也

---

① 陈伟主编：《里耶秦简牍校释》（第一卷），第165页。

是考课县尉工作业绩的指标之一。不过，县尉属下的卒和司寇耕作公田与田官使用刑徒耕种公田的关系，目前没有直接材料说明，尚不清楚。

主管田官的官员在秦简中径直称为"田某"，如：

三月丙寅，田毫敢言之▢8-179
受仓隶妾二人▢8-179背①

和田相关并接受仓隶妾的县级机构中，只有田官。这是田官负责人接受刑徒后回复的文书。"毫"，《校释》解释为人名，所以毫就是田官的长官，官称和名字相连，成为其正式的称呼。另外，还有称为"田官守某"的使用方式，在里耶简中，出现最多的是"田官守敬"，如：

卅年二月己丑朔壬寅，田官守敬敢言【之】▢Ⅰ官田自食薄（簿），谒言泰守府▢▢Ⅱ之。▢Ⅲ8-672
壬寅旦，史逐以来。／尚半。▢ 8-672背②

这也是在正式官文书中出现的称呼。其中关键词是"守"字。在秦代材料中，县级官吏多用"守"字。我们认为"守"是"临时代理"之意，③ 由此，田官守，就是田官守啬夫，比照此例，"田毫"为田官啬夫毫。

田官啬夫这套管理公田的系统，与县中一般农政管理并无关涉。县级农政是由县中另一套农官机构来负责，即田部系统，由县中的都田啬夫和乡里中的田啬夫、田佐、田典等组成。④

田官所掌国家直接经营的农田，其收获物自然上缴到官府，里耶简中亦有此迹象：

---

① 陈伟主编：《里耶秦简牍校释》（第一卷），第106页。
② 陈伟主编：《里耶秦简牍校释》（第一卷），第199页。
③ 详见本书上编第五章《县级机构中的守吏》。
④ 王彦辉：《田啬夫、田典考释——对秦及汉初设置两套基层管理机构的一点思考》，《东北师范大学学报》2010年第2期。

> 迁陵卅五年貇（垦）田舆五十二顷九十五亩，税田四顷□□Ⅰ户百五十二，租六百七十七石。衘（率）之，亩一石五；Ⅱ户婴四石四斗五升；奇不衘（率）六斗。Ⅲ 8－1519
>
> 启田九顷十亩，租九十七石六斗。ＡⅠ都田十七顷五十一亩，租二百卅一石。ＡⅡ貳田廿六顷卅四亩，租三百卅九石三。ＡⅢ凡田七十顷卅二亩。·租凡九百一十。ＡⅣ六百七十七石。Ｂ 8－1519背①

这段文字中的难点是"舆田"和"税田"的概念，学界有不同的意见。《校释》认为"舆"是全部的意思，"税田"是应税之田的简称。还有一种意见，从征税角度出发来理解税田，如臧知非认为税田是单独划出交税的田地，②王勇认为税田是单独划拨出来，用于估算单位面积的平均产量，作为该地区田租征收的产量依据。③不过王文龙认为启陵乡、都乡、貳乡三乡总亩数和开头的舆田总数正好吻合，"税田四顷□□"不在此列，说明"舆田"和"税田"是相对的概念，"税田"未提到租税，应该是和"授田"相对的国家直接管理的公田，并且从秦简算题里不同租率的角度加以验证。④舆田有各乡明细，而税田只有县中总计，两者差异明显。其实，这枚简的重心是在"垦"字，即三十五年新开垦的土地，包括百姓自行开垦但需要缴税的舆田和官府直接控制的税田。⑤

所以我们采用王文龙的说法。如果税田不在统计之列，那么说明它的收获物全部归国家所有。在具体的分配方式上，首先要满足公田劳动者的自身需要：

---

① 陈伟主编：《里耶秦简牍校释》（第一卷），第345—346页。
② 臧知非：《说"税田"：秦汉田税征收方式的历史考察》，《历史研究》2015年第3期。
③ 王勇：《税田与取程：秦代田租征收方式蠡测》，杨振红、邬文玲主编：《简帛研究》（二〇一六秋冬卷），广西师范大学出版社2017年版。
④ 王文龙：《出土秦及汉初算数书所见田租问题探讨》，《咸阳师范学院学报》2013年第1期。
⑤ 里耶简中也的确有田官垦田的证据："元年八月庚午朔庚寅，田官守獵敢言Ⅰ之：上貇（垦）田课一牒敢。言之。☑Ⅱ（9－1865）"陈伟主编：《里耶秦简牍校释》（第二卷），第377页。并且当时迁陵县地广人稀，也的确提供了这样的条件，《岳麓书院藏秦简》（伍）："【●】自今以来，有诲传言以不反为反者，辄以行訞律论之，其有不□者，徙洞庭，洞庭处多田所。"见陈松长主编《岳麓书院藏秦简》（伍），第42页。秦迁陵县所在的洞庭郡是多田的地区。

世年六月丁亥朔甲辰，田官守敬敢言之：疏书日食朕北（背）上。Ⅰ敢言之。Ⅱ 8-1566
城旦、鬼薪十八人。AⅠ小城旦十人。AⅡ舂廿二人。AⅢ小舂三人。BⅠ隶妾居赀三人。BⅡ戊申，水下五刻，佐壬以来。／尚半。逐手。8-1566 背①

所谓"日食"就是每日口粮标准，睡虎地秦简《秦律十八种·仓律》中对刑徒口粮有严格的规定：

城旦之垣及它事而劳与垣等者，旦半夕参；其守署及为它事者，参食之。其病者，称议食之，令吏主。城旦舂、舂司寇、白粲操土攻（功），参食之；不操土攻（功），以律食之。②

这段话是说根据刑徒的种类、劳动强度等因素确定刑徒的口粮标准。依照这条律文所提供信息，简 8-1566 是田官守啬夫敬将本署所掌刑徒种类、性别、年纪等和口粮定量标准相关的要素上报到上级机构，以供发放粮食需要。上级机构不是县廷，很可能是郡府，因为上引简 8-672 有"官田自食薄谒言泰守府"字样。不过，这种申请廪食文书，可能只在账面上进行，而实际操作中还是从自己的收获物中支取发放。

秦简中还有数量很大的仓支出记录，其中田官守敬常参与"径廥"粮食的支出，如：

径廥粟米一石九斗少半斗。卅一年正月甲寅朔丙辰，田官守敬、佐壬、稟人显出稟贫士五（伍）巫中陵免将。Ⅰ令史扁视平。壬手Ⅱ。8-764③

---

① 陈伟主编：《里耶秦简牍校释》（第一卷），第362页。
② 陈伟主编：《秦简牍合集·释文注释修订本（壹、贰）》，第79页。
③ 陈伟主编：《里耶秦简牍校释》（第一卷），第219页。

此外还有简 8 - 1328、8 - 1574 + 1787、8 - 2246 等。尽管无法确定"径廥"这种仓储设施和公田是否存在着必然联系，甚至也无法知道"径廥"的确切含义，但这种仓的确有其特殊性：一是田官守敬常参与"径廥"粮食支出，却很少参与其他仓的支出，二是田官守敬参与支出的对象为"居赀士五""屯戍簪褭""敦长""罚戍公卒"等这些为国家服役的人群。既然田官啬夫可以为其他类型服役者禀给粮食，那么他也完全可能按照法律规定的标准，为本部门劳动力从"径廥"这一特定的粮仓中支取粮食。

田官作为政府机构之一，同样也要接受考绩，其形式为："田官课志。Ⅰ田□□课。Ⅱ·凡一课。Ⅲ"（8 - 479）① 这是一个标题或目录，目前没有发现考课内容方面的材料。不过，睡虎地秦简《秦律杂抄》中有牛羊课：

> 牛大牝十，其六毋（无）子，赀啬夫、佐各一盾。·羊牝十，其四毋（无）子，赀啬夫、佐各一盾。·牛羊课②

畜官课下面有一个子目，为牛羊产子课，牛羊课内容是考课牛羊等牲畜产子增殖情况，二者应该就是一回事。与此相对照，田官课也应是考察田官机构在农业生产收获方面的情况。

以上从里耶秦简中梳理出秦代国家所属公田及其在县级机构中的经营方式。到了汉代，国家直接经营的公田在来源、经营和使用等方面就比较明晰了。③ 它在国家统治中的意义也彰显出来，一方面可以为国家提供经济收入，另一方面，通过"赋民公田""假民公田"等方式假借土地给濒临破产的农民，重新将他们和土地结合，使公田成为稳定统治的调节器。与汉代相比，秦代情况因为材料限制，不多的信息只能显示公田在经济方面的意义，而在国家统治方面发挥的作用则隐而未彰。

---

① 陈伟主编：《里耶秦简牍校释》（第一卷），第 163 页。
② 陈伟主编：《秦简牍合集·释文注释修订本（壹、贰）》，第 170—171 页。
③ 张荣芳：《论汉代的公田》，收入其著《秦汉史论集》，中山大学出版社 1995 年版。

第 九 章
秦简中的"库"及其在汉代的流变

库是秦汉国家储存武器、财物的场所，在支撑秦汉国家经济、军事运转方面发挥了重要作用。传世文献内容已经凸显这方面的功能，但对于库这一机构日常运转机制，却语焉不详。出土的秦汉时期简牍，特别是地方档案文书对此却有比较具体的记述，可以弥补正史记载的不足。裘锡圭在系统研究秦汉时期啬夫问题时，曾专门讨论过各种库啬夫。[1] 对于西北屯戍汉简中的库，邵台新考察河西地区军政组织时，曾排列出了库的各类职官；[2] 富谷至在讨论河西汉简中的仓时，对库亦有涉及；[3] 李永平则考察了河西汉简中库的建置、源流等。[4] 后出里耶秦简中也有关于库的材料，陈伟对其职掌、吏员等方面做了系统的研究。[5] 如果将出土文献中有关库的资料联系起来观察，可以看出库这一机构在战国秦汉时期的存续实态。

一 里耶秦简记载的"库"

里耶秦简是秦时迁陵县的部分档案文书，迁陵县是秦征服楚地后建立的

---

[1] 裘锡圭：《啬夫初探》，收入其著《裘锡圭学术文集·古代历史、思想、民俗卷》，复旦大学出版社2015年版。
[2] 邵台新：《汉代河西四郡的拓展》，台湾商务印书馆1988年版，第128—129页。
[3] ［日］富谷至：《从额济纳河流域的食粮配给论汉代谷仓制度》，杨振红译，中国社会科学院简帛研究中心编：《简帛研究译丛》（第二辑），湖南人民出版社1998年版。
[4] 李永平：《河西汉简中的库及其源流》，《敦煌研究》1998年第1期。
[5] 陈伟：《关于秦迁陵县"库"的初步考察》，武汉大学简帛研究中心主办：《简帛》（第十二辑），上海古籍出版社2016年版。

新县，但秦迅速在此地建立起统治架构，以对该地施行有效的统治。其中"库"就是其中重要机构之一。从里耶简提供的信息看，秦代的县"库"，其最基本的功能是武库，用以收藏武器：

迁陵库真□AⅠ甲三百卅九。AⅡ甲宽廿一。AⅢ鞮瞀卅九。AⅣ胄廿八。BⅠ弩二百五十一。BⅡ臂九十七。BⅢ弦千八百一。BⅣ矢四万九百□CⅠ戟（戟）二百五十一。CⅡ8-458①

☒元年余甲三百卅九，宽廿一，札五石，鞮瞀卅九，胄十八，弩二百五十一，臂九十七，几（机）百一十七，弦千八百一，矢四万九百九十Ⅰ☒铜四两，敝纬四斤二两·凡四万四千二百八十四物，同券齿。Ⅱ9-29+9-1164②

二年十月己巳朔朔日，洞庭叚（假）守冣爰书：迁陵兵已计，元年余甲三百卅九，宽廿一，札五石，鞮【瞀】……五十一，臂九十七，几（机）百一十七，弦千八百一，矢四万九百九十八，戟（戟）二百Ⅰ五十一，敦一，符一，纬二百六十三，注弦卅二，蘭卅，铜四两，敝纬四斤二两。·凡四万四千……齿。Ⅱ9-1547+9-2041+9-2149③

从数量看，几支简很多物品数量吻合：甲349，甲宽21，弩251，臂97，弦1801，矢40998，简8-458、9-29+9-1164因为残缺或漏写"九十八"和"八"。简8-458开头为"迁陵库"，所以简9-29+9-1164也应是库所藏武器。简9-29+9-1164可以补充9-1547+9-2041+9-2149结尾部分，其格式为"凡+数量+物"。尹湾汉简中的《武库永始四年兵车器集簿》的结尾也是："·凡兵车器种二百卅物三〈二〉千三百廿六万八千四百八十七。"④格式相仿，只是物品和数量位置颠倒，说明迁陵库的基本功能之一是武库，为存放武器的场所。简9-1547+9-2041+9-2149开头以"迁陵

---

① 陈伟主编：《里耶秦简牍校释》（第一卷），第154页。
② 陈伟主编：《里耶秦简牍校释》（第二卷），第41页。
③ 陈伟主编：《里耶秦简牍校释》（第二卷），第325页。
④ 连云港市博物馆、中国社会科学院简帛研究中心、东海县博物馆、中国文物研究所编：《尹湾汉墓简牍》，第118页。

兵已计，元年余……"始，这是年度统计，从下简看，是以县金布计的一部分为统计基础：

> 金布计录：ＡⅠ库兵计，ＡⅡ车计，ＡⅢ工用计，ＢⅠ工用器计，ＢⅡ少内器计，ＢⅢ【金】钱计，ＣⅠ凡六计。ＣⅡ8-493①

金布是负责县中财政的主要部门，简9-1547+9-2041+9-2149应该就是库兵计的具体内容，是金布这个机构财政年度统计的一部分，归属于县财政。秦代的县库除了存放武器外，也庋藏其他物品。比如：

> 卅四年迁陵库工用计☐Ⅰ马革一件。☐Ⅱ马筋一件。☐Ⅲ马旅筋一件。☐Ⅳ马阳筋一件。☐Ⅴ9-172②

除了武器外，还有工用，即手工业物资。里耶简中还有一组出卖祭品的记载：

> 卅五年六月戊午朔己巳，库建、佐般出卖【祠】☐衡（率）之，斗二钱。☐ 8-845③
> ☐己巳，库建、佐般出卖祠☐Ⅰ☐ 令史歊☐Ⅱ8-847④
> 卅五年六月戊午朔己巳，库建、佐般出卖祠窨余彻酒二斗八升于☐☐Ⅰ衡（率）之，斗二钱。令史歊监。☐Ⅱ8-907+8-923+8-1422⑤
> 卅五年六月戊午朔己巳，库建、佐般出卖祠窨☐☐Ⅰ令史歊监。☐Ⅱ8-993⑥
> 卅五年六月戊午朔己巳，库建、佐般出卖祠窨☐☐☐一朐于隶臣徐，所

---

① 陈伟主编：《里耶秦简牍校释》（第一卷），第169页。
② 陈伟主编：《里耶秦简牍校释》（第二卷），第81—82页。
③ 陈伟主编：《里耶秦简牍校释》（第一卷），第236页。
④ 陈伟主编：《里耶秦简牍校释》（第一卷），第236页。
⑤ 陈伟主编：《里耶秦简牍校释》（第一卷），第246页。
⑥ 陈伟主编：《里耶秦简牍校释》（第一卷），第258页。

取钱一。Ⅰ令史歇监。　般手Ⅱ　8-1002+8-1091①
卅五年六月戊午朔己巳，库建、佐般出卖祠窖余彻脯一胸于□□□，所取钱一。Ⅰ令史歇监。　般手Ⅱ　8-1055+8-1579②

和这组简相似的还有一组仓出卖祭品的记载。③ 两组简对比，从出卖的物品看，都有彻酒和彻食，虽然仓多出羊头和羊足，但是并不能说明两者有本质的不同。两者明显的差别在于两点：一是时间，仓出卖祠祀食物在"卅二年三月丁丑朔丙申"，而库集中在"卅五年六月戊午朔己巳"；二是祭祀对象不同，仓是祠先农，库祠窖。我们认为很可能是因为前者，即时间不同导致二者都有出卖祭品的记录，也就是说，库和仓虽然都有出卖祭品的这种职能，但二者前后相继。他们出卖祭品，是因其有收藏物品的功能。但如果两个县属机构同时做同样的工作，职能交叉，不利于管理，因而我们倾向于认为在卅二年到卅五年间做了调整。在特定某一天出卖祭余食品，最主要的目的还是出于财政方面的考虑。④ 因此，从这个角度看，库还承担了部分财政职能。

迁陵县库不仅存放武器，而且还负责武器修缮。

廿九年八月乙酉，库守悍作徒薄（簿）：受司空城旦四人、丈城旦一人、舂五人、受仓隶臣一人。·凡十一人。AⅠ城旦二人缮甲□□。AⅡ城旦一人治输□□。AⅢ城旦一人约车：登。AⅣ丈城旦一人约车：缶。BⅠ隶臣一人门：负剧。BⅡ舂三人级：姱、□、娃. BⅢ廿廿年上之□ C 8-686+8-973

八月乙酉，库守悍敢言之：疏书作徒薄（簿）牒北（背）上，敢言之。逐手。Ⅰ乙酉旦，隶臣负解行廷。Ⅱ 8-686背+8-973背⑤

---

① 陈伟主编：《里耶秦简牍校释》（第一卷），第259页。
② 陈伟主编：《里耶秦简牍校释》（第一卷），第269页。
③ 张春龙：《里耶秦简祠先农、祠窖和祠隄校券》，武汉大学简帛研究中心主办：《简帛》（第二辑），上海古籍出版社2007年版。
④ 详见本书下编第十一章《祠先农制度及其流变》。
⑤ 陈伟主编：《里耶秦简牍校释》（第一卷），第203页。

这是库使用刑徒分工劳动，其中有城旦"缮甲""约车"，前者顾名思义就是缮治铠甲，后者《校释》解释"约"为"具"，但"具车"为何，并没有说明。我们考虑到西北屯戍汉简中兵器簿中常有"具弩"一词，"具"的含义为"完备"。因此，"具车"或指将车修理完整。虽然战国时期车战已不是主流战法，但是应该还没有完全消失，因为汉代还有车兵。[1] 库修治武器是其庋藏武器而衍生出来的职能。除了保管武器，转运武器事宜也是库的职责：

廿七年三月丙午朔己酉，库后敢言之：兵当输内史，在贰春□□□□Ⅰ五石一钧七斤，度用船六丈以上者四艘（艘）。谒令司空遣吏、船徒取。敢言Ⅱ之。☑Ⅲ8-1510
三月辛亥，迁陵守丞敦狐告司空主，以律令从事。／……Ⅰ昭行Ⅱ三月己酉水下下九，佐赽以来。／釦半。Ⅲ8-1510背[2]

虽然看不出库直接将武器转运到目的地，但至少需要向县丞请示，告知武器转运的方式和途径。内史是秦的核心地区，武器转运到内史，说明库在整个国家统治体系中是重要的节点，无论内外县。

库资的调出，似也有严格的程序：

元年八月庚午朔辛未，库平、佐狐、工奖。令佐义监。☑Ⅰ出中縢牛革一枚，以轙车二乘之辕寇寇厄（軛）丽衡，付其车计前。一斤五两。☑Ⅱ9-2058[3]
出铜八斤十二两为䡓（辖）二两。元年五月辛丑朔丁未，库平、佐狐、工㚔出为䡓（辖）☑Ⅰ令佐章监。计馀☑Ⅱ9-2232[4]

支出物品要有库啬夫、库佐以及工同时在场，同时需要令佐监督，这与仓等

---

[1] 黄今言：《秦汉军制史论》，江西人民出版社1993年版，第211—213页。
[2] 陈伟主编：《里耶秦简牍校释》（第一卷），第341页。
[3] 陈伟主编：《里耶秦简牍校释》（第二卷），第412页。
[4] 陈伟主编：《里耶秦简牍校释》（第二卷），第437页。

机构支出粮食比较类似。

在里耶秦简中还有一枚和简8-686+8-973类似的文书：

卅二年五月丙子朔庚子，库武作徒薄：受司空城旦九人、鬼薪一人、舂三人；受仓隶臣二人。·凡十五人。Ⅰ其十二人为䒾：奖、庆忌、魃、䰟、船、何、冣、交、颉、徐、娃、聚；Ⅱ一人䋊：宆。Ⅲ二人捕羽：亥、罗 AⅣ 8-1069+8-1434+8-1520

卅二年五月丙子朔庚子，库武敢言之：疏书作徒日薄（簿）一牒，敢言之。横手。Ⅰ五月庚子日中时，佐横以来。／圂发Ⅱ 8-1069背+8-1434背+8-1520背①

同样也是关于库中刑徒劳作分工的简，这里的工种有"䒾""䋊""捕羽"等。《校释》：䒾，"或许假借为'舆'"；䋊，同"织"。从语气看，这些语词尚无确诂。不过，其中有"捕羽"一项，在秦简中几次出现，是制作箭羽的原料。② 所以库的这种生产劳动职能或多或少还与军事有关。因为其他机构也有使用刑徒劳动的作徒簿，从分工看，还是有所区别。

二　西北屯戍文书中的库

西北屯戍文书是反映西汉中期以后西北边地军政民政系统运作情形的重要资料。西北边地是汉代面对北方部族的最前线，因此库在边地中地位也更显重要。在军政和民政体系中，均设置了库，郡设置有郡库。

假敦德库兵弩矢五万枚杂驱三千匹令敦德禀食吏士当休马审处　80③

敦德即敦煌，此处明言敦煌郡有库，并且汉简中就有直接称为郡库的记载，

---

① 陈伟主编：《里耶秦简牍校释》（第一卷），第272页。
② 详见本书下编第七章《贡赋之间："羽"赋的性质》。
③ 张德芳主编：《敦煌马圈湾汉简集释》，甘肃文化出版社2013年版，第194页。

如悬泉汉简中明确提到郡库："七月乙丑，敦煌太守千秋、长史奉憙、守部候修仁行丞事下当用者，小府、伊循城都尉、守部都尉、尉官候移县（悬）泉、广至、敦煌郡库，承书从事下当用者，如诏书。/掾平、卒史敞、府佐寿宗。（Ⅴ1312③：44）"① 郡库和悬泉、广至等县并列，说明其地位和郡的属县相当。而《肩水金关汉简》（伍）中有"北书五封　一封张掖库令诣居延□……（73EJD：25A）"，② 从库令的官称看，更可以坐实上面的推测。作为库的基本职能，郡库负责武器的管理："入铁镡剑，永始三年六月癸卯，郡库掾成受罢已校前曲后……（Ⅳ0617③：17）"注释云：镡，兵器名，形似剑而狭小。③ 不过，关于郡库收存武器的记录不多，简牍中表现出更多的是对传车马管理。如："入传马三匹，皆牡，受郡库。（Ⅱ0115④：13）"④ 这表明郡库负责传马发放，此次发放三匹传马，也意味着它管理的传马数量要远多于此。

> 神爵二年三月丙午朔甲戌，敦煌太守快、长史布施、丞德，谓县、郡库：太守行县道，传车被具多敝，坐为论，易□□□□到，遣吏迎受轮敝被具，郡库相与校计，如律令。（A）
> 掾望来、守属敞、给事令史广意、佐实昌。（B）（Ⅰ0309③：236）⑤

这段材料是说太守行县，传车被具损坏较多，因此要求郡库和县进行处理。郡库的职责是"相与校计"，也就是说要进行校阅统计，这就反映出库对郡中所有传车，包括属县的传车都负有管理责任。传车马是保障国家信息畅达的物质基础，因此，就西北郡库而言，负责传车马的职能要较武器管理重要一些。此外，郡库还要负责钱的管理："出赋泉八百　付郡库奉质直。（EPT59：166）"⑥ "奉质直"薛英群解释为："所谓'质直'，是朴实、正直

---

① 胡平生、张德芳编撰：《敦煌悬泉汉简释粹》，第126页。
② 甘肃简牍博物馆、甘肃省文物考古研究所、甘肃省博物馆、中国文化遗产研究院古文献研究室、中国社会科学院简帛研究中心编：《肩水金关汉简》（伍）中册，中西书局2016年版，第120页。
③ 胡平生、张德芳编撰：《敦煌悬泉汉简释粹》，第128页。
④ 胡平生、张德芳编撰：《敦煌悬泉汉简释粹》，第85页。
⑤ 胡平生、张德芳编撰：《敦煌悬泉汉简释粹》，第80页。
⑥ 张德芳主编：《居延新简集释》（五），甘肃文化出版社2016年版，第295页。

之意也……这里的'奉'字，当作'奉公守法'解，即奉行公事，不以私废行公事之义。"① 因为居延汉简中仅此一见，没有旁证，放到简文中，亦无法判断其解释准确与否。但是，抛开这个词，也可以看出是要将八百赋钱交到郡库。也就是说郡库也有收入现钱的职能。

西北边地有郡—县—乡—里和都尉—候官—部—燧两套系统。每一套系统均有库的设置。先看军政系统，都尉有库："☐付都尉库☐（EPT51：681）。"② 都尉库的首要职能是管理武器："出弓檠丸七　付都尉库　校丿（28·19）。"③ 是为库接受武器，虽然付受机构缺失，但这里确是由都尉库来接收。武库还有收储车的任务，如《新书》卷四《匈奴》："厩有编马，库有阵车。"④ 都尉库还要负责车辆的缮治：

- 甘露元年十一月所假都尉库折伤承车轴刺　EPT65：459⑤
☐☐丑朔甲寅居延库守丞庆敢言之缮治车卒甯朝自言赀卖衣财物客民卒所各如牒律
☐☐辞官移书人在所在＝所＝以次唯府令甲渠收责得钱与朝敢言之
EPT58：45A⑥

前一支简"折伤承车轴刺"，说明都尉库存放着破损的备用车轴，后一支简有"缮治车卒"字样，显示库中有专司缮治车辆的人员，则说明都尉库对破损物品有修缮维护的责任。都尉库也负责钱的出纳：

☐四千七百五十以付殄北钱七千三百☐
　　　　　　库丞郭卿
☐千二百五十　甲渠钱六千五☐　EPT52：183⑦

---

① 薛英群：《居延汉简通论》，甘肃教育出版社1991年版，第377页。
② 张德芳主编：《居延新简集释》（三），甘肃文化出版社2016年版，第578页。
③ 简牍整理小组编：《居延汉简》（壹），第90页。
④ 贾谊撰，阎振益、钟夏校注：《新书校注》，中华书局2000年版，第136—137页。
⑤ 张德芳主编：《居延新简集释》（六），甘肃文化出版社2016年版，第334页。
⑥ 张德芳主编：《居延新简集释》（四），第522页。
⑦ 张德芳主编：《居延新简集释》（三），第651页。

珍北和甲渠均为候官名称，隶属于居延都尉府，同时向两个候官支付钱，只能是其上级都尉库，而且也只有都尉库才可以设置库令和库丞。都尉府下属候官也设有库：

董云　　　　　　　　　　令史博发
二月丙戌肩水库啬夫鱼宗以来　君前　　　284·4B①

和肩水相关的机构有候官、金关和都尉府，都尉府库的长官和太守府一样，也是库令，如：

☑□里男子胡光自言为都尉库令史
☑年十三岁毋官狱征事当得以令　73EJC:341②

都尉库令史，说明其长官是库令，因为这样才有可能设库令史。金关仅是关隘，不会设库，那么只能是候官的库，并且候官和民政系统的县对应，作为县稗官系统的库，其长官为库啬夫，那么相应的肩水库啬夫也应该是候官之啬夫。候官库也有管理武器的职责："校候三月尽六月折伤兵簿出六石弩弓廿四付库=受啬夫久廿三而空出一弓解何。（179·6）"③候的折伤兵需要清点，那么在候官一级的库必然会存有兵器。不过，这应该和都尉库一样，只是收藏破损武器而不是武器的集散地。④因为如后面所言西北地区既有统一发放武器的基地，各隧也都配备兵器和守御器，所以候官甚至都尉库都没有再存放大批武器的必要。候官之下也有部库："十月己亥输钱部库毕入☑。

---

① 简牍整理小组：《居延汉简》（叁），"中央"研究院历史语言研究所2016年版，第225页。
② 甘肃简牍博物馆、甘肃省文物考古研究所、甘肃省博物馆、中国文化遗产研究院古文献研究室、中国社会科学院简帛研究中心编：《肩水金关汉简》（伍）（中册），第214页。
③ 简牍整理小组：《居延汉简》（贰），第197页。
④ 乐游通过对"折伤兵物楬"的考察，认为部燧的折伤兵都要送到候官，也可以印证这一点。乐游：《汉简"折伤兵物楬"试探——兼论汉边塞折伤兵器的管理》，武汉大学简帛中心主办：《简帛》（第十一辑），上海古籍出版社2016年版。

(507·10)"① 这是说要向部的库输钱。部库的功能也可能仅限于此，因为部本身没有单独治所，更没有专门职官负责库的管理，寓部于隧，因此无条件也无必要专门来存放武器。军政机构库收纳钱，主要是与官吏俸禄、赋钱等有关。②

西北汉简中的库吏通常可以兼行同级行政机构的职事。我们找到十多个例子，列制表格（参见表10）。

根据表格，我们可以看出如下问题：一是库吏秩级相对较高。目前没有材料明确记载库令和库丞等库长吏秩级。库令行太守事的原因，简102·6说是"以近次兼行"，即以所任就近而兼行，但简EPT59：160"以近秩次行"则说明在考虑任职地接近的同时，也兼顾到秩级相近。从郡库长吏兼行太守府长官职事看：库令可以兼行太守事，也可以兼行丞事，但库丞仅能兼行郡丞事，而不可兼行郡守事，暗示着即使临时代理，也要考量到秩级因素。都尉库丞皆兼行都尉丞事。同时能够兼任都尉丞事的还有千人、候等。千人秩级不清，只知是都尉的属官，但是候则是和县令长相当，那么都尉库丞秩级也大约相仿。二是从处理的事务看，代行郡长吏的工作多是例行公事，主要有两种，一种为向外地机构签发公务传致等，如简90.33＋19.8＋192.29＋192.17＋182.49＋19.44＋293.10＋182.11A：

元凤三年十月戊子朔戊子酒泉库令安国以次行大守事丞步迁谓过所县河津关遣
守卒史［高］□大司马部丞从事校钱谷簿金城张掖酒泉敦煌郡乘家所占畜马
二匹当舍传舍从者如律令/掾胜胡守卒史□③

---

① 简牍整理小组编：《居延汉简》（肆），"中央"研究院历史语言研究所2017年版，第160页。
② 参见李永平《河西汉简中的库及其源流》，《敦煌研究》1998年第1期。
③ 简牍整理小组编：《居延汉简》（壹），第63页。

表10 库吏代行职事表

原官职	代行官职（事务）	代行方式	合署官员	代表机构	事由	时间	出处
库令建	丞	兼行	张掖太守护长史芒	郡	对外写传书	元凤三年十月戊子朔戊子	73EJT4:102
酒泉库令安国	太守	以次行	丞步迁	郡	对外写传书	戊子	90.33 ＋ 19.8 ＋ 192.29 ＋ 192.17 ＋ 182.49 ＋ 19.44 ＋ 293.10+182.11A：
酒泉库令安国	太守事	以次兼行	丞步迁	郡	对外写传书（？）	戊子	102·6
张掖库宰崇	大尹文书事	以近秩次行	长史丞	郡	向下属机构传达太守府律令	三月己丑	EPT59:160
库丞承熹	丞	兼行	张掖太守福	郡	对下属机构发布律令	二月戊寅	4.1
库令贺	丞事	兼行	敦煌骑司马充行太守事	郡	对外写传书	甘露二年二月甲戌	V1311③:315
库丞何	丞事	兼行	敦煌太守快	郡	对属县悬泉发令	神爵四年正月丙寅朔壬辰	（Ⅱ0215③:3）
库丞习	丞事	行	尹部骑司马奉世守部司马行守事	郡	向下属机构传达诏书律令	始建国二年十一月壬午	2000ES9SF4:4
库令	丞事	行	张掖大守贤以近秩次行长史事	郡		十一月丁卯	505·3
库守丞贤	丞	兼行	张掖居延都尉博	都尉	对下属甲渠候下发文书	元寿二年十二月庚寅朔戊申	EPT59:548A
库令丞登	丞	兼行	居延都尉德	都尉府	向下属机构传达诏书律令	五月甲戌	139·13
库守丞常乐	丞事	兼行	居延都尉德	都尉	向下属机构传达太守府律令	五月丙寅	EPT51:190A
库丞登	丞事	兼行		都尉属官			EPT56:297
肩水库啬夫大赏	城尉事	以小官印行		都尉属官		建平二年八月乙卯朔辛酉	73EJT37:1068
肩水库有秩良	城尉文书事	小官印行			向关隧移送籍名籍	始建国二年八月甲午朔丙辰	73EJF3:327

一种为承上向下传达诏书律令等：

三月己丑张掖库宰崇以近秩次行大尹文书事长史丞下部大尉官县承书从事下当用
者有犯者辄言如诏书＝到言　兼掾义兼史曲书吏迁金 EPT59:160①

这些都是程式化的工作，只要按照行政程序要求署名即可。其至简 EPT59:160 直言"张掖库宰崇以近秩次行大尹文书事"。但兼行都尉府的库丞除此以外，则要参与处理具体的政务，如：

元寿二年十二月庚寅朔戊申张掖居延都尉博库守丞贤兼行丞事谓甲渠鄣候言候长杨褒私使卒并积
一日卖羊部吏故贵卌五不日迹一日以上燧长张谭毋状请斥免府书案褒私使卒并积一日燧长张　　EPT59:548A②

这是都尉府斥免甲渠候官下属候长、隧长等的文书，涉及具体的人事任免变动，说明即使是代行职责，库丞还是拥有一定实权。

库吏除可以代行郡、都尉府长吏职事外，还有候官库啬夫代行城尉事。城尉，据薛英群等所言："城尉，即主管城官事务之官职。为都尉属官，位在候下。"③ 这也反映出库吏兼行秩级相近机构长吏事务现象是普遍存在的。这一现象除了与任职地和秩级相近外，还因为在承担军事防守重任的边地，负责军事后勤保障的库，其地位显得尤为重要。和库吏一样，能够代行太守府丞的还有仓长（278.7A）和仓丞（12.1A），应该也是基于同样的考虑。

郡下辖机构除军政系统以外还有民政系统，同样也设置了库，比如居延县：

---

① 张德芳主编：《居延新简集释》（五），第 291 页。
② 张德芳主编：《居延新简集释》（五），第 385 页。
③ 薛英群、何双全、李永良注：《居延新简释粹》，兰州大学出版社 1988 年版，第 71 页。

车一乘谒移县道河津关毋苛留止如律☐
四月己巳居延令弘库啬夫定行丞事☐　　　73EJT6：81A
居令延印
四月己巳佐明以来　　73EJT6：81B①
初元五年四月壬子居延库啬夫贺以小官印行丞事敢言☐312·16②

简73EJT6：81可以确定居延县有库，简312·16中的库啬夫亦指居延县的库啬夫③。这种县库的主要功能在于钱财收支：

　　　自言故为居延高亭＝长三年十二月中送诏狱证爵得便从居延迎
　　　钱守丞景临取四年正
尉史李凤　月奉钱六百至二月中从库令史郑忠取二月奉不重得正月奉今掾
　　　严复留凤九月奉钱
　　　不当留库证所言　　178·30④

县库没有处理钱物的自主权，还要受制于县中诸曹，如简139·28："金曹调库赋钱万四千三☐。"⑤这种情况和内地县相似，保留了民政系统的特征。

西北汉简中出现的姑臧库是一个很特别的例子。姑臧为武威郡属县，但姑臧库出现的语境却多与兵器有关：

元康二年五月己巳朔辛卯武威库令安世别缮治卒兵姑臧敢言之酒泉大守
府移丞相府书曰大守☐
迎卒受兵谨披櫜持与将卒长吏相助至署所毋令卒得擅道用弩射禽兽斗已

---

① 甘肃简牍保护研究中心、甘肃省文物考古研究所、甘肃省博物馆、中国文化遗产研究院古文献研究室、中国社会科学院简帛研究中心编：《肩水金关汉简》（壹）（中册），中西书局2011年版，第137页。
② 简牍整理小组编：《居延汉简》（肆），第8页。
③ 裘锡圭：《啬夫初探》，收入其著《裘锡圭学术文集·古代历史、思想、民俗卷》，复旦大学出版社2015年版。
④ 简牍整理小组编：《居延汉简》（贰），第196页。
⑤ 简牍整理小组编：《居延汉简》（贰），第93页。

前关书☐

三居延不遣长吏逢迎卒今东郡遣利昌侯国相力白马司空佐梁将戍卒☐ EPT53∶63①

地节二年六月辛卯朔丁巳肩水候房谓候长光官以姑臧所移卒被兵本籍为行边兵丞相史王卿治卒被兵以校阅亭隧卒被兵皆多冒乱不相应或易处不如本籍今写所治亭别被兵籍并编移书到光以籍阅具卒兵＝即不应籍更实定此籍随即下所在亭各实弩力石射步数令可知赍事诣官会月廿八日夕须以集为丞相史王卿治事课后不如会日者致案毋忽如律令　7·7A②

☐稾矢铜鍭五十完

兰＝冠各一完毋勒本受姑臧冠☐

糸絃一完毋勒

糸纬一完毋勒　38·39A③

☐☐☐☐☐主名它如府书

护胡烧署所兵吏卒兵皆当移姑臧库☐562·12④

·第十七部黄龙元年六月卒假兵姑臧名籍☐　　EPT52∶399⑤

武威郡姑臧别库假戍田卒兵☐留☐☐EPT58∶55⑥

转伏地再拜请

幼卿足下善毋恙甚苦道来至甚善谨道幼卿属从姑臧送兵来

☐闻转丈人缓急不转闻幼卿来至都仓☐☐☐☐留迫

☐御史且至☐故不敢☐☐叩头死＝罪＝幼卿即☐☐☐73EJT26∶21A＋T30∶27A⑦

---

① 张德芳主编：《居延新简集释》（四），第303页。
② 简牍整理小组编：《居延汉简》（壹），第23页。
③ 简牍整理小组编：《居延汉简》（壹），第126页。
④ 简牍整理小组编：《居延汉简》（肆），第233页。
⑤ 张德芳主编：《居延新简集释》（三），第704页。
⑥ 张德芳主编：《居延新简集释》（四），第525页。
⑦ 甘肃简牍博物馆、甘肃省文物考古研究所、甘肃省博物馆、中国文化遗产研究院古文献研究室、中国社会科学院简帛研究中心编：《肩水金关汉简》（叁）（中册），第171页。

对此，马智全做了很好的梳理：首先，居延、肩水、敦煌等地戍卒的兵物，并不全是当地郡、县库所提供，有些是来自河西地区东部的武威郡姑臧库。其次，中原地区戍卒到河西，河西边塞要"迎卒受兵"，即迎接戍卒，同时接受兵器，而这些兵器，正是来自戍卒从中原进入河西首个都会之地所设武库姑臧库。再次，戍卒得到这些兵器后，戍卒的管理机构要做好兵物的管理登记工作，特别是兵物有损伤遗失，要具体详细登记。屯戍机构及其上级部门如丞相史在检查戍卒兵物管理状况的时候，也要以姑臧库提供的"戍卒被兵本籍"简册为依据，兵器如有遗失，也要移书姑臧库。①

不过，与此相对照，从现有的简牍看，边塞郡库和都尉库等军政系统的库没有大规模收藏武器的记录。这种情况和汉代武库的设置原则有关，比如洛阳武库："函谷京师之固，武库精兵所聚。"② 所以出现大规模军事行动时，洛阳武库就具有了重要的战略地位，如吴王濞谋反时，吴少将桓将军献策说："疾西据雒阳武库，食敖仓粟，阻山河之险以令诸侯，虽无入关，天下固已定矣。"③《尹湾汉简》中有《武库永始四年兵车器集簿》，最后结计简有：

- 右库兵车种（？）百八十二物二千三百一十五万三千七百九十四
- 凡兵车器种二百卌物三〈二〉千三百六万八千四百八十七④

这一数量远远超过东海郡一郡的武器使用量。《汉书》卷九十九下《王莽传下》："唯翼平连率田况素果敢，发民年十八以上四万余人，授以库兵，与刻石为约。"⑤ 王莽时一郡能够发放四万库兵，已算惊人。因此尹湾汉简的《兵车器集簿》所记录兵器数量可能是要满足西汉东部沿海地区武器的使用。有学者甚至认为"是西汉政府建在内郡的直属中央的国家武库"⑥。以

---

① 马智全：《姑臧库与汉代河西兵物管理》，《鲁东大学学报》2016 年第 1 期。
② 《汉书》卷 74《魏相传》，第 3133 页。
③ 《汉书》卷 35《荆燕吴传》，第 1914 页。
④ 连云港市博物馆、中国社会科学院简帛研究中心、东海县博物馆、中国文物研究所编：《尹湾汉墓简牍》，第 117—118 页。
⑤ 《汉书》卷 99 下《王莽传下》，第 4172 页。
⑥ 杜亚辉：《从尹湾汉简武库集簿看西汉的武备建设》，《华北水利水电学院学报》2013 年第 2 期。

上这两个例子或许说明汉代在每一地区有集中囤放武器的大型武库，供应临近各郡的兵车器。姑臧县库的例子说明它就扮演了这一角色，是西北地区的武器集散地。① 因此，郡库虽级别较高，但还只是负责武器的临时存储修缮。②

综上，西北边地在郡下辖的军政、民政系统都设有库，军政系统偏重武器管理和钱财收支，而县库则只有财政职能，武威郡下的姑臧库是辐射数郡的武器集散地。

三 府库与武库：秦汉时期库的职能

秦迁陵县是秦新征服地区，汉代西北边地是武帝之后开疆拓土的新地，同时也是对北方部族防御前线，这两个例子不仅无法构成探讨秦汉帝国库设置体系的基础，而且就其各自所处的时代来说，也是特例，无法看成秦或汉代库的标准样本。但如果从两者的共性看，都兼具武器收储保管功能和经济功能。这两点是库在战国秦汉时的基本职能。作为收储财物的设施，通常称为府库，如《韩非子》卷一《初见秦》："今天下之府库不盈，囷仓空虚，悉其士民，张军数十百万。"③ 作为储备武器车辆出现的场合则称为"库"，《商君书·赏刑》："汤、武既破桀、纣，海内无害，天下大定，筑五库，藏五兵，偃武事，行文教，倒载干戈，搢笏，作为乐，以申其德。"④ 如果在两种功能同时出现，则分别称为府与库，这在《淮南子》一书中表现的比较明显。《淮南子》卷十四《诠言训》："若多赋敛，实府库，则与民为雠。"⑤ 这里府库指的是储藏物资的场所。而在《淮南子》卷十八《人间

---

① 李均明认为，姑臧库和东海郡武库是汉朝设于西北和东南的地区性大库，与中央武库遥相呼应。参见李均明《尹湾汉墓出土"武库永始四年兵车器集簿"初探》，连云港市博物馆、中国文物研究所编：《尹湾汉墓简牍综论》，科学出版社1999年版。
② 但《汉书》卷53《景十三王传》"绝五岁，成帝建始元年，复立弟上郡库令良"，如淳曰："《汉官》北边郡库，官兵之所藏，故置令。"（第2412页）这似乎是说明边地郡库都有收藏兵器的任务，不过这可能只是泛泛而言，没有区分库的职能差异
③ 韩非著，陈奇猷校注：《韩非子新校注》，第3页。
④ 高亨注译：《商君书注译》，第127—128页。
⑤ 刘文典撰：《淮南鸿烈集解》，第474页。

训》:"西门豹治邺,廪无积粟,府无储钱,库无甲兵,官无计会,人数言其过于文侯。"① 这段话即使不是对战国史事的原文转述,至少也说明在西汉前期,人们已经对库两种职能区分的很清楚,府偏重于储钱,库偏重于甲兵。而《汉书》在特定的语境下也用"府库"与"武库"对这两种功能刻意加以区别,如《汉书》卷九十四下《匈奴传下》有"运府库之财填卢山之壑而不悔也";② 同《传》:"发郡国勇士,武库精兵,各有所屯守,转委输于边。"③

不过这种区分还仅仅是从功能角度着眼,在现实行政实践中,似并没有单独的府库和武库,至少在地方这个层次,二者应该合而为一。《后汉书》卷八十二上《方术列传上》:"后二十余日,广柔县蛮夷反,杀伤长吏,郡发库兵击之。"④《后汉书》卷七十一《朱俊传》:"时同郡周规辞公府,当行,假郡库钱百万,以为冠帻费,而后仓卒督责,规家贫无以备,俊乃窃缯帛,为规解对。"⑤ 这两条材料放到一起,说明郡库既有兵器,也有钱。而且也正因为如此,如果不是在需要特别限定的语境下,当时人也不严格区分,《潜夫论》卷五《劝将》:"今兵巧之械,盈乎府库。"⑥ 东汉人王符将兵器和府库放到一起,说明不会单独设置府库和武库两个设施,故可以笼而统之的称呼。⑦ 库将这两种职能合流,大约与军赋有关,《汉书》卷二十四上《食货志上》:"赋共车马兵甲士徒之役,充实府库赐予之用。税给郊社宗庙百神之祀,天子奉养百官禄食庶事之费。"⑧ 这段话讲的是赋和税的区分,赋钱作为军费支出,既可以是钱,也可以是武器车马等武备。所以二者

---

① 刘文典撰:《淮南鸿烈集解》,第605页。
② 《汉书》卷94下《匈奴传下》,第3814页。
③ 《汉书》卷94下《匈奴传下》,第3824页。
④ 《后汉书》卷82上《方术列传上》,第2716页。
⑤ 《后汉书》卷71《朱俊传》,第2308页。
⑥ 王符著,汪继培笺,彭铎校正:《潜夫论笺校正》,中华书局1985年版,第245页。
⑦ 汪铎在这句话下引用了东汉时期的几个例子:《礼记·乐记》云:"车甲衅而藏之府库。"《曲礼》云:"在府言府,在库言库。"郑注:"库,谓车马兵甲之处也。"《月令》云:"审五库之量。"《御览》一百九十一引蔡邕《月令章句》云:"五库者,一曰车库,二曰兵库。"《淮南子·时则训》云:"七月官库。"高诱注:"库,兵府也。"《说文》云:"库,兵车藏也。"郑玄、高诱、蔡邕对库的解释均出现在名物训诂中,反过来看,若非对典籍解读,对府库毋须精确理解。王符著,汪继培笺,彭铎校正:《潜夫论笺校正》,第245页。
⑧ 《汉书》卷24上《食货志上》,第1120页。

统一归库管理，从源头看也不显突兀。

另外，虽然秦之新县和汉之边地设库既表现出在职能和设置框架上一致，也能看出一些差异，比如迁陵库有捕羽等生产任务，而汉代西北边地的库则无法看出生产职能。不过，如果我们把目光投向更大的范围，还是可以找到相似之处，比如汉代铜器《洛阳武库钟》铭文："元封二年，洛阳武库丞□，啬夫营□，令史乐时、工置造。容十六斗八升，重六十八斤。"[①] 从物勒工名制度看，这是洛阳武库负责制造的钟。尽管表现形式不同，但兼具组织生产的这一功能却是一样的。这说明时代变迁，王朝嬗代，而管理制度却保持了因袭稳定的一面。

---

① 徐正考：《汉代铜器铭文研究》，吉林教育出版社1999年版，第231页。

第 十 章
市场与商人

东周以后，传统工商食官体制逐渐瓦解，商品交换经济开始发展起来。据《史记·货殖列传》记述，从春秋末年到西汉前期，是古典商品交换经济非常活跃的时期。但是这种印象来源于正史的宏观描述，如果要探究其具体形态，则因为文献不足征而所知了了。近几十年来，出土资料的不断增加，这种情况有所改观，对这一时期的市场管理、货币政策等问题有了深入研究的可能。[1]《岳麓书院藏秦简》（叁）有一则案例，整理者命名为《芮盗卖公列地案》，其中涉及秦代商品市场管理的一些细节，引起学界关注，以此为中心从不同角度进行了探讨：朱德贵曾在讨论奏谳文书商业问题时，对这批材料做过分析；[2] 张韶光由"主市曹臣史"的身份入手，考察了秦的市场管理；[3] 邬勖则关注了秦汉商业用地情况。[4] 我们以这段材料为中心，并结合其他相关史料，对秦代商品市场相关问题做一考察。

---

[1] 主要成果有吴荣曾：《从秦简看秦国商品货币关系发展状况》，收入其著《先秦两汉史研究》，中华书局1995年版；何清谷：《秦始皇时代的私营工商业》，《文博》1990年第5期；刘景纯：《秦市场发展述论》，《唐都学刊》1994年第3期；林甘泉主编：《中国经济通史·秦汉经济卷（下）》，经济日报出版社1999年版，第524—530页；陆建伟：《秦汉时期市籍制度初探》，《中国经济史研究》1999年第4期；黄今言：《云梦竹简所见秦的商品交换与市场管理》，雷依群、徐卫民主编：《秦都咸阳与秦文化研究——秦文化学术研讨会论文集》，陕西人民教育出版社2001年版；施伟青：《论秦自商鞅变法后的商品经济》，收入其著《中国古代史论丛》，岳麓书社2004年版；高维刚：《秦汉市场研究》，四川大学出版社2008年版；慕容浩：《秦汉时期"平贾"新探》，《史学月刊》2014第5期。

[2] 朱德贵：《岳麓秦简奏谳文书商业问题新证》，《社会科学》2014年第11期。

[3] 张韶光：《从岳麓秦简"主市曹臣史"看秦汉市场管理机构》，《中国社会经济史研究》2018年第4期。

[4] 邬勖：《秦汉商业用地制度初探——以出土文献为中心》，《江苏社会科学》2015年第7期。

一 秦政府对市场的管理：从《芮盗卖公列地案》谈起

《芮盗卖公列地案》是处理因市场用地而发生纠纷的案件，为了论述方便，我们先将整个案例移录如下：

● 敢谳（谳）之：江陵言：公卒芮与大夫材共盖受棺列，吏后弗鼠（予）。芮买（卖）其分肆士五（伍）朵，地直（值）千，盖二百六十九钱。以论芮。二月辛未，大（太）守令曰：问：芮买（卖），与朵别贾（价）地，且吏自别直？别直以论状何如，勿庸报。鞫审，谳（谳）。● 视狱：十一月己丑，丞暨劾曰：闻主市曹臣史，隶臣更不当受列，受棺列，买（卖）。问论。● 更曰：芮、朵谓更：棺列旁有公空列，可受。欲受，亭佐驾不许芮、朵。更能受，共。更曰：若（诺）。更即自言驾，驾鼠（予）更。更等欲治盖相移，材争弗得。闻材后受。它如劾。● 材曰：巳（已）有棺列，不利。空列，故材列。十余岁时，王室置市府，夺材以为府。府罢，欲复受，弗得。乃往九月辤（辞）守感。感令亭贺曰：毋（无）争者鼠（予）材。走马喜争，贺即不鼠（予）材。材私与喜谋，喜故有棺列，勿争。材巳（已）治盖，喜欲，与喜□贸。喜曰：可。材弗言贺，即擅窃治盖，以为肆。未歓（就），芮谓材：与芮共。不共，且辤（辞）争。材詑【……喜】（缺简）辞（辞）贺，贺不鼠（予）材、芮，将材、芮、喜言感曰：皆故有棺肆，弗鼠（予），擅治盖相争。感曰：勿鼠（予）。材……材□□□芮□□欲居，材曰：不可。须芮来。朵即弗敢居。它如更。● 芮曰：空列地便利，利与材共。喜争，芮乃智（知）材弗得，弗敢居。乃十一月欲与人共渔，毋（无）钱。朵子士五（伍）方贩棺其列下，芮利买（卖）所共盖公地，卒（？）又（？）盖□□□□与材共□□□芮分方曰：欲即并贾（价）地、盖千四百。方前顾（雇）芮千，巳（已）尽用钱买渔具。后念悔，恐发觉有辠（罪）。欲益贾（价）令方勿取，即枉

（诖）谓方曰：贱！令二千。二千弗取，环（还）方钱。方曰：贵！弗取，芮毋（无）钱环（还）。居三日，朵责，与期：五日备赏（偿）钱，不赏（偿），朵以故贾（价）取肆。朵曰：若（诺）。即弗环（还）钱，去往 [•] 渔。得。它如材、更。• 方曰：朵不存，买芮肆。芮后益贾（价），弗取。责钱，不得。不得居肆。芮母索后环（还）二百钱，未备八百。它及朵言如芮、材。• 驾言如更。• 贺曰：材、喜、芮妻伂皆巳（已）受棺列，不当重受。它及喜言如材、芮。• 索言如方。• 诘芮：芮后智（知）材不得受列，弗敢居，是公列地殴（也）。可（何）故给方曰巳（已）受，盗买（卖）于方？巳（已）尽用钱，后挠益贾（价），欲令勿取；方弗取，有（又）弗环（还）钱，去往渔，是即盗给人买（卖）公列地，非令。且以盗论芮，芮可（何）以解？芮曰：诚弗受。朵姊孙故为兄妻，有子。兄死，孙尚存。以方、朵终不告芮，芮即给买（卖）方；巳（已）用钱，毋（无）以赏（偿）。上即以芮盗买（卖）公地，辠（罪）芮，芮毋（无）以避。毋（无）它解。它如前。• 狱史猪曰：芮、方并贾（价），猪以芮不【……问：……费六百】（缺简）九钱，买（卖）分四百卅（三十）五尺，直（值）千钱。它如辝（辞）。• 鞫之：芮不得受列，擅盖治公地，费六百九钱，□……地积（?）四百卅（三十）五尺，……千四百，巳（已）受千钱，尽用。后环（还）二百。地臧（赃）直（值）千钱。得。狱巳（已）断，令黥芮为城旦，未□□□□□。敢谳（谳）之。①

这一案件的大致情形是：芮将与材非法占有市场中的棺列，私自卖与方，后因反悔而发生官司。其主体内容皆和秦时国家市场管理政策法规相关，从中我们可以归纳出如下几点：

首先：市场土地的所有权归属国家，"• 材曰：巳（已）有棺列，不利。空列，故材列。十余岁时，王室置市府，夺材以为府。府罢，欲复受，

---

① 朱汉民、陈松长主编：《岳麓书院藏秦简》（叁），第129—137页。

弗得。乃往九月辟（辞）守感。感令亭贺曰：毋（无）争者鼠（予）材"。王室，根据里耶简 8-455 号简，秦改制后称为县官，即政府。① 它可以对市场用地予取予夺。公家设置"市府"，就可以褫夺已经分配给材的这块棺列，当材需要重新取得这块土地时，却要经过一定的程序和规则，这自然是以市场用地的国有制为基础。这种土地国有制度也和中国早期土地所有制度演化史相符。②

其次，正是因为市场土地国有的法理基础，使得国家也就拥有了对这类土地出让、分配权力，制订这类土地的收受规则。"棺列旁有公空列，可受"，即政府具有出让市场空地的权力。所谓"可受"，"受"字的含义与《二年律令》中受田的含义一致，按照一定条件授予土地。③ 这些设定的条件，在案例中也可以看出来：一是接收人的身份应为平民，比如材为大夫，芮为公卒。而更虽然也曾试图领受空列，并且名义上也得到了这块地，但是从"视狱"这个环节看，因为更的身份是"隶臣"，所以"不当受列"。他能够受列是因为胥吏亭佐驾操作失误所致。二是受列者不能重复接受，"贺不鼠（予）材、芮，将材、芮、喜言感曰：皆故有棺肆，弗鼠（予）"。三是这种收授以户为单位计算，因为芮"故有棺肆"，似乎因为"芮妻佞皆已（已）受棺列，不当重受"，因而失去资格。但这种限制似仅限于在同一行业内不能重复接受。在同书案例《识劫娩案》中，提到"娩有市布肆一、舍客室一"④，若兼营多种行业则可。

第三，商户能够从政府接受土地，可以有赠予等部分处置权力。比如《识劫娩案》中，"公士识劫娩曰：以肆、室鼠（予）识，不鼠（予）识，识且告娩匿訾（赀）"⑤。本案虽然是识胁迫娩，要求赠予肆和舍，若抛开强迫这一点看，娩将"肆和舍"赠给识就是合法的。这种处理的权力甚至也包

---

① 张春龙、龙京沙：《湘西里耶秦简 8-455 号》，武汉大学简帛研究中心主办：《简帛》（第四辑），上海古籍出版社 2009 年版。
② 从里耶秦简情况看，秦代既有分授给农民的土地，也有直接控制的公田，详见本书下编第八章《地方公田及其管理》。
③ 整理者认为此处的"受"是承租。朱汉民、陈松长主编：《岳麓书院藏秦简》（叁），第 137 页。但从同书案例〇七《识劫娩案》的例子看，这类用地可以转卖、赠予，认为"受"是承租可商。
④ 朱汉民、陈松长主编：《岳麓书院藏秦简》（叁），第 153 页。
⑤ 朱汉民、陈松长主编：《岳麓书院藏秦简》（叁），第 153 页。

括转卖。本案的主要内容就是围绕着商铺的买卖,即为明证。但是,这种买卖也有条件限制,一是政府要干预定价,"芮买(卖),与朵别贾(价)地,且吏自别直"?这句话说明,即便买卖双方同意,政府也要给出参考定价,由市曹掌管。这同样是土地国有这个基础决定的。

第四,政府对商业用地有规划的权力。秦汉时期商品交换经济比较发达,商品种类繁多,黄今言曾据《睡虎地秦墓竹简》梳理出秦代商品的种类。[①] 此外,从文献记载看,还有沽酒、[②] 狗屠、[③] 贩缯、[④] 武器等[⑤]。秦代政府就需要做出相应的规划,刘景纯说:"市内门店按门类排列,成为'列肆',百工居肆,其中有官府的,也有私营的。'列肆'内的私营工商业者编入市籍,建立五户一组,互相监督的列伍制,设有列长负责监督不法行为。"[⑥] 高维刚也认为:"因市场内的销售商品都分类陈列在一排排的市肆内,故人们有称之为'市列'"或'列肆'。"[⑦] 朱德贵对列、肆有更详细的考证[⑧]。本案例起首即言"江陵言:公卒芮与大夫材共盖受棺列",注释说:"列为官府所区划的一块地,肆则是承租者所'治盖'的店铺。"[⑨] 这也提供了一个直接例证。也就是说,按照所售商品种类不同,划分成不同区域,集中管理。

以上这个案例体现的是对市肆土地的管理。除此以外,市场秩序同样也要置于政府管控之下。这在睡虎地秦简记述的相关律文中有所反映。《秦律十八种·金布律》:"贾市居死〈列〉者及官府之吏,毋敢择行钱、布;择行钱、布者,列伍长弗告,吏循之不谨,皆有辠(罪)。"[⑩] 所谓行钱,吴荣

---

① 黄今言:《云梦竹简所见秦的商品交换与市场管理》,雷依群、徐卫民主编:《秦都咸阳与秦文化研究——秦文化学术研讨会论文集》,陕西人民教育出版社2001年版。
② 《汉书》卷37《栾布传》:"彭越为家人时,尝与布游,穷困,卖庸于齐,为酒家保。"
③ 《汉书》卷41《樊哙传》:"樊哙,沛人也,以屠狗为事。"
④ 《汉书》卷41《灌婴传》:"灌婴,睢阳贩缯者也。"
⑤ 如《岳麓书院藏秦简》(叁)案例一〇《魏盗杀安、宜等案》:"讯魏口:魏亡,安取钱以补袍及买鞞刀? 魏曰:庸(佣)取钱。"
⑥ 刘景纯:《秦市场发展述论》,《唐都学刊》1994年第3期。
⑦ 高维刚:《秦汉市场研究》,第195页。
⑧ 朱德贵:《岳麓秦简奏谳文书商业问题新证》,《社会科学》2014年第11期。
⑨ 朱汉民、陈松长主编:《岳麓书院藏秦简》(叁),第138页。
⑩ 陈伟主编:《秦简牍合集·释文注释修订本(壹、贰)》,第85页。

曾认为是质次的铜钱。① 政府对市场通行货币做出规定，并以告诘、追责官吏等手段加以保障，目的是为了保证市场平稳、有序运行。同样在《金布律》中，也有与市场秩序管理相关的内容："有买及买（卖）殹（也），各婴其贾（价）；小物不能各一钱者，勿婴。"② 所售商品要明码标价，是商品交易的一个细节问题。即便如此，也被载入了相关法规中。虽然这两条记载不是秦代国家对商业管理的全部内容，但管中窥豹，对商品流通领域中的细节都给出如此细致规定，亦可推想国家对市场控制是何等严密。类似规定似乎也的确有了效果，并为汉代所效法。故在其后不久的张家山汉简中，对市场管理也有类似的规定。比如张家山汉墓竹简《二年律令·□市律》："贩卖缯布幅不盈二尺二寸者，没入之。能捕告者，以畀之。绨绪、缟繙、纔缘、朱缕、纍（罽）、缙布、縠（縠）、荃蒌，不用此律。"③ 对缯布规格做出规定，而其他丝织品则否，是因为缯布此时充当一般等价物，即货币的功能。不仅如此，在张家山汉简中也有和行钱紧密相关的规定。《张家山汉墓竹简·二年律令·钱律》："钱径十分寸八以上，虽缺铄，文章颇可智（知），而非殊折及铅钱也，皆为行钱。金不青赤者，为行金。敢择不取行钱、金者，罚金四两。"④

从本章开头我们所举的案例看，秦代国家也设置了相应的职官来管理市场，其中出现最多的是亭，文中有亭长和亭佐。对于亭这一机构兼负市场管理的职能，裘锡圭据秦陶文和秦印的材料指出："市"和"亭"大概是并列的。亭啬夫既然兼管市务，而市务又比较重要，所以有时就在亭啬夫印里加上"市"字，表明他兼管亭、市二者。有可能在当时亭啬夫就可以叫市亭啬夫。"⑤ 刘景纯指出了其具体职能：一是防止盗贼，维持治安；二是管理

---

① 吴荣曾：《秦汉时的行钱》，《中国钱币》2003年第3期。
② 陈伟主编：《秦简牍合集·释文注释修订本（壹、贰）》，第86页。
③ 张家山二四七号汉墓竹简整理小组编著：《张家山汉墓竹简〔二四七号墓〕》（释文修订本），第44页。
④ 张家山二四七号汉墓竹简整理小组编著：《张家山汉墓竹简〔二四七号墓〕》（释文修订本），第35页。
⑤ 裘锡圭：《啬夫初探》，《裘锡圭学术文集·古代历史、思想、民俗卷》，复旦大学出版社2012年版。高维刚也有类似看法，并进一步认为从郡县到农村的市场皆有亭管理市场，参见高维刚《秦汉市场研究》，第109—114页。

市场，征收赋税。① 朱德贵则认为亭管理市场的职责包括处理商业纠纷、管理店铺的承租权并直接受太守领导。② 从前面征引的岳麓书院秦简看，亭对市场管理似乎更侧重对市场用地及其上店铺的管理，即使是处理商业纠纷，也是和市场用地的使用权有关。之所以如此，大约可以从亭具有管辖区域、部界角度着眼。本案例中的主市曹也主管市场事务。和亭长、亭佐相比，他对市场的管理更侧重政策层面，而非直接面对市场。郭洪伯曾将秦和汉初的基层行政机构分成稗官和诸曹两类，这些列曹负责沟通长吏与职能部门（稗官）、监督和审查职能部门等事务。③

市场内按照行业分成列，从张家山汉简材料看，每一列中似乎也有相关管理者，即列长、伍人等。《张家山汉墓竹简·二年律令·□市律》："市贩匿不自占租，坐所匿租臧（赃）为盗，没入其所贩卖及贾钱县官，夺之列。列长、伍人弗告，罚金各一斤。啬夫、吏主者弗得，罚金各二两。"④ 伍人、列长当是承袭战国、秦代以来为加强中央集权而采取的什伍相坐传统。⑤ 这类人和居民组织中的伍长等相似，来源于列中，而非单独设立的职官。

还应该注意到，秦代虽然设有专门的市场，政府也施之以严密的管理措施。但在这类专门市场之外，同样也存在着买卖交易活动，《岳麓书院藏秦简》中记录了两个实例：

叔冢者锡。到舍，达巳（已）分锡。达谓敞：巳（已）到前，不得锡。今冢中尚有器，器巳（已）出，买（卖）敞所。⑥

䩌诚以旬余时，以二钱买不智（知）可（何）官城旦敞赤帬（群）襦，以縢盛。⑦

---

① 刘景纯：《秦市场发展述论》，《唐都学刊》1994年第3期。
② 朱德贵：《岳麓秦简奏谳文书商业问题新证》，《社会科学》2014年第11期。
③ 郭洪伯：《稗官与诸曹——秦汉基层机构的部门设置》，卜宪群、杨振红主编：《简帛研究》（二〇一三），广西师范大学出版社2014年版。
④ 张家山二四七号汉墓竹简整理小组编著：《张家山汉墓竹简〔二四七号墓〕》（释文修订本），第44—45页。
⑤ 沈刚：《张家山汉简所见基层官吏述略（五则）》，湖南省博物馆主编：《湖南博物馆馆刊》（第三辑），岳麓书社2006年版。
⑥ 朱汉民、陈松长主编：《岳麓书院藏秦简》（叁）案例〇三《猩、敞知盗分赃案》，第123页。
⑦ 朱汉民、陈松长主编：《岳麓书院藏秦简》（叁）案例一〇《䩌盗杀安、宜案》，第188页。

前一条是出卖盗发冢所得铜器，后一条则是嫌犯买刑徒衣物，从常理推测也不会在专门市场公开买卖。但这种市场之外的交易应非常见，一则因为所卖皆非常用商品，或者是非法交易；① 二则因为国家对市场管理，其直接目的是为了保障市场有序运行，但从深层角度看，也有加强社会控制的考虑。因而也会严后打击游离于市场之外的交易。《岳麓书院藏秦简》（肆）有一条律文：

　　·金布律曰：市衡术者，没入其卖殹（也）于县官，吏循行弗得，赀一循〈盾〉。县官有卖殹（也），不用此律。有贩殹（也），旬以上必于市，不者令续〈赎〉罢（迁），没入其所贩及贾钱于县官。典、老、伍人见及或告之而弗告，赀二甲。有能捕告赎罢（迁）皋一人，购金一两。⌐卖瓦土墼（墼）粪者，得贩卖室中舍中，租如律令。②

这条律文没有主语，但是后面有"县官有卖也，不用此律"字样看，应该是指官府所对应的一般百姓。也就是说，除了官府之外，其他人不能在街道随意买卖，特别是超过十天的，一定要到市场上，对于不得不在私下交易的，也要缴纳市租。

二　政府与市场的关系

　　上一节所举关于市场商铺用地买卖纠纷的案件，反映出当时市场已经普遍存在。这固然是当时商品交换经济发达的反映。同时市场管理政策、法律又如此繁密，也体现出集权体制下，国家权力对基层社会的渗透。政府对市场如此感兴趣，除了政治上的考量，也有经济方面的现实需要。

　　市场可以为政府提供稳定的租税收入，即所谓"市租"。新出秦简中虽

---

① 居延新简中记载了东汉初年询问是否有盗卖发冢物为违法的记录："建武六年七月戊戌朔乙卯甲渠鄣守候　敢言之府移大将军莫府书曰奸黠吏/民坐使宾客私铸钱薄不如法度及盗发冢公卖衣物于都市虽知莫谴苛百姓患苦之。"（EPF22：38A）张德芳主编：《居延新简集释》（七），第433页。
② 陈松长主编：《岳麓书院藏秦简》（肆），第109页。

未明确提出征收"市租",但可以借诸邻近时代的文献推测出来。战国时期,已经出现"市租",《史记·冯唐列传》:"李牧为赵将居边,军市之租皆自用飨士。"① 具体到秦国,《商君书·垦令》:"市利之租必重。"② 即在我们所举秦简所处时代之前。无论是战国的普遍情况还是秦国的特殊情形,都记录了市租的存在。张家山汉简中有《金布律》,其中有:"官为作务、市及受租、质钱,皆为缿,封以令、丞印而入,与参辨券之,辄入钱缿中,上中辨其廷。"③ 如前所言,张家山汉简所记述的市场形态和岳麓书院藏秦简记载十分相似,因而在管理形式上应该差异不大。汉代前期,城市市场的市租征收亦见诸史籍,《汉书·主父偃传》:"齐临菑十万户,市租千金。"④ 现有资料并没有描述市租征收形式及税率,黄今言曾分析了汉代的情形,可参考。⑤

除征收租税以外,政府也直接参与到商品买卖当中,使其和市场紧密地结合在一起。国家虽然以集权的方式控制、甚至垄断了大批物资资源,但在行政活动中,仍然需要从市场上补充相关商品。在里耶秦简中,有几条政府采购的资料:

卅一年十月乙酉朔朔日,贰春乡守☒Ⅰ 大奴一直(值)钱四千三百。☒Ⅱ 小奴一人直(值)钱二千五百。☒Ⅲ ·凡直(值)钱六千八百。☒Ⅳ 8-1287⑥

这是贰春乡长官上报所购奴隶的数量和金额,按照当时法律是每月朔日必须汇报的工作,如下面两支简所言:

---

① 《史记》卷102《冯唐列传》(点校本二十四史修订本),第3337页。
② 高亨注译:《商君书注译》,第167页。
③ 张家山二四七号汉墓竹简整理小组编著:《张家山汉墓竹简〔二四七号墓〕》(释文修订本),第67页。
④ 《汉书》卷38《高五王传》,第2000页。
⑤ 黄今言:《秦汉末业税问题探讨》,收入其著《秦汉经济史论考》,中国社会科学出版社2000年版。
⑥ 陈伟主编:《里耶秦简牍校释》(第一卷),第306—307页。

卅三年二月壬寅朔朔日，迁陵守丞都敢言之：令曰恒以Ⅰ朔日上所买徒
隶数。·问之，毋当令者，敢言之。Ⅱ8－154
二月壬寅水十一刻刻下二，邮人得行。圂手。8－154背①
卅二年九月甲戌朔朔日，迁陵守丞都敢☐Ⅰ以朔日上所买徒隶数守府。
·问☐Ⅱ敢言之。☐Ⅲ8－664＋8－1053＋8－2167
九月甲戌旦食时，邮人辰行。☐8－664背＋8－1053背＋8－2167背②

每月初一上报购买徒隶事，说明此事频繁发生，而购买徒隶，只会来源于民间市场，在政府内部为调拨。虽然政府控制了大量劳动力资源，但从市场上购买奴隶也是重要的补充形式。

地方政府为了完成特殊的赋税征收，也要从市场上购买一些特殊物品。比如里耶秦简8－1662："☐【买】白翰羽☐Ⅰ☐【沅】以北【到】☐Ⅱ☐邮行☐Ⅲ。"③ 地方政府上交白翰羽主要是供制作箭羽之用，通常通过"捕羽"来提供，但若完不成缴纳任务，也需从市场购买。④

商品交换经济对政府的功用而言，不仅体现在为政府补充资源，反过来政府的剩余物资也需要通过市场变卖，获取经济收益。里耶秦简记载了对畜官这一机构的考课项目：

畜官课志：AⅠ徒隶牧畜死负、剥卖课，AⅡ徒隶牧畜畜死不请课，AⅢ马产子课，AⅣ畜牛死亡课，BⅠ畜牛产子课，BⅡ畜羊死亡课，BⅢ畜羊产子课。BⅣ·凡八课。BⅤ8－490＋8－501⑤

与我们讨论题目相关的是第一条"徒隶牧畜死负、剥卖课"，所谓"死负、剥卖"，就是出卖牲口筋、角、皮毛等畜产品。既然是畜官考课的重要内容，说明这是一种常态。法律上对于"剥卖"畜产品也有细致的操作规定，睡

---

① 陈伟主编：《里耶秦简牍校释》（第一卷），第93页。
② 陈伟主编：《里耶秦简牍校释》（第一卷），第197页。
③ 陈伟主编：《里耶秦简牍校释》（第一卷），第374页。
④ 详见本书下编第七章《贡赋之间："羽"赋的性质》。
⑤ 陈伟主编：《里耶秦简牍校释》（第一卷），第168页。

虎地秦简《秦律十八种·厩苑律》：

> 将牧公马牛，马〖牛〗死者，亟谒死所县，县亟诊而入之，其入之其弗亟而令败者，令以其未败直（值）赏（偿）之。……其乘服公马牛亡马者而死县，县诊而杂买（卖）其肉，即入其筋、革、角，及素（索）入其贾（价）钱。钱少律者，令其人备之而告官，官告马牛县出之。①

对于死掉的国有马牛等牲畜，要及时出卖，防止腐烂贬值。乘服马牛死在途中，则就近分割出卖。并且规定出卖的价格，这些都是保证将政府的损失减少到最低，从一方面也反映了秦代商品交换经济比较发达，市场分布比较密集。

先秦秦汉时期祠祀活动比较普遍，并且也受到统治者重视，祭品丰厚。对于祭品的处理方式，先秦时期官方以"赐胙"将祭品分给下一级贵族，完成带有政治目的的仪式。秦代则是出售祭品，在里耶秦简中有两组表现出售胙食的简，一组见于《里耶秦简》[壹]，时间为"卅五年六月戊午朔己巳"，一组是张春龙先期公布的，时间为"卅二年三月丁丑朔丙申"，②列成表格（参见表11）。

表格中的两组简，售卖祭品的时间分别集中在两天，为库或仓同一机构同一天出卖祭品，说明为祭祀完毕后统一售卖，估计时间也不会间隔太久。经手人除了库或仓的主官和佐官外，还要令史视平。所谓"视平"和"监"，《里耶秦简牍校释》（第一卷）云："或省作'视'、或省作'平'，同样场合有时也用'监'字，疑'视'或'平'"与'监'字含义类似，指督看，以保证公平。"③这里需要强调的是，在国家祭祀很普遍的形势下，售卖酒肉等祭品是保障其经济利益的一种现实选择。这也是以较为发达的商品经济为前提。

---

① 陈伟主编：《秦简牍合集·释文注释修订本（壹、贰）》，第52页。
② 张春龙：《里耶秦简祠先农、祠覡和祠隄校券》，武汉大学简帛研究中心主办：《简帛》（第二辑），上海古籍出版社2007年版。
③ 陈伟主编：《里耶秦简牍校释》（第一卷），第40页。

表11 里耶秦简出卖祭品表

时间	经办人	出卖祭品种类	出卖对象	价格	编号
卅五年六月戊午朔己巳	库建、佐般出卖；			率之斗二钱	8-845
……己巳	库建、佐般出卖；令史歊监				8-847
卅五年六月戊午朔己巳	库建、佐般出卖；令史歊监	祠餕余彻酒二斗八升		率之斗二钱	8-907+8-923+8-1422
卅五年六月戊午朔己巳	库建、佐般出卖；令史歊监	祠餕……			8-993
卅五年六月戊午朔己巳	库建、佐般出卖；令史歊监	祠餕……—胸	隶臣徐	所取钱一	8-1002+8-1091
卅五年六月戊午朔己巳	库建、佐般出卖；令史歊监	祠餕余彻脯一胸		所取钱一	8-1055+8-1579
卅二年三月丁丑朔丙申	仓是佐狗	出祠先衣余彻羊头一足四	城旦赫	取钱四……	13(14)300,764
		……头一足四	城旦赫	取钱四衞之头一二钱足口钱	14(14)641
卅二年三月丁丑朔丙申	仓是佐狗	出祠先衣余彻肉二斗			15(14)675
卅二年三月丁丑朔丙申	仓是佐狗	出祠先衣余彻肉二斗			16(15)490
卅二年三月丁丑朔丙申	仓是佐狗	出祠先衣余彻肉汁二斗	大……		17(14)654
卅二年三月丙申	仓是佐狗	出祠先衣余彻肉汁二斗	城旦口		18(15)480
卅二年三月丁丑朔丙申	仓是佐狗	出祠先衣余彻食七斗			19(14)66
卅二年三月丁丑朔丙申	仓是佐狗	出祠先衣余彻食七……			20(14)719
卅二年三月丁丑朔丙申	仓是佐狗	出祠[先]衣余彻酒一斗半斗	城旦取	取钱一衞之一斗一钱	21(14)650,652
卅二年三月丁丑朔丙申	仓是佐狗	出祠[先]衣余彻酒一斗半斗	城旦取	取钱一衞之一斗一钱	22(14)698,(15)595,(14)473
卅二年三月丁丑朔丙申	仓是佐狗	出祠[先]衣余彻豚肉一斗半斗	城旦赫	取钱四衞之斗二钱	23(14)649,679
卅二年三月丁丑朔丙申	令史尚视平			取钱四衞之斗二钱	24(14)21
卅二年三月丁丑朔丙申	令史尚视平		城旦文	取钱四衞之斗二钱	25(14)23
卅二年三月丁丑朔丙申	仓是佐狗	祠餕先衣余彻			26(14)685
卅二年三月丁丑朔丙申	仓是佐狗				14—375

三 秦代国家商人政策辨析

　　传世文献中记载秦代国家对待商人态度存在着一个悖论：既有国家重视商人，如褒奖乌氏倮、寡妇清这类大商人的记载，且有自东周开始逐渐发展起来的商品交换经济传统并未中断的宏观描述。然而在"七科谪"中，七种贱民身份却有四种和商人相关。对于这种矛盾，也有学者试图加以弥合。如崔向东认为，奖励乌氏倮是因为目的在于笼络他，避免他与戎王相勾结，有利于北方的安定。奖励巴寡妇清在于为天下贞洁树立榜样。这都是个案，"不能依此来断定秦始皇尊奖所有的私人工商业者，鼓励私人工商业的发展，也不能以此断定秦始皇的工商政策前后发生了改变"[1]。在秦与汉初的简牍中，也有几条关于商人的资料。里耶秦简简8-466："城父繁阳士五（伍）枯取（娶）贾人子为妻，戍四岁☒"[2] 注释者认为：因娶贾人之女为妻而戍四岁，应是当时法律规定。我们注意到在七科谪这七类人中，有多半是和商人有关，其主旨是对商人阶层的打击。简文当中虽然没有提到对娶贾人子的贬谪，士五枯"戍四岁"原因却源于此。将娶贾人子和七科谪联系起来是合理的，这可以视为七科谪政策的延伸形式。在张家山汉简中，也有对商人的特殊惩罚措施。《张家山汉墓竹简·二年律令·徭律》："市垣道桥，命市人不敬者为之。"[3] 这里提到从事苦役的群体，特别指出要用"市人不敬者"，这一法律规定亦非凭空而来，应该是承袭于秦代歧视商人的政策。这种政策取向似乎也烙刻在秦人的观念里，睡虎地秦简《日书》甲种有"庚寅生子，女为贾"。《日书》为当时日常生活中通行的择日文献，它特别强调特定日子所生女子为商贾，说明了商贾社会身份的特殊性。

　　《岳麓书院藏秦简》（肆）中有一条专门针对商人的律文：

---

[1] 崔向东：《秦始皇尊奖乌氏倮和巴寡妇清动因探析》，秦始皇兵马俑博物馆编：《秦文化论丛》（第九辑），西北大学出版社2002年版。
[2] 陈伟主编：《里耶秦简牍校释》（第一卷），第161页。
[3] 张家山二四七号汉墓竹简整理小组编著：《张家山汉墓竹简〔二四七号墓〕》（释文修订本），第64页。

及禁贾人毋得以牡马、牝马五尺五寸以上者载以贾市及为人就（僦）载，犯令者，皆赀各二甲，没入马县官。①

对商人从事买卖、运载活动处处掣肘，也是一种打压的表现。市场中商人也用特定的名词来表示，即"市人"。里耶秦简简6-14有："☐华令佐利讯市人，市人不到二、三☐Ⅰ☐【六】人，它如前☐Ⅱ。"② 行文至此，我们再看文献中貌似矛盾的记载。乌氏倮和寡妇清出现在《史记·货殖列传》，通过整篇传记看，司马迁是在描述春秋以至汉代前期商品经济活跃的历史事实，讴歌商人及其商业活动，秦代的这两位商人自然会嵌入这个商业发展的时代序列中。其境遇具有一定的偶然性。这并不影响秦代国家对商人政策的取向，奖励耕战是商鞅以来秦国国力强大、吞并其他国家的基础。因而尽管政府离不开市场，但也仅仅将其作为保障国家收益的一个工具，绝不会因此而提高商人地位，造成社会风气转向，使之冲击早已塑造起来、深入人心的耕战政策传统。

---

① 陈松长主编：《岳麓书院藏秦简》（肆），第110页。
② 陈伟主编：《里耶秦简牍校释》（第一卷），第22页。

第十一章
祠先农制度及其流变

先农是中国古代祭祀的重要农事生产神灵之一，传世文献记载最早见于汉代。里耶秦简中也出现了一组"祠先农"内容的简牍。材料甫一公布，就引起了学界的极大兴趣，多位学者结合周家台秦简中的材料对其进行了讨论。我们择其要者，略述之如下：张春龙最早将里耶秦简中的祠先农简进行了分类；① 接着彭浩对这批简牍做出了更为详尽的解析；② 王贵元则对周家台秦简祠先农简中的关键词进行了训诂和考证；③ 史志龙从腊祭时间和内涵、祭品及其处理方式、先农与稷的关系等角度通盘探讨了秦简中"祠先农"问题。④ 除了从整体上对先农简进行研究之外，还有一些学者从另外的视角来考察祠先农问题：曹旅宁在讨论秦简中祠律问题时论及先农神的渊源关系；⑤ 宋艳萍将这批材料和汉代的记载联系起来，认为祠先农的规格天子为一太牢，地方官府为"少牢"，认为"秦代'祠先农'有一套固定的制度"；⑥ 田旭东对传世文献中有关先秦两汉时期祭先农的记载和秦简中祠先

---

① 张春龙：《里耶秦简祠先农、祠窨和祠隄校券》，武汉大学简帛研究中心主办：《简帛》（第二辑），上海古籍出版社2007年版。
② 彭浩：《读里耶"祠先农"简》，中国文物研究所编：《出土文献研究》（第八辑），上海古籍出版社2007年版。
③ 王贵元：《周家台秦墓简牍释读补正》，《考古》2009年第2期。
④ 史志龙：《秦"祠先农"简再探》，武汉大学简帛研究中心主办：《简帛》（第五辑），上海古籍出版社2010年版。
⑤ 曹旅宁：《里耶秦简〈祠律〉考述》，《史学月刊》2008年第8期。
⑥ 宋艳萍：《从秦简所见"祭"与"祠"窥析秦代地域文化——里耶秦简"祠先农"简引发的思考》，中国社会科学院考古研究所、中国社会科学院历史研究所、湖南省文物考古研究所编：《里耶古城·秦简与秦文化——中国里耶古城·秦简与秦文化国际学术研讨会论文集》，科学出版社2009年版。

农的内容进行了探讨。① 黄菊珍从先农、泰父和蜡、腊祭之间关系谈及周家台秦简中的先农神。② 宋超对先农作为神灵的身份进行了详细、周密的考证，认为从重农角度看，西汉时期先农和后稷之间有渊源关系，到了东汉时期"先农"的形象也就固定在"神农炎帝"的身上。③ 尹在硕对祠先农简牍的文本做了细致的解读，并认为这是迁陵县政府主管的公祠。④

这些研究无疑为更深入认识祠先农问题提供了坚实的基础，同时也因为材料较少，立论角度不同，彼此之间也存在着歧义，一些观点亦不无商榷之处。有鉴于此，我们从制度史角度，放诸更长的时段中来解读这些材料，提出一孔之见。

一　里耶秦简"祠先农"制度补说

先农祠祀，不见于先秦文献，目前所能见到最早纪年的相关文献是里耶秦简。为了论述方便，我们按照张春龙的整理次序，将其迻录如下，⑤ 然后根据这些内容进行分析：

1（14）4 ☐盐四分升一以祠先农。

2（15）451 ☐☐狗出盐四分升一以祠☐

3（14）62 ☐祠先农。是手。

4（14）639、762 卅二年三月丁丑朔丙申，仓是佐狗出羘一以祠先农。

---

① 田旭东：《从里耶秦简"祠先农"简看秦的祭祀活动》，中国社会科学院考古研究所、中国社会科学院历史研究所、湖南省文物考古研究所编：《里耶古城・秦简与秦文化——中国里耶古城・秦简与秦文化国际学术研讨会论文集》，科学出版社2009年版。

② 黄菊珍：《舍泰父而择先农——由〈关沮秦汉墓简牍〉看腊、蜡合一》，《咸阳师范学院学报》2009年第1期。

③ 宋超：《先农与神农炎帝——以里耶、周家台秦简为中心的讨论》，霍彦儒主编：《炎帝、姜炎文化与民生》，三秦出版社2010年版。

④ ［韩］尹在硕：《里耶秦简所见秦代县廷祭祀活动》，杜常顺、杨振红主编：《汉晋时期国家与社会论集》，广西师范大学出版社2016年版。

⑤ 张春龙：《里耶秦简祠先农、祠窖和祠隄校券》，武汉大学简帛研究中心主办：《简帛》（第二辑），上海古籍出版社2007年版。

5（14）286 卅二年三月丁丑朔丙申，仓是佐狗出羒一以祠☐

6（14）651 ☐以祠先农。

7（14）656、（15）434 卅二年三月丁丑朔丙申，仓是佐狗出黍米四斗以祠先农。

8（13）598 卅二年三月丁丑朔丙申，仓是佐狗出黍米四斗以祠☐

9（15）493 黍四斗。卅二年三月丙申☐

10（14）693 ☐祠先农。

11（14）748 ☐先农。

12（9）1545 ☐以祠先农。

☐监　唐手

13（14）300、764 卅二年三月丁丑朔丙申，仓是佐狗杂出祠先农余彻羊头一足四卖于城旦赫所，取钱四☐

14（14）641 ☐头一足四卖于城旦赫所，取钱四。衡之头一二钱，四足☐钱。令史尚视平。

15（14）675 卅二年三月丁丑朔丙申，仓是佐狗出祠先农余彻肉二斗卖☐

16（15）490 卅二年三月丁丑朔丙申，仓是佐狗出祠先农余彻肉二斗卖于大☐

17（14）654 卅二年三月丁丑朔丙申，仓是佐狗出祠［先］农余肉汁二斗卖于城旦☐所☐

18（15）480 卅二年三月丙申，仓是佐狗杂出祠先农余彻肉汁二斗☐

19（14）66 卅二年三月丁丑朔丙申，仓是佐狗出祠先农余彻食七斗卖☐

20（14）719 卅二年三月丁丑朔丙申，仓是佐狗杂出祠先农余彻食七☐

21（14）650、652 卅二年三月丁丑朔丙申，仓是佐狗出祠［先］农余彻酒一斗半斗卖于城旦最所，取钱一。衡之一斗半斗一钱。令史尚视平，狗手。

22（14）698、（15）595、（14）473 卅二年三月丁丑朔丙申，仓是佐狗出祠先农余彻酒一斗半斗卖于城旦最所，取钱一。衡之一斗半斗一钱。令史尚视平，狗手。

23（14）649、679 卅二年三月丁丑朔丙申，仓是佐狗出祠［先］农余彻豚肉一斗半斗卖于城旦赫所，取钱四。令史尚视平，狗手。

24（14）21 ☐取钱四。衡之斗二钱。令史尚视平，狗手。

25（14）23 ☐ 买 于城旦文所，取钱四。衡之斗二钱。令史尚视平，狗手。

26（14）685 卅二年三月丁丑朔丙申，仓是佐狗杂出祠 先 农 余 ☐

14——375 卅二年三月丁丑朔丙申，仓是佐狗杂出祠先农余彻☐

27（13）597 计卅二年以祠先农☐

28（15）511 卅二年三月丁丑朔丙申，仓☐

29（14）57 隶妾窑先农先农农农农农☐

张先生将其分为准备物品以供祭祀，祭祀结束后分胙，以及总结和习字简四类。按简文所示，祭品的出纳皆由仓来完成，具体由仓吏执行。由仓负责祭品的出纳，一方面是因为仓具有储藏功能，另一方面，仓还兼具一部分国家财政收支的职能。因为在上述各种祭品中，除了黍米能够肯定是仓储存外，其余牂、豚、酒等，从睡虎地秦简《仓律》看，没有发现它们与仓之间的关联。但里耶秦简的材料显示出这些祭品收支还是按照仓出纳制度来执行。按睡虎地秦简《秦律十八种·仓律》：

> 入禾仓，万石一积而比黎之为户。县啬夫若丞及仓、乡相杂以印之，而遗仓啬夫及离邑仓佐主稟者各一户以气（饩），自封印，皆辄出，余之索而更为发户。啬夫免，效者发，见杂封者，以隄（题）效之，而复杂封之，勿度县，唯仓自封印者是度县。出禾，非入者是出之，令度之，度之当隄（题），令出之。其不备，出者负之；其赢者，入之。[①]

这段话能看出，仓啬夫和仓佐掌官仓中粮食的收支，并且以一套严密的校验制度加以控制。这包括县仓和离邑仓，即乡所属仓。就粮食支出而言，在

[①] 陈伟主编：《秦简牍合集·释文注释修订本（壹、贰）》，第56页。

《里耶秦简》中有很多仓粮食支出的记录，基本的组合是仓啬夫、仓佐以及稟人。① 祭品支出则同时由仓啬夫和仓佐共同完成，同样也有令史监督，只是缺少了具体工作的稟人。和上述《里耶秦简》［壹］记载的制度稍有差异。其原因大约在于，这些祭品不同于普通的谷物，数量不多。

从里耶祠先农简看，祭品多出卖给城旦。田旭东认为卖的是分胙所余部分，城旦作为受刑的刑徒没有资格参加祠先农仪式，因而也就得不到祀典过后的分胙，只能出钱去买。② 彭浩、史志龙对此也持同样的意见。③ 不过，我们观察简文，还有一条不能忽视，即（15）490简，"大"字后面模糊不清，其身份不明。但在秦代能够和"大"连称的身份中并无刑徒，我们推测可能是"大男""大女"等，身份是平民。所以这种出卖祭品，很可能无关身份。

祭品的分配方式，先秦是分胙、秦则是出卖，两种性质截然不同。这种区分，和两个时代的社会政治背景紧密相关。周代是以分封制为基础的等级社会，在这种社会中，上一级贵族通过分食胙肉，可以起到凝聚人心、加强统治的作用，如《左传》僖公九年：王使宰孔赐齐侯胙，曰："天子有事于文、武，使孔赐伯舅胙。"杨伯峻注引许宗彦《鉴止水斋集文武世室考》云："宗庙胙肉，止分同姓。此赐齐侯者，宗庙孝先，一王之私祭，为同姓共此大宗者得以分胙。祖功宗德，天下之公祭，虽在异姓，被功德者同得赐胙也。"④ 而秦代的统治方式则是以郡县制度为基础的理性行政。在这种体制下，分胙功能已失去存在的意义，将胙食出卖才是合理的出路。因而，在这一意义上说，这种出卖胙食和周代礼制中的分胙完全不同。

其实，秦代将这些不易保管的肉品折成现钱充公，也是一贯的原则。比如睡虎地秦简《秦律十八种·厩苑律》：

---

① 详见本书中编第四章《县级政权的粮食廪给》。
② 田旭东：《从里耶秦简"祠先农"简看秦的祭祀活动》，中国社会科学院考古研究所、中国社会科学院历史研究所、湖南省文物考古研究所编：《里耶古城·秦简与秦文化——中国里耶古城·秦简与秦文化国际学术研讨会论文集》，科学出版社2009年版。
③ 彭浩：《读里耶"祠先农"简》，中国文物研究所编：《出土文献研究》（第八辑），上海古籍出版社2007年版；史志龙：《秦"祠先农"简再探》，武汉大学简帛研究中心主办：《简帛》（第五辑），上海古籍出版社2010年版。
④ 杨伯峻编著：《春秋左传注》，第326页。

将牧公马牛，马〚牛〛死者，亟谒死所县，县亟诊而入之，其入之其弗亟而令败者，令以其未败直（值）赏（偿）之。……其大厩、中厩、宫厩马牛殹（也），以其筋、革、角及其贾（价）钱效，其人诣其官。其乘服公马牛亡马者而死县，县诊而杂卖（卖）其肉，即入其筋、革、角，及索（索）入其贾（价）钱。钱少律者，令其人备之而告官，官告马牛县出之。①

放牧公家马牛，如果出现死亡，也要及时将其变现充公，且以一套严格的制度作保证。秦人出卖胙肉的目的也可以从这个角度来考虑。

祠先农完毕后，胙食出卖对象多为城旦，也和城旦的生存状况有着密切关系。从睡虎地秦简看，作为刑徒的城旦，实行严格口粮配给制度，睡虎地秦简《秦律十八种·仓律》有两条律文：

小城旦、隶臣作者，月禾一石半石；未能作者，月禾一石。②
城旦之垣及它事而劳与垣等者，旦半夕参；其守署及为它事者，参食之。其病者，称议食之，令吏主。城旦舂、舂司寇、白粲操土攻（功），参食之；不操土攻（功），以律食之。③

所谓小城旦，按照睡虎地秦简《秦律十八种·仓律》中规定"隶臣、城旦高不盈六尺五寸，隶妾、舂高不盈六尺二寸，皆为小"④，一石半是未成年人为官府劳作时所能领取的月份口粮数。而半、参，皆为量制单位，分别为半斗和三分之一斗，这是从事修筑城墙等高强度体力劳动才能够分得的口粮数，而一般强度劳动，则"以律从之"，揣摩上下文义，数量还要少一些。因而城旦食粮不足，需要有额外的补充。因此，他们也就成为胙食的主要买家。对刑徒减少口粮配给，并非秦代的特例，汉代也是如此。根据居延汉

---

① 陈伟主编：《秦简牍合集·释文注释修订本（壹、贰）》，第52—53页。
② 陈伟主编：《秦简牍合集·释文注释修订本（壹、贰）》，第72页。
③ 陈伟主编：《秦简牍合集·释文注释修订本（壹、贰）》，第79页。
④ 陈伟主编：《秦简牍合集·释文注释修订本（壹、贰）》，第72页。

简，在边地的弛刑徒，他们每月发放口粮只有二石九斗或三石，要少于同样承担戍守劳作任务的普通戍卒。①

我们从祠祀管理角度，对里耶简中的祠先农文本做出上述解读，它所反映的是地方政权在祠先农活动中对祭品出纳的静态记录。那么国家行政系统如何操作这一程序呢？目前所见秦代文献中找不到确切答案。不过，在居延新简中有一组汉代郡县祭祀社稷的记录，或可参考，我们择其要者录之如下：

建武五年八月甲辰朔戊申张掖居延城司马武以近秩次行都尉文书事以居延仓长印封丞邯告劝农掾
掾史尚谓官县以令秋祠社稷今择吉日如牒书到令丞循行谨修治社稷令鲜明令丞以下当　　　　　　EPF22:153A
掾阳兼守属习书佐博　　　　　　EPF22:153B
侍祠者斋戒务以谨敬鲜絜约省为故掾尚考察不以为意者辄言如律令
EPF22:154②

谢桂华对这一组简有一个解释："西北边塞的祠社稷，均是遵照皇帝律令规定进行的……届时，先由郡太守府或都尉府向所辖各候官和县廷，下达祠社稷的府书。郡太守或都尉府预先选择好斋戒和祠社稷的吉日。写在牒上，作为府书的附件同时下达……要求各候官和县廷以及各部巡视和修理社稷、使其鲜明。要求参加侍祠的候官和县令、丞以下吏员，届时提前两天斋戒，务必做到谨敬、鲜洁和约省。"③ 也就是说，县级单位的祠祀活动是由中央规定，具体细则由郡级单位制定。而作为祠祀活动的执行者，县（或候官）只是依制度行事。秦汉时代相近，体制相同，秦代县祠先农的程序应该也是遵循成例，这样的判断大致可以成立。

---

① 李天虹：《居延汉简簿籍分类研究》，第64页。
② 张德芳主编：《居延新简集释》（七），第468页。
③ 谢桂华：《西北汉简所见祠社稷考补》，收入其著《汉晋简牍论丛》，广西师范大学出版社2014年版。

二 祠先农制度确立的原因

讨论秦代祠先农问题,还有一条不可忽视的秦简材料:

> ●先农:以腊日,令女子之市买牛胙、市酒。过街,即行撵(拜),言曰:"人皆祠泰父,我独祠先农。"到囷下,为一席,东乡(向),三腏,以酒沃,祝曰:"某以壶露、牛胙,为先农除舍。先农笱(苟)令某禾多一邑,先农柜(恒)先泰父食。"①

对于这条材料,论者多将它和里耶简联系起来看。不过,我们认为,它和里耶简在内容上除了有先农这一相同名称外,二者关联度并不高。它所反映的是非制度性的民间信仰。因为"人皆祠泰父,我独祠先农",说明腊日祭祀泰父是常态,此时祠先农则为特例。从祭品看也与秦代县仓出祭品,按照礼制规定的少牢祭祀标准相差甚远,显得简单而草率。

另外,我们联系前后文义,可以看出这条简文记载的是祠祀者个人行为,和秦代作为制度的祠先农并没有太多关系。从这条材料伴出的历谱看,其时间比里耶简稍晚,因而这也能说明祠先农作为一种制度,虽然已经被政权认可并实施,但在民间社会仍和其他普通神灵一样,没有官方所赋予的神秘和庄重。

秦作为中央集权国家,在统一过程中要面临着新征服地区风俗殊异,这对集权体制是一个挑战,因而对风俗信仰的整合就成为其施政理念的必要组成部分。睡虎地秦简《语书》,就清楚表达了这一意愿:

> 廿年四月丙戌朔丁亥,南郡守腾谓县、道啬夫:古者,民各有乡俗,其所利及好恶不同,或不便于民,害于邦,是以圣王作为灋(法)度,以矫端民心,去其邪避(僻),除其恶俗。灋(法)律未足,民多诈巧,故后有间令下者。凡灋(法)律令者,以教道(导)民,去其淫

---

① 湖北省荆州市周梁玉桥遗址博物馆编:《关沮秦汉墓简牍》,第132页。

避（僻），除其恶俗，而使之之于为善殹（也）。今灋（法）律令已具矣，而吏民莫用，乡俗淫失（泆）之民不止，是以灋（废）主之明法殹（也），而长邪避（僻）淫失（泆）之民，甚害于邦，不便于民。故腾为是而修灋（法）令、田令及为间私方而下之，令吏明布，令吏民皆明智（知）之，毋巨（距）于罪。今灋（法）律令已布闻，吏【民】犯灋（法）为间私者不止，私好、乡俗之心不变，自从令、丞以下，智（知）而弗举论，是即明避主之明灋（法）殹（也），而养匿邪避（僻）之民。①

南郡本属楚地，所云"乡俗"是原楚地固有的风俗民情，是一个很宽泛的概念，既包括风俗，也包括精神层面的信仰活动。对执政者来说，后者对稳定统治的关系更大。所以对不符合统治者利益的"恶俗"要予以摒除，达到矫正民心之目的。但长期因袭而浸润于民心的习俗不是能被一条法令所能简单地加以整齐，因而守腾加以重申，并申饬其属县令、丞。

不仅如此，秦代也有专门针对民间信仰的法律条文：

"擅兴奇祠，赀二甲。"可（何）如为"奇"？王室所当祠固有矣，擅有鬼立（位）殹（也），为"奇"，它不为。②

按照当时的法律解释，祭祀超出王室规定的范围，皆为奇祠，擅兴奇祠要受到法律的惩处。所谓"王室祠"，按照彭浩解释，是经秦王（或国家）确立的神位。它不仅有王室自祀之神，也包括群臣和民间合法祭祀之神。③

三 祠先农在汉晋时期的流变

秦祠先农目前所见也只有上述秦简的寥寥记载。但在此之后，祠先农在

---

① 陈伟主编：《秦简牍合集·释文注释修订本（壹、贰）》，第29页。
② 陈伟主编：《秦简牍合集·释文注释修订本（壹、贰）》，第243页。
③ 彭浩：《睡虎地秦简"王室祠"与〈赏律〉考辨》，武汉大学简帛研究中心主办：《简帛》（第一辑），上海古籍出版社2006年版。

文献中的出现频次逐渐增多,并且开始呈现出体系化,条理逐渐清晰。我将两汉至两晋时期祠祀先农问题做一梳理,以此反观秦的情况。

西汉时期的祠先农情况见于《后汉书·祭祀志下》:

> 县邑常以乙未日祠先农于乙地,以丙戌日祠风伯于戌地,以己丑日祠雨师于丑地,用羊豕。①

这虽然是描写东汉祭祀先农,但是这一段之前有"汉兴八年,有言周兴而邑立后稷之祀,于是高帝令天下立灵星祠。言祠后稷而谓之灵星者,以后稷又配食星也"。从上下文义看,这是承前省略了时间。且从常理判断,秦时已经存在的县邑祠先农,不能在西汉中断而到了东汉时重新实行,所以可以肯定这也是西汉时期的制度。和秦相比,二者祭品规格也相同,都是以"羊豕"为主的少牢,只是时间稍异,大概和所颁行历法不同有关。

还可以注意到,这段话并没有提及中央是否祭祀先农,田旭东根据卫宏《汉旧仪》记载,认为在西汉时期就已经立坛祠先农了。②但我们意见与之向左。因为《后汉书·祭祀志》记载汉初开始祭祀农神,只是将后稷配食灵星,如果先农进入中央祭祀系统中,作为最为系统记述汉代礼制的《后汉书·祭祀志》,不可能置之不顾。③由此我们反推秦代情况,似可以认为,秦时祭祀先农也仅限于县邑。

东汉时期祭祀先农的记载比较丰富,其中最大的变化就是它已进入中央祭祀体系中。明帝永平四年,诏曰:"朕亲耕藉田,以祈农事。京师冬无宿雪,春不燠沭,烦劳群司,积精祷求。而比再得时雨,宿麦润泽,其赐公卿半奉。有司勉遵时政,务平刑罚。"所谓"以祈农事",李贤注认为就是告祠先农,并引《汉旧仪》曰:"先农即神农炎帝也。祠以太牢,百官皆

---

① 《后汉书》志第9《祭祀志下》,第3204页。
② 田旭东:《从里耶秦简"祠先农"简看秦的祭祀活动》,中国社会科学院考古研究所、中国社会科学院历史研究所、湖南省文物考古研究所编:《里耶古城·秦简与秦文化——中国里耶古城·秦简与秦文化国际学术研讨会论文集》,科学出版社2009年版。
③ 宋超也持有相同的看法,但未作具体论证。参见宋超《先农与神农炎帝——以里耶、周家台秦简为中心的讨论》,霍彦儒主编《炎帝、姜炎文化与民生》,三秦出版社2010年版。

从。"① 祭祀的规格要高于县邑的少牢。在《后汉书·礼仪志上》里面记录了祠先农的仪轨：

> 正月始耕。昼漏上水初纳，执事告祠先农，已享。耕时，有司请行事，就耕位，天子、三公、九卿、诸侯、百官以次耕，力田种各耰讫，有司告事毕。②

祠先农仪式和籍田礼联系在一起，在籍田礼前举行告祠先农的礼仪。在东汉统治者看来，祠先农和躬耕籍田是密切相关的。耕籍田目的是劝课农桑，向天下百姓昭示重视农业生产，起到示范意义。祠先农则向主管农业生产的先农（神农炎帝）祈求丰收，这些都是中国古代社会中，统治者重视农业的表现。

在常态礼仪下二者同时进行。不过，特殊情形下也有变通形式。《后汉书·黄琼传》：

> 自帝即位以后，不行籍田之礼。琼以国之大典不宜久废，上疏奏曰："……今庙祀适阕，而祈谷洁斋之事，近在明日。臣恐左右之心，不欲屡动圣躬，以为亲耕之礼，可得而废。臣闻先王制典，籍田有日，司徒咸戒，司空除坛。先时五日，有协风之应，王即斋宫，飨醴载耒，诚重之也。自癸巳以来，仍西北风，甘泽不集，寒凉尚结。迎春东郊，既不躬亲，先农之礼，所宜自勉，以逆和气，以致时风。《易》曰：'君子自强不息'。斯其道也。"书奏，帝从之。③

黄琼固然是对桓帝不行籍田礼进行委婉讽谏，但也道出了这样的事实：选择籍田的日期常因天气等客观因素无法施行，但是本应和籍田礼同时祠祀先农的祭礼却可以单独施行，有祈求和气时风，保障及时播种的意味。

---

① 《后汉书》卷2《明帝纪》，第107—108页。
② 《后汉书》志第4《礼仪志上》，第3106页。
③ 《后汉书》卷61《黄琼传》，第2034—2035页。

不过，在东汉国家祭祀体系中，先农的位置并不高。《后汉书·祭祀志上》在记述郊天坛中神灵位置时有一段话：

> 二年正月，初制郊兆于雒阳城南七里，依鄗。采元始中故事。为圆坛八陛，中又为重坛，天地位其上，皆南乡，西上。其外坛上为五帝位。青帝位在甲寅之地，赤帝位在丙巳之地，黄帝位在丁未之地，白帝位在庚申之地，黑帝位在壬亥之地。其外为壝，重营皆紫，以像紫宫；有四通道以为门。日月在中营内南道，日在东，月在西，北斗在北道之西，皆别位，不在群神列中。八陛，陛五十八醊，合四百六十四醊。五帝陛郭，帝七十二醊，合三百六十醊。中营四门，门五十四神，合二百一十六神。外营四门，门百八神，合四百三十二神。皆背营内乡。中营四门，门封神四，外营四门，门封神四，合三十二神。凡千五百一十四神。营即壝也。封，封土筑也。背中营神，五星也，及中官宿五官神及五岳之属也。背外营神，二十八宿外官星，雷公、先农、风伯、雨师、四海、四渎、名山、大川之属也。①

杨英对这段话有详细的复原、疏解和阐释。她认为，东汉郊坛形制分为三级，神灵们在这三级神位中按尊卑分布。② 本章讨论的先农，处于背外营神位置，是整个祭坛中的最外一层，也就是说它在国家祭祀的诸神中，位置卑下。

此后，先农在国家祭祀系统中始终占有一席之地。比如两晋时期，先农就为地郊神祇之一，《晋书·礼志上》："地郊则五岳、四望、四海、四渎、五湖、五帝之佐、沂山、岳山、白山、霍山、医无闾山、蒋山、松江、会稽山、钱唐江、先农，凡四十四神也。"③ 即已经和各种山川神灵并列在一起了。

但是，具体的祭祀活动却时置时废。西晋武帝立国之初，曾下诏要躬耕

---

① 《后汉书》志第4《祭祀志上》，第3159—3160 页。
② 杨英：《祈望和谐——周秦两汉王朝祭礼的演进及其规律》，商务印书馆2009年版，第639页。
③ 《晋书》卷19《礼志上》，中华书局1974年版，第584—585页。

籍田，并且"以太牢祀先农"，而"自惠帝之后，其事便废"。东晋时，元帝将修耕籍，尚书问"籍田至尊应躬祠先农不"？连基本礼仪也不甚了了。结果自然"事竟不行"。①

与此相对应的是，地方祠祀先农活动一直以制度化的形态顽强存在着。湖南郴州苏仙桥出土魏晋简牍就有祠先农的记录：

1-16 右正月祠先农祝文
3-149 先农腊一头剔得晋称肉一百廿五斤
3-189 谨条祠先农腊羊如牒
3-126□□□先农羊腊如牒②

有关祠祀的内容还有一些，但是其中也有祠社稷的记录，故我们仅迻录上述几条关于有"先农"字样的简，从简文看，和里耶祠先农简差别不大，都是以"猪羊"为祭品的少牢，也提到猪肉的重量，大约是和祭品出纳有关。

从秦到晋，我们可以梳理出这样的线索：先农首先在民间有深厚的信仰基础，逐渐为国家政权认可，成为地方政府祠祀的神灵。到了东汉时期，进一步发展成为中央郊祀的神祇之一。杨英在总结东汉郊祀特征时曾说："东汉祀典中跟农业生产息息相关的群神受祀，如雷公、风伯、雨师、先农、蚕农等。"③ 在地方政权中，告祠先农的活动也得到进一步强化。与此相对照的是，民间对先农信仰却变得淡漠，东汉王充曾质疑："有腊，何帝王时？门户井灶，何立？社稷，先农，灵星，何祠？"④ 这种疑问，说明东汉时民间对先农等神祇祭祀已经没有先前发自内心的崇信，它仅具官方仪式化的意义。祠祀先农变化的过程，也是很多早期神祇信仰演化的一般轨辙。

---

① 《晋书》卷19《礼志上》，第589页。
② 湖南省文物考古研究所，郴州市文物处：《湖南郴州苏仙桥遗址发掘简报》，湖南省文物考古研究所编：《湖南考古辑刊》（第8辑），岳麓书社2009年版。
③ 杨英：《祈望和谐——周秦两汉王朝祭礼的演进及其规律》，第639页。
④ 王充著，黄晖撰：《论衡校释》卷12《谢短篇》，中华书局1990年版，第569页。

结　　语

从本书的考察可以看出，秦代已经构建起集权体制所必须的地方行政制度框架。在信息传递的技术手段方面，已经有了整齐划一、流程完备的文书制度，也有书面信息无法覆盖、需要当面交流的官吏徭使制度。这些为政令准确、高效的上传下达建立起通道。通过户籍制度完成了对人口的掌握，设计了繁复的身份与等级，不同身份和等级的人具有相应的权利和义务，形成对劳动力资源的敛取。利用"课""计"等考核统计制度以及形式不同的政务知晓方式，形成对地方政府机构的约束与监督机制。完整的征税体系以及地方诸官在农业、畜牧业等领域的经营性收入，为秦代国家提供了经济来源。在地方行政、经济以及社会管理等方面，这些由国家制定的法律，成为集权国家运转的基础。

在传统制度史中，常秦汉并称，将秦汉制度作为一个整体来认识，这种情况直到秦简的出土才得以改观。也使得将秦地方行政制度作为一个独立研究对象成为可能。从秦简提供的信息看，当时地方行政制度有这样一些特点：一是对社会的控制更偏重技术手段。律令中虽然也有关于慈孝等道德教化的内容，但在现实行政过程中更讲求功利化的操作手段，缺少为适应社会复杂情况应该表现出来的弹性。二是制度规定与现实之间存在着差距。秦简律令和文书档案简牍比对看，日常行政实践固然要依法而行，但在具体操作过程中还未达到立法的初衷。这其中有制度设计落后于客观形势变化的因素，也有集权体制初建时在统治技术上的局限。三是中央对地方行政干预较多，有时甚至直接插手地方行政中一些重要事务。这反映出秦要实现对地方社会的彻底掌控、完成集权的急切心理。在中央和地方关系中，保持中央优先原则，树立起中央的威权。总之，秦制初行，国家对于新设计的一套制度过于理想化，形成了路径依赖，试图将复杂的地方社会纳入整齐划一的既定秩序中，因而也就显示出新制度力不从心的一面。

我们将秦和其后的汉制比较，可以发现两个问题：其一，秦制有不同于汉制的特点。我们以县级职官制度为例，县中三位主官令、丞、尉地位并不平等，特别是尉低于令、丞，并具有一些特殊性，也存在如"守"吏这样与汉代官制名同而实异的官制术语。二是汉对地方统治的基本形式沿用了秦制。除了职官、机构外，在一些技术手段方面也是如此。比如在官府正式吏员外设置了冗员作为补充的做法为汉代所采用，虽然其身份有了一些变化。又如在地方官吏选任方面，汉代也同样强调积功升迁、个人能力等，但是经过改进，取消了"德"这种软指标，对于选拔地方官吏变得更易于操作。汉代地方行政制度发生的这些变化，不仅是汉代对秦代制度的调整和完善，而且还与客观形势的转变有关。例如郡与县关系方面，秦简显示的是县为地方行政重心，到了汉代转移到郡中。中央也不再绕过郡直接干预县的政务，中央、郡、县之间变成森严的层级隶属关系。正因为如此，以秦简材料为基础的考察，可以在宏观大势视角之外，从地方政权，特别是县级机构日常行政的角度更深刻地认识秦亡汉兴和汉承秦制的内涵。

参考文献

一 传世文献

杨伯峻编著：《春秋左传注》，中华书局 1990 年版。
孙诒让撰：《周礼正义》，中华书局 1987 年版。
刘向集录：《战国策》，上海古籍出版社 1978 年版。
高亨注译：《商君书注译》，中华书局 1974 年版。
韩非著，陈奇猷校注：《韩非子新校注》，上海古籍出版社 2000 年版。
王先慎撰：《韩非子集解》，中华书局 1998 年版。
吕不韦著，陈奇猷校释：《吕氏春秋新校释》，上海古籍出版社 2002 年版。
黎翔凤撰：《管子校注》，中华书局 2004 年版。
司马迁撰：《史记》（点校本二十四史修订本），中华书局 2014 年版。
班固撰：《汉书》，中华书局 1962 年版。
范晔撰：《后汉书》，中华书局 1965 年版。
贾谊撰，阎振益、钟夏校注：《新书校注》，中华书局 2000 年版。
王利器校注：《盐铁论校注》，中华书局 1992 年版。
刘文典撰：《淮南鸿烈集解》，中华书局 1989 年版。
王充著，黄晖撰：《论衡校释》，中华书局 1990 年版。
王符著，汪继培笺，彭铎校正：《潜夫论笺校正》，中华书局 1985 年版。
孙星衍等辑，周天游点校：《汉官六种》，中华书局 1990 年版。
房玄龄撰：《晋书》，中华书局 1974 年版。

二 出土文献与考古报告

（一）秦简

睡虎地秦墓竹简整理小组编：《睡虎地秦墓竹简》，文物出版社 1990 年版。

陈伟主编：《秦简牍合集·释文注释修订本（壹、贰）》，武汉大学出版社2016年版。

陈伟主编：《秦简牍合集·释文注释修订本（叁）》，武汉大学出版社2016年版。

湖北省荆州市周梁玉桥遗址博物馆编：《关沮秦汉墓简牍》，中华书局2001年版。

湖南省文物考古研究所编著：《里耶秦简》［壹］，文物出版社2012年版。

湖南省文物考古研究所编著：《里耶秦简》［贰］，文物出版社2017年版。

陈伟主编：《里耶秦简牍校释》（第一卷），武汉大学出版社2012年版。

陈伟主编：《里耶秦简牍校释》（第二卷），武汉大学出版社2018年版。

里耶秦简博物馆、出土文献与中国古代文明研究协同创新中心中国人民大学中心编：《里耶秦简博物馆藏秦简》，中西书局2016年版。

里耶秦简牍校释小组：《新见里耶秦简牍资料选校（一）》，武汉大学简帛研究中心主办：《简帛》（第十辑），上海古籍出版社2015年版。

里耶秦简牍校释小组：《新见里耶秦简牍资料选校（二）》，武汉大学简帛研究中心主办：《简帛》（第十辑），上海古籍出版社2015年版。

朱汉民、陈松长主编：《岳麓书院藏秦简》（壹），上海辞书出版社2010年版。

朱汉民、陈松长主编：《岳麓书院藏秦简》（叁），上海辞书出版社2013年版。

陈松长主编：《岳麓书院藏秦简》（肆），上海辞书出版社2015年版。

陈松长主编：《岳麓书院藏秦简》（伍），上海辞书出版社2017年版。

陈松长主编：《岳麓书院藏秦简》（陆），上海辞书出版社2020年版。

（二）汉简

张家山二四七号汉墓竹简整理小组编著：《张家山汉墓竹简〔二四七号墓〕》（释文修订本），文物出版社2006年版。

彭浩、陈伟、工藤元男主编：《二年律令与奏谳书——张家山二四七号汉墓出土法律文献释读》，上海古籍出版社2007年版。

张德芳主编：《敦煌马圈湾汉简集释》，甘肃文化出版社2013年版。

简牍整理小组编：《居延汉简》（壹），"中央"研究院历史语言研究所2014

年版。

简牍整理小组编:《居延汉简》(贰),"中央"研究院历史语言研究所 2015 年版。

简牍整理小组编:《居延汉简》(叁),"中央"研究院历史语言研究所 2016 年版。

简牍整理小组编:《居延汉简》(肆),"中央"研究院历史语言研究所 2017 年版。

张德芳主编:《居延新简集释》(一—七),甘肃文化出版社 2016 年版。

甘肃简牍保护研究中心、甘肃省文物考古研究所、甘肃省博物馆、中国文化遗产研究院古文献研究室、中国社会科学院简帛研究中心编:《肩水金关汉简》(壹),中西书局 2011 年版。

甘肃简牍保护研究中心、甘肃省文物考古研究所、甘肃省博物馆、中国文化遗产研究院古文献研究室、中国社会科学院简帛研究中心编:《肩水金关汉简》(贰),中西书局 2012 年版。

甘肃简牍博物馆、甘肃省文物考古研究所、甘肃省博物馆、中国文化遗产研究院古文献研究室、中国社会科学院简帛研究中心编:《肩水金关汉简》(叁),中西书局 2014 年版。

甘肃简牍博物馆、甘肃省文物考古研究所、甘肃省博物馆、中国文化遗产研究院古文献研究室、中国社会科学院简帛研究中心编:《肩水金关汉简》(肆),中西书局 2015 年版。

甘肃简牍博物馆、甘肃省文物考古研究所、甘肃省博物馆、中国文化遗产研究院古文献研究室、中国社会科学院简帛研究中心编:《肩水金关汉简》(伍),中西书局 2016 年版。

连云港市博物馆、东海县博物馆、中国社会科学院简帛研究中心、中国文物研究所编:《尹湾汉墓简牍》,中华书局 1997 年版。

长沙市文物考古研究所、中国文物研究所编:《长沙东牌楼东汉简牍》,文物出版社 2006 年版。

长沙市文物考古研究所、清华大学出土文献研究与保护中心、中国文化遗产研究院、湖南大学岳麓书院编:《长沙五一广场东汉简牍选释》,中西书局 2015 年版。

长沙市文物考古研究所、清华大学出土文献研究与保护中心、中国文化遗产研究院、湖南大学岳麓书院编:《长沙五一广场东汉简牍》(壹),中西书局2018年版。

（三）其他出土文献与考古报告

孙慰祖主编:《古封泥集成》,上海书店出版社1994年版。

周晓陆、路东之编著:《秦封泥集》,三秦出版社2000年版。

罗福颐主编:《秦汉南北朝官印征存》,文物出版社1987年版。

洪适撰:《隶释·隶续》,中华书局1986年版。

叶程义:《汉魏石刻文学考释》,新文丰出版股份有限公司1997年版。

湖南省文物考古研究所编著:《里耶发掘报告》,岳麓书社2007年版。

湖南省博物馆、中国科学院考古研究所编:《长沙马王堆一号汉墓》（上集）,文物出版社1973年版。

湖南省文物考古研究所,郴州市文物处:《湖南郴州苏仙桥遗址发掘简报》,湖南省文物考古研究所编:《湖南考古辑刊》（第8辑）,岳麓书社2009年版。

三 学术著作

安作璋、陈乃华:《秦汉官吏法研究》,齐鲁书社1993年版。

安作璋,熊铁基:《秦汉官制史稿》,齐鲁书社2007年版。

卜宪群:《秦汉官僚制度》,社会科学文献出版社2002年版。

蔡万进:《秦国粮食经济》,大象出版社2009年版。

陈伟:《秦简牍整理与研究》,经济科学出版社2017年版。

[日] 大庭脩:《秦汉法制史研究》,林剑鸣等译,上海人民出版社1991年版。

[日] 冨谷至:《秦汉刑罚制度研究》,柴生芳、朱恒晔译,广西师范大学出版社2006年版。

高维刚:《秦汉市场研究》,四川大学出版社2008年版。

[日] 工藤元男:《睡虎地秦简所见秦代国家与社会》,[日] 广濑薰雄、曹峰译,上海古籍出版社2010年版。

贺昌群:《贺昌群文集》（第二卷）,商务印书馆2003年版。

后晓荣:《秦代政区地理》,社会科学文献出版社 2009 年版。
胡平生、张德芳编撰:《敦煌悬泉汉简释粹》,上海古籍出版社 2001 年版。
黄今言:《秦汉军制史论》,江西人民出版社 1993 年版。
黄留珠:《秦汉仕进制度》,西北大学出版社 1985 年版。
李剑农:《中国古代经济史》(第一卷),武汉大学出版社 1991 年版。
李均明、刘军:《简牍文书学》,广西教育出版社 1999 年版。
李均明:《秦汉简牍文书分类辑解》,文物出版社 2009 年版。
李开元:《汉帝国的建立与刘邦集团:军功受益阶层研究》,生活·读书·新知三联书店 2000 年版。
李力:《"隶臣妾"身份再研究》,中国法制出版社 2007 年版。
李天虹:《居延汉简簿籍分类研究》,科学出版社 2003 年版。
林甘泉主编:《中国经济通史·秦汉经济卷(下)》,经济日报出版社 1999 年版。
林剑鸣编译:《简牍概述》,陕西人民出版社 1984 年版。
凌文超:《走马楼吴简采集簿书整理与研究》,广西师范大学出版社 2015 年版。
吕利:《律简身份法考论:秦汉初期国家秩序中的身份》,法律出版社 2011 年版。
董说著,缪文远订补:《七国考订补》,上海古籍出版社 1987 年版。
裘锡圭:《文字学概要》,商务印书馆 1988 年版。
邵台新:《汉代河西四郡的拓展》,台湾商务印书馆 1988 年版。
沈刚:《长沙走马楼三国竹简研究》,社会科学文献出版社 2013 年版。
孙机:《汉代物质文化图说》,文物出版社 1990 年版。
孙楷著,徐复订补:《秦会要订补》,中华书局 1998 年版。
汪桂海:《汉代官文书制度》,广西教育出版社 1999 年版。
王先谦撰:《清经解续编》,影印本,上海书店 1988 年版。
王彦辉:《秦汉户籍管理与赋役制度研究》,中华书局 2016 年版。
[日]西嶋定生:《中国古代帝国的形成与结构——二十等爵制研究》,武尚清译,中华书局 2004 年版。
徐富昌:《睡虎地秦简研究》,文史哲出版社 1993 年版。

徐正考:《汉代铜器铭文研究》,吉林教育出版社1999年版。

薛英群,何双全,李永良注:《居延新简释粹》,兰州大学出版社1988年版。

薛英群:《居延汉简通论》,甘肃教育出版社1991年版。

严耕望:《中国地方行政制度史——秦汉地方行政制度》,上海古籍出版社2007年版。

晏昌贵:《秦简牍地理研究》,武汉大学出版社2017年版。

杨际平:《中国财政通史·秦汉财政史》,湖南人民出版社2013年版。

杨宽:《战国史》,上海人民出版社1998年版。

杨宽、吴浩坤主编:《战国会要》,上海古籍出版社2005年版。

杨英:《祈望和谐——周秦两汉王朝祭礼的演进及其规律》,商务印书馆2009年版。

[日] 永田英正:《居延汉简研究》,张学锋译,广西师范大学出版社2007年版。

张金光:《秦制研究》,上海古籍出版社2004年版。

赵晓军:《先秦两汉度量衡制度研究》,上海交通大学出版社2017年版。

赵翼撰,栾保群点校:《陔余丛考(新校本)》,中华书局2019年版。

赵越主编:《档案学概论》,辽宁大学出版社1987年版。

邹水杰:《两汉县行政研究》,湖南人民出版社2008年版。

邹水杰、李斯、陈克标:《国家与社会视角下的秦汉乡里秩序》,湖南师范大学出版社2014年版。

左言东编著:《先秦职官表》,商务印书馆1994年版。

四 论文

安忠义:《秦汉简牍中的作刑》,《鲁东大学学报》2010年第6期。

卜宪群:《秦汉之际乡里吏员杂考——以里耶秦简为中心的探讨》,《南都学坛》2006年第1期。

卜宪群:《从简牍看秦代乡里的吏员设置与行政功能》,中国社会科学院考古研究所、中国社会科学院历史研究所、湖南省文物考古研究所编:《里耶古城·秦简与秦文化——中国里耶古城·秦简与秦文化国际学术研讨会论文集》,科学出版社2009年版。

蔡万进：《〈奏谳书〉与汉代奏谳制度》，中国文物研究所编：《出土文献研究》（第六辑），上海古籍出版社 2004 年版。

曹旅宁：《里耶秦简〈祠律〉考述》，《史学月刊》2008 年第 8 期。

陈絜：《里耶"户籍简"与战国末期的基层社会》，《历史研究》2009 年第 5 期。

陈侃理：《睡虎地秦简〈编年纪〉中"喜"的宦历》，《国学学刊》2015 年第 4 期。

陈松长：《〈湘西里耶秦代简牍选释〉校读（八则）》，甘肃省文物考古研究所、西北师范大学文学院历史系编：《简牍学研究》（第四辑），甘肃人民出版社 2004 年版。

陈松长：《岳麓书院藏秦简中的郡名考略》，《湖南大学学报》2009 年第 2 期。

陈松长：《秦汉时期的繇与繇使》，《湖南大学学报》2014 年第 4 期。

陈松长：《秦代"户赋"新证》，《湖南大学学报》2016 年第 4 期。

陈伟：《秦苍梧、洞庭二郡刍论》，《历史研究》2003 年第 5 期。

陈伟：《秦与汉初的文书传递系统》，中国社会科学院考古研究所、中国社会科学院历史研究所、湖南省文物考古研究所编：《里耶古城·秦简与秦文化——中国里耶古城·秦简与秦文化国际学术研讨会论文集》，科学出版社 2009 年版。

陈伟：《尸等捕盗购金数试说》，简帛网，2013 年 9 月 11 日。

陈伟：《里耶秦简所见秦代行政与算术》，收入其著《秦简牍校读及所见制度考察》，武汉大学出版社 2017 年版。

陈治国：《里耶秦简"守"和"守丞"释义及其他》，《中国历史文物》2006 年第 3 期。

陈治国：《从里耶秦简看秦的公文制度》，《中国历史文物》2007 年第 1 期。

陈治国、农茜：《从出土文献再释秦汉守官》，《陕西师范大学学报》2007 年第 4 期。

陈治国、张立莹：《从新出简牍再探秦汉的大内与少内》，《江汉考古》2010 年第 3 期。

陈中龙：《试论〈二年律令〉中的"二年"——从秦代官府年度律令校雠的

制度出发》，微信"先秦秦汉史"公众号，2017年5月4日。

崔向东：《秦始皇尊奖乌氏倮和巴寡妇清动因探析》，秦始皇兵马俑博物馆编：《秦文化论丛》（第九辑），西北大学出版社2002年版。

邓小南：《西汉官吏考课制度初探》，《北京大学学报》1987年第2期。

杜亚辉：《从尹湾汉简武库集簿看西汉的武备建设》，《华北水利水电学院学报》2013年第2期。

凡国栋：《里耶秦简所见秦基层地方行政体系》，湖南省文物考古研究所编：《湖南考古辑刊》（第11辑），科学出版社2015年版。

[日] 冨谷至：《从额济纳河流域的食粮配给论汉代谷仓制度》，中国社会科学院简帛研究中心编：《简帛研究译丛》（第二辑），湖南人民出版社1998年版。

高恒：《汉代上计制度论考——兼评尹湾汉墓木牍〈集簿〉》，《东南文化》1999年第1期。

高恒：《秦简牍中的职官及其有关问题》，收入其著《秦汉简牍中法制文书辑考》，社会科学文献出版社2008年版。

高恒：《秦律中的徭、戍问题》，收入其著《秦汉简牍中法制文书辑考》，社会科学文献出版社2008年版。

高敏：《从云梦秦简看秦的土地制度》，收入其著《云梦秦简初探》（增订本），河南人民出版社1981年版。

高敏：《劳动人民是戍边徭役的主要承担者——读〈云梦秦简〉札记》，收入其著《云梦秦简初探》（增订本），河南人民出版社1981年版。

高荣：《秦代的公文记录》，《鲁东大学学报》2006年第3期。

高震寰：《从〈里耶秦简（壹）〉"作徒簿"管窥秦代刑徒制度》，中国文化遗产研究院编：《出土文献研究》（第十二辑），中西书局2013年版。

高震寰：《试论秦汉简牍中"守"、"假"、"行"》，王沛主编：《出土文献与法律史研究》（第四辑），上海古籍出版社2015年版。

葛剑雄：《秦汉的上计和上计吏》，《中华文史论丛》1982年第2期。

宫长为：《云梦秦简所见财政管理——读〈睡虎地秦墓竹简〉札记》，《史学月刊》1996年第3期。

[日] 宫宅洁：《秦代迁陵县志初稿——里耶秦简所见秦的占领支配与驻屯

军》，刘欣宁译，周东平、朱腾主编：《法律史译评》（第五卷），中西书局 2017 年版。

［日］宫宅洁：《出稟与出贷——里耶秦简所见戍卒的粮食发放制度》，武汉大学简帛研究中心主办：《简帛》（第十七辑），上海古籍出版社 2018 年版。

［日］谷口建速：《日本秦简研究现状·田制、农业》，武汉大学简帛研究中心主办：《简帛》（第六辑），上海古籍出版社 2011 年版。

郭洪伯：《稗官与诸曹——秦汉基层机构的部门设置》，卜宪群、杨振红主编：《简帛研究》（二〇一三），广西师范大学出版社 2014 年版。

郭涛：《周家台 30 号秦墓竹简"秦始皇三十四年质日"释地》，中国地理学会历史地理专业委员会《历史地理》编辑委员会：《历史地理》（第二十四辑），上海人民出版社 2010 年版。

郭涛：《岳麓书院藏秦"质日"简交通地理考》，中国地理学会历史地理专业委员会《历史地理》编辑委员会：《历史地理》（第三十辑），上海人民出版社 2014 年版。

郭涛：《文书行政与秦代洞庭郡的县际网络》，《社会科学》2017 年第 10 期。

韩树峰：《汉魏法律与社会——以简牍、文书为中心的考察》，社会科学文献出版社 2011 年版。

韩树峰：《论汉魏时期户籍文书的典藏机构的变化》，《人文杂志》2014 年第 4 期。

韩树峰：《里耶秦户籍简三题》，杨振红、邬文玲主编：《简帛研究》（二〇一六春夏卷），广西师范大学出版社 2016 年版。

何清谷：《秦始皇时代的私营工商业》，《文博》1990 年第 5 期。

何有祖：《〈里耶秦简（壹）〉校读札记（三则)》，中国文化遗产研究院编：《出土文献研究》（第十四辑），中西书局 2015 年版。

侯外庐：《中国封建社会土地所有制形式的问题》，南开大学历史系中国古代史教研组编：《中国封建社会土地所有制形式问题讨论集》，生活·读书·新知三联书店 1962 年版。

侯旭东：《渔采狩猎与秦汉北方民众生计——兼论以农立国传统的形成与农民的普遍化》，《历史研究》2010 年第 5 期。

侯旭东：《长沙走马楼三国吴简所见给吏与吏子弟——从汉代的"给事"说起》，《中国史研究》2011年第3期。

侯旭东：《东汉〈乙瑛碑〉增置卒史事所见政务处理：以"请"、"须报"、"可许"与"书到言"为中心》，北京大学中国古代史研究中心、《中国中古史研究：中国中古史青年学者联谊会会刊》编委会编：《中国中古史研究：中国中古史青年学者联谊会会刊》（第四卷），中华书局2014年版。

侯旭东：《皇帝的无奈——西汉末年的传置开支与制度变迁》，《文史》2015年第2期。

湖南省文物考古研究所、湘西土家族苗族自治州文物处、龙山县文物管理所：《湖南龙山里耶战国——秦代古城一号井发掘简报》，《文物》2003年第1期。

湖南省文物考古研究所：《龙山里耶秦简之"徒簿"》，中国文化遗产研究院编：《出土文献研究》（第十二辑），中西书局2013年版。

胡平生、宋少华：《长沙走马楼简牍概述》，《传统文化与现代化》1997年第3期。

胡平生：《读〈里耶秦简〉（壹）笔记》，中国文化遗产研究院编：《出土文献研究》（第十一辑），中西书局2012年版。

胡平生：《居延汉简中的"功"与"劳"》，收入其著《胡平生简牍文物论稿》，中西书局2012年版。

胡平生：《新出汉简户口簿籍研究》，收入其著《胡平生简牍文物论稿》，中西书局2012年版。

黄海烈：《里耶秦简与秦地方官署档案管理》，《黑龙江史志》2006年第1期。

黄浩波：《里耶秦简（壹）所见禀食记录》，武汉大学简帛研究中心主办：《简帛》（第十一辑），上海古籍出版社2015年版。

黄浩波：《里耶秦简所见"计"文书及相关问题研究》，杨振红、邬文玲主编：《简帛研究》（二○一六春夏卷），广西师范大学出版社2016年版。

黄今言：《秦代租赋徭役制度初探》，收入其著《秦汉经济史论考》，中国社会科学出版社2000年版。

黄今言：《秦汉末业税问题探讨》，收入其著《秦汉经济史论考》，中国社会科学出版社 2000 年版。

黄今言:《云梦竹简所见秦的商品交换与市场管理》,收入其著《秦汉史丛考》,经济日报出版社 2008 年版。

黄菊珍:《舍泰父而择先农——由〈关沮秦汉墓简牍〉看腊、蜡合一》,《咸阳师范学院学报》2009 年第 1 期。

黄可佳:《秦代基层小吏的升迁模式——读里耶阀阅简札记一则》,《南都学坛》2016 年第 2 期。

吉家友:《论战国秦汉时期上计的性质及上计文书的特点》,《湖北师范大学学报》2007 年第 2 期。

[日] 加藤繁:《关于算赋的小研究》,吴杰译,收入其著《中国经济史考证》(第一卷),商务印书馆 1959 年版。

[日] 加藤繁:《汉代国家财政和帝室财政的区别以及帝室财政的一斑》,吴杰译,收入其著《中国经济史考证》(第一卷),商务印书馆 1959 年版。

贾丽英:《里耶秦简所见"徒隶"身份及监管官署》,卜宪群、杨振红主编:《简帛研究》(二〇一三),广西师范大学出版社 2014 年版。

[韩] 金秉骏:《试论尹湾汉牍中的太守府属吏组织——兼论汉代太守府属吏组织变化及其性质》,中国秦汉史研究会编:《秦汉史论丛》(第八辑),云南大学出版社 2001 年版。

[韩] 金庆浩:《里耶秦简中所反映的秦对南方的统治》,秦始皇兵马俑博物馆编:《秦俑博物馆开馆三十周年国际学术研讨会暨秦俑学第七届年会会议论文(会议用)》,2009 年。

康大鹏:《云梦简中所见的秦国仓廪制度》,《北大史学》(第二辑),北京大学出版社 1994 年版。

乐游:《汉简"折伤兵物楬"试探——兼论汉边塞折伤兵器的管理》,武汉大学简帛中心主办:《简帛》(第十一辑),上海古籍出版社 2016 年版。

黎明钊:《里耶秦简:户籍档案的探讨》,《中国史研究》2009 年第 2 期。

黎明钊、唐俊峰:《里耶秦简所见秦代县官、曹组织的职能分野与行政互动——以计、课为中心》,武汉大学简帛研究中心主办:《简帛》(第十三辑),上海古籍出版社 2016 年版。

李解民:《〈东海郡下辖长吏名籍〉研究》,连云港市博物馆、中国文物研究所编：《尹湾汉墓简牍综论》，科学出版社 1999 年版。

李均明：《尹湾汉墓出土"武库永始四年兵车器集簿"初探》，连云港市博物馆、中国文物研究所编：《尹湾汉墓简牍综论》，科学出版社 1999 年版。

李均明：《里耶秦简"计录"与"课志"解》，武汉大学简帛研究中心主办：《简帛》（第八辑），上海古籍出版社 2013 年版。

李孔怀：《秦律中反映的秦代粮食管理制度》，《复旦学报》1990 年第 4 期。

李力：《论"徒隶"的身份——从新出土里耶秦简入手》，中国文物研究所编：《出土文献研究》（第八辑），上海古籍出版社 2007 年版。

李勉、晋文：《里耶秦简中的"田官"与"公田"》，杨振红、邬文玲主编：《简帛研究》（二〇一六春夏卷），广西师范大学出版社 2016 年版。

李勉、俞方洁：《里耶秦简"徒簿"类文书的分类解析》，《重庆师范大学学报》2017 年第 4 期。

李庆新：《秦汉时期谪戍、徙迁的实施及其对岭南开发的影响》，中国秦汉史研究会主编：《秦汉史论丛》（第七辑），中国社会科学出版社 1998 年版。

李亚光：《战国秦及汉初的"徒隶"与农业》，《中国农史》2018 年第 3 期。

李迎春：《论卒史一职的来源、性质与级别》，西北师范大学历史文化学院编：《简牍学研究》（第六辑），甘肃人民出版社 2016 年版。

李永平：《河西汉简中的库及其源流》，《敦煌研究》1998 年第 1 期。

廖伯源：《汉代郡县属吏制度补考》，收入其著《简牍与制度：尹湾汉墓官文书考证》（增订本），广西师范大学出版社 2005 年版。

林聪舜：《西汉郡国庙之兴废——礼制兴革与统治秩序维护的关系之一例》，《南都学坛》2007 年第 3 期。

刘海年：《中国古代早期的刑徒及其管理》，收入其著《战国秦汉法制管窥》，法律出版社 2006 年版。

刘景纯：《秦市场发展述论》，《唐都学刊》1994 年第 3 期。

刘鹏：《秦代地方禀食的几个问题》，《中国农史》2018 年第 1 期。

刘文瑞：《我国古代考课时间建立于何时》，《西北大学学报》1990 年第 1 期。

刘晓满：《秦汉令史考》，《南都学坛》2011 年第 4 期。

刘晓满、卜宪群：《秦汉行政中的效率规定与问责》，《安徽史学》2012 年第 2 期。

刘欣宁：《里耶户籍简牍与"小上造"再探》，简帛网，2007 年 11 月 20 日。

刘欣宁：《汉代政务沟通中的文书与口头传达：以居延甲渠候官为例》，《"中央"研究院历史语言研究所集刊》（第八十九本第三分册），2018 年。

刘正华：《再论里耶秦简中的"守"和"守丞"》，《延安职业技术学院学报》2013 年第 1 期。

刘自稳：《里耶秦简中的追书现象——从睡虎地秦简一则行书律说起》，中国文化遗产研究院编：《出土文献研究》（第十六辑），中西书局 2017 年版。

刘自稳：《里耶秦简牍所见"作徒簿"呈送方式考察》，《中国人民大学学报》2018 年第 3 期。

卢鹰：《秦仓政研究》，《人文杂志》1989 年第 2 期。

鲁家亮：《里耶出土秦"捕鸟求羽"简初探》，魏斌主编：《古代长江中游社会研究》，上海古籍出版社 2013 年版。

鲁家亮：《里耶秦简"令史行庙"文书再探》，杨振红、邬文玲主编：《简帛研究》（二〇一四），广西师范大学出版社 2014 年版。

鲁家亮：《里耶秦简所见迁陵三乡补论》，王子今、孙家洲主编：《出土文献与中国古代文明研究论文集》，中国社会科学出版社 2017 年版。

鲁家亮：《里耶秦简所见秦迁陵县吏员的构成与来源》，李学勤主编：《出土文献》（第十三辑），中西书局 2018 年版。

陆德富：《试说战国至秦代的县级职官名称"守"》，《中国国家博物馆馆刊》2013 年第 1 期。

陆建伟：《秦汉时期市籍制度初探》，《中国经济史研究》1999 年第 4 期。

罗开玉：《秦国"少内"考》，《西北大学学报》1981 年第 3 期。

马怡：《里耶秦简选校》，中国社会科学院历史研究所学刊编委会编辑：《中国社会科学院历史研究所学刊》（第四集），商务印书馆 2007 年版。

马智全：《姑臧库与汉代河西兵物管理》，《鲁东大学学报》2016 年第 1 期。

慕容浩：《秦汉时期"平贾"新探》，《史学月刊》2014 第 5 期。

潘玉民:《从云梦秦简看秦代的文书工作制度》,《档案工作》1986年第2期。

彭浩:《睡虎地秦简"王室祠"与〈赀律〉考辨》,武汉大学简帛研究中心主办:《简帛》(第一辑),上海古籍出版社2006年版。

彭浩:《读里耶"祠先农"简》,中国文物研究所编:《出土文献研究》(第八辑),上海古籍出版社2007年版。

彭浩:《谈〈岳麓书院藏秦简(肆)〉的执法》,王捷主编:《出土文献与法律史研究》(第六辑),法律出版社2017年版。

平晓婧、蔡万进:《里耶秦简所见秦的出粮方式》,《鲁东大学学报》2015年第4期。

[韩] 琴载元:《秦洞庭、苍梧郡的设置年代与政区演变》,《鲁东大学学报》2013年第6期

裘锡圭:《啬夫初探》,《裘锡圭学术文集·古代历史、思想、民俗卷》,复旦大学出版社2012年版。

屈建军:《秦国兵役徭役制度试探》,《咸阳师专学报》1994年第1期。

单印飞:《略论秦代迁陵县吏员设置》,武汉大学简帛研究中心主办:《简帛》(第十一辑),上海古籍出版社2015年版。

单育辰:《里耶秦公文流转研究》,武汉大学简帛研究中心主办:《简帛》(第九辑),上海古籍出版社2014年版。

沈刚:《张家山汉简所见基层官吏述略(五则)》,湖南省博物馆主编:《湖南博物馆馆刊》(第三辑),岳麓书社2006年版。

沈刚:《居延汉简中的习字简述略》,《古籍整理研究学刊》2006年第1期。

沈刚:《西北汉简中的"从者"与"私从者"》,杜常顺、杨振红主编:《汉晋时期国家与社会论集》,广西师范大学出版社2016年版。

施伟青:《论秦自商鞅变法后的商品经济》,收入其著《中国古代史论丛》,岳麓书社2004年版。

施伟青:《也论秦自商鞅变法后的土地制度》,收入其著《中国古代史论丛》,岳麓书社2004年版。

[德] 史达:《岳麓秦简〈廿七年质日〉所附官吏履历与三卷〈质日〉拥有者的身份》,《湖南大学学报》2016年第4期。

史志龙：《秦"祠先农"简再探》，武汉大学简帛研究中心主办：《简帛》（第五辑），上海古籍出版社2010年版。

［日］水间大辅：《里耶秦简所见的"牢监"与"牢人"》，王沛主编：《出土文献与法律史研究》（第二辑），上海人民出版社2013年版。

［日］水间大辅著译：《秦汉时期的亭吏及其与他官的关系》，朱腾校，周东平、朱腾主编：《法律史译评》，北京大学出版社2013年版。

［日］水间大辅：《里耶秦简〈迁陵吏志〉初探——通过与尹湾汉简〈东海郡吏员簿〉的比较》，武汉大学简帛研究中心主办：《简帛》（第十二辑），上海古籍出版社2016年版。

宋超：《先农与神农炎帝——以里耶、周家台秦简为中心的讨论》，霍彦儒主编：《炎帝、姜炎文化与民生》，三秦出版社2010年版。

宋杰：《秦汉国家统治机构中的"司空"》，《历史研究》2011年第4期。

宋艳萍：《从秦简所见"祭"与"祠"窥析秦代地域文化——里耶秦简"祠先农"简引发的思考》，中国社会科学院考古研究所、中国社会科学院历史研究所、湖南省文物考古研究所编：《里耶古城·秦简与秦文化——中国里耶古城·秦简与秦文化国际学术研讨会论文集》，科学出版社2009年版。

苏俊林：《关于"质日"简的名称与性质》，《湖南大学学报》2010年第4期。

孙瑞：《从〈睡虎地秦墓竹简〉看秦国文书上报制度》，《档案学研究》1997年第3期。

孙瑞：《从〈睡虎地秦墓竹简〉看秦国下行文书管理制度》，《档案学研究》1998年第3期。

孙瑞：《论先秦令书》，《吉林师范大学学报》2004年第3期。

孙闻博：《简牍所见秦汉法律诉讼中的乡》，《中华文化论坛》2011年第1期。

孙闻博：《简牍所见秦汉乡政新探》，武汉大学简帛研究中心主办：《简帛》（第六辑），上海古籍出版社2011年版。

孙闻博：《里耶秦简"守""守丞"新考——兼谈秦汉的守官制度》，卜宪群、杨振红主编：《简帛研究》（二〇一〇），广西师范大学出版社2012

年版。

孙闻博：《秦及汉初"徭"的内涵与组织管理——兼论"月为更卒"的性质》，《中国经济史研究》2015年第5期。

孙闻博：《秦县的列曹和诸官——从〈洪范五行传〉一则佚文谈起》，武汉大学简帛研究中心主办：《简帛》（第十一辑），上海古籍出版社2015年版。

唐俊峰：《里耶秦简所示的"见户"与"积户"——兼论秦代迁陵县的户数》，简帛网，2014年2月8日。

唐俊峰：《秦代迁陵县行政信息传递效率初探》，武汉大学简帛研究中心主办：《简帛》（第十六辑），上海古籍出版社2018年版。

唐赞功：《云梦秦简所涉及土地所有制形式问题初探》，中华书局编辑部编：《云梦秦简研究》，中华书局1981年版。

陶天翼：《考绩缘起初探——东周迄秦》，《"中央"研究院历史语言研究所集刊》（第五十四本第二分册），1983年。

［日］藤田胜久：《里耶秦简与秦代政府之运作》，秦始皇兵马俑博物馆编：《秦俑博物馆开馆三十周年国际学术研讨会暨秦俑学第七届年会会议论文（会议用）》，2009年。

［日］藤田胜久：《里耶秦简与秦帝国的情报传达》，中国社会科学院考古研究所、中国社会科学院历史研究所、湖南省文物考古研究所编：《里耶古城·秦简与秦文化——中国里耶古城·秦简与秦文化国际学术研讨会论文集》，科学出版社2009年版。

［日］藤田胜久：《里耶秦简所见秦代郡县文书的传递》，武汉大学简帛研究中心主办：《简帛》（第八辑），上海古籍出版社2013年版。

［日］藤田胜久：《里耶秦简的交通资料与县社会》，武汉大学简帛研究中心主办：《简帛》（第十辑），上海古籍出版社2015年版。

田旭东：《从里耶秦简"祠先农"简看秦的祭祀活动》，中国社会科学院考古研究所、中国社会科学院历史研究所、湖南省文物考古研究所编：《里耶古城·秦简与秦文化——中国里耶古城·秦简与秦文化国际学术研讨会论文集》，科学出版社2009年版。

仝晰纲：《秦汉乡官里吏考》，《山东师大学报》1995年第6期。

汪桂海：《从湘西里耶秦简看秦官文书制度》，中国社会科学院考古研究所、中国社会科学院历史研究所、湖南省文物考古研究所编：《里耶古城·秦简与秦文化——中国里耶古城·秦简与秦文化国际学术研讨会论文集》，科学出版社2009年版。

王爱清：《关于秦汉里与里吏的几个问题》，《社会科学辑刊》2006年第4期。

王春芳、吴红松：《从里耶秦简看秦代文书和文书工作》，《大学图书馆情报学刊》2005年第2期。

王刚：《秦汉假官、守官问题考辨》，《史林》2005年第2期。

王光宇：《从云梦秦简看秦代官府的文书工作》，《档案工作》1987年第6期。

王贵民：《试论贡、赋、税的早期历程——先秦时期贡、赋、税源流考》，《中国经济史研究》1988年第1期。

王贵元：《周家台秦墓简牍释读补正》，《考古》2009年第2期。

王焕林：《里耶秦简所见戍卒索隐》，卜宪群、杨振红主编：《简帛研究》（二〇〇五），广西师范大学出版社2008年版。

王佳：《出土文献所见秦南郡属县三题》，《江汉考古》2015年第2期。

王健：《从里耶秦简看秦代官府买徒隶问题（论纲）》，秦始皇兵马俑博物馆编：《秦俑博物馆开馆三十周年国际学术研讨会暨秦俑学第七届年会会议论文（会议用）》，2009年。

王伟：《岳麓书院藏秦简所见秦郡名称补正》，《考古与文物》2010年第5期。

王伟、白利利：《秦汉内官职能辨正》，《西安财经学院学报》2014年第5期。

王伟、孙兆华：《"积户"与"见户"：里耶秦简所见迁陵编户数量》，《四川文物》2014年第2期。

王伟：《秦守官、假官制度综考》，杨振红、邬文玲主编：《简帛研究》（二〇一六秋冬卷），广西师范大学出版社2017年版。

王文龙：《出土秦及汉初算数书所见田租问题探讨》，《咸阳师范学院学报》2013年第1期。

王彦辉：《田啬夫、田典考释——对秦及汉初设置两套基层管理机构的一点思考》，《东北师大学报》2010 年第 2 期。

王彦辉：《〈里耶秦简〉（壹）所见秦代县乡机构设置问题蠡测》，《古代文明》2012 年第 4 期。

王彦辉：《出土秦汉户籍简的类别及登记内容的演变》，《史学集刊》2013 年第 3 期。

王彦辉：《从秦汉"单"的性质看国家与社会结构的失衡》，《中国史研究》2015 年第 1 期。

王彦辉：《秦汉徭戍制度补论——兼与杨振红、广濑熏雄商榷》，《史学月刊》2015 年第 10 期。

王勇：《税田与取程：秦代田租征收方式蠡测》，杨振红、邬文玲主编：《简帛研究》（二〇一六秋冬卷），广西师范大学出版社 2017 年版。

王勇：《里耶秦简所见迁陵县粮食支出机构的权责》，《中国农史》2018 年第 4 期。

王勇：《里耶秦简所见秦代地方官吏的徭使》，《社会科学》2019 年第 5 期。

王毓铨：《"民数"与汉代封建政权》，收入其著《莱芜集》，中华书局 1983 年版。

王子今：《里耶秦简与"闲左"为"里佐"说》，《湖南大学学报》2014 年第 4 期。

王子今：《里耶秦简"捕羽"的消费主题》，《湖南大学学报》2016 年第 4 期。

魏永康：《里耶秦简所见秦代公田及相关问题》，《中国农史》2015 年第 2 期。

文霞：《试论秦简中的"徒隶"》，《广西第二师范学院学报》2016 年第 4 期。

邬文玲：《"守"、"主"称谓与秦代官文书用语》，中国文化遗产研究院编：《出土文献研究》（第十二辑），中西书局 2013 年版。

邬文玲：《里耶秦简所见"续食"简牍及其文书构成》，甘肃简牍博物馆、西北师范大学历史文化学院编：《简牍学研究》（第五辑），甘肃人民出版社 2014 年版。

邬文玲:《简牍中的"真"字与"算"字——兼论简牍文书分类》,武汉大学简帛研究中心主办:《简帛》(第十五辑),上海古籍出版社 2017 年版。

邬勖:《秦汉商业用地制度初探——以出土文献为中心》,《江苏社会科学》2015 年第 7 期。

吴方基:《论秦代金布的隶属及其性质》,《古代文明》2015 年第 4 期。

吴方基:《简牍所见秦代县尉及与令、丞关系新探》,《中华文化论坛》2017 年第 2 期。

吴方基:《秦代县级财务监督机制与日常运作》,《地方财政》2017 年第 2 期。

吴方基:《秦代中央与地方关系的重新审视——以出土政务文书为中心》,陈晓鸣、温乐平主编:《黄今言教授八十华诞纪念文集》,江西人民出版社 2017 年版。

吴方浪、吴方基:《简牍所见秦代地方禀食标准考论》,《农业考古》2015 年第 1 期。

吴荣曾:《从秦简看秦国商品货币关系发展状况》,收入其著《先秦两汉史研究》,中华书局 1995 年版。

吴荣曾:《秦汉时的行钱》,《中国钱币》2003 年第 3 期。

吴荣政:《里耶秦简文书档案初探》,《湘潭大学学报》2013 年第 6 期。

吴荣政:《秦朝文书档案事业发展的体制、机制保障》,《档案学通讯》2013 年第 1 期。

吴荣政:《睡虎地秦简档案文书探析》,《档案学研究》2013 年第 2 期。

武普照:《秦汉守官制度考述》,《山东师大学报》1988 年第 4 期。

萧灿:《从〈数〉的"舆(与)田"、"税田"算题看秦田地租税制度》,《湖南大学学报》2010 年第 4 期。

谢桂华:《西北汉简所见祠社稷考补》,收入其著《汉晋简牍论丛》,广西师范大学出版社 2014 年版。

辛德勇:《北京大学藏秦水陆里程简册初步研究》,李学勤主编:《出土文献》(第四辑),中西书局 2013 年版。

邢义田:《从出土资料看秦汉聚落形态和乡里行政》,收入其著《治国安邦:法制、行政与军事》,中华书局 2011 年版。

邢义田：《从简牍看汉代的行政文书范本——"式"》，收入其著《治国安邦：法律、行政与军事》，中华书局2011年版。

邢义田：《汉代案比在县或在乡?》，收入其著《治国安邦：法制、行政与军事》，中华书局2011年版。

邢义田：《湖南龙山里耶J1（9）1—12号秦牍的文书构成笔迹和原档存放形式》，收入其著《治国安邦：法制、行政与军事》，中华书局2011年版。

熊铁基、王瑞明：《秦代的封建土地所有制》，中华书局编辑部编：《云梦秦简研究》，中华书局1981年版。

晏昌贵、钟炜：《里耶秦简所见的阳陵与迁陵》，《中国历史地理论丛》2006年第4期。

杨剑虹：《秦代的口赋、徭役、兵役制度新探》，收入其著《秦汉简牍研究存稿》，厦门大学出版社2013年版。

杨师群：《从云梦秦简看秦的国有制经济》，《史学月刊》1995年第4期。

杨小亮：《里耶秦简中有关"捕羽成鍭"的记录》，中国文化遗产研究院编：《出土文献研究》（第十一辑），中西书局2012年版。

杨振红：《秦汉简中的"冗"、"更"与供役方式——从〈二年律令·史律〉谈起》，卜宪群、杨振红主编：《简帛研究》（二〇〇六），广西师范大学出版社2008年版。

杨振红：《徭、戍为秦汉正卒基本义务说——更卒之役不是"徭"》，《中华文史论丛》2010年第1期。

杨振红、单印飞：《里耶秦简J（16）5、J（16）6的释读与文书的制作、传递》，《浙江学刊》2014年第3期。

杨振红：《秦汉时期的"尉"、"尉律"与"置吏"、"除吏"——兼论"吏"的属性》，收入其著《出土简牍与秦汉社会（续编）》，广西师范大学出版社2015年版。

杨智宇：《里耶秦简牍所见"迁陵守丞"补正》，武汉大学简帛研究中心主办：《简帛》（第十三辑），上海古籍出版社2016年版。

杨宗兵：《里耶秦简县"守"、"丞"、"守丞"同义说》，《北方论丛》2004年第6期。

姚磊：《里耶秦简中乡名的省称与全称现象——以迁陵所辖三乡为视点》，

西南大学出土文献综合研究中心、西南大学汉语言文献研究所主办：《出土文献综合研究集刊》（第三辑），巴蜀书社 2015 年版。

［加］叶山：《解读里耶秦简——秦代地方行政制度》，武汉大学简帛研究中心编：《简帛》（第八辑），上海古籍出版社 2013 年版。

［韩］尹在硕：《秦汉户口统计制度与户口簿》，黎明钊编：《汉帝国的制度与社会秩序》，牛津大学出版社（香港）2012 年版。

［韩］尹在硕：《里耶秦简所见秦代县廷祭祀活动》，杜常顺，杨振红主编：《汉晋时期国家与社会论集》，广西师范大学出版社 2016 年版。

游逸飞、陈弘音：《里耶秦简博物馆藏第九层简牍释文校释》，简帛网，2013 年 12 月 22 日。

游逸飞：《守府、尉府、监府——里耶秦简所见郡级行政的基础研究》，武汉大学简帛研究中心主办：《简帛》（第八辑），上海古籍出版社 2013 年版。

游逸飞：《里耶秦简所见的洞庭郡——战国秦汉郡县制个案研究之一》，简帛网，2015 年 9 月 29 日。

于豪亮：《居延汉简校释》，《于豪亮学术文存》，中华书局 1985 年版。

于洪涛：《秦简牍"质日"考释三则》，《鲁东大学学报》2013 年第 3 期。

于振波：《汉代官吏的考课时间与方式》，《北京大学学报》1994 年第 5 期。

于振波：《秦律中的甲盾比价及相关问题》，《史学集刊》2010 年第 5 期。

于振波：《秦汉校长考辨》，《中国史研究》2018 年第 1 期。

袁延胜：《里耶秦代"户版"研究》，收入其著《秦汉简牍户籍资料研究》，人民出版社 2018 年版。

臧知非：《谪戍制考析》，《徐州师范学院学报》1984 年第 3 期。

臧知非：《说"税田"：秦汉田税征收方式的历史考察》，《历史研究》2015 年第 3 期。

张伯元：《"爵戍"考》，收入其著《出土法律文献研究》，商务印书馆 2005 年版。

张朝阳：《也从里耶简谈秦代乡啬夫与乡守：论基层管理的双头模式》，《史林》2013 年第 1 期。

张春龙：《里耶秦简祠先农、祠窨和祠隄校券》，武汉大学简帛研究中心主办:《简帛》(第二辑),上海古籍出版社 2007 年版。

张春龙:《里耶秦简所见的户籍和人口管理》,中国社会科学院考古研究所、中国社会科学院历史研究所、湖南省文物考古研究所编:《里耶古城·秦简与秦文化——中国里耶古城·秦简与秦文化国际学术研讨会论文集》,科学出版社 2009 年版。

张春龙、龙京沙:《湘西里耶秦简 8-455 号》,武汉大学简帛研究中心主办:《简帛》(第四辑),上海古籍出版社 2009 年版。

张春龙:《里耶秦简中迁陵县学官和相关记录》,清华大学出土文献研究与保护中心编:《出土文献》(第一辑),中西书局 2010 年版。

张春龙、龙京沙:《湘西里耶秦代简牍选释》,《中国历史文物》2013 年第 1 期。

张金光:《秦乡官制度及乡、亭、里关系》,《历史研究》1997 年第 6 期。

张金光:《论秦徭役制中的几个法定概念》,《山东大学学报》2004 年第 3 期。

张俊民:《悬泉汉简所见传舍及传舍制度》,收入其著《敦煌悬泉置出土文书研究》,甘肃教育出版社 2015 年版。

张莉:《秦郡再议》,中国地理学会历史地理专业委员会《历史地理》编辑委员会:《历史地理》(第二十九辑),上海人民出版社 2014 年版。

张荣芳:《论汉代的公田》,收入其著《秦汉史论集》,中山大学出版社 1995 年版。

张荣强:《湖南里耶所出"秦代迁陵县南阳里户版"研究》,《北京师范大学学报》2008 年第 4 期。

张韶光:《从岳麓秦简"主市曹臣史"看秦汉市场管理机构》,《中国社会经济史研究》2018 年第 4 期。

张新俊:《张家山汉简〈奏谳书〉中的"养"及相关问题》,甘肃简牍博物馆、西北师范大学历史文化学院编:《简牍学研究》(第五辑),甘肃人民出版社 2014 年版。

赵炳清:《秦代地方行政文书运作形态之考察——以里耶秦简为中心》,《史学月刊》2015 年第 4 期。

赵岩:《里耶秦纪日简牍札记》,武汉大学简帛研究中心主办:《简帛》(第八辑），上海古籍出版社 2013 年。

赵岩：《里耶秦简所见秦迁陵县粮食收支初探》，《史学月刊》2016 年第 8 期。

郑实：《啬夫考——读云梦秦简札记》，《文物》1978 年第 2 期。

郑威：《出土文献所见秦洞庭郡新识》，《考古》2016 年 11 期。

周海锋：《岳麓秦简〈戍律〉及相关问题研究》，张德芳主编：《甘肃省第三届简牍学国际学术研讨会论文集》，上海辞书出版社 2017 年版。

周雪东：《秦汉内官、造工考》，《西北大学学报》1998 年第 2 期。

周振鹤：《从汉代"部"的概念释县乡亭里制度》，《历史研究》1995 年第 5 期。

周振鹤：《西汉献费考》，《周振鹤自选集》，广西师范大学出版社 1999 年版。

朱德贵：《岳麓秦简奏谳文书商业问题新证》，《社会科学》2014 年第 11 期。

朱德贵：《岳麓秦简所见"徭"制问题分析——兼论"奴徭"和"吏徭"》，《江西师范大学学报》2016 年第 4 期。

朱凤瀚：《三种"为吏之道"题材之秦简部分简文对读》，中国文化遗产研究院编：《出土文献研究》（第十四辑），中西书局 2015 年版。

朱红林：《里耶秦简"金布"与〈周礼〉中的相关制度》，《华夏考古》2007 年第 2 期。

朱红林：《〈周礼〉"六计"与战国时期的官吏考课制度》，《吉林大学社会科学学报》2012 年第 1 期。

朱红林：《史与秦汉时期的决狱制度》，《社会科学辑刊》2017 年第 1 期。

朱锦程：《秦郡官吏代理制度考略》，张德芳主编：《甘肃省第三届简牍学国际学术研讨会论文集》，上海辞书出版社 2017 年版。

朱绍侯：《从〈二年律令〉看汉初二十级军功爵的价值——〈二年律令〉与军功爵制研究之四》，《河南大学学报》2003 年第 2 期。

朱圣明：《秦至汉初"户赋"详考——以秦汉简牍为中心》，《中国社会经济史研究》2014 年第 1 期。

诸山：《从睡虎地秦简看秦代乡里性质》，《历史教学》（高校版）2007 年第 4 期。

邹水杰:《简牍所见秦汉县属吏设置及其演变》,《中国史研究》2007 年第 3 期。

邹水杰:《里耶简牍所见秦代县廷官吏设置》,《咸阳师范学院学报》2007 年第 3 期。

邹水杰:《秦代行政文书中的司空机构》,中国秦汉史研究会编:《秦汉史论丛》(第十四辑),四川人民出版社 2017 年版。

职官索引

C

仓啬夫　22,35,52,53,67,71,76,144,
　145,154,155,158,159,161,168,
　171,189,224,402,403
仓守　24,30,46,52,67,71,72,75,76,
　130,142,145,149,151,155,161,
　168,169,172,174,189,224,237,287
仓佐　6,34,35,144,155,159,279,280,
　402,403
丞　3—9,11,14—16,21—29,31,33—
　38,43,53,54,58—61,64—66,71—
　74,77,79,80,85,86,89—91,95,
　100,105,106,108,109,112,115—
　120,123—125,134,138—141,143,
　144,153,155,161,167,170,171,
　175,176,178,179,181—183,191,
　200,202,203,208,215,217,218,
　222,224—227,230,232,237,239—
　241,243,244,256,262,266,271,
　274,278,282—284,301,307,310,
　314,317—319,322—325,327,328,
　333,336,338,340,349,357,359,
　360,373,376,378,379,386,393,
　402,405,407,413
丞相史　380,381
城司马　405
城尉　378

D

大内　314,326,345
大尹　77,378
道丞　73,92,100,123,223,270,337
典　5,21,28,32,72,82,83,91,92,110,
　129,134,137,138,140,166,170,
　171,175,199,208,213,218,222,
　245,255,256,259,262—264,274,
　307,309,312,317,337,340,363,
　382,383,385,392,403,409,411
都田啬夫　363
都尉　33,79,116,118,119,154,210,
　373—376,378,381,405
都尉丞　79,376
敦长　158,287,366

G

发弩　15,33—35,38,71,117,118,163,

236,240,243,279,280,283,287,313

发弩守　33,177,215,240

G

官啬夫　5,6,21,22,24,25,31,40—42,
46,49,53,54,67,71,72,74,79,80,
90,94,130,143,194,264,312,328,
358,361,363,366

官有秩　41,42,49,53,54,76,79

官佐　22,23,41—43,46,49,53,54,71,
79,80,85,89,130,132,194,358

H

侯国相　79,380

侯家丞　79

候长　65,378,380

J

假仓　74—76

假丞　74

假官啬夫　74

假郡守　74

假郡尉　74

假令史　74

假令佐　74

假守　58,72,76

假廷史　74

假校长　74

假御史　74

假卒史　74

均人　45,281

郡尉　3,28,33,75,76,230

K

库丞　35,374—376,378,384

库令　373,375,376,379,382

库啬夫　34,95,169,209,240,280,282,
367,371,375,378,379

库宰　378

库佐　9,34,42,43,132,160,279,
280,371

L

牢监　23,45,79—82,130,194,279

老　3,5,24,25,27,28,42,50,55,91,
103,110,111,121,137,146,257,
259,263,264,296,303,309,360,
392,440

令　3,4,7—9,16,23—25,28,38,50,
59,65,71,79,85,89,90,95,106,
118,144,213,228,300,322,329,
350,376,405,407

令史　5,6,9,15,16,21—24,28,32,34,
38,53,54,71,72,74—76,79,80,
84—86,89,105—107,124,130,
132—134,139,141,143,149,151—
156,158—161,163,164,167,171,

174,175,181,185,194,198,207—209,219,222,224,226,227,236,237,243,259,262,278,283,287,288,298,315,316,318,319,323,328,338,350,353,365,369,370,373,375,384,395,401—403

令佐　33,34,36,74,76,85,94,142,168,169,174,189,214,223,279,280,315,316,323,325,334,347,352,371,398

M

髳长　34,279,280

N

内官　108,109,124,325,349

内史　22,27,86,111,121,125,191,204,206,220,221,240,299,336,371

P

仆射　30,162,282,289

Q

骑司马　77

求盗　10—12,26,31—33,35—37,39,94,122,191,221,266,273,283,284,289,300

劝农掾　405

R

冗佐　40—45,81,82,112,123,132,167,224,225,238,281,323,327,333,357

S

尚书　40,411

少内　21,48,55,67,71,108,124,130,139,179,225,236,244,293,294,308,313,315—323,325,328,329,331,345,349,361,362,369

少内守　66,67,94,130,214,215,235,236,243,313,315,316,320,325,344,345

史冗　40—42,44,49,53

士吏　11,12,16,26,28—31,34,36,38,52,65,95,134,140,145,161,162,168,176,189,199,217,224,277,282—284,289

守丞　6,9,11,14,22,24—27,29,37,43,52,58—61,64,66,67,71—73,91,94,100,112,114,116—121,123,125,131,140,142,145,161,167—169,172,174,176,179,182,183,189,193,198,206,207,217,220—227,230,239,240,242,243,300,304,322,323,327,333,334,338,

职官索引 | 441

352,357,371,374,378,379,394
书佐　79,405
司空　6,8,9,11,14,21—24,35,36,42,43,53,55,65,67,71,74,80,85,86,108,112,115—117,119,121,123,125,130,131,133,138,143,153,155,157,159,167,169,170,172,191,192,213—217,220,225—227,230,235,236,239,240,245—247,280—283,292—294,296—303,305,319—322,327,331,333—336,340,344—346,349,351,353,357,359,362,370—372,409
司空啬夫　67,71,93
司空守　34,66,71,130,152,175,182,183,212,214,226,242,279,281,295,298
司空佐　34,157,177,217,279,282,299,346,380
隧长　65,96,378
燧长　378

T

太守　65,76,79,115,117,119,121,122,126,127,154,178,324,353,373,375,376,378,391,405
太守丞　79
泰守　24,76,102,114,117,121,122,126,136,214,220,300,309,310,323,324,363,365

田部史　85,133
田官守　66,114,155,158,160,163,164,214,219,237,283,287,288,295,361,363—366
田官佐　279
田啬夫　82,110,129,169,337,340,361,363
田佐　34,279,280,363
廷史　75,193
亭长　10,27,28,32,79,81,118,188,191,199,342,390,391
亭佐　31,32,56,386,388,390,391

W

尉史　10,15,16,28—31,34,35,38,72,79,87,134,153,163,283,287,350,379
尉守　10,13,14,21,24,29,30,71,72,118,120,124,167,169,178,215,224,280,353

X

县长　16,79,94,96,322
县丞　3,7—9,11,12,21—23,25,28,36,59,61,71,79,89,91,92,100,117,118,141,143,167—172,174,176,192,206,208,224,225,239,262,300,301,307,322,323,329,371
县令　3,4,7—9,16,23—25,28,38,50,

59,65,71,79,85,89,90,95,106,
118,144,213,228,300,322,329,
350,376,405,407
县啬夫　3,7,8,12,27,30,38,73,92,
121,144,155,206,220,221,229,
277,299,300,402
县司马　21
县尉　3,4,9—16,21,23,24,28—32,
34,35,37—39,71,72,78,79,89,
91,118,119,137,140,143,213,
362,363
乡部啬夫　138,259,263
乡啬夫　15,30,34,36,59,67,79,80,
91,100,102,129—132,134,136,
137,140,144,155,157,161,171,
261,262,361
乡史　85,131,133
乡守　22,59,66,72,93,94,101,129—
136,138—143,149,152,153,156,
157,164,169,171,174,175,179,
180,192,209,213,214,216—219,
262,263,285,287,292,299,303,
338,345,346,350—353,393
乡有秩　79
乡佐　42,43,79,82,128,131—133,
137,174

相国　25,58,66,73,87
小府啬夫　79
小史　30,72,172,350
校长　10—12,22,23,28—37,39,74,
80,81,130,140,176,191,194,217,
218,273,279,280

Y

用算佐　79
邮佐　79,81,92
游徼　27,28,42,79,81,146
狱史　32,33,41,79,83,84,86,88,89,
100,226,227,278,387
掾　6,46,47,65,77,79,87,143,185,
210,262,342,373,376,378,379,405

Z

长史　373,378
执法　8,109,115,180,188,202,203
治庎御史　8,108,115,301,306,359,362
卒史　11,36,37,72—75,79,80,84,86,
87,90,100,107,114,121,122,191,
198,199,220,299,373,376

后　记

　　国人习惯于反思历史,面对眼下发生的问题总要向历史去寻求答案。回顾中国史,秦无疑是重要的节点之一,其制度、观念等影响了中国两千余年,受到额外的关注。对此既有政论家的愤慨和批评,也有小说家的演绎和发挥。而历史学却一度很尴尬,这一学科内部分野庞杂:既有以史实为基础,鉴古知今,为世人提供历史的智慧,判断前行的路径;也有扎实、艰深的章句考证,挑战人类的智慧。在现代学科分类细密的背景下,历史学者为大众提供新的历史知识,也是基本的责任和义务。然而作为一门高度依赖材料的学科,传世文献中秦史资料不多,导致很久以来历史学家未能生产出更多的秦代历史新知识。

　　近几十年来,以简牍为代表的出土史料一定程度上改变了秦汉史研究生态。一方面避免了秦汉史研究可能发生的内卷;另一方面,在内容各异、信息丰富的新史料面前,也有吾生有涯的绝望和刺激。秦代历史研究也与这个趋向同步。《睡虎地秦墓竹简》的整理和公布,一定程度上使秦史研究路径从定性的价值判断走向理性考量成为可能。但这仅是律令规定,展示的是统治者单向度意愿。这些意愿和社会发生碰撞产生的反馈,以及在实践中发生的效力却不清楚。21世纪公布的数批秦简牍部分地弥补了这一缺憾:《里耶秦简》作为行政公文书,反映了秦县级机构的日常工作;《岳麓书院藏秦简》(叁)所记案例提供了官府与民众互动的生动图景;《质日》简中小吏矻矻穷力于公务的形象跃然简端。这些或许就是日常统治史吧?《岳麓书院藏秦简》中的律令也和《睡虎地秦墓竹简》相互补充,也增加了秦代法律和社会史内容。新材料的发现丰富了我们的对秦史的认知。

　　我想如果一生以学习一段历史作为职业,就要尽量熟悉每一种相关材料,不放弃了解遥远时代的点滴信息,毕竟这些都是解码尘封往事的宝贵线索,是深入理解那个时代的前提。我好读书不求甚解,但对新知识却充满好奇,除了《史》《汉》所载,对两千年前的残简剩墨也有浓厚的兴趣,努力学习一批批简牍材料。20世纪90年代在吉林大学古籍研究所读研究生时,所里有一部1990年版的《睡虎地秦墓竹简》,所里三古(古文字、古代史、古文献)专业或多或少都要用到这本书,一直在师生间转借,久闻其名,未见其书,工作后才一睹真容。2012年以来,里耶秦简和岳麓书院藏秦简也开始成批公布。阅读这些陌生的史料,成为我学习秦史的契机。加之国家社科基金项目的约束和督促,使我边读边学边写。读了已经刊布的秦简,写了这本小书。

这是一部以秦简牍资料为基础的小书,要向简牍的发掘者和整理者致谢。发掘者艰辛探索,打开了历史的另一个门户,整理者追寻古义,搭建起和古人对话的桥梁,如我这样的门外汉也有机会使用这些材料。本书是2016年国家社科基金同名重点项目(16AZS0006)的结项成果,后2020年又入选国家哲学社会科学成果文库。按照程序,先后经过十余位专家的匿名评审,他们提出了专业的审读意见,我已经尽所能吸收进书稿中。小书中的多数章节已经在各类刊物上发表,很多刊物都有匿名外审的程序,外审专家精准的评审意见,编辑老师处理稿件的严谨,给了我一次次学习和提高的机会。小书还有部分是学术会议的参会论文,评议人毫无保留的提出了批评和建议。这些专业的帮助,让我对学术保持了一分敬畏。

20年前曾在大同召开了中国魏晋南北朝史学会年会。那次会议很有名,当时魏晋史学界前辈何兹全、田余庆、郑佩欣等先生都参加了。后来将无同先生在往复论坛上还写过火爆一时的名帖《去大同开会》。本书责任编辑宋燕鹏兄和我就是在那次会议上结识的。我们大概是那届会议上最年轻的参会者,他读研究生,我是博士在读的助教。这本小书的出版见证了20年的友谊,很有仪式感。

学棣连先用校对了一遍书稿,避免了书中一些错讹,刘琪翻译了英文目录,给我节省了时间。

书中各部分是在几年间陆续写成的。在此期间新材料陆续发表,新的研究论著层出不穷。本书定稿时,尽量将这些材料和成果吸收进来,对旧稿个别错误或不合适的地方做了修订。秦简牍还在源源不断地整理、公布,相关研究也在如火如荼的进行。因此本书注定是秦史研究的阶段性成果,如果能成为探知秦汉历史路上的一块铺路石,就了无遗憾了。

沈　刚

图书在版编目（CIP）数据

秦简所见地方行政制度研究／沈刚著. —北京：中国社会科学出版社，2021.3

（国家哲学社会科学成果文库）

ISBN 978-7-5203-7983-0

Ⅰ.①秦…　Ⅱ.①沈…　Ⅲ.①地方政府—行政管理—政治制度史—研究—中国—秦代　Ⅳ.①D691.22

中国版本图书馆 CIP 数据核字（2021）第 038271 号

出 版 人	赵剑英
责任编辑	宋燕鹏
责任校对	李　硕
封面设计	肖　辉　宋微微
责任印制	戴　宽

出　　版	中国社会科学出版社
社　　址	北京鼓楼西大街甲 158 号
邮　　编	100720
网　　址	http://www.csspw.cn
发 行 部	010-84083685
门 市 部	010-84029450
经　　销	新华书店及其他书店
印刷装订	北京君升印刷有限公司
版　　次	2021 年 3 月第 1 版
印　　次	2021 年 3 月第 1 次印刷
开　　本	710×1000　1/16
印　　张	29.5
字　　数	483 千字
定　　价	178.00 元

凡购买中国社会科学出版社图书，如有质量问题请与本社营销中心联系调换
电话：010-84083683
版权所有　侵权必究